スティーブン・ランシマン

シチリアの晩禱

13世紀後半の地中海世界の歴史

榊原 勝・藤澤房俊 訳

太陽出版

Sir Steven Runciman
1903–2000

Sir STEVEN RUNCIMAN

THE SICILIAN VESPERS

A History of the Mediterranean World
in the Later Thirteenth Century

Cambridge University Press 1958

著者まえがき

「シチリアの晩禱」は、今日ではほとんど忘れ去られている。並の教養の持ち主にとって、この言葉はヴェルディのさほど有名でないオペラを連想させるに過ぎない。だが、一世紀前までは違っていた。この物語は、詩人や劇作家のペンに霊感を与えるものだった。また、「晩禱」を論じた優れた歴史書は、シチリアをイタリア・リソルジメント運動〔十九世紀のイタリアの独立・統一運動〕に引き入れる役割を果たした。今日ではカシミール・ドラヴィーニュやフェリシア・ヒーマンズ夫人の悲劇詩を読み通そうという人など期待すべくもない。台本作家がヴェルディに提供した小冊子から、歴史を学ぼうとする人が出るとも思えない。この小冊子は不運な作品だった。それはパリでの公演のために依頼されたものだったが、ヴェルディとイタリア人たちを立腹させた。というのも、「晩禱」の伝説的な主人公ジョバンニ・ダ・プロチダが陰険で節操のない陰謀家として描かれていたからである。また、シチリア人たちは自分たちが残忍かつ憶病者として扱われていることに怒ったし、オーストリア人たちはこの作品が〔フランスの〕占領軍に対するイタリア人の反乱を扱っていることに、またフランス人たちはこのオペラのクライマックスが当然ながら同胞の虐殺であることに、それぞれ怒った。

一八四二年に初版が出版されたアマーリの労作『「シチリアの晩禱」の戦史』は、現在でもおもしろく読める有益なものである。アマーリは学識豊かな優れた歴史家であり、可能なかぎり丹念に史料を掘りおこし、それらを首尾一貫した物語にまとめあげた。だが、アマーリはまた政治家でもあった。彼は、成功裡におわったアンジュー家支配に対するシチリア人の反乱を語ることで、ブルボン家に抗しても立ち上がるようにシチリア人を励ましたかった。彼の研究はひとえにこの目的にのみ向けられていて、実際それは達成されたと言えなくもない。だが、かたくなな先入観がその視野を狭めてしまっている。この物語には、ヨーロッパというより広い背景のなかで語られるべきことがまだ残されている。

実際のところ、「シチリアの晩禱」として知られる一二八二年三月三〇日のパレルモにおけるフランス人虐殺の重要性は、それが単に陰謀家と殺人者の独立したドラマであることでも、またシチリアとその圧制者たちの叙事詩的悲劇の一つのエピソードであることでもない。虐殺は、国家と世界的体制の運命を変えた歴史のなかの一事件だった。この重要性を理解するには、それを国際的背景のなかで見なければならない。私は、本書で「晩禱」を中心に据えると同時に、十三世紀後半の地中海世界の物語を語ろうと試みた。背景は大きく広がり、英国からパレスチナ、コンスタンティノープルからチュニスにまで及ぶことになろう。また、さまざまな登場人物でひしめき合うことになろう。とはいえ、歴史の舞台には雑多な人物がひしめき合っているのが当然であり、その雑踏を恐れる読者は、もっと秩序立った小説という小道をたどればよい。物語には、この「晩禱」という一点に収斂するさまざまなテーマがある。傲慢さゆえに身の破滅を招いた頭のよい王子の話。バルセロナとビザンティンで企てられた大掛かりな陰謀の話。外国の支配に抗して立ち上がった秘密組織の勇敢なシチリア人たちの話。中世最大の構想である普遍的な教皇君主制の緩やかな自滅の話。

「晩禱」の歴史には、基本となりうる膨大な原史料がある。また、信頼度はさまざまながら、この時代には数多くの年代記作家や歴史家がいた。関係国の古文書の大部分は十分な調査が行なわれ、法令は活字におこされている。しかし、おそらくまだ未整理のアラゴン家の古文書、ホーエンシュタウフェン家の古文書、および第二次世界大戦中に消失したナポリのアンジュー家の古文書など、目を通さねばならないものが多数あるだろう。私は現代の歴史家による多くの研究を参考にした。なかでも、ナポリのアンジュー家に関するE・G・レオナードによる最近の労作に言及しておきたい。やむを得ないことながら、これはわずかな要約にすぎない。それにもかかわらず、その学識と良識のゆえに必読のものである。一九〇九年に出版されたアンジュー家侵入前夜のイタリアに関するE・ジョーダンの優れた研究によって、いまやこの問題に歴史家が新たに付け加えるものはなくなった。また、十二世紀と十三世紀のドイツとイタリアに関する彼の近年の研究（一九三九年）は、貴重な情報を与えてくれると同時に、その明晰さという点でとりわけ注目に値する。残念なことに、これは一二七三年で終わっている。アラゴン家のペドロと「晩禱」について書かれたカルテッリエーリの小さな本は、ビザンティンの共謀関係を過小評価しているきらいがあるが、大陰謀の本質を的確に立証している。彼の著書はウィルゾウスキー女史の諸研究によってさらにその正当性が確認された。イタリアの歴史家のなかで、いまだに欠かすことのできないアマーリの研究を補うのが、カルッツィ、ポンライイェリ、モンティおよびシチリアの共同研究者であるリベルティーニとパラディーノらのような歴史家たちの仕事である。

私が多くを負っている研究は注に掲げたが、現代の歴史家が十分にその領域をカバーし、その典拠に言及している場合には、現代の研究のみを挙げておくことにした。

私は、この物語のなかで比較的重要なエピソードが起きた場所をみずから訪れてみた。私の旅の便宜をはかってくださったイタリアとシチリアの友人たちに感謝を捧げたい。また、変わらぬ好意を寄せていただいているケンブリッジ大学出版局の評議員と職員の方々にも謝意を表したい。

一九五七年　ロンドン

スティーブン・ランシマン

シチリアの晩禱／目次

著者まえがき　スティーブン・ランシマン　i
地図一覧・系図等一覧（訳者補遺）　xii
序　章　シチリア……3
田園詩に歌われたシチリア島／災禍の始まり／ノルマン人のシチリア支配／民族的・宗教的共生のシチリア／ホーエンシュタウフェン家のシチリア支配／フリードリヒ二世とシチリア
第1章　アンチキリストの死……25
フリードリヒ二世の死／ホーエンシュタウフェン家と教皇庁／フリードリヒ二世と教皇庁の対立／ゲルフ党とギベリン党の争い／フリードリヒの世界制覇の夢／フリードリヒ二世に対抗する教皇たち／衰退する世界の帝国
第2章　ホーエンシュタウフェン家の遺産……43
フリードリヒの結婚と子供たち／フリードリヒの遺言／コンラードとマンフレーディ／教皇インノケンティウスとコンラード／マンフレーディと教皇インノケンティウス／教皇アレクサンデル四世とマンフレーディ／マンフレーディの野心

第3章　アドリア海を越えて……67
ラテン帝国の成立／エピロスとニケーアの対立／マンフレーディの介入／エピロスのミカエル／ニケーアのミカエル・パラエオログス／「ペラゴニアの戦い」ニケーア対エピロス・ラテン同盟／ラテン帝国の消滅／東ローマ復興、ミカエル・パラエオログスの支配／マンフレーディとボードゥアン

第4章　王を探して――イングランドのエドマンド……91
教皇ウルバヌス四世／マンフレーディと教皇ウルバヌス四世／シチリア王位をめぐる確執／ヘンリー三世の野心／シチリア王エドマンド構想の破綻

第5章　王を探して――アンジュー家のシャルル……111
教皇ウルバヌスの思惑／ボードゥアンの仲介工作の失敗／シチリア王シャルルの誕生／シャルルの家族と生い立ち／アンジュー伯時代のシャルル

第6章　アンジュー家の侵入……133
マンフレーディの勢力拡大／協定案の見直し／教皇ウルバヌスの死／教皇クレメンス四世の誕生／シャルル軍の南下／シャルルのローマ入城／シャルル支援軍の到着／「ベネヴェントの戦い」マンフレーディ対シャルル

第7章　若きコンラーディン……161
新しい統治者シャルル／教皇クレメンスとシャルルの確執／コンラーディンの存在／コンラーディン軍のイタリア侵入／コンラーディンのローマ入城／「タリアコッツォの戦い」コンラーディンとシャルルの決戦

第8章　シチリア王シャルル……193
シャルル王の統治開始／ローマの支配／中部イタリアの支配／北イタリアの支配／ドイツの皇帝派に対抗して／シチリアの統治／シャルルの行政改革／シャルルとフランス

第9章　地中海帝国……219
シャルルの外交政策／シャルルの東欧支配／シャルルと東ローマ帝国／フランス国王ルイの死（一二七〇年チュニジア十字軍）／シャルルのチュニス支配／バルカン半島の要となったシャルル

第10章　教皇グレゴリウス十世……241
教皇グレゴリウス十世の登場／シャルルとジェーノヴァの抗争／教皇派と皇帝派の対立の収拾／神聖ローマ皇帝をめぐる抗争／東方と西方の教会合同をめぐって／東ローマ皇帝ミカエルの外交活動／リヨンの公会議／東ローマの使節団／否定されたシャルルの野心／教皇グレゴリウスの終末

第11章　アンジュー家の復活……277
短命の教皇インノケンティウス五世とハドリアヌス五世／教皇ヨハネス二一世とシャルルの関係／暗礁に乗り上げた教会合同／エーゲ海を支配するビザンティン軍／シャルルの反攻／教皇ニコラウス三世とシャルルそしてルードルフ／東西教会合同協約の変更／教皇マルティヌス四世とシャルル／教皇マルティヌス四世と東ローマ／苦境に立つミカエル
第12章　大いなる陰謀……323
陰謀の着手／陰謀家プロチダの行動と伝説／アラゴン王国の介入／陰謀の網／プロチダ伝説／アラゴン王ペドロの暗躍／シャルルの誤算
第13章　シチリアの晩禱……347
反乱の勃発／メッシーナの攻防／シャルルの対応／ペドロの策略／シャルル軍の攻撃開始／アラゴン軍の介入
第14章　王たちの争い……369
ペドロ勢の進軍／退却するシャルル軍／ペドロのメッシーナ入城／イタリア本土に入ったペドロ軍／シャルルの同盟軍／シャルルによる決闘の提案／シャルルの改革の実施／二人とも勝利を宣言した決闘
第15章　シャルル王の終焉……393
アラゴンに対する十字軍／継続するイタリアでの戦い／シチリア人とアラゴンの対立／サレルノ公シャルルの敗北／国王シャルルの敗退／シチ

リア人の分裂／シャルルの死／シャルルの長所と短所
第16章　晩禱とシチリアの運命……417
アラゴン十字軍の敗走／アンジュー家支配のゆらぎ／消えた晩禱の主役たち／教皇ホノリウス四世の政策／フランスの新国王フィリップ四世／シチリアへの再攻撃／妥協を求めて／教皇の空位を利用して／シチリアを無視した解決／戦うシチリア／シチリア（トリナクリナ）の独立／シチリアからハンガリーへ／スペイン支配のシチリア
第17章　晩禱とヨーロッパの運命……455
シチリアの晩禱事件がヨーロッパの歴史に刻印したもの／フランス国家の台頭と教皇権の衰退
補　遺　ジョヴァンニ・ダ・プロチダと晩禱……467
訳者あとがき――藤澤房俊　479
付録　索引　参考文献

《凡　例》

●人名や地名などの固有名詞は、原則として出身国や各国の発音・表記とした。慣例に従ったものもある。

●訳注は、地名・人名・事件などに〔　〕で記した。

●各章扉の図版は、原著の口絵写真から選び配した。

●地図は、原著のものの他に、読者の便宜を考慮し、必要に応じて加えた。系図なども訳者が作成した。

●本文中の小見出しは訳者が付した。

地図一覧

〔訳者補遺〕

地図内容	掲載ページ
北イタリアおよびフランス南東部…《原著　図1》	149
フランスおよびアラゴン…《原著　図2》	213
シチリア	xiii
南イタリア	xiv
バルカン半島南部・アナトリア西部	xv
パレスチナの十字軍による諸国	xv
13世紀のヨーロッパおよび地中海世界と変遷	xvi
ベネヴェント付近（「ベネヴェントの戦い」参照）	134
タリアコッツォ付近（「タリアコッツォの戦い」参照）	162
パレルモ市街	348

系図等一覧

〔訳者補遺〕

系図等内容	掲載ページ
シチリア王国 アルタヴィッラ朝	4
歴代教皇（11～13世紀）	26
シチリア王国 ホーエンシュタウフェン朝	44
エピロス専制公国、テッサロニカ帝国/専制公国	69
ニケーア帝国（東ローマ帝国 ラスカリス朝）、ラテン帝国	70
イングランド王国 プランタジネット朝（一部）	92
フランスのアンジュー家 シチリア王国ナポリ王家（一部）	112
フランス王国 カペー朝フランス王家（一部）	113
シチリアの統治者（11～14世紀）	194
アケーア公国・アテネ公国の統治者（一部）	220
東ローマ帝国（ビザンティン）パラエオログス朝（一部）	242-243
中世ブルガリア、中世セルビア（一部）	278, 279
アラゴン王国、カスティーリャ王国（一部）	324, 325
イェルサレム王国とキプロス王国（一部）	370
ボヘミア王国（一部）	394
ハンガリー王国（一部）	418

＊系図作成資料：書籍では、主にジョン・E・モービー著、堀田郷弘訳『オックスフォード世界歴代王朝王名総覧』東洋書林、1993年。同『和＝英・英＝和 世界歴代統治者名辞典』東洋書林、2001年ほか。インターネットのサイトでは『世界帝王事典』ほか内外の関連サイトを参考にした。

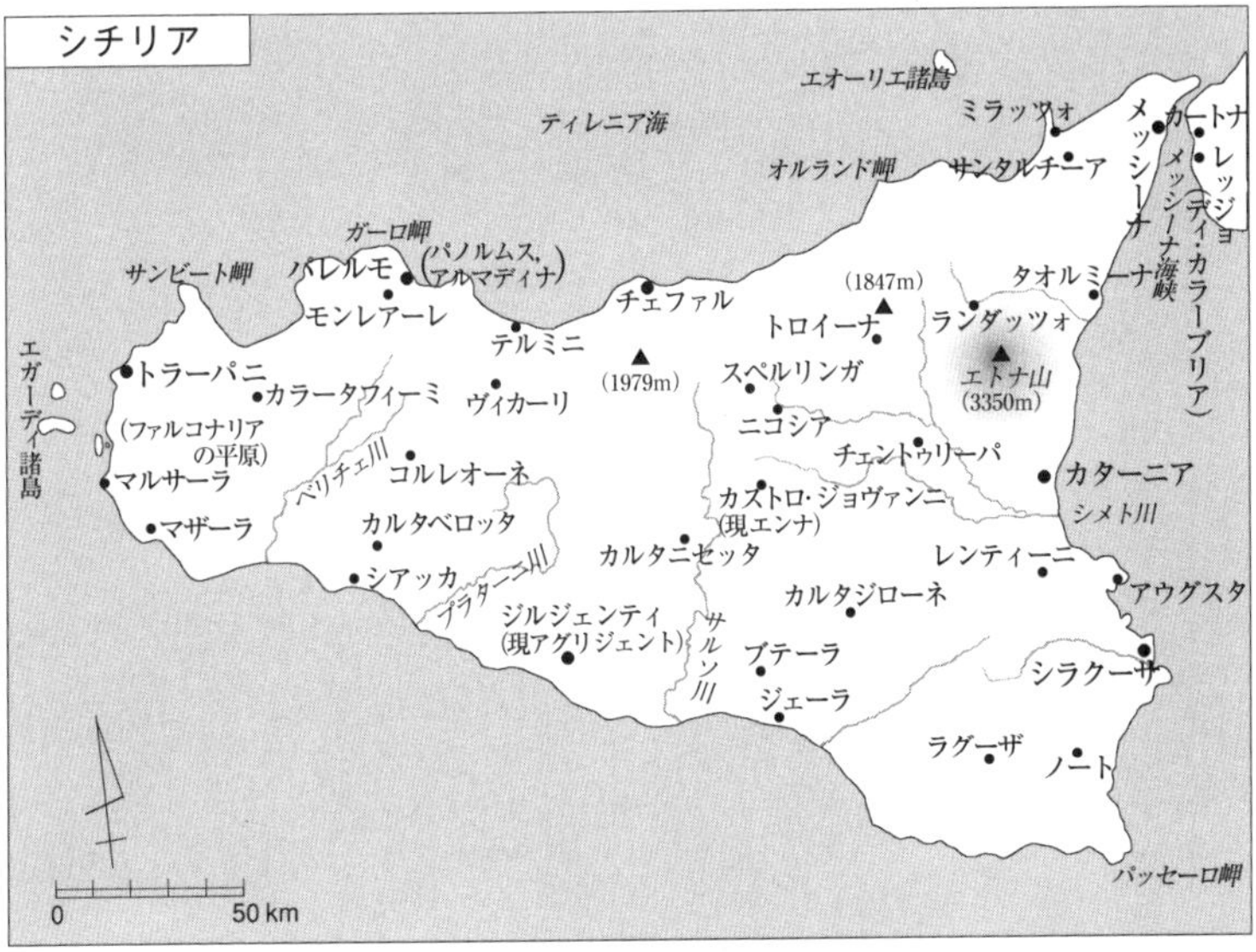
シチリア
ティレニア海
エオーリエ諸島
ミラッツォ
メッシーナ
カートナ
レッジョ
サンタルチーア
オルランド岬
メッシーナ海峡
（レッジョ・ディ・カラーブリア）
ガーロ岬
サンビート岬
パレルモ
（パノルムス，アルマディナ）
モンレアーレ
チェファル
(1847m)
タオルミーナ
トロイーナ
ランダッツォ
テルミニ
エガーディ諸島
トラーパニ
(1979m)
スペルリンガ
エトナ山
(3350m)
カラータフィーミ
ヴィカーリ
（ファルコナリアの平原）
ニコシア
チェントゥリーパ
ベリチェ川
コルレオーネ
マルサーラ
カターニア
カストロ・ジョヴァンニ
(現エンナ)
シメト川
マザーラ
カルタベロッタ
カルタニセッタ
レンティーニ
シアッカ
プラターニ川
アウグスタ
カルタジローネ
ジルジェンティ
(現アグリジェント)
サルソ川
ブテーラ
シラクーサ
ジェーラ
ラグーザ
ノート
パッセーロ岬
0
50 km

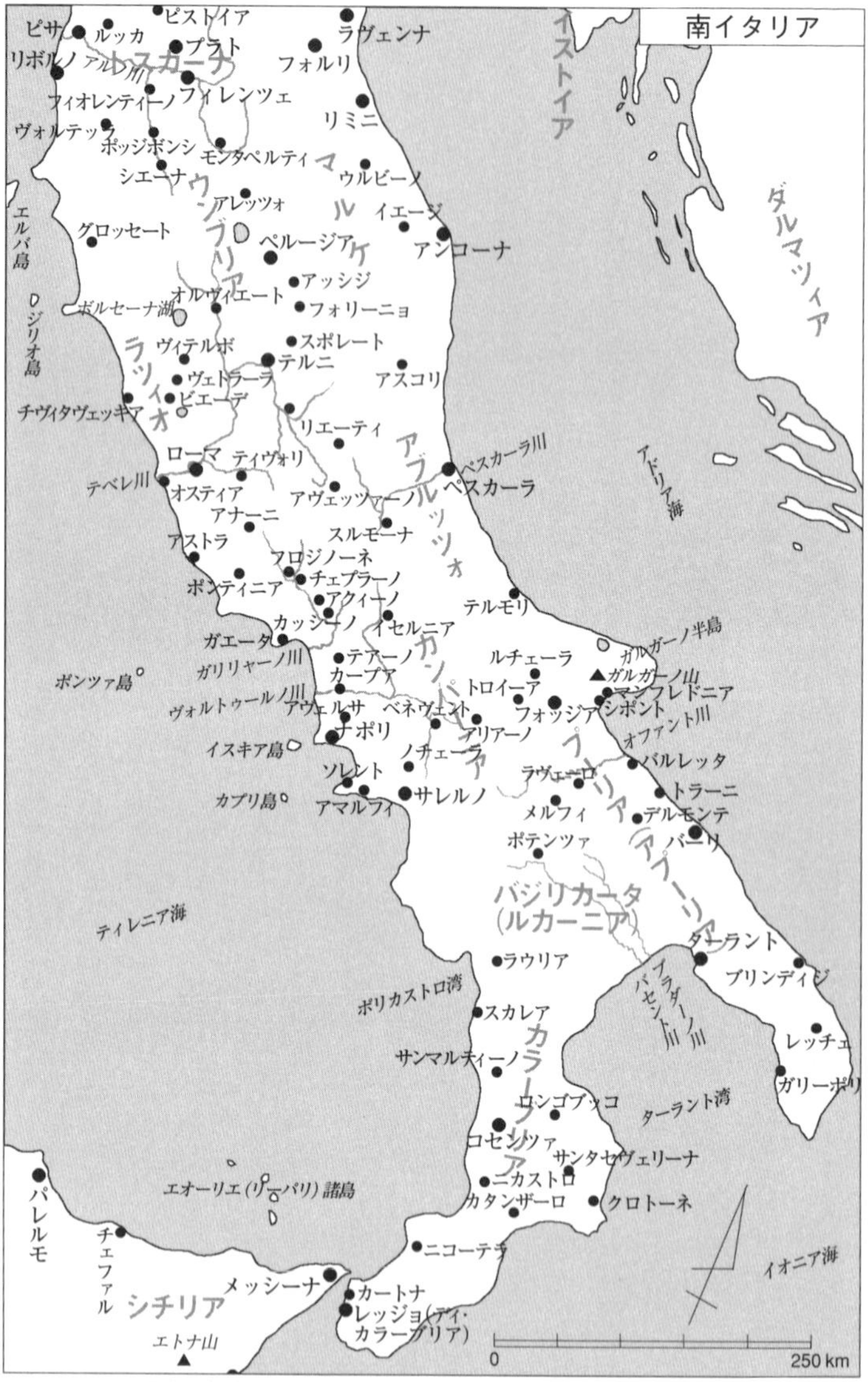

＊トスカーナ地方の都市については149ページの地図も参照。

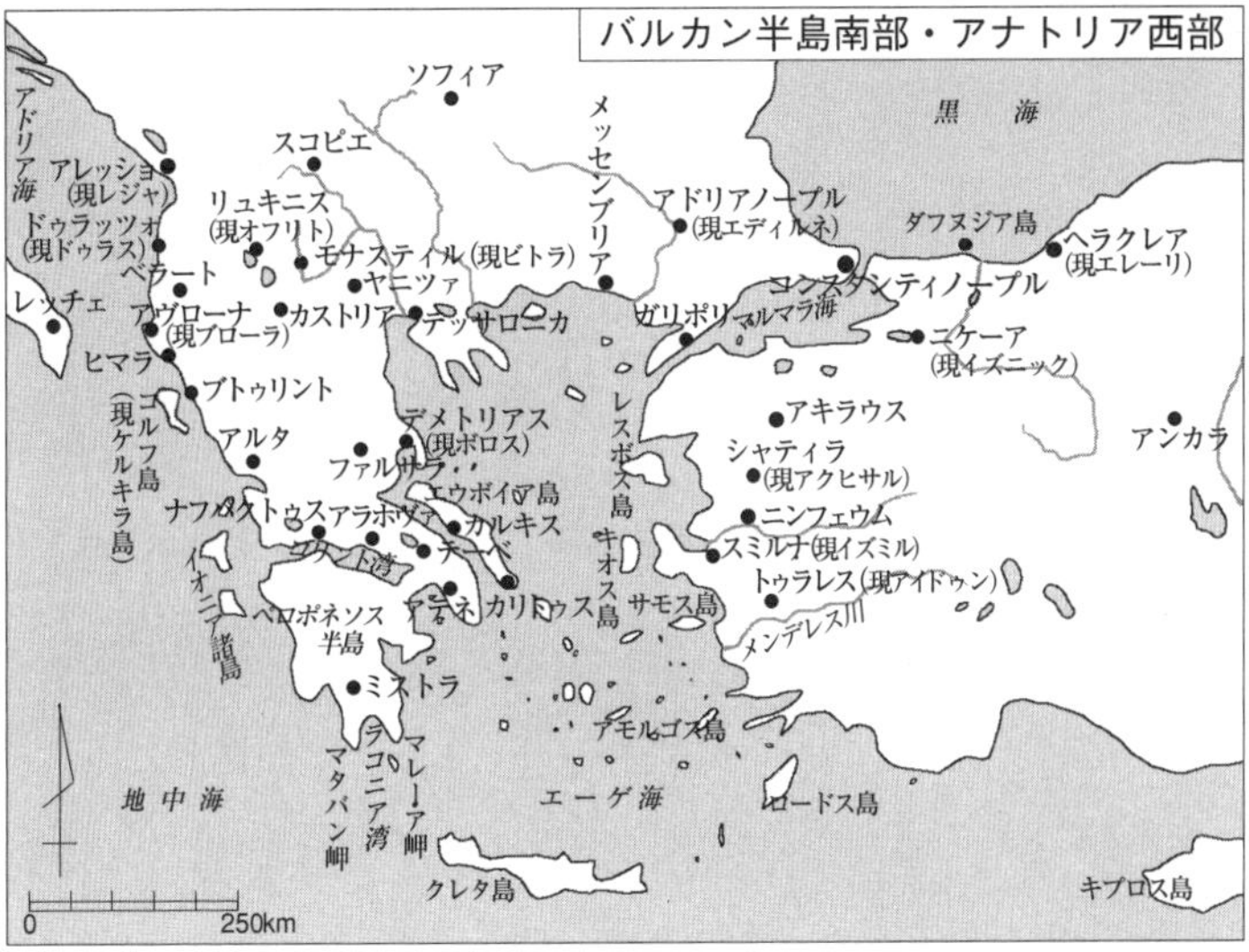

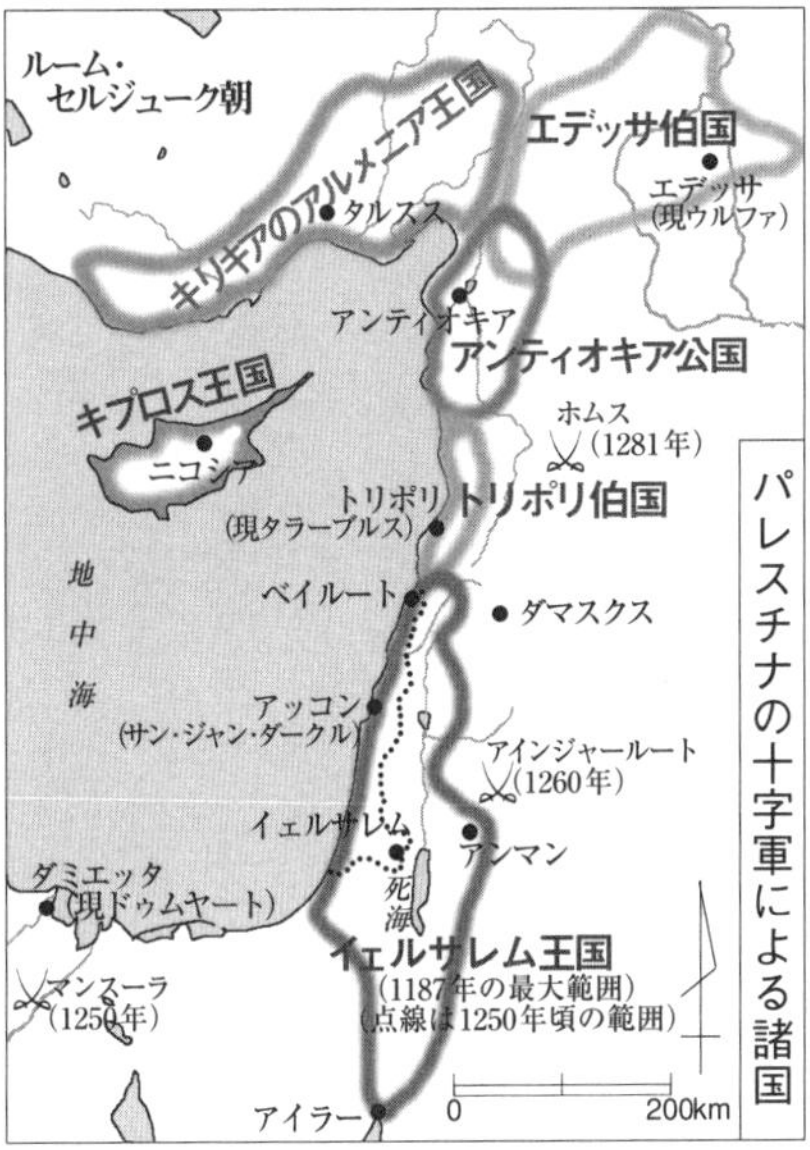

1096〜99年第1回十字軍ほか十字軍に関連して建国されたパレスチナの諸国（海外属領：ウートルメール）

エデッサ伯国（1098〜1150年）
アンティオキア公国（1099〜1289年）
イェルサレム王国（1099〜1291年）
トリポリ伯国（1102〜1187年）
キプロス王国（1192〜1489年）

———

キリキアのアルメニア王国（1280〜1375年）

13世紀のヨーロッパおよび地中海世界
ダブリン
ロンドン
ハンブルク
ダンチヒ
キエフ
カレー
クルトレイク
ケルン
アミアン
トゥリール
プラハ
クラクフ
パリ
ランス
マインツ
アンジェ
トゥロア
ウォルムス
レーゲンスブルク
ウィーン
ポワティエ
オルレアン
コンスタンツ
アウグスブルク
グラン
ブダ/ペシュト
クレルモン
ローザンヌ
セーケシュフェールバール
ボルドー
リヨン
ヴェネツィア
トゥールーズ
アヴィニョン
ジェーノヴァ
ニコポリス
トレビゾンド
フィレンツェ
マルセイユ
トォルノヴォ
サラゴサ
ラグーザ
バルセロナ
サルデーニャ島
アドリアノープル
コンスタンティノープル
トレド
ローマ
リスボン
ドゥラッツォ
アンカラ
ナポリ
バーリ
ニケーア
バレアレス諸島
テッサロニカ
コルドバ
ヴァレンシア
マヨルカ島
コルシカ島
サレルノ
スミルナ
グラダナ
コルフ島
アテネ
アイドゥン
パレルモ
アンティオキア
シチリア島
ブージ
コロ
ダマスクス
フェズ
コンスタンティーヌ
チュニス
マルタ島
キプロス島
トレムセン
アッコン
ケルケーナ島
クレタ島
イェルサレム
ジャルバ島
アレクサンドリア
トリポリ
カイロ

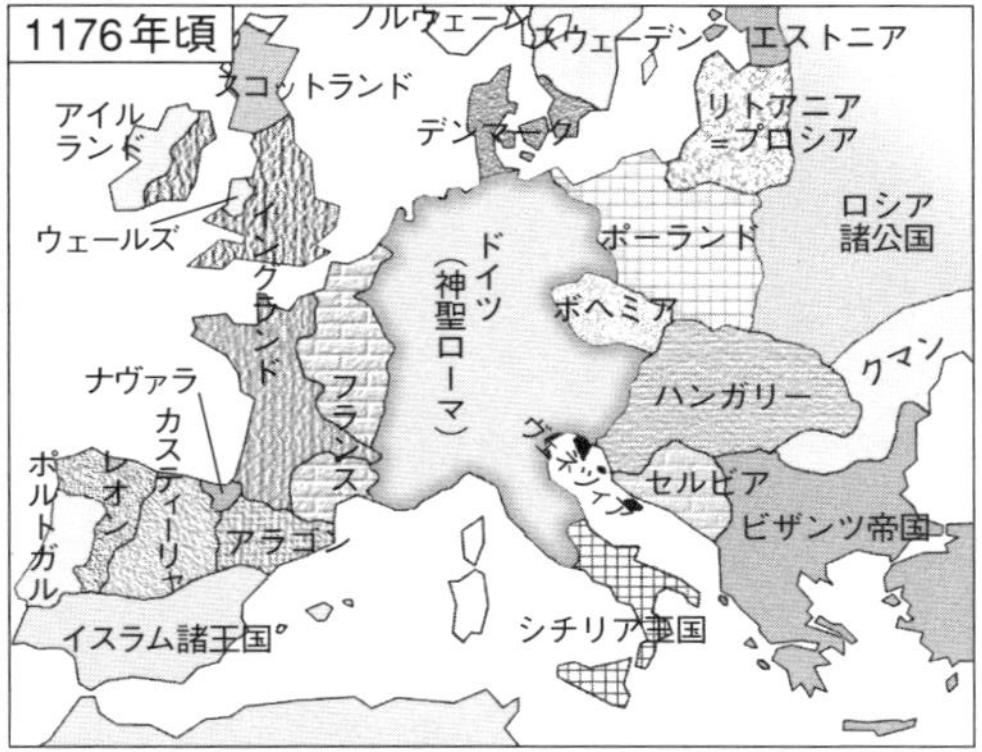

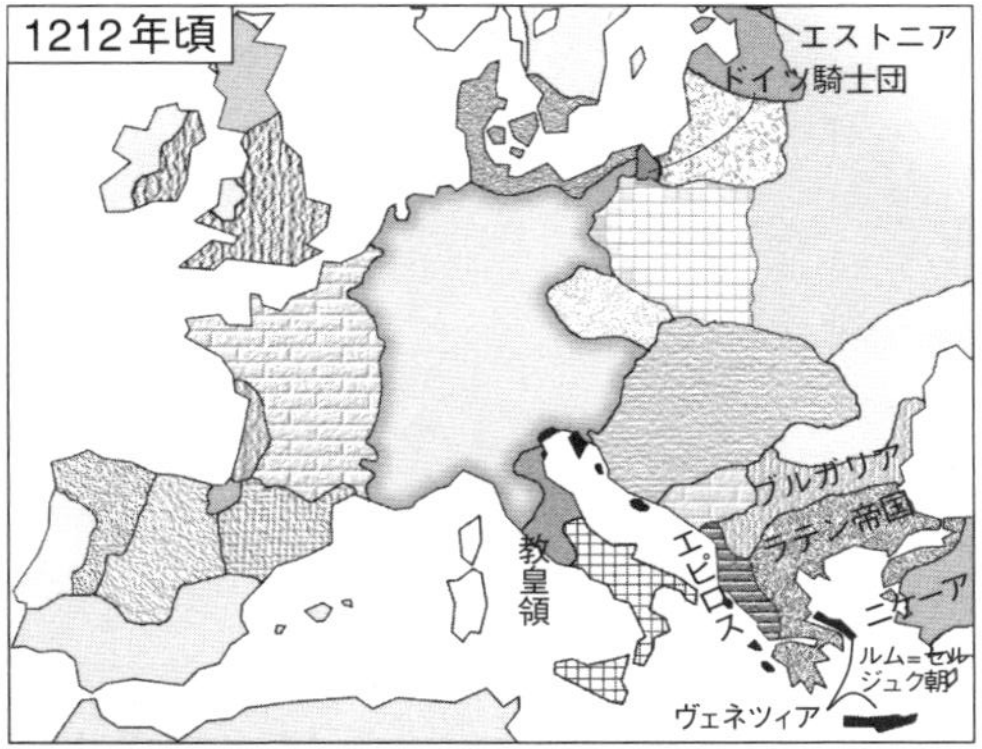

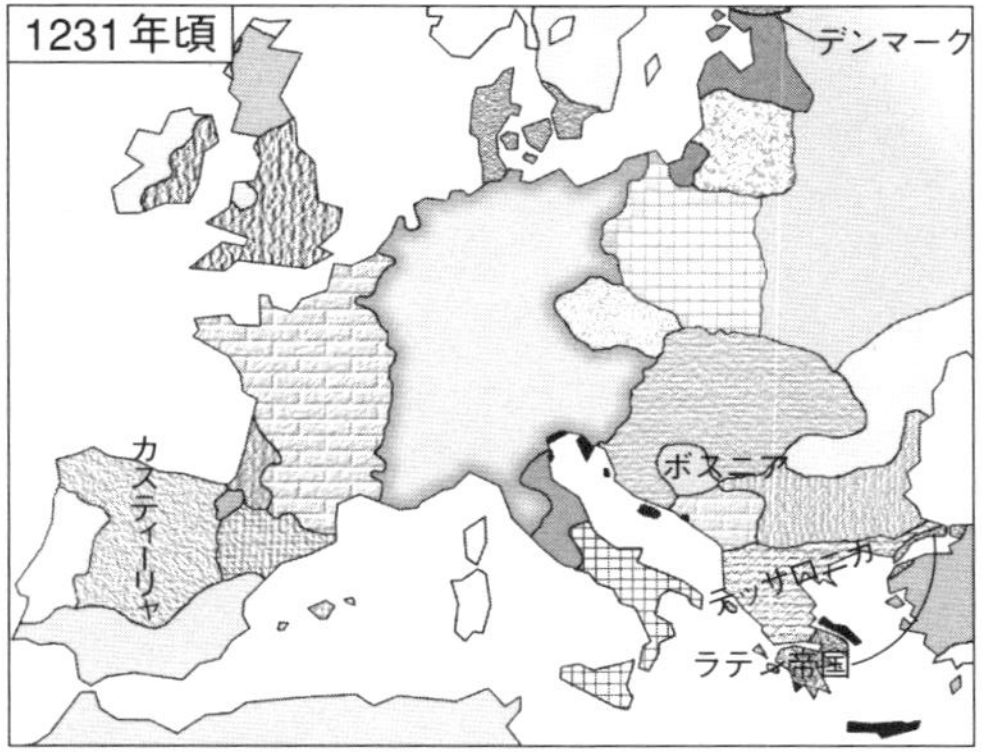

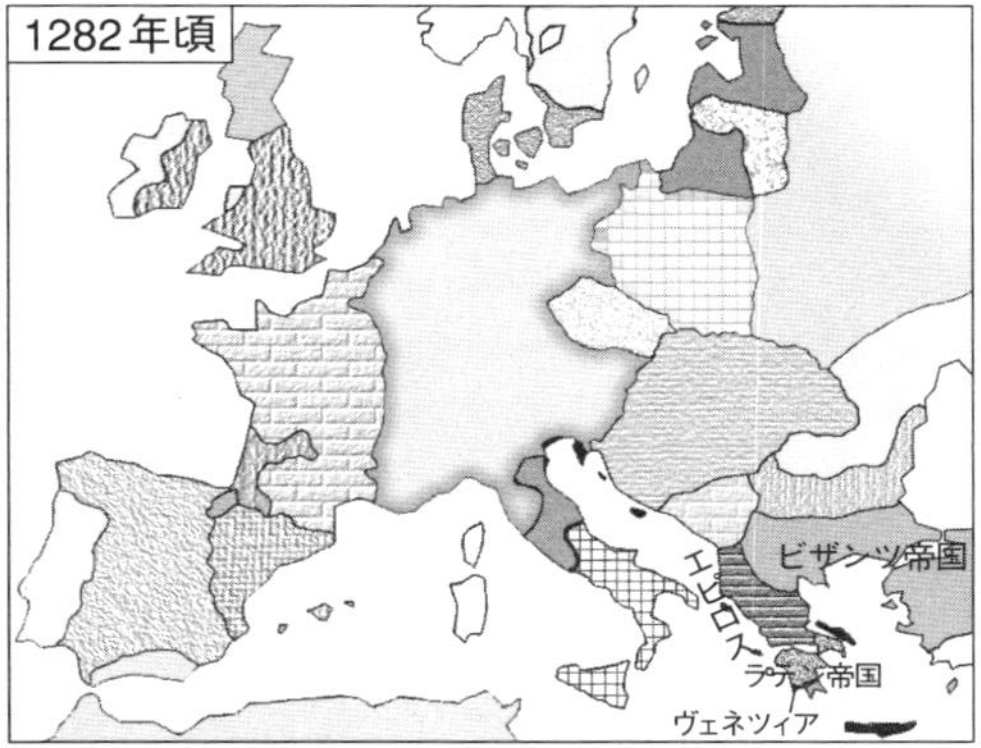

＊一二三一年頃のボスニア地域は、ハンガリー王のもとカリン公スティェパンが統治していた。王国になるのは十四世紀。

＊ボヘミアは一二五二年から一二七六年まで領土を拡げ、アドリア海に達した。

＊資料：http://www.studybuddy.nl/english/ ほか

シチリアの晩禱

——十三世紀後半の地中海世界の歴史

序章　シチリア

聖母マリアに大聖堂を捧げるグリエルモ2世。シチリア、モンレアーレ大聖堂にある12世紀のモザイク画。

シチリア王国　アルタヴィッラ（仏語名：オートヴィル）朝

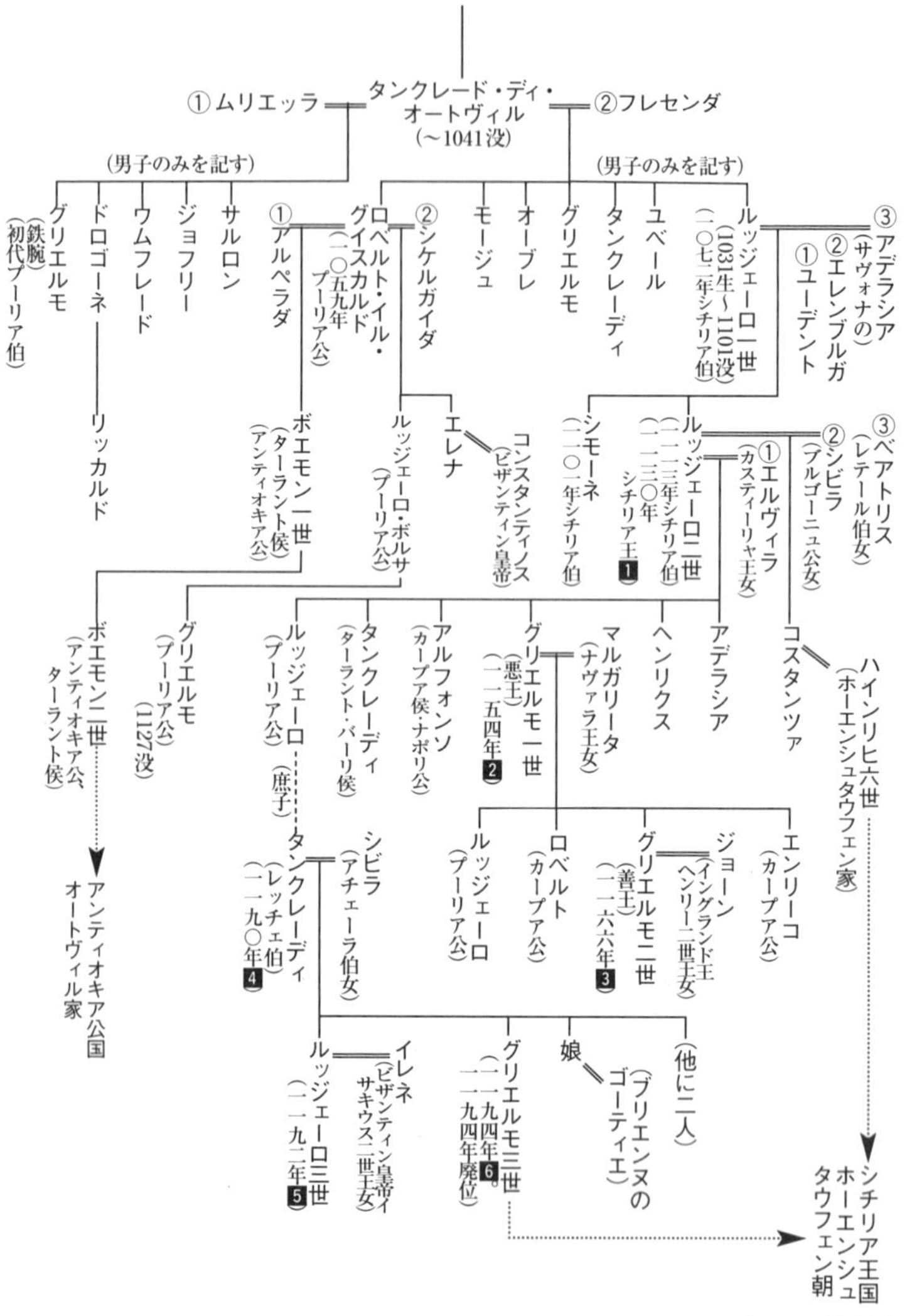

〔44ページを参照〕

「シチリア島を見ずしてイタリアは知ることはできない。
シチリアこそイタリアの命である」
（ゲーテ『イタリア紀行』より）

田園詩に歌われたシチリア島

シチリアは地中海の中央に位置する三角形状の島で、地中海を二つに分けて、イタリアとアフリカをつなぐ橋の役割を果たしているといえるだろう。この島ほど自然の恵みを十二分に受けているところは、ほかに見当らない。気候は穏和で、険しい山々と輝くような渓谷や平野を有する自然は美しい。頻発する地震と去ることのないエトナ火山の脅威――それらは自然の力の気まぐれを証明してやまないのだが――は、代償として、肥沃な土壌をこの地にもたらしてきた。この島に対して、それほど優しく接しなかったのは、むしろ人間のほうであった。この島は、地理的条件のため、ヨーロッパとアフリカの勢力の戦場となる必然の運命だった。それに、地中海を支配しようとする者にとっては、何としても手に入れたい土地だった。それは、侵略と戦争と騒乱の物語である(1)。

この島にシチリアという名を与えたシクリ人とは何者なのか。そして、彼らはどこからやってきたのか。また、どのように彼らがより古い先住民のシカニ族にとって代わったのか。これはいずれも、先史時代の研究家たちの論争の的となっている。シチリアの歴史は、古代世界の二つの強大な海洋民族であるフェニキア人とギリシア人によって侵略され、植民されたときから始まる。ギリシア人は紀元前七〇〇年ごろに到来し、島の東半分の海岸沿いに都市を建設した。フェニキア人はアフリカに建設した植民地からすでに船で渡来していて、西半分を占領していた。二つの民族の間で戦いが起こり、ギリシア人が支配権を掌握した。しかし強力なアフリカの帝国カルタゴの支援を受けるフェニキア人は依然として脅威であった。フェニキア人と戦っていないとき、ギリシア人の都市国家は平静を保ち、小競り合いや小さな革命に気晴らしを見出していた。シラクーサは中心的都市であり、アテネの遠征隊を放逐したことで名を馳せていた。時折、シラクーサの専制君主――それはヒエロンだったりディオニシウスだったりしたが――は、決まって数年間だけは平和と秩序を保つことができた。困難はあったが、幸運な時代であった。ギリシア人はオリーブとブドウの木をもたらした。穀物畑が広い中央平原をおおい尽くしていたが、その牧草地から地下の神が穀物の女神の娘を連れ去ることになった。家畜は丘一面にあふれていた。農民たちの陽気で素朴な生活はテオクリトゥスの田園詩のなかで永遠の命を与えられている。だが、それでもなお、人間はこの島から富を奪い始めた。ギリシア、フェニキアの両都市とも戦争と交易のための船を所有していた。森は船大工の斧で切り倒され始めた。コリュドーン〔古典の牧歌に登場する羊飼いの若者〕がアマリリス〔田園詩の羊飼いの少女〕と木陰で戯れているうちに、森を再生させるはずだった苗木を山羊たちがむさぼり喰っていた。衰退と乾燥が始まった。山肌から土が洗い流された。渓を流れていた川の心地よいせせらぎは、冬には激流となった。夏の太陽にさらされて、土地は荒れ果てた乾燥地に変わり始めた。

田園詩の時代は長くは続かなかった。シチリアはその地理的条件ゆえにローマとカルタゴの大戦争に必然的に巻き込まれた。紀元前二〇〇年までに、島は完全にローマの支配下におかれた。ローマ人たちはこの島を重要視した。というのも、彼らは巨大な首都の食料のために穀物を必要としていたからである。悪い時代がきた。島民たちはキケロから糾弾された総督ヴェラスの強制取り立てに苦しめられた。また、中央政府に対するセクストゥス・ポンペウスの戦い〔紀元前四八年カエサルに敗れた大ポンペイウスの息子セクストゥスが、その後シチリアや南イタリアを荒らしてローマを悩ませた〕にも巻き込まれた。それ以前にすでに、ローマ人が征服直後に入植させた奴隷たち——そのほとんどは戦いで捕虜となった者たちだったが——の反乱によって、農地は荒れ果てていた。しかし、ローマの作家たちはシチリアについてほとんど書き残していない。私たちは彼らの沈黙が静かな繁栄の証であると推測せねばならない。この島は、その当時、本質的にはギリシアであった。ローマ政府の役人はラテン語も用い、公布は両方の言語でなされたが、住民はギリシア系のものも、フェニキア系あるいはシクリ系のものも、すべてのものがギリシア語を話した。同時に、ラテン語を話す一定数の植民者がイタリア半島から連れてこられた。

災禍の始まり

西ヨーロッパにおけるローマ帝国の衰退と滅亡は、この島に新たな困難をもたらした。メッシーナ海峡の嵐のおかげで、シチリアはアラリック〔西ゴートの王。三七〇頃〜四一〇年〕と西ゴート族の侵略を免れたが、その後まもなくカルタゴから軍事行動を起こしたヴァンダル族の急襲を受けて占領された。シチリアはオドアケル〔西ローマ帝国を倒したゲルマンの武将。四三四頃〜四九三年〕と東ゴートのテオドリック〔東ゴートの王。四五四頃〜五二六年〕のもとで再びイタリアに併合された。二人の支配者とも、この島の扱いには慎重に配慮した。というのは、ヴァンダル族がアフリカからの穀物輸出を封鎖していたので、イタリア全土がパンをシチリアの穀物畑に依存しなければならなかったからでもある。しかし、たとえ二人の支配者が気を配ってゴート族など野蛮な入植者によってシチリア人を混乱に陥らせないようにしたとしても、彼らの支配は人びとの支持を得られなかった。ユスティニアヌス皇帝〔東ローマ皇帝。四八二〜五六五年〕が東ゴート支配のイタリアを征服する前のことだが、シチリアを帝国に取り戻そうとして軍隊をコンスタンティノープルから派遣したとき、皇帝軍はいたるところで歓迎され、東ゴート族の守備隊は反撃もせずに退却してしまった。イタリアにおける戦いが終わる前に東ゴート族はこの島を襲撃したが、イタリア本土とは異なり、シチリアは決定的な荒廃を免れた(2)。

その後つかのまの平穏な時代があったが、その間にマラリアという禍をもたらすハマダラカがこの島に現われたようである。そして、低地の多くの住民たちが亡くなり始めた。七世紀半ばに新たな問題が生じた。イスラム教徒はこのときまでにシリアとエジプトを征服していた。彼らが帝国を西に拡張しようと企てたときに、シチリアはその明確な目標となった。イスラム教徒が最初にシチリア島を襲撃したのは六五二年だったが、攻撃が激化したのは対岸のアフリカを占領した後の八世紀初頭である。一方、シチリアが再建されたローマ帝国の中心になるかもしれないと思えたときがあった。イスラムに対抗して東方を支配することに希望を失ったコンスタンティヌス皇帝は、首都をコンスタンティノープルから旧都ローマへ戻すことを企てていた。それが実行不可能とわかると、彼はシラクーサに移り住んだ。ところが、家臣たちはコンスタンティノープルを捨てることに衝撃を受け、六六八年のある日、皇帝の入浴中に一人の廷臣が石鹸入れで皇帝の頭を殴って致命傷を負わせた。皇帝の死によって、政府は再びボスポラスへと戻った(3)。

八世紀を通じてビザンティンの皇帝たちはかろうじてシチリアを掌握していた。イサウリア朝の皇帝たちの聖像破壊政策を嫌う島民による反乱が数回起こった。しかし同時に、島ではギリシア的要素が強められていった。聖像破壊主義を取り入れようとする試みはなかった。東方から多くの聖像崇拝者たちが庇護を求めてきた。一方皇帝たちは、ローマ教会と争っているあいだに、行政上の便宜のためもあって、宗教管区をかつて属していたローマからコンスタンティノープルに移した。九世紀になると、アフリカからのイスラム教徒の侵入は苛烈を極めた。侵入の口実は、地方総督エウフェミウスの反乱であった。彼は自ら皇帝と称し、アラビア人に援助をよびかけた。八二七年、侵略者たちが島に上陸した。エウフェミウスはその後まもなく殺されるが、アラビア人たちは立ち去らなかった。八三一年、パノルムスすなわちパレルモが占領され、アル・マディナと改名されてシチリアの中心となった。アラビア人の侵入は、ギリシアの影響がもっとも少なく、フェニキア人が昔から居住していた島の西部を除いて、遅々としたものであった。しかし八四二年にはメッシーナを陥し、八五七年あるいは八五八年にチェファルを征服した。二年後、裏切り者の手を借りて、彼らは難攻不落のエンナすなわちカストロジョヴァンニの砦を急襲し、島の中央部に到達した。皇帝たちは島を救おうと最善の手を尽くした。だが、海軍はイサウリア朝の皇帝たちのもとで衰退しきっており、この期に及んで再生するにはもはや遅すぎた。かろうじて南部イタリアが守られた。そこにもアラビア人が侵入していた。シチリアにおけるビザンティンの首都シラクーサが八七八年にアラビア人の手に落ちると、皇帝たちはこの島を見捨てた。タオルミーナは九〇二年まで、エトナ山腹のいくつかの村はその後短期間ではあるがもちこたえた。九世紀末までに、島は完全にアラビア人の支配下におかれた(4)。

アラビア人は新しい活力をシチリアにもたらした。彼らは、山羊が緩慢に進めていた森林の大規模な破壊を徹底的に促進したが、レモン、オレンジ、棉、サトウキビなどをもたらした。彼らはまた有能な商人でもあった。アラビア人の支配のもとでパレルモは国際市場となり、アフリカやオリエントのイスラム教徒商人とともに、イタリア諸都市のキリスト教徒商人たちも喜んで迎えられた。軍隊に続いて、アラビア人やアフリカ人の多くの入植者たちが、島のとくに東半分に到来した。それでも、キリスト教徒たちの生活が侵害されることはなかった。実際、税金はそれほど高くなく、兵役に服すために畑や村を離れる必要がなかったので、おそらく島民は経済的にはビザンティンの支配よりも豊かな生活をおくっていた。けれども、無数の小規模な抗争があった。当初、アラビアの首長《エミール》たちはアフリカのアグラビ朝の支配者たちに忠誠を誓っていたが、アグラビ朝に続く異端のファーティマ朝とジリア朝になると、シチリアの諸侯たちは独立を宣言し、アフリカの再征服を企て、おたがいに戦いを始めた。十一世紀初頭、ビザンツ帝国は島を奪還しようと遠征隊を派遣し、そのいくつかは成功を収めた。しかしそれは、結局ビザンティン・イタリアへのノルマン人の侵入のため頓挫した。(5)

ノルマン人のシチリア支配

一〇六〇年、ノルマン人はシチリア征服を決意した。彼らはすでに南部イタリアのほとんどを征服していたが、強力な王国を建てるためにはシチリアも支配下におかねばならないと考えていた。しかし、ノルマン人のイタリア征服はロンバルディーア地方の領主の援助を受け、アルタヴィッラ〔フランス語名／オートヴィル。以下同〕家のロベルト・グイスカルド〔ロベール・ギスカール〕の指揮する封建領主の一団によって成就された。それに対して、シチリアはグイスカルドとその一番下の弟ルッジェーロ〔ルジェール〕〔一世〕の、ほとんど独力で征服された。それだけに、征服は時間のかかる事業となった。アルタヴィッラ家は自前の兵を多く有していなかったし、本土の面倒事に終始悩まされていた。この征服を成し遂げたルッジェーロは、指揮下の騎士が一〇〇人を割ることもしばしばだった。しかし、彼らはキリスト教徒の住民から歓迎され、またイスラム教徒同士の不和に助けられた。シチリア島の支配権を分け合っていたトラーパニ、パレルモ、ジルジェンティ〔現アグリジェント〕の三人の首長《エミール》は激しく妬み合っていた。ノルマン人がこの島に足場を築くことができたのは、パレルモのイヴン・アトゥ・ティムナとの同盟のおかげだった。彼らは一〇六一年にメッシーナを獲得した。イヴン・アトゥ・ティムナの死の直後の一〇六四年、パレルモを占領しようとしたが失敗に終わった。

一〇六八年、彼らは島の解放のためにアフリカのジリア朝から送られた軍隊を打ち負かし、それ以降征服は遅々としてはいたが確実なものになった。一〇八五年のシラクーサ、一〇八八年、一〇九一年のブテーラとノートの占領によって、島の征服はすべて完了した。ロベルト・グイスカルドは死ぬまで弟ルッジェーロに対して島の一部の所有権と宗主権を主張し続けたが、弟はシチリア伯の称号を守り、島とカラーブリア地方の支配権を手離さなかった。グイスカルドは一〇八五年に没するが、彼の後継者たちにはその権力を主張するほど才能のある者はいなかった。教皇は、地中海征服を望むノルマン人君主の権利を容認し、その最高宗主権のもとで、ルッジェーロ伯は独立した君主として支配を行なった。

ルッジェーロ〔一世〕は一一〇一年に没し、八歳の息子シモーネが伯爵未亡人サヴォナのアデラシアの摂政のもとで王位を継いだ。シモーネは二年後に死に、その弟ルッジェーロ二世が跡を継いだ。彼もまたそのとき八歳であった。アデラシアはルッジェーロ二世が十七歳になる一一一二年まで摂政を務めたが、彼女はその後、離婚歴のあるイェルサレム王ボードゥアン一世と不幸な結末を迎える再婚をした。

ルッジェーロ二世は家系の能力と野心を十分に受け継いでいた。彼はシチリアを地中海に君臨する国際的に重要な強国にすることを決意した。シチリア対岸のチュニジアの沿岸地帯を永続的に占領し、地中海の中心的な海を支配しようとしたが、その企ては失敗に終わった。ただ、彼の目論見はマルタ島の征服と強力な艦隊を創ることで成し遂げられた。一一二七年、ノルマン朝イタリアの支配者グイスカルドの孫のプーリア公グリエルモが死去した。教皇庁の反対とグイスカルドのもう一人の孫であるアンティオキア公の正当な権利の要求を無視して、ルッジェーロはイタリアの遺産を引き継いだ。一一三〇年に彼はシチリア王の称号を獲得し、その年のクリスマスにパレルモの大聖堂で戴冠式を行なった。以来、その治世の二四年間に、ルッジェーロは王国をヨーロッパ政治のなかで侮りがたい存在にまで築き上げた。彼は教皇や神聖ローマ皇帝と絶えず軋轢を起こしていた。教皇も皇帝も、ルッジェーロの力が増大していくのを見過ごせなかった。彼はビザンティンの領土を数回にわたって攻撃して成果をあげ、チュニジアのイスラム教徒たちに不変の畏怖の念を抱かせた。同時に、王国を厳しくかつ能率的に支配し、商業活動を熱心に奨励した。

ルッジェーロ二世の息子グリエルモ一世は一一五四年から一一六六年まで治めた。彼は皇帝フリードリヒ一世赤髭王〔バルバロッサ〕に権力の座を脅かされて苦境にあった教皇庁を継続して支えながらも、父親の政策を引き継いで行なった。グリエルモ一世はその酷烈な性格と大臣の不人気のせいで、「悪王」というあだ名をつけられた。実際のところ、彼は本土とシチリアにおいて何度か家臣の反乱にあっている。しかし、彼の統治の公平さと有効性は一般に認められている。その息子グリエルモ二世は、孤立無援の困難な状況を克服して、より穏健な統治を行ない、「善王」と称される名誉に浴した。ダンテによれば、彼は死後天国に召されたという。しかし大勢は、父や祖父と変わらなかった。

グリエルモ二世は一一八九年に死去した。

民族的・宗教的共生のシチリア

この三人の優れたノルマン人王の支配は、一般的に、シチリア史の黄金時代と見なされている。ほぼ一世紀にわたって、この島は活気に満ちた豊かな王国の中心だった。王たちはイタリア本土の領有より島のほうを好んだ。パレルモは首都であり、王たちのお気に入りの居住地でもあった。実のところ、グリエルモ一世もグリエルモ二世もパレルモの宮殿から外に出ることはほとんどなく、ビザンティンの聖職者階級の生活様式を意図的に模倣した儀式に囲まれて、中世キリスト教徒の侯というよりはむしろイスラム教徒のスルタンを思わせる生活をおくっていた。彼らの現実の統治体制は、封建的家系を基盤としていた。これは本土の領地ではやむをえないことだった。征服によって数多くの大豪族をまとまりなく支配下におき、自らの権威を認めさせるために不断の努力を強いられていたからである。ルッジェーロ伯〔一世〕が征服したシチリアでは、彼を援助した豪族はほとんどなく、分配すべき封土もそれほど多くなかったし、それらはすべて小規模だった。支配者は島のほとんどを王家直轄地としていた。島の町や村はビザンティン人とイスラム教徒のもとでほとんどすべてが自由共同体となっていて、政府の直接的な支配下におかれていた。王は島のきわめて多くの支配権を自ら握っていたので、本格的な封建的な体制への移行はほとんど認められなかった。だがそれは、後にシチリア人の貧困と怨恨をもたらすことになった。

島とそして統治権の及んでいた本土の行政は、封建制とビザンティンおよびイスラムの制度の奇妙な統合である宮廷評議会の手に握られていた。役人の職名の多くは、アラビア語かギリシア語だった。

地方の政治は、地元の貴族たちに任されず、宮廷評議会の任命になる役人によって行なわれていた。家臣は通常の封建的権利を享受していたが、誰一人として、犯罪事件を審理することは許されていなかった。町や都市は、王が任命した者によって治められていた。

王国ではいくつもの言語が使われていた。カラーブリア地方を除く本土では、一種のイタリア語が用いられるようになっていた。これに対して、アラビア語を話すイスラム教徒の広範な居住地と、わずかばかりのユダヤ人居住地をもつシチリア島では、住民のほとんどがギリシア語を話していた。宮廷はノルマン・フランス語を用いており、フランス語やイタリア語を話す本土から来た役人や移住者たちの数はしだいに増えていった。法令や布告はラテン語、ギリシア語、アラビア語で公布された。イスラム教徒は独自の裁判所をもち、イスラム法が適用されていた。ビザンティン法もギリシア人のために保持された。イスラム教徒はモスクで自由に礼拝することを許されていた。最初ギリシア人にはローマ・キリスト教が強要されたが、まもなく放棄された。礼拝はギリシアの儀式にのっとって継続して行なわれていたが、ギリシア人聖職者たちは、ローマ・キリスト教会の至高的権威を認めざるをえなかった。新しい支配階級はローマ教会に属していたことで、ローマ・キリスト教への着実な移行が起こり、それは口語に影響を及ぼし始めた。歴代の王たちはすべての教会に厳しい統制を行なっていた。彼らは、ローマ教皇としての特使の恒久的な権利を教皇庁から獲得しており、自ら「神から王冠を授けられた」と主張していた。王の定めた法律や判決に異議をさしはさむことは、神聖を冒瀆することであった。他方、教皇は王国で最高の大君主であると主張し、それが広く認められていた。

ノルマン統治の最大の特徴は、シチリアの多様な要素に調和をもたらしたことだった。シチリアで起こった陰謀と反乱は、外来の貴族階級によるものであった。一般のシチリア人は感謝をもって、過酷ながら父権的な規制を受け入れていた。それは祖先が何世代ものあいだ知ることのなかった正義と繁栄をもたらした。王は商業と産業を奨励し、大きな商船隊を組織し、それに保護を与えた。ルッジェーロ二世はギリシアを急襲し、生まれたばかりのシチリアの絹産業の発展のために、熟練した絹織工を捕らえて連れ戻した。さまざまな国の出身者の、多様な伝統文化をもつ芸術家が保護を受けた。ノルマン朝シチリアの大教会のなかには、発展しつつあった文明が大いに示されている。その教会建築から、ギリシアとイスラムの石工、ビザンティンの建築技術者、アラビアの装飾家、ノルマンの建築家——この島のモザイク学校で教鞭をとるモザイク技術者などを雇用していた——がいたことがわかる。そして、すべてが調和のとれたユニークな様式に統一されている。宮廷ではアラビア人のお針子が、王の儀式用礼服にアラビア文字でキリスト教の教典を刺繡している。宮臣にはギリシア生まれの海軍提督アンティオキアのゲオルギウス、シラクーサの司教で英国生まれのリチャード・パーマー、ジルジェンティの司教となったハンガリー生まれのジェンティーレなど、出身地を異にする人びとが含まれていた。イヴン・ジュバイルのようなアラビア人旅行家は、イスラム教徒の臣下が満足していることに深い感銘を受けている。イヴン・ジュバイールはキリスト教徒にもイスラム教徒にも開かれている病院と救貧院に、とくに注目している。また、キリスト教徒の女性たちがイスラムの女性たちの服装をまねていることに興味を示している——彼女たちは外出の際、ヴェールとアバー〔絹でき

た袖のない緩い衣服〕を身につけ、決しておしゃべりをやめない、と。(6)

ホーエンシュタウフェン家のシチリア支配

こうして十二世紀末のシチリアでは、何代にもわたって続いた諸要素の対立がまとまって平和共存し、一つの民族という感情を抱く人びとがいた。ノルマンの王たちは野心家で無節操ではあったけれども、非凡な成果によって信望を得ていたはずである。だが、黄金時代は長続きしなかった。王家は衰退を始めていた。グリエルモ二世が一一八九年に死去し、父の義妹でルッジェーロ二世の死後に生まれたコスタンツァがその跡を継いだ。彼女は四年前の三一歳のとき、神聖ローマ皇帝フリードリヒ赤髭王《バルバロッサ》の長男で十一歳年下のホーエンシュタウフェン家のハインリヒ〔六世〕と結婚していた。ハインリヒとコスタンツァは相続権を主張した。議会はコスタンツァの婚約のとき彼女の権利を認めていた。しかしシチリアでも本土でも、あらゆる階層の人びとがドイツ人の王を戴くことを嫌っていた。ある策謀の後、王冠はルッジェーロ二世の在位中に未婚で死んだ長男の庶子レッチェ伯タンクレーディに渡った。ハインリヒはドイツにおいて、第三回十字軍で遠征した父親――彼は翌年に遠征中に死去するが――の軍を相続して摂政を務めて多忙をきわめており、南に進軍してシチリアの相続権を確保する余裕はなかった。

タンクレーディの治世は不安定だった。貴族たちは王を妬み、イスラム教徒は反乱を起こした。彼は先王の未亡人であるイングランド人のジョーンを投獄した。その兄弟であるリチャード獅子心王が十字軍遠征の途中にシチリアに立ち寄ると、タンクレーディは周章狼狽し、そして、ほとんど同時にフランス王まで到着したことでさらに窮地に立たされた。最終的に、タンクレーディはリチャードとの友好関係を確保し、ハインリヒとコスタンツァに対抗する同盟関係を結ぶことにしたが、これは彼にとってほとんど益することがなかった。というのも、この一件がフランス王を立腹させ、イングランド軍を十字軍へと向かわせてしまったからである。一一九一年、ハインリヒはイタリアに入り、ローマで皇帝として戴冠した。彼はナポリ、そしてサレルノまで南進し、サレルノに王妃コスタンツァを残した。その後、彼は撤退を余儀なくされ、コスタンツァはタンクレーディの手中に落ちた。しかし教皇の命により、彼女はまもなく解放された。皇帝は一一九四年まで反撃に出ることができなかった。その年の初め、タンクレーディは幼い息子グリエルモ三世とその摂政となる后シビラを残して死んだ。こうなれば、ドイツで強力な軍隊の指揮官となり、確固たる地位を築き上げていたハインリヒに抵抗するなど、できようはずもなかった。シビラは条件付きで降伏したが、その条件は守られなかった。彼女は投獄され、支持者の多くが残酷にも処刑された。幼王は行方知れずとなった。(7)

ハインリヒは一一九四年のクリスマスに、パレルモでシチリアの王冠を戴いた。コスタンツァはその場にはおらず、出産に備えて、プーリア地方のイエージ〔現在はマルケ地方内〕という小さな町にとどまっていた。彼女は四〇歳で、結婚後九年間子供にめぐまれなかったが、今回の妊娠は確実だと固く信じていた。十九人ほどの枢機卿と司祭がイエージの広場に張られたテントのなかに集まっていた。十二月二六日コスタンツァは王子を出産し、洗礼名フリードリヒ〔二世〕が与えられた。(8)

ハインリヒの過酷な統治はただちに憎悪を生み出したが、それはイタリア本土よりシチリアのほうで大きかった。彼は冷徹で賢く、その野心――専制的権威を北海からアフリカ海峡までのドイツとイタリア全土にうちたて、それを家系の世襲財産とするという野心――をほとんど成就していた。しかし、それまでシチリア人は自分らの利益に配慮してくれる地方諸侯たちに支配されてきただけに、この帝国のなかに組み込まれることを望まなかった。ハインリヒは、シチリアと本土を治める摂政としてシチリア生まれの王妃をおくことで、人びとを懐柔しようともくろんだ。しかし、コスタンツァは皇帝の単なる傀儡と見なされた。政府はドイツ人の家令アンワイラーのマルクウォルトによって牛耳られており、その権力はドイツ軍によってさらに強化された。コスタンツァは抗議するものの、それも徒労に終わった。一一九四年、ハインリヒが王国を再訪しているとき、彼の暗殺計画がもちあがった。コスタンツァと教皇の二人がこれに内々で関与したものと思われる。ハインリヒは危ういところで難をのがれ、以前よりいっそう厳しく反撃に出た。その数年後の一一九七年九月二八日、メッシーナでハインリヒが赤痢で死去したとき、人びとは安堵のため息をもらした(9)。

彼の死によっても、島に平和はもたらされなかった。未亡人となった王妃はドイツ人をすべて解雇し、周りにシチリア人の大臣を集めて政治を行なった。しかし、その権力は不安定だった。王妃は幸いにも、一一九八年に選ばれた新教皇インノケンティウス三世を、頼りになる友人かつ相談役とした。彼女は健康状態が良くなく、幼い息子の将来に不安を感じていた。そして、王国統治のために摂政会議を設置することと、息子だけを教皇の保護下におくことを、遺言として残した。一一九八年、フリードリヒは三歳半で正式にパレルモで〔シチリア〕王として戴冠し、その六カ月後にコスタンツァは死去した[10]。

フリードリヒ二世とシチリア

フリードリヒの幼少時代は、王国にとっても若い王にとっても混乱に満ち、不運なものだった。王国の宗主として、また王の保護者として、教皇インノケンティウスは王国を支配しようと無益にも試みた。尚書長と摂政頭であるパレアーのグアルティエーロと、ドイツ人の元家令マルクウォルトやフォーブルクのディパルト――彼はハインリヒからサレルノの領主権を与えられていた――との間に、果てしのない陰謀や抗争がくりひろげられた。タンクレーディの娘の一人は囚われの身から逃れた。その夫ブリエンヌのゴーティエは、教皇からプーリアに広大な領土を与えられて王国の教皇軍事担当の長となっていたが、妻の王位継承権をあきらめることはなかった。ピサ人とジェーノヴァ人たちは沿岸、とりわけシラクーサ付近で争って、ジェーノヴァ人がシラクーサを占領した。王国にとって幸いだったのは、マルクウォルトは一二〇一年に結石手術の失敗で死に、ブリエンヌのゴーティエも一二〇五年に傷がもとで死んだことだった。パレアーのグアルティエーロとディパルトは教皇に服従した。教皇は王国を監視する特使として、甥のサンタドリアーノ枢機卿ジェラールを王国に派遣した。続く二年間、かなり順調に統治が行なわれた。シチリアでは野蛮なイスラム教徒の反乱、本土ではドイツ人の無法者たちによる間断のない山賊行為があったが、それも鎮圧された[11]。

一二〇八年十二月、フリードリヒは十四歳になり、名実ともに幼年時代に終止符がうたれた。彼は衰えきった王国を継承した。王国の領土はほとんど失われていた。教皇が広大な領土を取り上げていたのである。多くの貴族が領土を専有しており、彼らを追い出すことはできなかった。フリードリヒが統治を始めるにあたり必要な金を徴用できるのは、都市からだけだった。コスタンツァの遺言により、王の保護に対する代償として、教皇は王国の防衛その他のあらゆる費用とともに毎年一〇〇〇オンスを越える金額を受け取っていたが、さらにシチリアの秩序を保つために金一万二八〇〇オンスを費やしてきたと主張した。フリードリヒの統治は借金で首がまわらない状態で開始されたのだった。

フリードリヒのもとで、シチリアはかつての栄光を幾分かは取り戻した。領地のなかで、王はシチリアがもっとも気に入っていた。彼は美しい庭園のあるパレルモの宮殿で育てられた。後年、彼は自分が故郷にいると感じられるのはこの場所だけだと、くり返し言っていた。彼の宮廷はパレルモが中心で、子供たちはここで生まれた。ところが実際のところ、王自身はほとんどパレルモにいなかった。彼はあまりに好奇心が旺盛だったので、この島で気晴らしをする暇などなかった。時がたつにつれ、この島を訪れることがますます少なくなり、暇ができると本土のプーリアの城の一つか、狩猟用の館で生活をすることのほうを好むようになった。彼はシチリアの政府を高潔で秩序立ったものに整えた。公私ともに腐敗を根絶すべく、法律を改正した。この島を食い物にしていたジェーノヴァ人をシラクーサから放逐した。彼は自分の統治を確立するために力を用いねばならなかった。彼は人気がなかった。シチリア人たちは彼を残忍なドイツ人ハインリヒの息子として記憶にとどめていた。シチリア人たちは、彼が北イタリアとアルプスの彼方への野望のために、シチリアには顔を背けているとみなしていた。一二二〇年、フリードリヒ二世が皇帝の位に就いたとき、シチリア人はまったく共感をおぼえなかった。彼は、妻であるアラゴンのコンスタンツアをシチリアの摂政として残しておいたが、彼女が人びとの尊敬を集めることはなかった。一二二二年、大飢饉が起こった。島のサラセン人たちは山賊モラビットの指揮のもとに反乱を起こした。この反乱は鎮圧されたが、モラビットがパレルモで縛り首に処せられるまでに十年の年月を要した。イスラム教徒の住民は全員が集められ、プーリア地方の北に移された。貴族の多くが私的反乱に決起し、弾圧され、彼らの領地が王の所有地として没収されたのは、一二二二年と一二二三年の二つの反乱の直後であった。

フリードリヒは精力的で冷酷だった。彼が発布した改正法は公平なものだったが、独裁的に強制された。さらに、戦争のために男たちは徴兵され、軍隊維持のために税は高くなった。秩序が整うと、彼の独裁政治は慈悲深いものとなった。彼は、ノルマン人の先祖たちと同じく、貿易と産業を奨励した。新しい都市を建設し、役に立つ移民を歓迎した。彼は安定した通貨を流通させ、輸入税を引き下げた。正義が臣民すべてに与えられねばならないとして、ナポリに創設した大学で人びとに教育を施した。統治は高い税金と人力の浪費にもかかわらず、シチリアに平和と繁栄をもたらした。しかし、シチリア人たちにとって、それはノルマンの時代と同じではなかった。ノルマンの時代、シチリアは自給自足を中心とする王国だった。本土の領地を統治しているといってもノルマンの王たちはパレルモを離れず、その野心にもかかわらず、本質的にはシチリア王にすぎなかった。今やシチリア王は皇帝であると同時に北イタリアの支配者でもあった。フリードリヒは、シチリアの王国にいるときでさえ、この島より本土のほうを気にしているようだった。彼は島と本土に統一性をもたらそうと試みた。そして実際、軍事上の必要性から、彼は島より本土に精力を集中しなければならなくなった。

絶え間のないフリードリヒと教皇との諍い、とりわけ教皇特使の地位とノルマン王たちが行使したシチリアの教会への法的支配権は失われたまま回復の見込みがなく、これが敬虔な島人たちの心配の種だった。ラテン的要素が増大しつつはあったが、いぜんとしてギリシア人が多数を占めていた。イスラム教徒が移住させられたとき島に留まって改宗した者は、自分らをラテン人と同一視していたようである。ところがその多様性にもかかわらず、胸に秘めた怒りを核にして、シチリアの民族意識が生まれつつあった。シチリアは短くも輝かしい独立の時代のあと、その意志に反してヨーロッパ政治の泥沼にひきこまれていく自らの姿を見ることになった。優れた皇帝が存命している限り、すべてうまくいっただろう。というのも、たとえその行為が時に民意を反映しないように思えることがあったとしても、その統治自体はみごとなものであり、皇帝の心はシチリアにあることが知られていたからである。しかし、もしシチリア人の誇り高い精神に対し、ふさわしい尊敬と配慮がはらわれなかったなら、より劣った支配者の下でいったい何が起こったかを、誰も明言することはできないであろう。(12)

〈原注〉

(1) ギリシア時代およびローマ時代におけるシチリア史については、*Cambridge Ancient History*の関連した章を参照。古代シチリアに関する適切な一般的歴史書はない。

（2）Bury, *History of the Later Roman Empire*, vol. I, pp. 254–8, 333, 410; vol. II, pp. 129, 171, 215–16, 255–60を参照。

（3）Ostrogorsky, *History of the Byzantine State*, pp. 109–10, with references.

（4）Vasiliev, *Byzance et les Arabes*, vol. I, pp. 61–88, 127–37, 187–8, 204–8, 219–22, 260–4; vol. II (original edition in Russian), pp. 20–5, 43–6, 58–68, 84–7, 122–30, 258–62, 302–9. Amari's *Storia dei Musulmani in Sicilia* (3 vols. in 4), published 1854–72 は、この時代に関する最も完全な歴史書である。

（5）Ostrogorsky, *op. cit.* pp. 293–4.

（6）ノルマン人のシチリア征服については、Chalandon, *Histoire de la Domination Normande en Italie*, vol. I, pp. 189–211, 327–54を参照。シチリアにおけるノルマン人の支配については、同書第二巻の各所を参照。

（7）Chalandon, *op. cit.* vol. II, pp. 439–91. また、Jordan, *L'Allemagne et l'Italie aux XIIe et XIIIe Siècles*, pp. 150–60も参照。

（8）Kantorowicz, *Kaiser Friedrich der Zweite*, vol. I, pp. 11–2.

（9）Jordan, *op. cit.* pp. 160–6.

（10）*Ibid.* pp. 172–3; Kantorowicz, *op. cit.* pp. 20–1.

（11）フリードリヒの幼年期については、Bäthgen, *Die Regentschaft Papst Innocenz III im Königreich Sizilien*; Van Cleve, *Markward of Anweiler*; Luchaire, *Innocent III*, vol. III; *Rome et l'Italie*, pp. 153–204などを参照。

（12）Jordan, *op. cit.* pp. 204–6; Léonard, *Les Angevins de Naples*, pp. 29–34; Cohn, *Das Zeitalter der Hohenstaufen in Sizilien, passim*; Schipa, *Sicilia ed Italia sotto Federico II, passim.*

第1章　アンチキリストの死

『デ・アルテ・ヴェナンディ』に描かれた、タカを訓練中のホーエンシュタウフェン家フリードリヒ2世。

歴代教皇（11～13世紀）

＊対立教皇を除く

在位期間（西暦年）	教皇名	出身地	関連事項
1073～1085	グレゴリウス７世	イタリア	叙任権闘争、カノッサの屈辱
1086～1087	ウィクトル３世	イタリア	
1088～1099	ウルバヌス２世	フランス	第１回十字軍
1099～1118	パスカリス２世	イタリア	
1118～1119	ゲラシウス２世	イタリア	
1119～1124	カリストゥス２世	ブルゴーニュ	
1124～1130	ホノリウス２世	イタリア	
1130～1143	インノケンティウス２世	イタリア人	シチリア王国成立
1143～1144	ケレスティヌス２世	イタリア	
1144～1145	ルキウス２世	イタリア	
1145～1153	エウゲニウス３世	イタリア	第２回十字軍の派遣
1153～1154	アナスタシウス４世	イタリア	
1154～1159	ハドリアヌス４世	イングランド	ノルマン王国と同盟
1159～1181	アレクサンデル３世	イタリア	第三ラテラノ公会議
1181～1185	ルキウス３世	イタリア	
1185～1187	ウルバヌス３世	イタリア	
1187	グレゴリウス８世	イタリア	
1187～1191	クレメンス３世	イタリア	第３回十字軍
1191～1198	ケレスティヌス３世	イタリア	
1198～1216	インノケンティウス３世	イタリア	教皇権の絶頂期、アルビジョワ十字軍、第４回十字軍、第四ラテラノ公会議
1216～1227	ホノリウス３世	イタリア	第５回十字軍
1227～1241	グレゴリウス９世	イタリア	第６回十字軍
1241	ケレスティヌス４世	イタリア	
1243～1254	インノケンティウス４世	イタリア	リヨン公会議
1254～1261	アレクサンデル４世	イタリア	マンフレーディがシチリア王に
1261～1264	ウルバヌス４世	フランス	
1265～1268	クレメンス４世	フランス	アンジュー家のシチリア王国 1270年、第７回十字軍
1271～1276	グレゴリウス10世	イタリア	リヨン公会議
1276	インノケンティウス５世	フランス	
1276	ハドリアヌス５世	イタリア	
1276～1277	ヨハネス21世	ポルトガル	天井落下で死亡
1277～1280	ニコラウス３世	イタリア	ヴァティカンを初めて住居に
1281～1285	マルティヌス４世	フランス	シチリアの晩禱事件
1285～1287	ホノリウス４世	イタリア	
1288～1292	ニコラウス４世	イタリア	
1294	ケレスティヌス５世	イタリア）	自ら退位
1294～1303	ボニファティウス８世	イタリア	アナーニ事件
1303～1304	ベネディクトゥス11世	イタリア	
1305～1314	クレメンス５世	フランス	「アヴィニョン捕囚」開始

フリードリヒ二世の死

一二五一年一月のある日、ローマから追放された教皇インノケンティウス四世は、居住していたリヨンに一人の使者を迎えた。使者は重大な報せを伝えるため、冬の悪天候をおして全速で駆けつけた。その三週間前の一二五〇年十二月十三日、皇帝フリードリヒ二世が突然の発熱のため南イタリアのカステロ・フィオレンティーノで死去したのだった。興奮状態の教皇にとって、教会が抱えていたあらゆる問題に今や終止符が打たれたかに思えた。アンチキリストは滅び、腹黒い一族はその長を失った。「天を喜ばせよう」と、教皇はただちにシチリアの信者たちに書簡を送った。「大地を喜びで満たしましょう。暴君の死は、全能の神があなた方の頭上に降らせていた雷と嵐を、穏やかな西風と恵み豊かな露に変えたのです」。教皇の歓喜はヨーロッパ中の友人や支持者たちに伝えられた。敵の軍勢がその王の死を嘆き悲しんでいるときこそ、打撃を与え全滅させる千載一遇の好機であるように彼らには思えた。教皇特使モンテルンツォのグレゴーリオはミラーノ人に送った書簡のなかで、キリスト教的慈悲などみじんも伺えない復讐心に燃える歓喜の声で、彼らを破滅に導くことを強く訴えていた(1)。

ホーエンシュタウフェン家と教皇庁

教皇の喜びは十分に理解できることであった。というのも、教皇庁は長い歴史のなかで、ホーエンシュタウフェン家のフリードリヒ二世ほどおぞましい敵対者に出会ったことはなかったからである。彼は皇帝であり、同時にドイツの栄光ある家系の長であった。彼は母親から、シチリア王国と、半島の爪先からローマに隣接する地域までのイタリアの領地を受け継いでいた。祖父のフリードリヒ赤髭《バルバロ》王《ツサ》はシャルルマーニュ〔フランク国王・神聖ローマ皇帝。ドイツ語ではカール大帝。七四二～八一四年〕以来の最高の皇帝として、魅力と名声を享受していた。父親のハインリヒ六世〔神聖ローマ皇帝・シチリア王。一一六五～九七年〕はフリードリヒより有能で、またはるかに冷酷でもあった。もし彼が長生きしたならば、ホーエンシュタウフェン家の世襲財産であった皇帝の座を確固たるものにしていたであろう。教皇庁は彼ら二人を相手に戦った。彼らの皇帝権の概念は、聖ペテロ〔キリストの使徒。初代教皇とされる。在位六四～六八年〕の後継者たちによって強化されることになった教皇の世界的神権政治の概念と絶対に和解できなかったからである。赤髭王とは休戦を締結した。ハインリヒ六世が若すぎる死によってこの世を去ったとき、妻のシチリア王国はさらに勢力を拡大し、勝利をほとんど手中におさめるところであった。息子のフリードリヒは皇帝の地位につくにはあまりにも幼く、その座をめぐって継承権を主張する者が争い合い、帝国は混乱状態に陥った。教皇庁はインノケンティウス三世という傑出した人物のもとで凱歌をあげた。しかし、インノケンティウス三世は強固な権力を有していたにもかかわらず、帝国を崩壊させることに不安を覚えた。ハインリヒの未亡人、シチリアのコスタンツァも夫の死後まもなくその後を追った。彼女が息子の安全を確保するために、彼を教皇の保護にゆだねたとき、インノケンティウスは重大な誤りを犯した。少年の感謝の気持ちを期待して、彼は皇帝の相続権を承認した。フリードリヒは一二一五年、二一歳でドイツ王の冠を戴き、その三年後に皇帝となった。

フリードリヒ二世と教皇庁の対立

教皇インノケンティウスは一二一六年に死去した。彼は、自分の被後見人が教会にもたらすことになる面倒な事態については、何一つ知らないままだった。インノケンティウスの跡を継いだホノリウス三世は、フリードリヒの個人教師でもあったのだが、若い皇帝が自分のおかれた宗教的環境にとらわれず、教皇庁への感謝の気持ちは微塵もないことに直ちに気がついた。フリードリヒは皇帝即位の見返りとして、シチリア王位を自分の幼い息子に譲ることと、十字軍への参加を約束していた。しかし、第一の約束は実行する気がないこと、第二の約束は急ぐ必要のないことを公言した。ホノリウスはかつての教え子を悪く考えるのは気がすすまないような優しい人物だったので、フリードリヒを非難しながらも放任していた。しかし、ホノリウスが一二二七年に死去すると、その後継者グレゴリウス九世は一切の譲歩をしなかった。彼はフリードリヒに不信の念を抱き、彼を嫌った。皇帝がシチリアを保有し続けていることに対し、グレゴリウスは空しい抗議の声をあげていた。十字軍への不参加でフリードリヒを破門し、参加すればしたで再び破門した。聖地イェルサレムを奪還したフリードリヒの勝利は、キリスト教世界のためではなく、私心にもとづくものであった。というのは、彼はイェルサレム王国の後継者と結婚していたからである。また、その海外属領《ウートルメール》にいる臣下たちがはっきりと見たように、奪還は確固としたものではなかった。彼は、イスラム教徒の勢力が回復すれば直ちに容易に反故となりうる協定を強固にするため、イスラム教徒の一時的な弱体を巧妙に利用したのだった。だが、この成果によってヨーロッパから尊敬を集め、彼の不在中に領地が教皇軍に侵入されていたことに多くの同情が寄せられた。十字軍に参加した不在の者の領土へ教皇が侵略するなどは、キリスト教徒の信義に打撃を与えるものだった。フランス国王聖ルイ〔ルイ九世。ルイ六世獅子王の子。カペー王朝の全盛期を現出。一二一四〜七〇年〕でさえも恐れおののいた。教皇は皇帝に対して聖戦を説いたが、聖戦という概念自体が空疎なものに思えた。しかし、教皇は執念深い男だった。戦いは教皇の在任期間中を通じて衰えることなく、彼の後継者たちも戦いを継続した。

ゲルフ党とギベリン党の争い

物質的な力でいえば、教皇は皇帝にとうてい対抗できなかった。教皇庁は信者の篤志に頼っていた。教皇は自らを長とする広範囲の秩序立った教会組織という優位な立場にあったが、司教全員の忠誠を期待することは無理だったし、また手のもとに集まる十分の一税や租税の定期的な収入をあてにすることもできなかった。教皇には教皇領で徴集する兵士から成る軍隊しか持っていなかった。教皇はイタリア中の都市のゲルフ党〔教皇派〕の支援を求めたが、彼らはいたる所で敵対するギベリン党〔皇帝派〕との闘争に明け暮れており、教皇の大きな計画の助けにはならなかった。ローマ教区内でさえ教皇の命令に従わない事態がしばしば生じた。ローマ市民は自治を望み、役人も議員も自ら任命することを求めた。教皇の多くが、在任期間の半分を亡命地で過ごさねばならなかった。

主に皇帝のほうが有利であった。だが、フリードリヒ二世の力も外から見るほど強固なものではなかった。祖父が領有していたドイツと北イタリアの両方において、彼の支配力はなかった。ハインリヒ六世の死後数年間に、ドイツ諸侯とイタリア諸都市は、赤髭王が決して許さなかった独立を獲得していた。ドイツでは、フリードリヒ二世が諸侯に諸権利を認めることと引き換えに、自分に対する支援の取り引きをしなければならなかった。イタリアでは、自分の役人よりも皇帝支持の地方の名士たちのほうを利用しなければならなかった。ホーエンシュタウフェン家がヴァイブリンゲンに城を築いたあとのフリードリヒの統治期に、イタリアのほとんどの都市に、一般に「ギベリン」と呼ばれる皇帝支持の団体が出現し、それに対抗する形で、ホーエンシュタウフェン家と争うザクセン公ヴェルフェン家を教皇庁が支援したことにちなむ「ゲルフ」と呼ばれる教皇支持団体が生まれた。その対立によって教皇は単なるイタリアの教皇派の長に過ぎなくなり、同様に、皇帝は皇帝派の長に過ぎなくなって教皇以上に権力が衰退した。フリードリヒは一度も大軍を指揮したことがなく、ドイツ諸侯は彼に軍隊を供与するのを渋った。また彼は、自分の財産をドイツにすべて投入する余裕もなかった。イタリアの皇帝派は、イタリアの教皇派と戦うことしか頭になかった。彼はもっぱら自分の南の王国で集めた軍隊に頼ることにした。その軍は一万五〇〇〇人足らずで、兵士の訓練を受けた者はほとんどいなかった。パルマあるいはブレシーアのようなイタリアの小都市の市民軍は都市の城壁を防衛の拠点として軍事行動を起こし、数カ月間にわたってフリードリヒを釘づけにした。彼は皇帝、そしてドイツ、ブルグント、シチリアおよびイェルサレムの王だったかもしれない。だが、その高位の称号を堅持するだけの実質的な力はほとんど持ち合わせていなかった。

フリードリヒの世界制覇の夢

その戦いは、物質的力の戦いというよりはむしろ、威信と理念の戦いであった。フリードリヒ二世はローマ帝国という名が醸し出す魔力を味方につけた。身にふりかかる難事に疲れ果てたこの中世人は、いまだに使用に耐えうる道路や今は荒廃した下水道や水道などを建設した偉大な世界の覇者、古代ローマ時代に熱い想いを馳せた。彼は失われた栄光を再び取り戻せる皇帝に心からあこがれていた。シャルルマーニュはそれをほぼ成し遂げ、またより近い時代ではフリードリヒ赤髭王がそうだった。フリードリヒ二世は、人びとがいまだに帝国の理想と一体化している敬意や希望を、皇帝という称号と共に受け継いだ。彼自身もそのことを十分に意識していた。名ばかりの称号を実体化すること、カエサル〔共和政ローマの終身独裁官となり、皇帝への野望を抱き暗殺される。前一〇二頃～四四年〕となること、コンスタンティヌス〔ローマ皇帝。コンスタンティノープルを建設、キリスト教を公認。二八〇頃～三三七年〕とユスティニアヌス〔東ローマ皇帝。ローマ帝国の復興をはかり、イタリアを帝国領とした。四八三～五六五年〕、そしてシャルルマーニュの後継者となることが、彼の目標だった。ノルマン人の祖先たちがビザンツ帝国を念頭において宮廷をつくりあげたシチリアで成長したために、彼はビザンティンの皇帝たちが享受した権力、教会には服従するが最終的には神のもとで最高権をもつ神の代理人としての力を求めていた。皇帝の冠を戴いた者のなかで、彼ほど頭脳明晰な者はなかった。知性においても、フリードリヒはその時代のもっとも卓越した者の一人だった。彼は言語の才能にも恵まれ、フランス語、ドイツ語、イタリア語、ラテン語、ギリシア語、アラビア語に堪能であった。法学、医学、博物学においても学識豊かで、さらに哲学にも関心を示していた。体格は特に目立つ方ではなかった。背が低かったが頑丈で、赤毛に赤ら顔、近眼という外見からは想像できなかったものの、その気になればその魅力と頭の回転のはやさで、誰しも魅了することができた。その特質は彼が抱く目標達成に役立つはずだったが、自分の才能に足をすくわれた。人びとが求めていた皇帝は、赤髭王やシャルルマーニュのような伝統的な家父長タイプの人物であり、封建世界の因習に逆らうような男ではなかった。フリードリヒは愚か者を軽蔑し、もったいぶった信心を嘲笑した。彼は大胆な発想で人を驚かせることを好んだ。彼は人の感情を傷つけることに無頓着だった。また、彼は大きな使命への信念のため、当時の人びとが抱いていた名誉の基準から逸脱することになった。フリードリヒにはわがままで多少残酷な面があった。パレルモのハーレムは悪名高いものであり、彼は次々に結婚しては、あざけられ無視された不運な妃たちをそこに閉じ込めておいた。庶子たち――彼らはより因習的気質の者だったが――は彼を、厳しくて思いやりに欠ける父親だと思っていた。廷臣には彼を尊敬する者はいたが、友人はほとんどいなかった。世間は彼を疑惑の目で見ていた。他の君主たちは、反教皇庁という点で彼に同調する用意があったが、彼の不道徳な行為と神聖冒瀆で不快にさせられていた。彼の豊富な知識と恐れを知らぬ不遜な態度に萎縮した敵にとって、フリードリヒはアンチキリストの化

身そのものだった。(2)

フリードリヒ二世に対抗する教皇たち

彼と戦った教皇のうちだれ一人として、非凡な器量に恵まれた者はいなかった。ホノリウス三世〔在位一二一六～一二六年〕は愛すべき男だったが、多少軽率だった。グレゴリウス九世〔在位一二二七～四一年。フリードリヒ二世を二度にわたって破門〕とインノケンティウス四世〔在位一二四三～五四年〕は、ホノリウスよりは厳しくかつ有能で、共に忠実な教会の僕であったが、寛容な精神と独創性に欠けていた。しかし教皇庁は、帝国に比べると支配者の個性に依存する度合いが少なかった。帝国は、賢明で尊敬に値し、強大な力を有する皇帝のもとでのみ実現され得るという、つかみどころのない郷愁をこめた理念にもとづくものだった。帝国の構造と組織は形態をなしておらず、その定義は不十分だった。教皇庁は何世代にもわたって教会の法律学者や思想家によって強化されてきた。それは、教会組織がキリスト教国全体に浸透するように、慎重かつ周到に作り上げられた。その権利や主張は明確に宣言されていた。フリードリヒは実のところ、コンスタンティヌスの寄進状〔ローマ皇帝コンスタンティヌスがキリスト教に改宗する際に、感謝の印として、宗教上の至上権のみならず、世俗的統治権をもローマ教皇シルウェステル一世に寄進したことを述べたもの。これは、中世におけるローマ教皇の世俗権の論拠となったが、八世紀に偽作されたもの〕の正統性に疑問をもっていたふしがあるが、教会批判が認められなかった時代にあって彼の疑問に耳をかす者など一人もいなかった。聖ペテロの継承者としての教皇の任務はキリストによって定められたものであった。たとえ身体は哀れな滅びるものであっても、教皇は、その任務によって過ちを犯しやすい人類世界の上に自らを高く位置づけることができた。皇帝の職務には、その魅力とうらはらに、そうした神聖な由緒正しさがなかった。皇帝は戴冠によって他の人の上に立ったが、彼は罪深い人間のままだった。戴冠の儀式を行なう権限を与えられたのは教皇であった。その組織の有効性と神秘的な威光において、教皇庁は帝国より強力であった。だが、教皇庁も逸脱という危険を犯していた。教会がその僕に、不当にも奉仕させられていた。聖職者の世俗性、強欲、怠惰、放縦などへの不平不満がつのっていた。俗人のあいだでは依然として宗教が盛んであったが、聖職者はもはや彼らを導く立場にはなかった。依然として聖人は存在していたが、司教の座に聖人を見出すことはまれだった。聖人はむしろ、アッシジのフランチェスコ〔フランチェスコ教団の祖。アッシジの大商人の子として生まれ、放蕩な生活の後に一切の所有物を捨て乞食となり、貧者を友とする愛と奉仕の生活に入った。教皇インノケンティウス三世から教団の設立を一二二三年に認可された。一一八一頃～一二二六年〕のように、教会側から疑惑の目で見られるような活動にいそしむ、卑しい民衆だった。たとえ教皇が尊敬を集めるような個人的誠実さを示したとしても、その理想は彼らが用いた手段によって帳消しになった。彼らの支配が物質的力よりも精神的力に多く依存していたことによって、頻繁に精神的な武器を乱用させることになった。グレゴリウス七世はカノッサにおいて破門という力によってドイツ国王を辱めた〔聖職者叙任権をめぐって争い、破門となった神聖ローマ皇帝ハインリヒ四世が、北イタリアのカノッサ城で教皇グレゴリウス七世に許しを請うてやっと許された一〇七七年の事件〕。だが、そのハインリヒ四世に屈服を勧めたのは政治的配慮だった。〔「教皇権は太陽であり、皇帝権は月である」という言葉で示される〕教皇インノケンティウス三世の勝利でさえも、主として政治的な潮時を読んだことによるものであった。いかなる肉体的処罰も伴わない破門は、道徳的理想が明確なときには効果を発揮する。聖戦についても同じことがいえる。その動機が強い道徳的訴えに基づいていなければ、精神的報酬を約束しても十分ではない。さもなければ、物質的に人びとを魅了するものが不可欠であった。ウルバヌス二世〔在位一〇八八～九九年。クレルモン宗教会議で世俗権に対する教皇権の優越を確認するとともに、イスラム教徒からの聖地奪還を唱えて十字軍運動を起こした〕は純粋な宗教的熱狂のなかで第一回十字軍を開始した。だが十字軍兵士のほとんどは、ついでに東洋の伝説上の富の分け前にあずかろうという望みも抱いて東方に向かった。アルビジョアの異端派〔南仏のアルビ地方におこったカタリ派系の異端〕に対してインノケンティウス三世が送った十字軍兵士は、個人的な富の獲得という魂胆を隠そうともしない残忍で野心的な男たちだった。第四回十字軍の騎士たちは教皇の命に従わず、パレスチナでのキリスト教国の建国という失敗に終わる大義よりも利益の得られる行為に走った。インノケンティウスは教皇の権威をもってしてもそれを止められなかった。グレゴリウス九世とインノケンティウス四世が皇帝に対する聖戦を説いたとき、人びとは良心の悩みを感じなかっただけでなく、そこにいかなる利益も見出さなかった。教皇庁は聖戦を単に政治的決着のために利用しているだけのように見えた。そしてその決着は、多くの良きキリスト教徒が望むところではなかった。(3)

衰退する世界の帝国

ただし、教皇たちをあまり厳しく裁いてはならない。彼らは明らかに、もしヒルデブラント〔グレゴリウス七世の本名〕の神権政治の理想——それは立派な理想だが——が実現するとすれば、フリードリヒ二世のような仇敵はなんとしても滅ぼさねばならないと見ていた。しかし実際、彼らは自力を過信して失敗するまでもなく〔神聖ローマ〕帝国はすでに敗北していた。帝国の理想と現実のギャップは教皇庁のそれより大きく、長い戦いに耐えることは困難だった。フリードリヒ二世の個人的な輝きが帝国に最後の強い光を与えてはいたが、帝国を救うことは何もできなかった。教皇たちにとって本当の危機は、帝国が勝利を収めるということではなくて、帝国を破滅させることで教皇庁が自滅するかもしれないということであった。古い広範囲におよぶ帝国の時代は終わったと、賢明な観察者なら見てとったであろう。一つの普遍的な国家が生み出す安寧と平和を求める人類の願いは消え去ってはいなかった。また、これからも消えることはないだろう。しかし、統一を成就することの難しさは、いまや歴然としていた。民族の要求と伝統が遠心的な力となっていた。意志の疎通の不十分なことが、多くの障害をも生み出していた。地域の現実的な要求に根ざした新しくて小さな集団が形成されていた。〔神聖ローマ〕皇帝はその全世界的な称号にもかかわらず、単にヨーロッパ中部の王に過ぎず、権力が現実にしっかり根付いているフランスやイギリスの王たちとは異なり、その権威があとから付加された理念に寄りかかる王であった。帝国は次の世紀に、もっとも雄弁な擁護者を見出すことになるとしても、彼らはすでに失われた目的を説いていた。未来はそれぞれの国の国王にあった。

ヨーロッパの帝国だけが凋落したわけではなかった。中世初期の帝国は世界中で衰退したか、衰退しつつあった。ローマ帝国の正統な後継者であるビザンツ帝国は、ローマ法、ギリシアの言語と文化、そして東方正教会のもとに、多くの民族が融合して独自の統一体を構成するようになっており、コンスタンティヌスが創設した都市〔コンスタンティノープル〕を中心とする超民族的なキリスト教国として、九世紀にわたって生き続けていた。しかし、国境付近で間断なく発生する敵の攻撃は、ビザンツ帝国の領域をせばめるとともに、社会的・経済的な混乱がそのエネルギーを衰えさせていた。トルコ人が小アジアに侵入してきた。南イタリアとシチリアから侵入するノルマン人は、ヨーロッパの領土ではつねに脅威となっていた。スラブ人の民族主義によって、バルカン諸国の民族は反乱を起こしつつあった。一二〇四年、その最も弱体化した時期にあったコンスタンティノープルは、ヴェネツィア人と第四回十字軍に向かうことを誓った騎士との同盟軍の前に屈した。その十字軍が建国したラテン帝国は名前だけの帝国だった。ニケーア地方に追われたビザンツ帝国は、王国にも及ばない帝国に零落し、ギリシア人や東方正教会が庇護を求めて再興をめざすことはできなくなった。東ヨーロッパにおける統一はもはや失われてしまい、神聖にして侵すべからざる永遠の帝国の首都とみなされていたコンスタンティノープルも、国際政治における愚弄の対象になってしまった(4)。

イスラム教徒の間では、ビザンティンの昔からのライバルであるアッバース朝のカリフ統治が終焉を迎えていた。トルコ人傭兵によって徐々に侵食されていたその権威は、すでに名目だけのものとなって久しかった。十三世紀中頃に最後のカリフ、アル・ムスタージムは数年間の独立を保持した後の一二五八年、バグダッドに攻め入ったモンゴル人の大殺戮で家臣の半分を失なった。カリフの座を主張していた対抗王朝のうちスペインのウマイヤ朝はすでに数世紀前に滅亡していたし、エジプトのファーティマ朝も一一七一年を最後にサラディンに追放されていた。サラディンとアイユーブ朝一族はイスラム教徒に統一をもたらすことはできたが、その卓越した能力にもかかわらず、野心に満ちたクルド人傭兵の一族だけとなり、帝国の威光は衰えてしまった。フリードリヒ二世が没した一二五〇年、まさにその年にアイユーブ朝最後のスルタンが殺され、エジプトはトルコ人のマムルーク朝軍の将兵からなる軍閥の手に移った。イスラム教世界が崩壊して多くの地方国家となったなかで、エジプトのマムルーク朝のスルタンが最も活発で野心に満ちていた(5)。

遠いアジアにおいても同じ状況が生じていた。中国では光輝に満ちた宋王朝の長い栄光の時期は終わり、一二七九年の終焉に向けて翼を切られた鳥のようにもがいていた。中国の南方ではアンコールの君主の下でインドと中国を結合したクメール人の帝国が落日を迎えており、余すところ十年の生命だった。たった一つの偉大な帝国の支配によって、全世界が栄えるかに思えた。その事実は、これまで既知の範疇に存在しなかったことだけに、未知の恐ろしいものだった。モンゴル帝国はその領域においてかつてないほど広大であり、その支配方法は世界がそれまでに経験したことのないほど冷酷だった。だが、その帝国さえもすぐに時の移ろいを悟った。創始者チンギス＝ハンの死から一世紀もしないうちに、その王朝は各地で支配地の人びとの宗教と文化に染まり、カラコルムの大汗はもはやそれらを統合する大君主ではなくなった(6)。

世界がそのような方向に動いているというなら、だれでもすぐに自問し始めるはずである——教皇庁は、グレゴリウス七世とインノケンティウス三世が構想した偉大な普遍的神権政治の担い手として生きていけたのかどうかと。教皇たちはホーエンシュタウフェン家の権力を弱体化し、いまやその最後の偉大なリーダーも没したところだった。だが、ホーエンシュタウフェン家の帝国が崩壊したら、それに代わって何を打ち立てようとしたのか？　帝国に執着するあまり、教皇たちは西ヨーロッパの諸王国を無視してきたのではなかったか？　実際上の権力が拠って立つイタリアの支配において、教皇たちは機能的統治を実行してきたのだろうか、それとも、結局は自らにさらに損傷をもたらしかねない者に依存しなければならなかったのか？

〈原注〉

（1）Innocent IV, *Registres*, no. 5345, vol. II, pp. 244–5; Boehmer, *Regesta Imperii*, new ed. by Ficker and Winkelmann, no. 13783, vol. V, 2, p. 1990.

（2）フリードリヒの性格に関する最良の簡潔な要約は、Jordan, *L'Allemagne et l'Italie*, pp. 219–21であり、また同書の後続する章には、彼の経歴が要領よくまとめられている。Kantorowiczによる伝記*Kaiser Friedrich der Zweite*は、全体的にあまりにも追従的でロマンチックに過ぎる。なお、教皇派（Guelf）と皇帝派（Ghibelline）の起源に関しては、Jordan, *op. cit.* pp. 272–4 を参照。また、Hefele-Leclercq, *Histoire des Conciles*, vol. VI, 1, pp. 6–9も参照。

（3）教皇庁の政策と論争に関しては、Jordan, *op. cit.* pp. 251–5 を参照。

（4）ビザンティンの崩壊については、Ostrogorsky, *History of the Byzantine State*, pp. 356–70を参照。

（5）Hitti, *History of the Arabs*, pp. 484 ff., 652–8 を参照。

（6）Runciman, *History of the Crusades*, vol. III, pp. 237–54 を参照。

第2章　ホーエンシュタウフェン家の遺産

シチリア王マンフレーディ。父フリードリヒ2世が記した『デ・アルテ・ヴェナンディ』からの挿し絵。

シチリア王国　ホーエンシュタウフェン朝

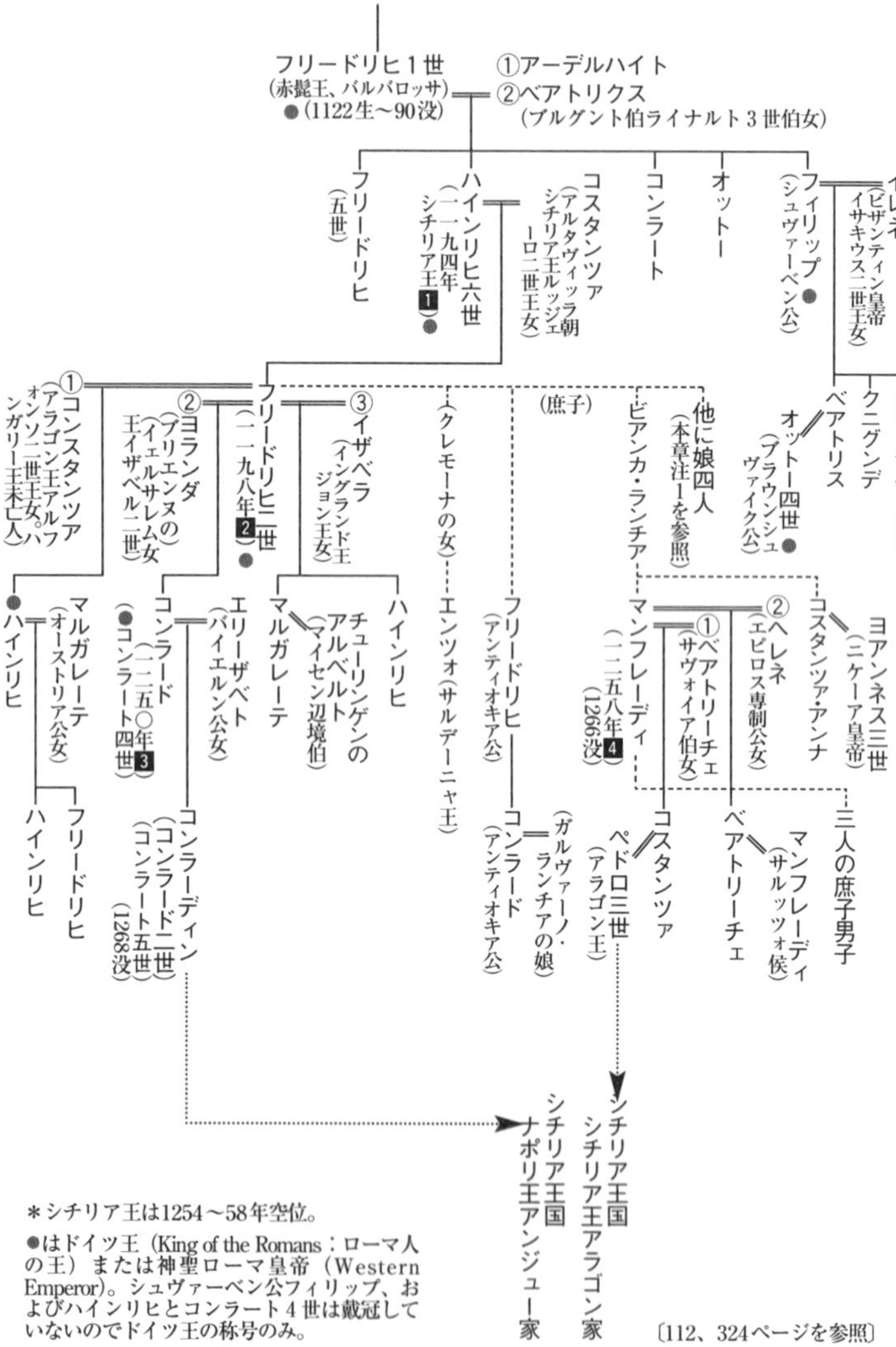

＊シチリア王は1254〜58年空位。

●はドイツ王（King of the Romans：ローマ人の王）または神聖ローマ皇帝（Western Emperor)。シュヴァーベン公フィリップ、およびハインリヒとコンラート４世は戴冠していないのでドイツ王の称号のみ。

〔112、324ページを参照〕

フリードリヒの結婚と子供たち

神聖ローマ皇帝フリードリヒ〔二世〕は三回の結婚を経験していた。最初の妻であるアラゴンのコンスタンツアは、教皇インノケンティウス三世が選んだ。彼女はかなり年長で、しかもハンガリー王の未亡人であった。彼女は一二二二年に幼子ハインリヒを残して死んだ。そのハインリヒは幼少時代に神聖ローマ帝国の王〔ドイツ王〕に任命され、ドイツの統治権を相続した。しかし、ハインリヒは父を嫌い、その政策を認めなかった。彼は多くの陰謀と反目のすえに、一二三四年に権能を剥奪され、一二四二年には乗馬中の事故という疑惑の残る死に方をした。ハインリヒはオーストリアのマルガレーテとの結婚で二人の息子をもうけていた。その息子の一人であるハインリヒに、フリードリヒはシチリア王国の相続人となることを一時承認していたようである。しかし、彼は祖父よりも先に死去したらしい。もう一人の息子フリードリヒは兄ハインリヒより少し長らえた。皇帝フリードリヒの二度目の結婚は、イェルサレム王国の女相続人ブリエンヌのヨランダとであった。彼女は一二二八年に出産の際に死んだが、残された幼子コンラード〔コンラート四世〕は法に従って誕生七日後にイェルサレム王となった。一二三四年、皇帝フリードリヒは、イングランド王ヘンリー三世の妹イザベラと三度目の結婚をした。彼女もまた夫より先に没し、その名もハインリヒという息子ひとりが残された。フリードリヒにはまた数人の庶子がいた。その庶子たちのなかで最も興味深い人物は、クレモーナの女性との間にできたエンツォで、サルデーニャ王となっていた。フリードリヒが亡くなる数カ月前、エンツォはボローニャ人との戦いで捕らえられ、残りの人生を牢獄で送ることになる。皇帝のお気に入りは、ロレート伯一族のビアンカ・ランチアとの間にできた二人の子供だった。ビアンカとの〔庶子の〕娘コスタンツァは、教皇が畏怖の念をいだくニケーア帝国の分離派皇帝と年端もゆかないうちに結婚していた。彼は中年後半の男で、花嫁の侍女の一人を公然と寵愛して、花嫁に惨めな思いをさせていた。嫡出子であることを要求していたビアンカの息子マンフレーディは、父親が死んだとき、十八歳の美しい若者となっていた。アンティオキアとあだ名されていたもう一人の庶子フリードリヒは、皇帝の十字軍遠征中に生まれ、北イタリアの皇帝代理となっていた(1)。

フリードリヒの遺言

皇帝の遺言で、世襲権に従い、年長の嫡出子コンラード〔コンラート四世〕がシチリア王国を継いだ。コンラードはすでにドイツ王であり、皇帝権の継承者に選ばれていた。年少の息子ハインリヒには、ブルグント王国かイェルサレム王国が与えられることになっていた。これは中身のない贈り物だった。というのも、ブルグント王国はフリードリヒ一世の妃を通じてホーエンシュタウフェン家の所有だったが、いまや落日の封建的領土でしかなかった。一方、イェルサレム王国はすでにコンラードのものであり、フリードリヒには遺贈されなかった。海外属領《ウートルメール》の直臣たちは、王子が王族の血筋ではないため、承諾なしの王位の譲与には決して同意しなかった。もしコンラードが子供なしで死んだなら、ハインリヒが一族のドイツとシチリアの領土を受け継ぐことになっていた。皇帝の庶子のうち、牢獄にいたエンツォについてもアンティオキアのフリードリヒについても、遺言では何も言及されなかった。しかしマンフレーディは、ターラントの君主として南イタリアの大資産が与えられ、コンラードが成長し支配を確立するまで、全イタリアの行政長官すなわち統治者に指名された。マンフレーディはシチリア王国の継承者の系列に入れられはしたが、それはイタリアの年代記作者が呼んでいるように、資格なき慣例の王国（レグナム）であり、嫡出の系列は消え去る運命だった。(2)

皇帝の遺志はおおむね実現された。はるか遠いイェルサレム王国では、皇帝の死は何の変化ももたらさなかった。そこでは、皇帝支配の試みに憤慨し、それを拒絶した貴族たちが、コンラードを正統な王とみなして、その不在に際しては世襲権をもつキプロス王アンリ一世の摂政統治に従った。しかし、実際の統治は、エジプトへの十字軍に失敗した後も東方に残っていたフランス王聖ルイによって行なわれていた。(3) ヨーロッパでは、アンチキリスト〔フリードリヒ二世〕の死を教皇インノケンティウス四世が歓喜をもって迎えたのは、時期尚早であったことが明らかになった。そのときドイツにいたコンラードが国内の秩序を十分に回復し、一二五一年一月にアルプスを越えて南進した。その三年前に教皇が任命した反皇帝派ホラント伯ウィレムの領土は、ライン川下流に限定されていた。教皇の強力な擁護者であるマインツ大司教ジークフリートは一二四九年に死んだ。後継者の大司教クリスチャンは穏やかな性質で、その資質は高位の座につく者に最もふさわしくないと教皇が考えるものであった。実際、彼は教皇庁内の序列を一二五一年に降格させられた。当面はコンラードの摂政として、義父のバイエルン公オットー〔二世〕が国を支配していた。彼の権威が脅かされたのは一二五二年のことである。ケルンの大司教コンラートが扇動して、フランクフルトの議会はドイツ王としてホラントのウィレムを承認した。しかし、ウィレムは一二五四年初頭まで、マインツ、ケルン、トリールの大司教・選帝侯たちとそれぞれに争い、教皇の野望はくじかれてしまった(4)。

コンラードとマンフレーディ

イタリアにおいても事は教皇の思いどおりには進まなかった。コンラードの到着よりも数カ月遅く、教皇は一二五一年四月にイタリアに戻り、ペルージアに居をかまえた。しかし、教皇とコンラードの両者とも、北イタリアの諸都市が教皇派と皇帝派の抗争に明け暮れて、教皇庁とホーエンシュタウフェン家というより大きい問題にほとんど関心も示さないことを悟った。両者に受け入れられる解決策はなかった。コンラードはその夏をイストリア〔ヴェネツィア東方の現イストラ半島一帯〕と北ロンバルディーアで過ごしたが、異母兄弟マンフレーディの伯父であるマンフレーディ・ランチアと彼の一族がホーエンシュタウフェン家を支持する言動に疑念を募らせるようになった。南の王国シチリアはピエトロ・ルッフォの下でコンラードへの忠誠を保っており、亡くなった皇帝の孫ハインリヒに代わる統治者としての権威を確立していた。本土では、若いマンフレーディが行政長官として、古代のカンパニア地域であるテッラ・ディ・ラヴォーロ〔ナポリ北部地域のアペニン山脈西斜面一帯〕で一二五一年春に起きた都市と貴族の反乱に対し、めざましい行動力を示していた。秋までに反乱者は徹底的に鎮圧されたが、ナポリとカープアは抵抗を続けていた。しかし、マンフレーディの行動にはコンラードを不安にさせる利己的要素があった。マンフレーディはシチリア支配を固めようと、もう一人の叔父ガルヴァーノ・ランチアを送って、正統なホーエンシュタウフェン家に忠誠を固く誓っているピエトロ・ルッフォに代えようとした。コンラードの主任顧問で、イタリアのドイツ軍を指揮していた家令ホーエンブルクのベルトルトと、故皇帝のサラセン人部隊を指揮し財産を管理していた侍従のムーア人ヨアンネスの二人は共に、ランチア一族に不信感をもっていた。ベルトルトは、マンフレーディのテッラ・ディ・ラヴォーロにおける反乱鎮圧に手を貸し、コンラードに知られないように企てて失敗に終わる教皇との交渉に、マンフレーディを加えることさえした。しかし、その後ベルトルトはイストリアでコンラードに会うが、彼の情報が王の怒りをかき立てた(5)。

一二五二年一月、コンラードはアドリア海を下って、プーリア地方北部にあるフォッジア近郊のシポントに上陸し、ムーア人ヨアンネスとサラセン人部隊を結集した。マンフレーディはコンラードに従ったものの特権の一部を奪われ、ランチア家の叔父たちに授与した領地も没収された。ピエトロ・ルッフォはシチリアとカラーブリア地方の国王代理として認められた。コンラードはその年の残りを、テッラ・ディ・ラヴォーロで再び燃え上がった反乱の鎮圧に費やした。カープアとナポリは年を越さずして屈服し、鎮圧は成功裡に終った。一方、コンラードは教皇との交渉に取りかかった。今やコンラードの立場が強くなっていた。北イタリアでの教皇インノケンティウスの支持は依然として根強かった。貴族の派閥争いによって悪政に陥っていたローマは、北イタリアに習って自治都市を形成し、執政長官《ポデスタ》ないしは執政官に、ホーエンシュタウフェン家に通じるボローニャ人の法律家ブランカレオーネ・デリィ・アンダーロを選んだ。独裁に近い権限が与えられた彼はそれを公平かつ厳格に行使した。ロンバルディーア地方の諸都市では皇帝派が教皇派を打ち負かしつつあった。トスカーナ地方では教皇派が優勢だったものの、教皇に積極的な支援を与えられるほどではなかった。(6)

教皇インノケンティウスとコンラード

しかし、インノケンティウスは自らの政策に固執していた。コンラードを南イタリアから追放することは望むべきもなかったが、シチリア王国とドイツを絶対に連合させてはならないということだけは揺るがなかった。コンラードがドイツ支配を維持するつもりなら、教皇の支持、あるいは少なくとも教皇の中立を必要としていた。南イタリアのことを除けば何らかの譲歩の用意はあった。交渉は失敗する運命にあった。教皇は当面の対策として、コンラードの異母弟ハインリヒにシチリア王位を与え、自分の姪の一人を嫁がせることで、問題の解決を図ろうと考えた。ハインリヒはおそらくその提案に関心を示したものと思われる。しかし、何も起きなかった。コンラードと支持者たちがそのような計画に乗るはずはなかった。ハインリヒが一二五三年十二月に十八歳で死んだとき、教皇が広めた噂によって、兄のコンラードが毒殺したという非難の声があがった。執政官のブランカレオーネは、インノケンティウスとコンラードの不和が決定的となることを防ごうと努めたが、一二五四年一月にコンラードは教皇の権利侵害と異端を公けに非難し、インノケンティウスは二月にコンラードの破門でこれに応じた(7)。

戦争は不可避だったが、コンラードのほうが有利だった。教皇は説教のなかで、ホーエンシュタウフェン家に対する新たな十字軍を呼びかけたが、まともに耳を貸す者はなかった。フランスでは、摂政王妃ブランシェ〔カスティーリャのブランカ〕が教皇の呼びかけに従った者の土地を没収すると脅した。ドイツでは、教皇庁の役人が公然とあざけられた(8)。コンラード軍の士気は高かった。彼の資金はイタリアの領地で引き上げた重税のおかげで、豊富だった。イタリアから教皇の影響を一掃するという父が果たせなかったことを、彼は成し遂げるかに思われた。加えて、彼は北に進軍してアルプス以北の秩序も復活させる計画を立てていた。時計の針を逆転させてホーエンシュタウフェン帝国を復活させることができたかどうかは、今となってはわからない。しかし、彼には一度もそのチャンスはなかった。一二五四年四月、コンラードはプーリア地方の国境の地ラヴェーロの野営地で熱病にかかった。彼は二六歳にすぎなかったが、すでに燃え尽きていた。勇敢に奮闘してきたが、すべては空しかった。五月二一日、コンラードはサラセン人兵士に見守られて死んだ(9)。

教皇インノケンティウスは毒蛇のような一族にふりかかった災いに再度歓喜の声をあげた。それには四年前にフリードリヒ〔二世〕が死んだとき以上の大きな理由があった。憎むべき一族で存命中の、相続権をもつ王子は今やただ一人、コンラードのわずか二歳の息子で、世間ではコンラーディンと呼ばれていたコンラード二世〔ドイツ名／コンラート五世〕だけであった。彼は母であるバイエルンのエリーザベトと南ドイツに住んでいた。国王コンラードは死の床で、少年の運命のあやうさを十分に理解していた。ドイツでの継承は望むべくもなかったが、少なくともコンラーディンはシチリアの正統な王でありイェルサレム王であった。海外属領《ウートルメール》の法律家は、イェルサレム王の称号は認めた。コンラーディンが生きている限り、イェルサレム王国の統治は彼の名において遂行された。しかし、彼は決してそこに行きたがらなかったし、またヨーロッパにおける遺産を失う危険を冒してまで行きたいとも思っていなかったことは、確かである。だが、シチリア王国はそうではなかった。瀕死の王は、自分の下でシチリアとカラーブリア地方の支配を続けたピエトロ・ルッフォとともに信頼をおいていたホーエンブルクのベルトルトをシチリア行政長官に指名した。そして、コンラードはいまわの際に騎士道精神に訴え、息子を教皇の庇護に委ねた(10)。

教皇はこれに心を動かされなかったし、王国の人びとも見たこともない子供に関心をまったく示さなかった。その代わりに、一部の人びとは卓越した人物のマンフレーディに希望を託し始めた。別の人びとは教会の宗主権の下での自治都市を否定する教皇の提説に翻弄されていた。敵方が分裂したことにより、シチリア王位を外国の王子に提供する提案をしたことのあったインノケンティウスは、王国を支配することができると考えた。行政長官ベルトルトはジレンマに陥っていた。彼はピエトロ・ルッフォをあてにすることができたが、ピエトロは島内の不穏な動きに直面して、彼に援軍を送ることができなかった。ベルトルトはムーア人ヨアンネスをあてにすることができたが、ヨアンネスは自分の指揮下にあるサラセン人部隊を従わせることができなくなっていた。彼らはマンフレーディの友人たちから誘いを受けていたのだった。ホーエンシュタウフェン家の他の大部分の支持者もマンフレーディに目を向けていた。教皇インノケンティウスは南方のアナーニ〔ローマの南東方〕に急行した。ベルトルトは絶望のうちに、教皇と交渉するマンフレーディをアナーニへ見送った。インノケンティウスはコンラーディンの権利は成年に達したときに考慮されるべきであること、そしてそれまでの間は教皇庁が王国を所有すべきであるとの内容で同意した。ベルトルトも同意の準備ができていた。というのも、彼はコンラーディンを守るために他のいかなる手段も見出せなかったからである。しかも、彼は自分の軍を同行することができなかったし、兵士に支払う資金にもこと欠いていた。ベルトルトは行政長官を辞任し、代わりにマンフレーディがその任に就いた。(11)

マンフレーディと教皇インノケンティウス

しかし、マンフレーディがベルトルトよりも強力であったわけではない。一二五四年九月、教皇は王国の境界に近いサンジェルマーノ〔カッシーノの西隣〕に移動した。三週間後マンフレーディはインノケンティウスが提示した条件を受け入れた。王国は、コンラーディンの権利に関する将来の決定を保留にしたまま、教皇の支配下に入ることになった。一方マンフレーディは、ターラントのすべての特権と、コンラードが没収した叔父たちの領土を、再び手に入れることになった。加えて、マンフレーディはテッラ・ディ・ラヴォーロを除く本土の教皇代理となった。(12)

もちろんインノケンティウスもマンフレーディもその取り決めを守るつもりはなかった。初めこそ表面的には友好関係にあった。十月十一日、ガリリャーノ川〔イタリア中南部を流れる〕を渡って王国に入った教皇をマンフレーディは迎え、馬の手綱をとって歩いた。しかしその間に、教皇の甥グリエルモ・ディ・フィエスキ枢機卿が教皇軍を率いて南方へ進出し、コンラーディンに関するすべての委託を破棄する臣服の義務を要求した。さらに教皇は、支援を確保するためにシチリアとカラーブリア地方における教皇代理職をピエトロ・ルッフォに提示したが、カラーブリアは明らかにマンフレーディの教皇代理権に属する地域であった。マンフレーディは、教皇とともにテアーノに到着したとき、ガルガーノ山〔プーリア北部の半島部〕麓の領地が教皇任命のアングローナのボレーロによって占領されたことを知った。マンフレーディは、プーリアから移ってきていたベルトルトに相談しようと城外に向かったときに、ボレーロの待ち伏せに会って殺されかけたが、小ぜり合いの末に打ち負かした。ベルトルトは彼に道を譲り、十月十九日にカープアで教皇に服従した。マンフレーディはルチェーラまで馬に乗っていったが、そこではムーア人ヨアンネスとサラセン人部隊が国王の財宝を守っていた。枢機卿グリエルモと教皇軍もまた、ルチェーラと財宝をねらって後に続いていた。十一月二日、マンフレーディが先にルチェーラに到着すると、ヨアンネスは教皇に服従するために移動した後だった。(13)

今や、マンフレーディは教皇が自分を押しつぶそうとしていると確信するにいたった。彼は雄弁と魅力をあますところなく駆使してルチェーラのサラセン人を説得し、財宝を自分に引き渡し、これから起こす反乱に加わるように呼びかけた。彼が行動を起こしたことが知れ渡ると、プーリア中からホーエンシュタウフェン家の支持者が馳せ参じた。そのなかには、枢機卿がコンラーディンの権利を軽視したことに衝撃を受けて参加したベルトルトのドイツ軍兵士の多くが含まれていた。ベルトルトは依然として交渉を進めていた。十二月二日、マンフレーディは自分に加わらないドイツ軍を攻撃するに十分な勢力を集め、フォッジアの近くで、ベルトルトの兄弟オットー指揮の部隊を打ち破った。逃亡者は枢機卿の軍隊へ逃げこんだが、彼らはこんどはトロイーアに配置されて、そこで騒乱が起きた。教皇軍の兵士は傭兵だったが、給料は未払いだった。枢機卿はルチェーラの財宝を獲得して、これにあてる心づもりだった。マンフレーディの勝利を耳にすると彼らは散りぢりになり、枢機卿は冬の雪道をアリアーノへと逃げのびた。こうしてプーリア地方全土はさらなる戦場にならずにすみ、マンフレーディの所有に帰した。[14]

教皇インノケンティウスはナポリにいた。彼はテアーノに滞在した間も体調を崩して病気がちだった。その後カープアで過ごした二週間も体調はすぐれなかった。十月二七日のナポリ入城式典までは元気だったが、ついにそこで病床に伏せた。マンフレーディの勝利の報せはインノケンティウスに決定的な打撃を与えた。十二月七日、彼は計画の挫折を悟りつつ他界した。彼は、ホーエンシュタウフェン家の権力を弱めた。また、皇帝権の回復という願望を越えるイタリアとドイツの併合の目論見を打ちくだいた。しかし彼は、イタリアにおいて最強の権力を握った仇敵の一人をあとに残した。長い目でみれば、彼の行為は非難を招くものだった。教皇庁の立場を守る戦いにおいて、彼ほど一貫して飽くことなく、そして勇敢だった教皇はいない。彼ほど話し合いによる解決に配慮を欠き、不忠な、そして宗教的な手段に安易に訴える教皇もいなかった。彼は世俗の君主を辱めたが、用いた方法は彼自身と彼が支配した教会の信頼を損ねることとなった。彼は教皇庁の恐れを知らない意思堅固な擁護者だったが、教皇は高貴な人物の擁護者にこそふさわしいものだった[15]。

教皇アレクサンデル四世とマンフレーディ

インノケンティウスの死後、教皇選挙会議に集まった枢機卿たちは、彼の欠点も、また自分たちがいかに危険な状態にあるかもわかっていた。彼らは、寛大さと敬虔なことで知られる一人の高位聖職者に注目した。しかし、オスティア大司教で五日後にアレクサンデル四世〔在位一二五四～六一年〕として教皇の座についた枢機卿リナルド・コンティは、インノケンティウスの方針を直ちに破棄することができず、それに代わる方針も打ち出せなかった。彼は、亡くなった教皇を選んだ枢機卿たちの影響力がもはや失われているにもかかわらず、インノケンティウスの顧問たちの意のままであった。教皇の方針はいまや、狡猾で野心的なフィレンツェ人の枢機卿オッターヴィオ・デリィ・ウバルディーニの手に握られていた[16]。

シチリア王国の継承者は他国の君主に求められていた。しかし、その前にしなければならないことは、マンフレーディを屈服させることであった。シチリアと南イタリアの自治都市は教皇庁の宗主権のもとで自由であると説得されたが、この保証は王位の候補者に対してなされたものと矛盾していた。マンフレーディはプーリア地方の都市が自分に従わないと見て取った。さらに南では、ピエトロ・ルッフォが、シチリアとカラーブリア地方におけるマンフレーディの司教代理権をメッシーナを中心とする世襲の特権に変えようとしていた。しかし、ピエトロは結局どちらも失うことになった。マンフレーディが巧妙な策を仕掛けて、彼をカラーブリアから追放し、シチリアの各都市は教皇の下での同盟共和国を宣言するにいたった。一方、マンフレーディはドイツのバイエルン公の宮廷に使者を派遣してコンラーディンを王と認めると公けに宣言し、コンラーディンの伯父で保護者のルートヴィヒ〔二世、ヴィッテルスバハ家の上バイエルン家系〕に、摂政としての自分を承認するよう説得した。ホーエンブルクのベルトルトは依然として教皇庁内にとどまっていた。一二五五年五月、彼は、マンフレーディと戦う枢機卿オッターヴィオの遠征隊に加わった。いつものことながら、教皇軍は頼りにならない傭兵で構成されていた。コンラーディンの大義がいまやマンフレーディによって擁護されているとわかったベルトルトは、裏切り者になることを決意した。彼は枢機卿の動きを逐一マンフレーディ側に知らせる一方、自分の役割であった軍事補給品を調達する任務を故意に怠った。その結果、マンフレーディは夏の数カ月間、教皇支持者たちを封鎖して飢餓にさらした。九月、オッターヴィオは降伏し、条約が交わされた。コンラーディンは王として、マンフレーディは摂政として認められたが、テッラ・ディ・ラヴォーロとシチリアの地は教皇庁に与えられた。ベルトルトと彼の兄弟を含む両軍の追放者は、それぞれの領地に送り返されることになった。オッターヴィオは弱体化した軍とともに教皇が居をかまえるアナーニへと退却した。教皇アレクサンデルは即座にその条約を拒否したが、すでに後の祭りだった。(17)

マンフレーディはいまや南イタリアで絶頂を極めていた。次の年に彼はテッラ・ディ・ラヴォーロを征服したが、住民は戦いに疲れ果て、教皇庁に対する信義も失っていた。マンフレーディは、亡命したピエトロ・ルッフォの暗殺を確認し、ベルトルトと彼の兄弟の目をつぶしてから、シチリアを自治都市から奪還すべく叔父のマンフレーディ・ランチアを派遣した。シチリアの貴族階級は自治都市体制に不満だった。大部分のシチリア人も、ドイツと関係のない現地生まれの君主による支配によって、ノルマン人の繁栄の時代にもどることを期待していた。一二五七年までに、彼は島を完全に支配した。いまや、ドイツにいる少年に対する見せかけの忠誠を捨て去るときだった。コンラーディンがバイエルンで死んだという噂が、南イタリア一帯に流布し始めた。マンフレーディが仕掛けたのかどうかはわからないが、彼はその噂をたくみに利用した。一二五八年八月十日、彼はパレルモの大聖堂でジルジェンティ〔現アグリジェント〕の司教よりシチリア王を授けられ、島の貴族と本土からの代表団は彼を称賛し敬意を表した(18)。

マンフレーディの野心

マンフレーディは二六歳になっていた。彼は高貴さを備えた魅力的な人物であった。彼はまた、悪辣で、不忠で、残酷であったが、そうした欠点もその個性である魅力の前に忘れ去られた。彼は、父親譲りの学問への情熱、科学への関心、そして巧みな話術を身に付けていたが、因襲的なものに衝撃を与えるフリードリヒの厄介な傾向は受け継がなかった。彼は飛び抜けて容姿端麗だった。しかし、父親ほど偉大な人物ではなかった。彼は戦争と外交に全エネルギーを傾けるにもかかわらず、日常の繁雑な行政を怠る傾向が見られた。友人とりわけランチア一族に自分の仕事を行なわせたが、自分が避けようとした方向に進まされていることに、彼は直ちに気づいた。もし彼がノルマン人の先祖を真似て、イタリア本土南部の支配を維持し、家臣のためになる行動に限ったシチリア支配に満足したのなら、長続きする王朝を築けたかもしれない。教皇庁は彼を承認し、なすがままに放任したかもしれない。しかし、ランチア一族が北方からやって来て、ロンバルディーア地方で領地を得た。彼らはマンフレーディをシチリアのみならずイタリア全土の王であると煽り、マンフレーディ自身もホーエンシュタウフェン家の血統を意識して、自分の父が皇帝だったことを決して忘れることはなかった。[19]

南の王国でのマンフレーディの支配は順調だった。彼は町々の自治の特権を奪ったが、代わりに正義にもとづく効力のある統治を行なった。彼はナポリ大学を復活させて寄贈した。そして、ガルガーノ山のふもとに、例えばマンフレドニアなどの新しい都市を建設した。しかし、シチリア人は彼に失望した。彼は国王に即位後、島を訪れることはほとんどなく、ナポリに住むか、ルチェーラで部下のサラセン人軍人たちと一緒にすごすのを好んだ。島は再び本土の単なる付属物に過ぎなくなったと思われた。マンフレーディの関心はますます北方に向けられ、シチリアは遠い地での戦いのために人と資金を奪われていった。それにつれて、表面的には消え去ったように見えたシチリア人の分離主義が、再び抬頭のきざしを示し始めた。[20]

マンフレーディは野心を抑制するのが難しかったに違いない。というのも、教皇庁は彼の成功を認める気はなく、そのことが彼をさらなる戦いへと導いた。教皇アレクサンデルは悠長で優柔不断であったにもかかわらず、絶対的な強みがあった。彼はドイツについては何も心配する必要がなかった。

ドイツでは子供のコンラーディンについて、彼のバイエルンの親族を除いて、気にかける者はいなかった。インノケンティウス四世が選んだ反皇帝派のホラントのウィレムが全土で受け入れられたのは、彼が君主たちの邪魔立てすることなどできない無能な人物と見なされたからだった。ウィレムが一二五六年一月に死んだとき、選帝侯たちは、ドイツには領地をもたないが財産のある外国の君主が最も好都合だと判断した。それには二人の候補者、イングランド王ヘンリー三世の弟コーンウォール伯リチャードと、カスティーリャ王アルフォンソ十世がいた。アルフォンソはフランス王聖ルイの支持があり、ルイの名声が有利に働いていた。また教皇庁宮廷は、シチリア王位のもう一人の候補者であるイングランドの貴族と交渉中だったが、アルフォンソの一族にはもう一つ別の王位が必要だと考えていた。それは、アルフォンソが母を通じてホーエンシュタウフェン家のシュヴァーベン公国の権利を主張しており、そのことがホーエンシュタウフェン家の復興に対抗するまたとない保証と見なしていたからだった。ドイツの選帝侯七人のうち、一二五七年一月には四人がリチャードを選んだが、四月にはボヘミアの選帝侯の変節によって四人がアルフォンソを選ぶことになった。しかしながらリチャードは、アルフォンソがドイツで足場を固める前の五月に、首尾よくアーヘンで戴冠して自分が選ばれたことを既成事実とし、一二五八年の春までにはドイツ人に広く受け入れられた。しかし、彼の地位は不確かなものだった。そこで彼は教皇の引き立てを得ようとした(21)。

イタリアでは、莫大な負債を抱えた教皇は、フィレンツェの教皇派の銀行を取引銀行にして、その頼りになる強力な自治都市の支持を得ることになった。生粋のローマ人である教皇アレクサンデルは、インノケンティウスの場合よりはローマ人に受け入れられ、一二五五年十一月には、ローマ人は執政官ブランカレオーネを追放し、代わりに教皇をローマに迎え入れた。ホーエンシュタウフェン家の支持者の多くは、シチリア王位の奪取によってマンフレーディと仲違いしていた。コンラーディンが死んだのは誤りで、少年の権利は成年に達したときに再考されることをマンフレーディが証明する宣言を行なっても、彼らは納得しなかった。コンラーディンの保護者であるバイエルン公ルートヴィヒは、コーンウォール伯リチャードを支持し、教皇庁の懐柔的な動きを受け入れる用意があった[22]。

マンフレーディの行動は止まることはなかった。一二五七年春、ローマで起きた反乱でブランカレオーネが復帰し、マンフレーディと同盟した。翌年にブランカレオーネが暗殺されると、ローマはまた徐々に、というよりむしろ不確実だったが教皇庁の関心事となっていった。しかし、マンフレーディは教皇領の大部分を制圧していた。トスカーナ地方で、彼はシエーナの支持を得ており、皇帝派と教皇庁の仲裁者と自認する人物である枢機卿オッタヴィアーノの陰謀によって、同調者を強制しフィレンツェを弱体化させた。ついには、フィレンツェ人は一二六〇年九月、アルビア川を赤く染めたモンタペルティの大殺戮〔ダンテ『神曲』の「地獄篇」X86〕の末に、打ち負かされた。その勝利によって、マンフレーディはイタリア中部を統治下におき、それ以降、教皇代理としてまるで皇帝のようにこの地を支配した。北方でのマンフレーディは、ロンバルディーア地方で最も強力かつ最も勢いのある君主で、教皇代理を務め、ジェーノヴァ人との同盟を果たしていたオベルト・パッラヴィチーニ侯の支持を得た。教皇派の都市は一つまた一つと屈服させられていった。ヴェローナの暴君で隣国と争っていた皇帝派のエッツェリーノは一二五九年にパッラヴィチーニに打ち負かされ殺されたが、教皇代理の精力的で気転のきく働きによって、かろうじてロンバルディーア地方の平和が保たれた。その間にマンフレーディは、サルデーニャ島を占領し、捕われの身にある兄弟エンツォの王位の権利を無視した。一二六一年までに、イタリア全土がマンフレーディの前に屈し、教皇は孤立して苛立ち、無力となり、ローマの不確実な領地を残してすべてを失った。[23]

マンフレーディの野心はさらに膨らんだ。心のなかでローマ帝国を思い描き、いつかはドイツ支配の日がくることを願っていた。また、彼がラテン世界のキリスト教界のリーダーになりうる、もう一つの道があった。

〈原注〉

(1) フリードリヒにはここで言及された子供のほかに、イングランドのイザベラとの間にもうけた一人の嫡子マルガレーテがいて、彼女はマイセン辺境伯チューリンゲンのアルベルトと結婚した。フリードリヒの息子たちについては、第八章二〇二〜二〇六ページを参照。また、皇帝の庶子の娘たちのうち、セルヴァジアはヴェローナの暴君エッツェリーノ三世と、またヴィオランテはカゼルタ伯リッカルドとそれぞれ結婚したほか、名前が不明の二人の娘は、カレット侯ヤーコポ、アチェーラ伯アクィーノのトムマーゾとそれぞれ結婚した。

(2) Boehmer, *Regesta Imperii*, no. 3835, vol. v. 1, p. 693; M.G.H. *Constitutiones*, vol. ii. p. 382. 彼の孫のフリードリヒは、もし生き残ったならば、生母からオーストリアを相続することになっていた。

(3) Runciman, *History of the Crusades*, vol. III, pp. 182, 220–1, 275を参照。

(4) *Cambridge Medieval History*, vol. VI, pp. 109–13; Jordan, *L'Allemagne et l'Italie*, pp. 289–96.

(5) この時代のイタリア史については、Jordan, *Les Origines de la Domination Angevine en Italie*, book I, chapters I to VIII, with a brief summary in the preface, pp. ix–xiiに詳しい。また、Jordan, *L'Allemagne et l'Italie*, pp. 317–9も参照。さらにドイツの情勢については、同書注の文献を参照。

(6) Jordan, *Les Origines*, pp. 173–82, 235–40.

(7) Nicholas of Carbio, *Vita Innocentii IV* (Muratori, *R.I.S.*, vol. III, pp. 592); Rymer, Foedera, vol. I, p. 302; Jordan, *Les Origines*, pp. 238–9; Léonard, *Les Angevins de Naples*, p. 38.

(8) Matthew Paris, *Chronica Majora*, vol. IV, p. 542; Paulus, *Geschichte des Ablasses im Mittelalter*, vol. II, p. 27.

(9) Baronius-Raynaldi, *Annales Ecclesiastici*, vol. II, p. 505. マンフレーディは、宮廷侍医であるジョヴァンニ・ダ・プロチダが管理していた毒入りの浣腸によってコンラードを殺害したと、教皇派から訴えられた。Salimbene de Adam, *Cronica* (*M.G.H., Scriptores*, vol. XXXII, pp. 444, 472) を参照。

(10) Hampe, *Geschichte Konradins von Hohenstaufen*, pp. 4–7; Runciman, *History of the Crusades*, vol. III, p. 281.

(11) Jordan, *L'Allemagne et l'Italie*, pp. 321–2.

(12) Nicholas of Carbio, *Vita Innocentii IV*, pp. 592, ν–ξ; Boehmer, *Regesta*, no. 4644d, vol. V, 1, p. 855.

(13) Nicholas of Jamsilla, *Historia de rebus gestis Friderici II, Conradi et Manfredi* (Muratori, *R.I.S.*, vol. VIII, pp. 513–41). なお、Hefele-Leclercq, *Histoire des Conciles*, vol. VI, 1, p. 18を参照。

(14) Nicholas of Jamsilla, *loc. cit.*; Jordan, *L'Allemagne et l'Italie*, pp. 322–3.

(15) Hefele-Leclercq, *op. cit.* p. 18, n. 3. インノケンティウスの性格については、Jordan, *Les Origines*, pp .

lxxix–lxxxiを参照。

(16) Nicholas of Carbio, *op. cit.* p. 592; Salimbene de Adam, *op. cit.* pp. 453–4. Salimbeneは、教皇アレクサンデルのことを、学者であり穏やかであるとする。より厳しい見方については、Jordan, *L'Allemagne et l'Italie*, p. 323を参照。

(17) Nicholas of Jamsilla, *Historia*, p. 543; Jordan, *Les Origines*, pp. xii–xiv. マンフレーディがコンラーディン派との間で取り決めた事柄については、Boehmer, *Regesta*, no. 4771, vol. I, p. 882を参照。

(18) Nicholas of Jamsilla, *Historia*, p. 584; Baronius-Raynaldi, *Annales Eccle-siastici*, vol. III, pp. 24–5; Capasso, *Historia Diplomatica Regni Siciliae*, pp. 167–8（戴冠式に対する教皇の公然たる非難について）。コンラーディンの死をめぐる噂におけるマンフレーディの共謀については、Schirrmacher, *Die letzten Hohenstaufen*, p. 449でたっぷり論じられている。

(19) ダンテはマンフレーディのことを、「金髪でハンサムで穏やかである」（*Purgatorio*, III, 1. 107）と記し、さらに*De Vulgari Eloquentia*（book I, Section 12）のなかで、文芸のパトロンだったとしている。教皇派の年代記はことごとく、マンフレーディのことを可能な限りの悪徳をあげて責めているが、シャルル・ダンジューの友であった吟遊詩人レーモン・トールは、マンフレーディの正直なことや正義感があって優雅さを備えていたと讃えている一方、マンフレーディが落ち目になってからのある吟遊詩人は、彼を賞賛したところで得られるものはないのに、マンフレーディのことを勇敢で快活で高潔な王子と呼んでいる。De Bartholomaeis, *Poesie Provenzali Storiche relative all'Italia*, vol. II, pp. 212–5, 234. 近代の歴史家は、マンフレーディに対してより厳しい判断を下している。Previté-Orton（*Cambridge Medieval History*, vol. VI, p. 184）にとっては、マンフレーディは「怠惰で優柔不断だった」、「ハーレムの子だった」、「誇大妄想癖があった」、そして「自信と無気力のあいまった東洋的な資質を示した」人物とうつったのであった。なお、Léonard, *Les Angevins de Naples*, p. 40で記されている要約は、節度があって正当な内容である。

(20) Libertini and Paladino, *Storia della Sicilia*, pp. 444–5を参照。

(21) 二人の選出については、Jordan, *L'Allemagne et l'Italie*, pp. 304–10を参照。そのほか参考文献として、Hefele-Leclercq, *Histoire des Conciles*, vol. VI, 1 , pp. 23–6がある。

(22) Jordan, *Les Origines*, pp. 241–2; Hampe, *op. cit.* pp. 15–9.

(23) Jordan, *Les Origines*, pp. 94–142, 179–211, 242–4; Dante, *Inferno*, X, l. 86, refers to Montaperti, 'Che fece l'Arbia colorata in rosso'; G. Villani, *Cronica* (1823 ed.), vol. II, pp. 108–9.

第3章　アドリア海を越えて

ラテン皇帝となるフランドルのボードゥアンの戴冠。

東ローマ帝国（ビザンティン）アンゲルス朝

アンドロニクス＝エヴロシニ

- テオドラ＝コンラード（モンフェッラート侯）
- イレネ＝ヨアンネス・カンタクゼヌス
- アレクシウス三世（一一九五年皇帝[2]）＝エヴロシニ
  - エヴドキア＝1 聖ステファン（セルビア王）／2 アレクシウス五世（ビザンティン皇帝）
  - アンナ＝2 テオドルス一世（ニケーア皇帝）
  - イレネ＝2 アレクシウス・パラエオログス
- イサキウス二世アンゲルス（一一八五年皇帝[1]）（一二〇三年復位[3]）＝②マリア（ハンガリー王ベーラ三世王女）
  - アレクシウス四世（一二〇三年皇帝[4]）―アレクシウス五世（一二〇四年皇帝[5]、1204廃位）
  - イレネ＝1 ルッジェーロ三世（シチリア王）／2 フィリップ（ドイツ王）
  - 女子

1204年第4回十字軍による東ローマ帝国（ビザンティン）アンゲルス朝崩壊後の後継国
- エピロス専制公国
- ニケーア帝国（ラスカリス朝）
- トレビゾンド帝国（コムネムス朝）

1261年ニケーア帝国がパラエオログス朝として復興。

〔243ページ参照〕

テッサリア支配

（庶子）
- ヨアンネス一世ドゥーカス・アンゲルス（ネオパトラス公）（一二七一年からテッサリア支配[1]）＝（ヴァラキア人タロナスの娘）
  - 女子＝ステファン・ウロシュ二世（セルビア王）
  - 女子＝ギョーム（アテネ公）
  - 女子＝アンドロニクス・タルカニオテス
  - コンスタンティヌス（一二九五年から[2]）―ヨアンネス二世ドゥーカス（一三〇三年から[3]）＝イレネ（ビザンティン皇帝アンドロニクス二世の庶子の娘）
    - （1308年、ビザンティンに従属）
  - テオドルス
  - ミカエル
- テオドルス

●テッサロニカについて

テッサロニカ王国：1204年十字軍でモンフェッラート侯ボニファーチェがテッサロニカを占拠し建国。二代（389ページ注11を参照）。

テッサロニカ帝国：1224年エピロス専制公国テオドルス一世がテッサロニカ王国を占拠し帝国と皇帝を名乗る。三代。

テッサロニカ専制公国：1242年から専制公を名乗る。二代、1246年まで（一般に1246年までの四代をテッサロニカ帝国アンゲルス朝とよぶ）。

空位期（1246～1271年）：1246年ニケーア帝国に占拠される（1261年ニケーア帝国はビザンツ帝国復興［パラエオログス朝］を果たす）。

テッサリア支配(国)：1271年ビザンツ帝国パラエオログス朝の衰退によりテッサリアとして復興（ネオパトラス公）。三代つづき1318年再びビザンツ帝国に従属した。

エピロス専制公国　テッサロニカ帝国/専制公国

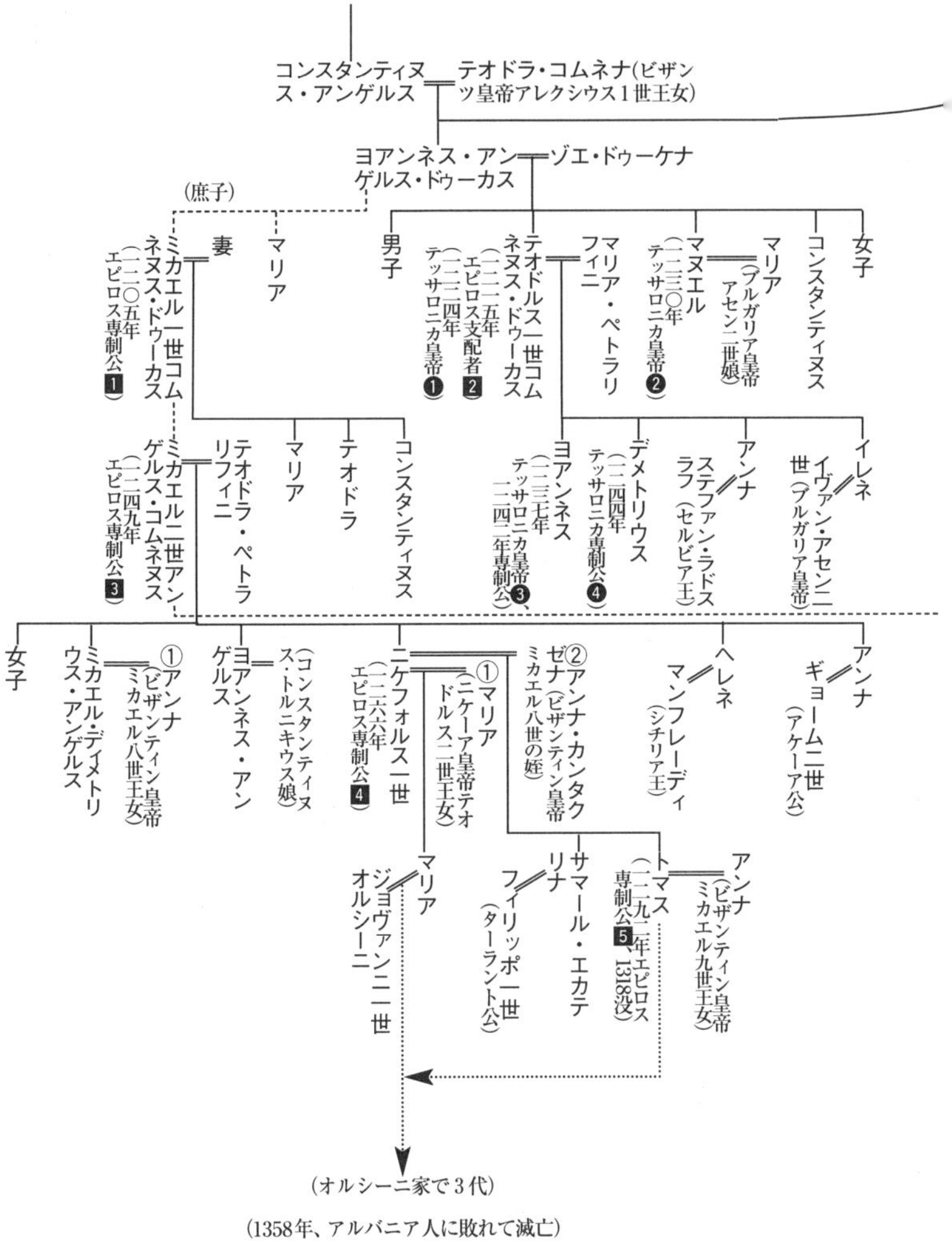

コンスタンティヌス・アンゲルス
テオドラ・コムネナ(ビザンツ皇帝アレクシウス1世王女)
ヨアンネス・アンゲルス・ドゥーカス
ゾエ・ドゥーケナ
(庶子)
ミカエル一世コムネヌス・ドゥーカス(一二〇五年エピロス専制公1)
妻
マリア
男子
テオドルス一世コムネヌス・ドゥーカス(一二一五年エピロス支配者2 一二二四年テッサロニカ皇帝❶)
マリア・ペトラリフィニ
マヌエル(一二三〇年テッサロニカ皇帝❷)
マリア(ブルガリア皇帝アセン二世娘)
コンスタンティヌス
女子
ミカエル二世アンゲルス・コムネヌス(一二四九年エピロス専制公3)
テオドラ・ペトラリフィニ
マリア
テオドラ
コンスタンティヌス
ヨアンネス(一二三七年テッサロニカ皇帝❸、一二四二年専制公)
デメトリウス(一二四四年テッサロニカ専制公❹)
アンナ
ステファン・ラドスラフ(セルビア王)
イレネ
イヴァン・アセン二世(ブルガリア皇帝)
女子
ミカエル・ディメトリウス・アンゲルス
①アンナ(ビザンティン皇帝ミカエル八世王女)
ヨアンネス・アンゲルス
(コンスタンティヌス・トルニキウス娘)
ニケフォルス一世(一二六六年エピロス専制公4)
①マリア(ニケーア皇帝テオドルス二世王女)
②アンナ・カンタクゼナ(ビザンティン皇帝ミカエル八世の姪)
ヘレネ
マンフレーディ(シチリア王)
アンナ
ギョーム二世(アケーア公)
マリア
ジョヴァンニ一世オルシーニ
サマール・エカテリナ
フィリッポ一世(ターラント公)
トマス(一二九六年エピロス専制公5、1318没)
アンナ(ビザンティン皇帝ミカエル九世王女)
(オルシーニ家で3代)
(1358年、アルバニア人に敗れて滅亡)

ニケーア帝国（東ローマ帝国[ビザンティン]ラスカリス朝）

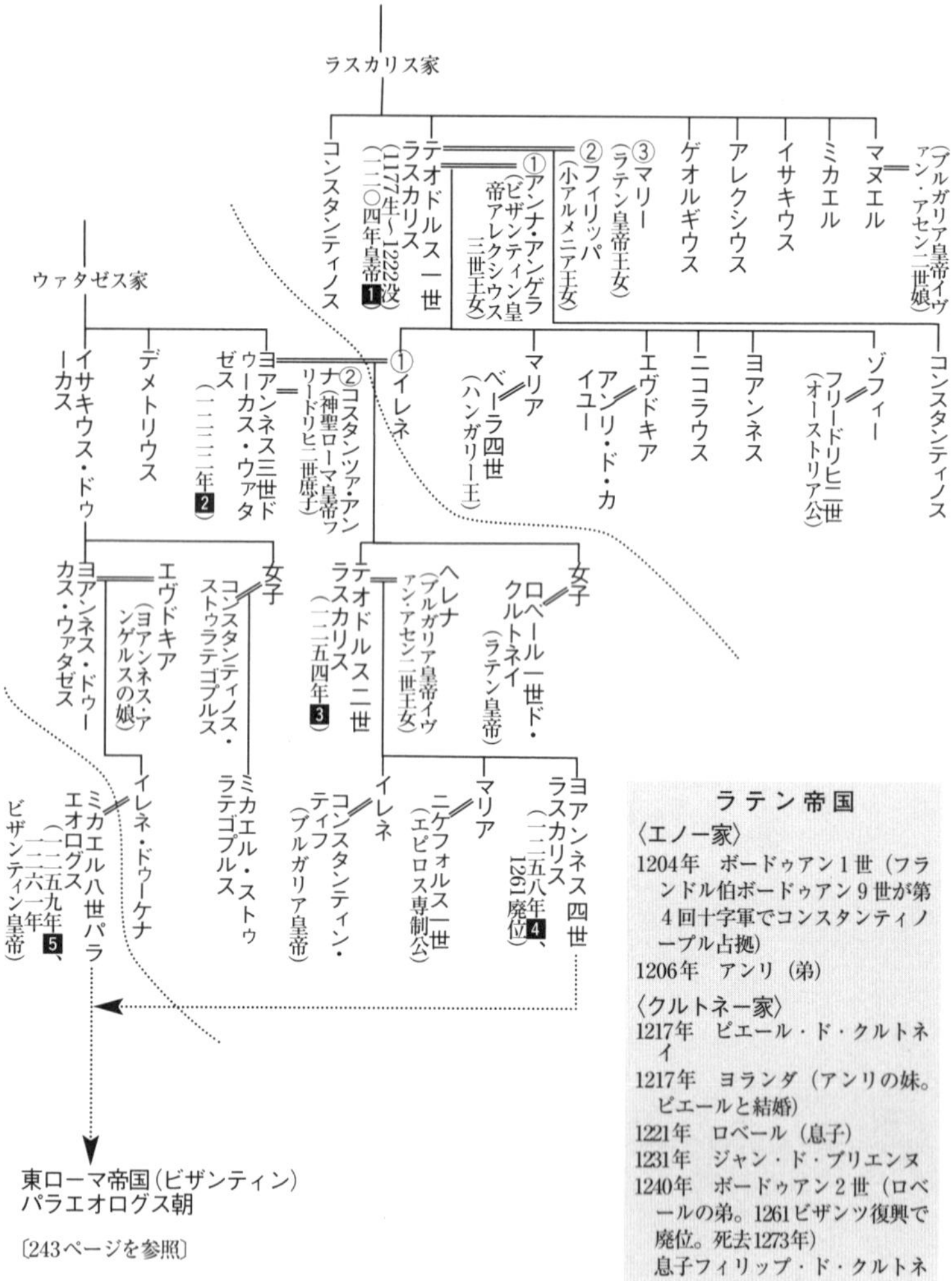

東ローマ帝国（ビザンティン）
パラエオログス朝

〔243ページを参照〕

ラテン帝国

〈エノー家〉

1204年　ボードゥアン1世（フランドル伯ボードゥアン9世が第4回十字軍でコンスタンティノープル占拠）

1206年　アンリ（弟）

〈クルトネー家〉

1217年　ピエール・ド・クルトネイ

1217年　ヨランダ（アンリの妹。ピエールと結婚）

1221年　ロベール（息子）

1231年　ジャン・ド・ブリエンヌ

1240年　ボードゥアン2世（ロベールの弟。1261ビザンツ復興で廃位。死去1273年）

息子フィリップ・ド・クルトネイ（称号のみ）

娘エレーヌ（セルビア王妃）

ラテン帝国の成立

南イタリアとシチリアを支配するものは誰しも、半島のみならず狭い海峡をはさんだ近隣の国々にも注意を払わなければならない。ノルマンの王たちは、アフリカのチュニスに支配の足掛かりを確保することを望んだし、さらにはアドリア海を越えてバルカン諸国およびギリシア半島とその島々への勢力拡大に大きな情熱を注いだ。フリードリヒ二世の場合、ノルマンの王たちの政策を継承するには中部ヨーロッパに対する配慮が不可欠であった。彼の目的は、敵の教皇派が反対できないように、海外の同盟国を獲得することであった。マンフレーディの場合、イタリアで地歩を固めながら、ノルマンの伝統に戻った。彼にはアフリカ支配の野心はなかった。そこでは、チュニスのハフス朝〔ハフス王国〕の首長《アミール》たちが彼に好意的だったからである。しかしバルカンでは、かつてのビザンティン諸国がマンフレーディの冒険心を満たす機会を提供した。

一二〇四年の不敬な十字軍はビザンツ帝国を破壊したが、それに代わる安定したものは何ひとつもたらさなかった。コンスタンティノープルに建国されたラテン帝国、すなわちローマニア帝国〔第四回十字軍とヴェネツィアがビザンツ帝国支配領域〔ローマニア〕分割協定〔一二〇四年〕に基づき、コンスタンティノープル攻略後に合作した国家〕は、すぐに衰退した。建国から五〇年で、それはヴェネツィア人が三分の一を領有するコンスタンティノープルとその近郊を支配するのみだった。ラテン帝国皇帝ボードゥアン二世は、不安定な王座を守ってくれる庇護者を捜し求め、西ヨーロッパを旅して日々を費やしていた。彼はわずかな金を工面するために、古いビザンティンの聖遺物の収集品から最良の品をフランスの聖ルイに売却していた。また、宮殿の屋根を葺いていた鉛をイタリア商人に売って宮廷の経費を捻出し、跡取り息子をヴェネツィア人に抵当に入れることで、外国旅行の費用をまかなった。(1)もし友人が彼に救いの手をさしのべていなかったら、わずか数年で帝国は消え去っていたかもしれない。

エピロスとニケーアの対立

コンスタンティノープル崩壊の衝撃の後に、ビザンティンのギリシア人たちは復活した。三つのギリシア人の後継国家が出現した。かつてのビザンティン帝国の東部では、偉大なコムネヌス家一族がトレビゾンドに国家を樹立した。しかしトレビゾンドの支配者は、自らを皇帝および大コムネヌスと称し、銀鉱山と、モンゴル領アジアにつながる活発な通商路の端に首都が位置していることから多大の富を享受していたとはいえ、古い普遍的帝国の継承者という名目上の主張以外は打ち出せなかった。支配地域はアナトリアの黒海沿岸の細長い土地に限定されていた。(2)西部では、エピロスにアンゲルス朝の分家によって専制公国が創建された。一二二四年にエピロスのデスポーテス〔専制公。ビザンティンにおける称号〕は、第四回十字軍によって創設されたテッサロニカ王国をイタリア人王家から奪い、皇帝の称号を獲得した。(3)しかし、彼がコンスタンティノープルを奪回することに対して、後継国家のなかで最も勢いのあったニケーア帝国が異議を唱えた。ニケーア帝国の創建は、ビザンティンの〔事実上の〕最後の皇帝アレクシウス三世アンゲルスの義理の息子テオドルス・ラスカリスの力に負っていた。テオドルスは、東方正教会の総主教を含めたコンスタンティノープルから逃れてきた大物たちを周囲に集めていた。総主教の存在が彼の宮廷に正統性を与えるものだった。一二二二年の彼の死までに、フランク人の手に落ちていたアジアの国すべてを奪回していた。彼の後継者で、義理の息子ヨアンネス〔三世〕ウァタゼスはさらに有能な人物で、ラテン帝国皇帝からコンスタンティノープルとその周辺にある皇帝領をことごとく奪った。そして、一二四六年のテッサロニカ帝国の奪取によって、ライバルのアンゲルス朝の皇帝に圧力を加えた。一方、彼は、自分の領地の行政を改革し、アナトリア地方のトルコ人を寄せつけなかった。一二五四年に彼が死んだとき、その領土はアナトリアの中心からテッサリア地方〔ギリシア中東部〕にまで拡張していた。時を移さずニケーア帝国がコンスタンティノープルを併合するかに思えた。(4)

しかし、アンゲルス朝は圧力を加えられたものの瓦解はしなかった。一族の王で庶子のミカエル二世は、アルバニア山脈とコリント湾の間の土地をエピロス専制公国《デスポーテス》として支配していた。そして、専制公ミカエルは、ニケーア人を牽制《けんせい》する助けとなる友人を、フランク人の中に求めるつもりだった。彼には多くの同盟者がいて、そのなかから選択することが可能だった。エピロスの南部とテッサリアにはギリシア人、フランス人、イタリア人の小さな領地が数多く存在し、ブルゴーニュのラ・ロシュ家が支配する富裕なアテネ公国がテーベ〔現ティーバ〕に首都をかまえていた。ペロポネソス半島全体は〔フランドルおよびブルゴーニュの〕ヴィレアルドゥアン家のアケーア公ギョーム――彼は一二四六年に兄弟のジョフロワ二世の跡を継いだ――に支配されていた。ヴィレアルドゥアン家のもと、ペロポネソス半島は歴史上最高の繁栄を迎えていた。ギョームは、その地で生まれ、母語としてギリシア語を話したが、ギリシア人とフランク人の統合国家樹立にいくばくかの希望を抱いていた。その国は、ペロポネソス半島を越えて、北部ギリシアさらにはテッサロニカ付近にまで拡大するはずであった。ギリシア人の臣下に彼は不人気ではなかった。フランク人の直臣たちは洗練されていなかったし、フランク人が導入したラテンの高位聖職者は正教会の感情を逆なでした。それゆえにギリシア人は、経済的に負担でもコンスタンティノープルの東方正教会の帝国復活とその再統合を強く望み、それが自分たちに誇りをとり戻してくれると思った。ギョーム公はニケーア帝国の伸長を恐れをもって見守っていた。ラテン帝国皇帝は名目上の君主であった。ジョフロワ二世は彼に年間約一万ポンドの援助金を払っていた。しかし、ギョームがラテン帝国を自分のものとする計画を練っていたことも充分に考えられる。いずれにせよ彼はニケーアに対抗する連合ならば即座に加わる用意があった(5)。

マンフレーディの介入

アドリア海の対岸から凝視していたマンフレーディにとって、この紛糾した状況は大いなる可能性を約束するものに見えた。父親フリードリヒ二世は、ニケーアのヨアンネス〔三世〕ウァタゼスとは忠実な盟友であり、ともに教皇庁に反目していたことによって、ヨアンネスに惹きつけられていた。

マンフーレディはより巧妙な策を立てた。コンスタンティノープルのラテン帝国皇帝は教皇のお気に入りだった。インノケンティウス三世は第四回十字軍に反対だったが、その成果には喜んだ。ローマは、コンスタンティノープルの総主教がローマの至上権を拒否したことを、長いあいだ不満に思っていた。一二〇四年以後、反抗的なギリシアの総主教は追従好きのラテン人にとって代わられ、それに満足した教皇はラテン帝国を庇護下に置いていた。今やただちに方策が講じられなければ、一人のギリシア人がほどなくコンスタンティノープルを再支配し、さらに悪いことにはフランク人が抑制できなかった一連の分離を公言する総主教たちが舞い戻ると思われた。かつてある時期に教皇庁はギリシア人に対する十字軍を説いたが、ほとんど成功しなかった。西方の多くのキリスト教徒にとって、いかに分離的とはいえ同じキリスト教徒に対する聖戦は、ホーエンシュタウフェン家に対する聖戦と同じく不穏当なものに思えた。インノケンティウス四世は、コーンウォール伯リチャード〔イングランド王ヘンリー三世の弟〕がパレスチナのイスラム教徒に対して計画された十字軍を一二四〇年にとり止め、その遠征費用をコンスタンティノープル防衛に使用するのを拒否したことに激怒した。(6) マンフレーディは、もし自分が反ニケーア人同盟に加わるならば、ラテン・キリスト教界の盟主として登場することになり、教皇といえどもその政策への支持を心から表明する支配者に悪意に満ちた敵愾心を示し続けることはできないだろうと判断した。マンフレーディはまた、個人的な感情にも動かされたのだろう。彼の妹コスタンツァは一二四四年に中年のニケーア皇帝ヨアンネス〔三世〕ヴァタゼスと結婚したが、宮廷では屈辱的な扱いを受けていたからである。しかしマンフレーディは、数年後に、彼女のイタリアへの帰還の手はずを整えはしたが、通常は親族の不幸に過剰な反応をする人物ではなかった。彼は反ニケーア人同盟の君主として、アドリア海の向こうに足場を獲得できることに、より大きな関心を有していた。(7)

エピロスのミカエル

同盟はエピロスのミカエルによって組織された。〔ニケーア皇帝〕ヨアンネス〔三世〕ヴァタゼスの死が好機をもたらした。ヨアンネスの息子テオドルス二世はその時代では最高の教養ある君主ではあったが、頑固者で賢くなかった。彼は独断的態度で教会を遠ざけ、専制政治で貴族たちを排除した。ミカエルは当初慎重に行動した。彼は嫡男ニケフォルスとテオドルスの娘マリアの結婚に同意したものの、それを不承不承履行した。しかし、テオドルスがブルガリア人との戦争に従事するようになったとき、ミカエルは彼の領土を侵犯し始めた。すかさずテオドルスはブルガリア人と有利な和平を達成し、卓越した将軍ミカエル・パラエオログスを送ってエピロスに侵入させた。ニケーア軍はその国の北部を前進し、大きな港町ドゥラッツォ〔現ドゥラス〕を占領した。しかし、テオドルスがなぜか突然にパラエオログスをニケーアに召喚して解任した。数カ月後の一二五八年八月、帝位を六歳の息子ヨアンネス四世ラスカリス・ヴァタゼスに残してテオドルスが死んだとき、エピロス専制公ミカエルの変節が始まった。(8)

好敵手のギリシア人の王位が子供の手に移ったため、ミカエルは計画を自由に進められた。彼には二人の美しい娘がいた。そのうちの一人アンナを、ニケーア人から奪ったテッサリア地方のいくつかの地域を嫁資として、二度も妻に先立たれて子供のいないアケーア公ギョームに嫁がせた。もう一人のより美しい娘へレネはマンフレーディ王に嫁がせたが、コルフ島〔現ケルキラ島〕の対岸の町ブトゥリント、アヴローナ〔現ブローラ〕、スボティツァからなる嫁資が、彼女の美しさにいっそう輝きをそえた。マンフレーディは一、二年前に最初の妻であるサヴォイア家のベアトリーチェを亡くし、娘一人を残されていたので、魅力的な申し出を喜んで受け入れた。彼はすでにエピロス沿岸の拠点をいくつか占領していた。その結婚によって彼の地位は正当化されるかに思われた。一二五九年早々にへレネはトラーニ〔イタリア本土プーリア地方〕へと渡り、マンフレーディと結婚した。ミカエルの娘は二人とも結婚を喜んでいたが、婿の二人は彼の目的に協力する気はなかった。彼らはニケーア人によるラテン帝国の弾圧を防ぐため、またミカエルを犠牲にしても自分たちの領土を広げるために、ミカエルと連合したのだった。ミカエル自身は、もし同盟軍がニケーア人の粉砕を援助してくれれば、たとえ西方の国のいくつかが犠牲になっても、意義のあることだと判断した。というのも、その場合には東方に専念して、コンスタンティノープルを奪取するつもりだったからである。(9)

ニケーアのミカエル・パラエオログス

まもなく同盟軍が召集され、行動に移った。ニケーアの幼い皇帝は摂政を必要としていた。彼には年齢があまり違わない姉を除いて、近い親族がいなかった。母親は死んでいたし、父親は一人っ子だった。支配を運命づけられた注目すべき一人の人物が帝国にいた。ここ数年で頭角を現わした将軍ミカエル・パラエオログスだった。ミカエルの両親は二人とも偉大なパラエオログス一族の出身であった。彼の父は、アレクシウス一世コムネヌスの義理の娘の子孫だったし、母親の祖母はアレクシウス三世アンゲルスの長女だった。亡き妻のイレネ・ドゥーケナはヨアンネス三世ヴァタゼスの甥の娘であった。しかし、彼にはヴァタゼス家に対する忠誠心はなかった。テオドルス帝は彼の野心に疑念を抱いた。そのために、彼はトルコ人の宮廷に一度逃れたことがあっただけでなく、復帰後の一二五八年、エピロスのミカエルに対する勝利の後に失脚させられたことがあった。国家の利益を優先して行動するアルセニウス総主教が、帝国の貴族や民衆に対し、将軍ミカエルに摂政職を委任し、最初に大公、次にデスポーテス〔専制公〕の称号を与えるよう説得したとき、彼は若い従兄弟と皇帝の地位を共有することを堂々と主張した。皇帝の戴冠に際して、彼は軍および皇帝に敵対する者すべての支持を確信していたので、まず自分に冠を授けるよう、いやがる総主教に強要した。総主教は、十二年たったら十八歳になるヨアンネス〔四世〕に地位を戻すことを、彼に約束させようとした。彼は同意したものの、その期限のはるか以前に、ヨアンネスの統治能力がなくなるよう謀った。その少年は隠遁生活を強いられ、一二六二年十歳のときに視力を奪われた(10)。

彼が帝位に到達するまでの悪辣な手段と若い共同統治者に対する残酷で不誠実な態度によって、ミカエル・パラエオログスの名声は永遠に汚れたものとなった。だが彼は、ひとたび最高権力を手に入れると、自分が公正で精力的な支配者であり、自らに厳しく敵には寛大で、とりわけ帝国の繁栄に献身する身であることを証明した。ラテン人はすぐ彼を不変の敵と認識し、エピロスのミカエルは深刻な脅威を感じた。彼の最初の行動はマケドニア侵入だったが、そこではギリシア人の住民に歓迎された。彼らはニケーア人よりも、エピロス人による支配を好んだようである。エピロスのミカエルは、ミカエル・パラエオログスが反撃に出ることを恐れて、婿たちに援助を求めた。ミカエル・パラエオログスは道義的に問題のあるニケーア帝国皇帝としての即位後、直ちに困難な軍事行動に乗り出す意志はなかった。彼は、エピロスのミカエルとの和平は不可能と判断していたが、エピロスの同盟軍を分断しようと企てた。必要な場合には小さな領土の譲渡を提示する権限を与えられた大使がアケーアに派遣された。しかし、戦いでさらに大きな領土の獲得を欲するギョームは、使節団に侮辱的な返答をした。マンフレーディに対しては、皇帝が最も信頼をおく使者ニケフォルス・アルヤッニースを送った。彼はマンフレーディに、父親のニケーアとの同盟を思い出させ、さらにマンフレーディの妹である王妃の返還を申し出た。しかし同様に、戦いで大きな戦利品を望んでいたマンフレーディは、その大使を投獄して二年間閉じこめた。同時に皇帝は教皇に手紙を書き、もしローマが戦いをやめるならば、教会の統合のために尽力するつもりだと示唆した。教皇アレクサンデルはその全体的な状況に当惑し、返答を留保した。(11)

「ペラゴニアの戦い」ニケーア対エピロス・ラテン同盟

皇帝ミカエルは敵の同盟の分断に失敗したとはいえ、絶望することはなかった。ラテン帝国皇帝ボードゥアンは当然ながらアケーア公ギョームの野心に不安を抱き、またおそらくミカエルを頼りにはならない人物とみなしていたふしがあるのだが、ニケーアに書簡を送り領土の譲渡とひき換えに和平を申し出たとき、彼の使者は嘲笑をもって扱われた。一方、ミカエルの兄弟の副皇帝《セバストクラトール》ヨアンネス・パラエオログスは、可能な限りの軍を西方へ送ったが、その軍にはギリシア人の民兵のみならず、スラブ人やトルコ人の騎馬傭兵、そして西欧出身の傭兵の騎士も数多くいたようである。一二五九年の春、副皇帝軍はまたたく間にマケドニアに進軍した。その軍はカストリア近くでエピロス専制公《デスポーテス》の軍をとらえ、容赦なく打ち負かした。専制公ミカエルは驚愕して退却し、同盟軍を待ったが、その間、副皇帝はオフリト〔現マケドニア国内〕と近隣の要塞を奪取した。

同盟軍は専制公ミカエルを助けるために急行した。イタリアからはマンフレーディが、シチリア人歩兵に加えて、ドイツ軍から選んだ堂々たる装備の騎兵四〇〇人を派遣した。彼らはアヴローナに上陸し、アルタでエピロスの軍に合流した。アケーア公ギョームは全土に封建制の徴募を適用し、はるかに大きな軍隊を編成した。彼は自ら軍を率い、コリント湾を渡りナフパクトゥスに至り、アルタへの道で同盟軍に合流した。合流した軍はその後ヴァラキア人〔バルカン半島の先住少数民族〕が住むテッサリア地方のタルシノンに移動した。そこで、エピロス専制公ミカエルに庶子のヨアンネス〔のちネオパトラス公〕が合流した。ヨアンネスはヴァラキア人の族長の娘と結婚していたので、可能な限りのヴァラキア人戦士を集めていた。さらにギョームには、北ギリシア各地のフランク人領主からの派遣部隊および前年に屈服させていたアテネ公国からの軍隊が加わった。その後、同盟軍は勝利を確信して北方へ向きを変えた。彼らは自分たちが征服することになる領土の所有権をめぐる対立をすでに認識し、友好的な雰囲気のうちにそれをくじで決めることに決定していた。

敵対する軍は、ペラゴニア地方〔現マケドニア国内〕の平原の町モナスティル〔現ビトラ〕からさほど遠くないヴォリラ・ロンゴスと呼ばれる村で対峙した。コンスタンティノープルからテッサロニカを経てドゥラッツォに通じる広いエニャティア街道〔ローマ街道の一つ〕がその平原を横切っていた。ヨアンネス・パラエオログスは、兄弟である皇帝および東方軍と合流するために、そこで待っていた。皇帝の指令は、彼の軍より優勢な同盟軍との正面衝突を避けて、外交的手段を用いて同盟軍を打破することであった。彼は成功した。正確には何が起こったのか定かではない。さまざまな年代記に記されている説明が異なっているためである。戦闘が不可避となったとき、なぜかエピロス軍とアケーア公ギョームの軍との間に諍いが発生した。パラエオログスは密偵をエピロスの陣地に送り込み、生じうるいかなる不和も利用しようと準備していた。一般に流布している話によれば、エピロス専制公ミカエルの庶子ヨアンネスはアケーアの領主たちの何人かが彼の美しいヴァラキア人の妻に秋波を送ったことに激怒したが、ギョーム公がそれをまともに取り扱わなかったためとされている。エピロス人はすでにギョームの野心に不安を抱いていた。そして、怒りに燃える庶子ヨアンネスは、父親と兄弟にラテン人を見捨てるよう説得した。ヨアンネス・パラエオログスがエピロス人の司令官たちに金をばらまいていたようである。またエピロス人たちに、退去する場合、彼らを追跡しないと約束していたこともあり得る。さらに、すでに生じていた小競り合いでは、フランク人騎兵はニケーア人軽騎兵に決定的な成果を上げられなかった。専制公ミカエルと家族および集めうる限りの軍隊は夜のうちに同盟軍の陣地を抜け出し、エピロスに向かって逃亡した。夜明け、エピロス軍の残りの者たちも徐々に消えていった。マンフレーディの派遣部隊とともにいたアケーア軍は、目を覚ますとギリシアの同盟軍が消えていることに気づいた。陣をたて直す間もなく、ヨアンネス・パラエオログスが襲いかかってきた。アケーア人はまったく抵抗できず、平原からあわてふためいて逃げ去った。多くが殺され、さらに多くが捕らえられたが、それにはフランク人領主のほとんどが含まれていた。ギョーム公自身は数日後に干し草の山に隠れているところを捕らえられた。変装していたものの、異常にめだつ歯によって、見破られてしまったのである(12)。

ラテン帝国の消滅

このペラゴニアの戦いは近東の歴史において決定的な出来事だった。それによってビザンティンによるコンスタンティノープルの再征服とラテン帝国の終焉が確実となり、征服者はエピロスの専制公《デスポーテス》ではなくニケーアの皇帝になった。それはギリシアによるビザンティン復活の始まりを記したのである。ラテン皇帝ボードゥアンはギョーム公を疑ってはいたものの、皇帝ミカエルの勝利のほうがはるかに不気味なものと判断した。彼はただちに教皇に必死の援助を訴えた。そして、最も信頼のおける後援者はマンフレーディ王だと判断を下した。しかし、教皇とマンフレーディはお互いに抗争に忙殺されていたため、両者ともその訴えに答えなかった。ニケーア皇帝ミカエルがフランク人の裏切り者をそそのかしてコンスタンティノープルの城門を開けさせることに失敗した後、可能な最善の策は一二六〇年八月にニケーアと一年間の休戦協定を結んだことであった。もっとも、都合が悪い場合は両者ともが即座に協定を破る心づもりをしていたのだが。一二六一年早々、皇帝ミカエルはニンフェウム〔トルコ西岸イズミルの北東〕でジェーノヴァ人と協定を結び、コンスタンティノープル奪回を援助するという条件で、彼らに帝国内の諸特権を認めた。ヴェネツィアは終始ラテン帝国の頼みの綱であった。ヴェネツィア人とジェーノヴァ人はシリア海域で戦った直後で、ジェーノヴァ人が敗北していた。それゆえジェーノヴァは、ギリシア人皇帝の甘言に乗せられた。一二六一年七月、ミカエルは将軍アレクシウス・ストゥラテゴプルスをブルガリア国境の紛争を処理するため部隊とともに派遣した。そして、トラキア地方を通るときにコンスタンティノープルの城壁の外で示威行為をするように命じた。ストゥラテゴプルスがコンスタンティノープルに近づいたとき、郊外に住む村人たちの首領に迎えられた。村人たちは、自分たちの判断によってあるときはギリシアの皇帝に、またあるときはラテン皇帝に仕えたので、「義勇軍」と呼ばれていた。首領は、町のラテン守備隊のほとんどが約一〇〇マイル離れた黒海のギリシア人の島ダフヌジア〔現ケフケン。サカルヤ川河口の西方〕を奪取するために、ヴェネツィアの船団とともに行動して不在であると伝えた。彼は自分が見つけた地下通路を使って、市中にニケーア軍を案内することを申し出た。七月二四日の夜、選ばれた数人の部下が「義勇軍」に先導されて市内へ忍び込んだ。彼らは城壁の守備兵を倒し、外で待つ軍に城門を開けた。二五日の早朝、アレクシウス・ストゥラテゴプルスは馬で入城したが、通りは皇帝ミカエルを歓呼して迎えるギリシア人であふれていた。ラテン皇帝ボードゥアンは目覚めると、自分の町が奪われているのを知った。彼はブラケラエ宮殿の確保を望み、不首尾に終わったダフヌジア島への攻撃から戻る途中のヴェネツィア艦隊に、かろうじて伝令を送った。ヴェネツィア船はその日遅く金角湾に到着したが、ギリシア勢は彼らが上陸する予定の埠頭に火を放った。炎と混乱のなかで、彼らは撃退された。ボードゥアンとその従者たちはブラケラエ宮殿から古い大宮殿に逃げた。そして、ボートで沖に漕ぎ出し、ヴェネツィア船にたどり着き、反撃をあきらめた。ヴェネツィア勢はその後、生き残りのフランク人と皇帝とともに、落胆して西方へと船で去っていった。こうしてローマニア・ラテン帝国は消滅した。

皇帝ミカエルは、南に約二〇〇マイル離れたシャティラ〔トルコ西部の現アクヒサル〕近くの村メテオリウムにいた。姉のエウロギアが一緒だった。彼女の執事がコンスタンティノープルに近いビチュニア海岸〔トルコ西部の黒海側地域〕に偶然に居合わせて、そのニュースを耳にした。彼は日に夜をついで馬をとばし、次の朝早くエウロギアに報告した。彼女が皇帝ミカエルの部屋に、コンスタンティノープルはあなたのものになったと叫びながら入っていったとき、彼はまだ就寝中だった。ねぼけまなこの皇帝には、彼女のことばが信じられなかった。彼女は皇帝を揺り起こし、キリストがコンスタンティノープルを授けられたのだと繰り返すと、彼は初めて確信を持つに至った。それから、首都への旅の準備に取りかかった。途中、アキラウス〔トルコ西部バルケシールの西方〕でボードゥアンの皇帝の紋章が届けられた。八月四日、彼はマルマラ海を渡り、金門をくぐって厳粛な入城を行ない、町を貫く古い皇帝行列の道沿いに馬を進ませ、聖賢人大聖堂で神に感謝を捧げた。数日後、彼は伝統的

な皇帝の即位の場であるその大聖堂で、総主教から厳かに戴冠された。(13)

東ローマ復興、ミカエル・パラエオログスの支配

ミカエル・パラエオログスは自らを「コンスタンティヌス二世」と称し、コンスタンティノープルの王としてギリシアにおける支配力の強化に情熱を注いだ。彼はペラゴニアで捕虜にしたアケーア公と他の貴族を自分の宮廷に補囚していたが、一二六一年秋、ペロポネソス半島南東部の三つの大きな要塞の譲渡と交換に、アケーア公ギョームとその仲間を釈放することを申し出た。その三つの要塞とは、海に突きだした巨岩の上にありその基部に良好な港を備えたモネムヴァシア、ここはフランク人が十五年前に奪ったばかりだった。また、マタパン岬〔マーニ半島の現テナロ岬〕の背後の丘にあるマイナ〔現ヴァティア〕。それに、スパルタとエヴロタス川の平野を見下ろすタイエトス山の麓にあるミストラだった。ギョームは同意した。しかしその条件は、ギリシアの実際の支配者であるフランク人に確認されねばならなかった。アテネの公爵ギーは、そこにとどまる筆頭領主として議会をニクレ〔現トリポリの近郊〕で召集した。それは、女性たちの議会として知られた。というのは、その議会をリードしたのが、捕虜になっている領主たちの妻だったからである。ギー公はその条件を危険すぎると見なした。しかし、アケーア公爵夫人はそうは考えなかった。彼女はギリシア人だったが、皇帝に忠誠を誓うはずはないと思われていた。なぜなら、エピロスの王女としてコンスタンティノープルを奪ったニケーアを憎んでいたからである。しかし、彼女はギー公を信用せず、夫の帰郷を望んだ。他

の婦人たちも彼女に同意した。皇帝の提案は受け入れられた。ギョーム公はビザンティンの称号を保持し、皇帝に決して戦いを挑まないことを神聖な聖遺物にかけて誓い、領地へ帰還した。三つの重要な要塞は、皇帝軍の手に渡った。[14]

ギリシアにおけるミカエルの成功はそこまでだった。ギョームは間もなく、教皇によって誓約を解かれ、領土拡大をねらうビザンティン人の企てを粉砕した。彼は、皇帝の跡継ぎのアンドロニクスがギョーム公の跡取りの娘と結婚するという、皇帝の和解策を受け入れようとしなかった。ビザンティン人が手に入れたペロポネソス半島の要塞を活用できたのは、数十年後のことだった。ミカエル・パラエオログスはエピロスに対する企てで以前のような成功を収めることもできなかった。コンスタンティノープルの征服者であるアレクシウス・ストゥラテゴプルスが一二六一年の秋にエピロスの征服をめざして派遣されたが、エピロス人に包囲されて部下とともに捕らえられた。専制公ミカエルはその死までの十年間、故郷で生活することができた。[15]

マンフレーディとボードゥアン

国王マンフレーディは、ペラゴニアでの敗北で威信を損ない、勇猛果敢な戦士を失った。また、当時のすべてのラテンの君主たちと同様に、ギリシア人によるコンスタンティノープルの奪回に衝撃を受けた。しかし実際には、どちらの出来事も彼の政策全体に特に有害ではなかった。彼は、妻の嫁資として獲得した領土と比べると、貧弱な援軍しか義父に送らなかったし、損害は大したものではなかった。一方、専制公ミカエルは敗北のために強力な婿にさらに頼らなければならなくなった。とくに、補囚状態から帰還したもう一人の婿であるアケーア公ギョームは、ペラゴニアでエピロス人が演じた行動を考えると、ミカエルを許す気にならなかった。一二五九年も終わる頃、マンフレーディ軍と役人は、コルフ島と本来ヘレネ王妃の嫁資には含まれていなかったと思われるドゥラッツォを含めて、その対岸にある本土の要塞を完全に支配していた。(16) さらにマンフレーディはギリシア人のコンスタンティノープル占領を利用することができた。教皇庁はラテン帝国の消滅に強い衝撃を受けていた。教皇はその消滅の復讐を果たせる唯一の君主に対して強硬な態度に出ることはできなかった。マンフレーディは追い出されたラテン皇帝の擁護者として直ちに名乗りを上げた。ボードゥアン二世は失われた首都からの敗走の際、ギリシアにとどまっていた少数のフランク人の領主たちの空疎な忠誠の宣誓を受けるために、ギリシアに立ち寄った。彼らは皇帝に挨拶するため、テーベのカドメア神殿とアテネのアクロポリス神殿に集まった。その後に彼はイタリアへと航海し、プーリア地方に上陸した。マンフレーディは彼を出迎えに赴き、可能な限りの礼を尽くして彼を受け入れ、贈り物を送り、王位に復帰させるために及ぶかぎりの助力を約束した。彼は客人に教皇庁との難事を打ち明け、助力を求めた。彼は言った――教皇が恩寵と平穏を、または休戦でも、与えるつもりがあれば、自らを犠牲にしても即座にコンスタンティノープル攻撃の指揮をとり、必要ならば聖地に進攻する準備があると。ボードゥアンはマンフレーディの誠実さと富に強い印象を受けた。彼はマンフレーディと教皇庁を和解させるために、でき得るかぎりの努力を約束した。彼はマンフレーディの宮廷を去るや否や、ヴィテルボの教皇に会いに行き、王の伝言を伝えた。教皇は返答を拒絶した。ボードゥアンはそれからフランスに行き、国王ルイを訪れた。しかし、彼はルイがマンフレーディの熱烈な支持者ではないことを知った。ルイはマンフレーディのことを簒奪者で教会の敵と見なしていたのである。[17]

その結果に落胆はしたものの、元皇帝は長い間にわたってマンフレーディとの友情に忠実だった。彼に心酔していたし、また支援を期待し得る者が他にいなかったこともある。一方マンフレーディは、イタリアの情勢が許すかぎり、コンスタンティノープル大遠征の計画を追求した。もしラテンの理想に高貴な貢献を行なうなら、ローマは自分を妨害し続けることはできないと考えていた。この点、彼は悲しくも教皇庁の体質を誤解していた。

〈原注〉

（1）Longnon, *L'Empire Latin de Constantinople*, pp. 178–86 および Wolff, 'Mortgage and Redemption of an Emperor's Son', in *Speculum*, vol. XXIX, pp. 45–54, containing a valuable discussion of Baldwin II's debts を参照。

（2）Vasiliev, *History of the Byzantine Empire*, pp. 506–7; Ostrogorsky, *History of the Byzantine State*, p. 378.

（3）Ostrogorsky, *op. cit.* pp. 384–91.

（4）*Ibid.* pp. 371–95.

（5）Miller, *The Latins in the Levant*, pp. 91–8; Norden, *Das Papsttum und Byzanz*, pp. 332–3; Longnon, *op. cit.* pp. 217–23.

（6）マンフレーディが東方のラテン・キリスト教の擁護者として登場することによって、自分の支配に対する教皇庁の反対を制約しようという彼の目的については、これまで十分には強調されてこなかったと私は思う。本章八七～八八ページを参照。インノケンティウス四世とコーンウォール伯リチャードについては、Powicke, *King Henry III and the Lord Edward*, vol. I, p. 197, n. 2を参照。

（7）ビザンティンの住民にアンナと呼ばれたコスタンツァについては、Gardner, *The Lascarids of Nicaea*, pp. 169–71を参照。ミカエル・パラエオログスは、アンナと結婚するために妻とは離婚したかったと後にいわれたが、コンスタンティノープルの総主教がそれを止めさせた（Pachymer, *De Michaele Palaeologo*, pp. 181–6）。

（8）Gardner, *op. cit.* pp. 197–231; Ostrogorsky, *op. cit.* pp. 395–7.

（9）ギョームの結婚と持参金については、Geneakoplos, 'The Battle of Pelagonia,' *Dumbarton Oaks Papers*, no. VII, pp. 111–12を参照。マンフレーディの場合についても、同pp. 103–5を参照。その日付は、筆者不明のトラーニ年代記に出ている。マンフレーディが先有していたというエピロスとアルバニアの町々、すなわちドゥラッツォ、アヴローナ、ヴェレグラードとスフィナリッツァなどについては、お抱えのギリシア人公証人による記録では一二五八年二月二三日からとされたようであり、それらでは、これらの地域の支配者として、彼のことを言及している（Miklosich and Müller, *Acta et Diplomata*, vol. III, pp. 239–40）。その文書はさらに、シチリア王コンラード二世の八年目のことと記されているが、その文言が完全に明白であるというわけではない。コンラード二世とは、コンラーディンのことであるにちがいない。そしていずれにせよ、ギリシアの地方の法律家が彼と彼の父の違いを知らなかったことはあり得るし、そうするとその八年間、コンラーディンは生きていたことになる。その譲渡は、マンフレーディがヘレネと婚約したときになされたとされているが、その日付はわかっていない。しかし、マンフレーディの最初の妻サヴォイアのベアトリーチェは一二五八年に死んだようである。del Giudice, 'La Famiglia del Re Manfredi', *Archivio Storico per le Provincie Napoletane*, pp. 55–6を参照。

（10）Gardner, *op. cit.* pp. 231–40; Ostrogorsky, *op. cit.* pp. 397–8.

（11）Dölger, *Regesten der Kaiserurkunden des Oströmischen Reiches*, vol. III, p. 31; George Acropolita, *Historia* (ed. Heisenberg), p. 165; Norden, *op. cit.* p. 382.

（12）ペラゴニアの戦いについては、*Chronicle of the Morea*, ll. 3602–900 (Greek version, ed. Kalonaros); by Acropolita, pp. 165–70; Pachymer, *op. cit.* pp. 83–6; Nicephorus Gregoras, *Historia Byzantina*, vol. I, pp. 71–5に記されているが、Nicephorus Gregorasのは少しおかしな記述があり、その戦いの当時マンフレーディがそこにいたなどとしている。近代になっての正当な説明は、Geneakoplos, *op. cit.* pp. 120–36にあるが、Nicol, 'The Date of the Battle of Pelagonia', *Byzantinische Zeitschrift*, vol. XLVIII, 1, pp. 68–71も参照。それによれば、その戦いがあったのは遅くとも一二五九年七月で、Geneakoplosが指摘してその後Gregorasに頼りきった歴史家たちが主張する晩秋ではないと証明している。

（13）Gardner, *op. cit.* pp. 254–60; Ostrogorsky, *op. cit.* pp. 399–400. ニンフェウムの条約については、Dölger, *op. cit.* vol. III, pp. 36–8を参照。

（14）*Chronicle of the Morea* (Greek version), ll. 4324–48; Pachymer, *op. cit.* p. 88; Longnon, *op. cit.* pp. 228–30; Dölger, *op. cit.* vol. III, pp. 38–9.

（15）Pachymer, *op. cit.* p. 89. ストゥラテゴプルスはマンフレーディに手渡され、その後マンフレーディの妹であるコスタンツァ（アンナ）皇后へ移された。

（16）ドゥラッツォは、一二五八年二月に記文されたと言及されている（本章原注9を参照）が、その嫁資については言及されておらず、そのことから、おそらくは専制公（デスポーテス）に返されたようである。

（17）Wolff, 'Mortgage and Redemption', pp. 65–6; Miller, *Latins in the Levant*, pp. 114–5.

第4章　王を探して
――イングランドのエドマンド

シチリア、モンレアーレ大聖堂附属修道院の中庭回廊にある、精巧に装飾された円柱。

イングランド王国 プランタジネット朝〔一部〕

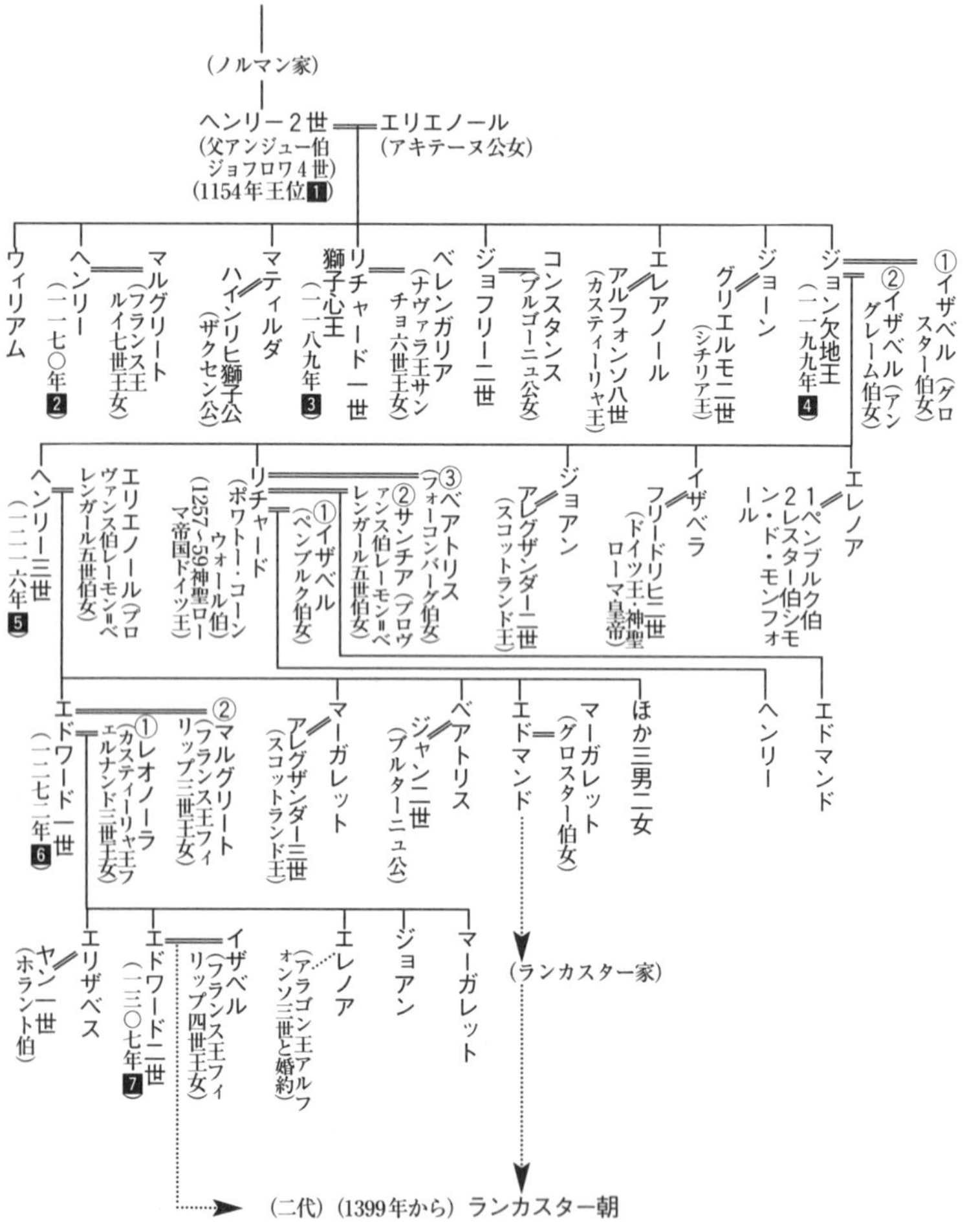
(ノルマン家)
ヘンリー2世
(父アンジュー伯ジョフロワ4世)
(1154年王位1)
エリエノール
(アキテーヌ公女)
ウィリアム
ヘンリー
(一一七〇年2)
マルグリート
(フランス王ルイ七世王女)
マティルダ
ハインリヒ獅子公
(ザクセン公)
リチャード一世
獅子心王
(一一八九年3)
ベレンガリア
(ナヴァラ王サンチョ六世王女)
ジョフリー二世
コンスタンス
(ブルゴーニュ公女)
エレアノール
アルフォンソ八世
(カスティーリャ王)
ジョーン
グリエルモ二世
(シチリア王)
ジョン欠地王
(一一九九年4)
①イザベル(グロスター伯女)
②イザベル(アングレーム伯女)
ヘンリー三世
(一二一六年5)
エリエノール(プロヴァンス伯レーモン＝ベレンガール五世伯女)
リチャード
(ポワトー・コーンウォール伯)
(1257～59神聖ローマ帝国ドイツ王)
①イザベル
(ペンブルク伯女)
②サンチア(プロヴァンス伯レーモン＝ベレンガール五世伯女)
③ベアトリス
(フォーコンバーグ伯女)
ジョアン
アレグザンダー二世
(スコットランド王)
イザベラ
フリードリヒ二世
(ドイツ王・神聖ローマ皇帝)
エレノア
1ペンブルク伯
2レスター伯シモン・ド・モンフォール
ヘンリー
エドマンド
エドワード一世
(一二七二年6)
①レオノーラ
(カスティーリャ王フェルナンド三世王女)
②マルグリート
(フランス王フィリップ三世王女)
マーガレット
アレグザンダー三世
(スコットランド王)
ベアトリス
ジャン二世
(ブルターニュ公)
エドマンド
マーガレット
(グロスター伯女)
ほか三男二女
エリザベス
ヤン一世
(ホラント伯)
エドワード二世
(一三〇七年7)
イザベル
(フランス王フィリップ四世王女)
エレノア
(アラゴン王アルフォンソ三世と婚約)
ジョアン
マーガレット
(ランカスター家)
(二代)(1399年から)ランカスター朝

教皇ウルバヌス四世

コンスタンティノープルが陥落したときに教皇アレクサンデル四世が生きていたら、皇帝ボードゥアンによるマンフレーディと教皇庁の和解の嘆願は無視されなかったかもしれない。アレクサンデルは極端な方策を嫌う、大らかな性格だった。シチリア問題を処理するために完全な行動の自由を保とうとしたが、その自由によって何を行なうかについてはまったく考えていなかった。彼にとってローマでの地位を確保することは困難になっていた。マンフレーディがほぼイタリア全土の支配権を獲得し、半島で侮り難い国民的英雄になるのを、看過せざるを得なかった。彼はマンフレーディを破門に処した。そして、コンスタンティノープルのラテン帝国の運命を案じていたものの、ペラゴニアで敗北したラテン＝エピロス同盟に祝福を与えることを拒絶した。彼の行動は消極的で、成果をあげることができなかった。優柔不断な状態にあった彼がボードゥアンの嘆願に耳をかたむける可能性は十分だった。全幅の信頼を置いていたわけではないが、彼が賞賛し、しばしば意見を求めていた枢機卿オッターヴィオは、ホーエンシュタウフェン家との和解を支持しており、ボードゥアンに援助の手をさしのべたであろう。しかし、教皇アレクサンデルは決断を下す必要はなかった。一二六一年五月二五日、ヴィテルボで亡くなった。

アレクサンデルは優柔不断な性格のため、枢機卿に誰を昇進させるべきか決定できなかった。彼が死去したとき、枢機卿団はわずか八人だった。彼らは後継者を決めるために急遽会議を開催した。しかし、合意は形成されなかった。三カ月間を論争に費やしたにもかかわらず、必要な三分の二の賛成を獲得できる候補者を見い出すことができなかった。だが、教皇を見い出すことは不可欠だった。というのも当時、教会の政務は指導者を絶対的に必要としていた。ついに誰かがイェルサレムの総主教に思いいたった。彼はアレクサンデルが逝ったとき、教皇庁の仕事を処理するためにイタリアに滞在していた。清廉潔白で行動的な彼は、あらゆる人に感銘を与えていた。任地に帰る準備をしていた矢先の八月二九日、予想外の驚きだったが、彼は全員一致で教皇に選出されたことを知った。六日後、彼はウルバヌス四世の名で叙任された(1)。

教皇ウルバヌスは前任者とは大いに異なっていた。彼はフランス人で、トロワの靴職人の息子として生まれ、本名はジャック・パンタレオンだった。すでに六〇歳で、教会の行政職の長い経歴があった。トロワ大聖堂附属神学校で学び、パリ大学で一流の教育を受けたあと、フランスで前半生を過ごし、一二四七年のリヨン公会議で教皇インノケンティウス四世の目にとまった。インノケンティウスは彼を教皇特使としてバルト海東岸地域での伝導に従事させ、続いてドイツに派遣し、ホラントのウィレムを支援する政治的な仕事を任せた。一二五五年にイェルサレムの大司教に任命された。その数年後やっとパレスチナへと旅だったが、そこで極めて困難な事態に遭遇することになった。すなわち、海外属領《ウートルメール》に移住していた貴族たちはお互いが争っているだけでなく女王の摂政プレザンス〔キプロス王妃〕とも争っており、またヴェネツィア人とジェーノヴァ人は沿岸で公然たる交戦状態にあり、さらに軍人はあらゆる権威を守るに汲々としているというありさまだった。彼は断固たる行動に出て、貴族たちに反対して摂政を支持し、ジェーノヴァ人に反対してヴェネツィア人を支持した。一二六一年に彼がローマに来たのは、騎士団員の横暴を牽制《けんせい》するために教皇の助力を得ることであった。彼は行動力のある人物で、教皇庁を成り行きまかせの政策から救うものと思われた。(2)

マンフレーディと教皇ウルバヌス四世

貴族たちの問題を未解決にしておくのは不本意であったが、教皇は直ちにイタリアのマンフレーディに対する行動に集中した。マンフレーディは絶頂期にあった。彼はイタリア全体を支配していた。エピロスのヘレネとの結婚によって、彼はバルカン半島に足場を得ていた。一二五八年には最初の結婚で生まれた唯一の娘コスタンツァを、アラゴンのハイメの嫡子である幼児のペドロ〔三世〕と婚約させて、新たな姻戚関係を結んだ。それは教皇庁にとって厄介なこととなった。アラゴンは地中海西部で最高の海軍を有しており、その海軍力と友好関係が結びついた結果、マンフレーディは地中海の制海権を握ることになった。しかし、マンフレーディには怠惰な傾向があった。すべてが順調に運んでいるように思えたことで、彼は自分の地位を固めるために教皇の空位を利用しようとはせず、新教皇の行動に対する予防措置をとることもなかった。お気に入りの娯楽であるバジリカータ地方〔イタリア半島の南東部〕の森での狩猟に日々を費やした。彼は、友人の皇帝ボードゥアンが教皇宮廷とフランスで自分の利害関係を配慮してくれると思っていた。(3)

マンフレーディは、新教皇の能力と、教皇のホーエンシュタウフェン家に対する憎悪を過小評価していた。ウルバヌスはまず十四人の新しい枢機卿を選出し、そのうちの数人を枢機卿会の支持を確保するため自分と同じフランス人にした。[4]それから、教皇庁財産への支配権を回復することに着手した。すべてがうまくいったわけではない。マンフレーディの友人ヴィーコ家の一族をビエーデとチヴィタヴェッキア〔ローマ北西方の港町〕にある領地から追い出すことはできなかった。また、ローマの支配を確立し、居を定めることはできなかったため、ヴィテルボやオルヴィエートに住むことを選んだ。しかし彼は、前任者の下で譲渡された多くの土地を回復し、ラツィオ地方とマルケ地方の支配力を強固なものとした。トスカーナではフィレンツェとシエーナの銀行家たちとの結合を強め、二つの都市の皇帝派の支配者たちを当惑させ、ピサを皇帝派の同盟からとにかくも引き離すことに成功した。さらに北方では、ウルバヌスは精力的な大司教オットーネ・ヴィスコンティをミラーノの重要な教皇管区職に任命した。彼はマンフレーディの支配力を粉砕することはできなかったが、それに揺さぶりをかけ、教皇庁のロンバルディーア地方の影響力を回復した。一方、教皇派の主要な貴族であるエステ家のアッツォ〔七世〕は、アレクサンデル四世の時代に、パッラヴィチーニ家や皇帝派と意気投合して教皇の不興を買っていた。だが、恩寵を得て、跡取りの孫オビッツォがまもなく再結成された教皇派同盟の長に任命された。トスカーナと同様、マンフレーディを補佐する者たちを排除することはできなかったが、彼らの力はいくばくか弱められた。[5]

しかし真の解決は、彼の権力の主要な中心である南イタリアとシチリアからマンフレーディを追い出すことだった。この地のささいな不平不満に至るまで教皇の密偵によって煽りたてられ、シチリアではいくらか成功を収めた。島民はマンフレーディに失望していた。彼がほとんどシチリアを訪れず、イタリア本土の支配に集中し、余暇も本土で過ごすことを好んだからである。一二六一年、シチリアでマンフレーディの代理である従兄弟のフェデリーコ・マレッタが殺された数カ月後に、コクレーリアのジョヴァンニという名の男が、自分を死から蘇ったフリードリヒ二世と主張し、多くの徒党を組織した。新しい代理リッカルド・フィランジェリは、その反乱を鎮めるのに苦労した。(6) そうした不満に、教皇は自信を深め、主要な計画を推し進めた。それは、シチリアの玉座に自分が選んだ候補者をおくことだった。

シチリア王位をめぐる確執

教皇の論理に従えば、シチリア王は教皇の家臣であった。十二世紀にノルマンの侵入者たちに南イタリアとシチリアの土地を授けたのは教皇だった。ルッジェーロ二世は教皇の許可なしに国王の称号を帯びるが、その称号は追認された。フリードリヒ二世のシチリアの王座の継承は、ローマの立場からすれば、教皇がそれを承認したがゆえに合法的だった。一二四五年に教皇インノケンティウス四世はフリードリヒから王国を正式に剥奪すると、自分にその権利があると判断した。しかし、自らの権利を主張するよりも彼の廃位を宣言するほうが簡単だった。フリードリヒに代わり得る強力な君主に、シチリアの王冠を授けることが必要だと思われた。最初、インノケンティウスはフランスの宮廷に打診した。しかし、聖ルイは個人的にはフリードリヒに反対であったが、それでも彼を合法的な君主と見なし、教皇には廃位する権利はないと考えた。次にイングランドの宮廷が打診を受けたが、こちらは即座に反応した。国王ヘンリー三世は、一族が新たな王冠を抱くことを夢想している虚栄心の強い男だった。しかし、当面の候補者は、彼の弟コーンウォール伯爵リチャードだった。リチャードはフリードリヒとは知己の仲で、義理の兄弟にあたるフリードリヒが気に入っていた。そして、聖地から帰還する際、シチリアの彼のもとを訪れたことがあった。フリードリヒが生きている限り、教皇は彼の追放に同意する候補者を見つけることはできなかった。皇帝の死に際して、インノケンティウスは再度試みた。フリードリヒの年少の息子ハインリヒの任命の可能性を考慮しつつ、一二五二年八月三日にイングランド王に手紙を書き、リチャードがシチリアの王位を受け、その地を教皇庁に復帰させるように説得を頼んだ。しかし、ほとんど成功の見込みはないと予想していたようである。というのも、二日後には国王ルイに同様の手紙を書き、ルイの末弟アンジュー伯爵シャルルに王座を提供したからである。ルイ自身は、エジプトへの悲惨な十字軍遠征の後も、まだ聖地に残っていた。その手紙にはルイのすぐ下の弟ポワティエ伯爵アルフォンスへの手紙が添えられていたが、それは兄にあたる彼の影響力をシャルルに行使するよう説いていた。これらの手紙は教皇の法律顧問パルマのアルベルトに託された。彼はまずイングランドに手紙を届け、もし答えが望ましいものでなければ、それからフランス宮廷に二通の手紙を届ける予定だった。

コーンウォールのリチャードは即座にその申し出を拒絶した。彼は言った――そんなものは、月を空からはずすことができるのなら月をくれてやると言うようなものだ、と。シャルルは、ルイから指示を受け取るまで、返事を躊躇していたようである。ルイは教皇の考えに不賛成だった。彼はフリードリヒの息子コンラードがシチリアの正当な国王であるとみなしたからである。一方、息子たちに大きな影響力をもつ皇太后ブランシュ〔カスティーリャのブランカ〕は、ホーエンシュタウフェン家との彼らの諍いを聖戦へ変えようとする教皇の試みに、大きなショックを受けた。それで、シャルルも拒絶した。(7)

そのコンラードの死〔一二五四年四月〕とマンフレーディの権力の簒奪が状況を変化させることになった。フランスでは、国王ルイは、神をも恐れぬ不届き者としてマンフレーディを嫌っており、正統な王位継承権は若いコンラーディンに帰属するものと見なした。(8) イングランドでは、ヘンリーにはそうした躊躇《とまど》いはなかった。リチャードはシチリアの王位にさらに無関心になっており、彼はいまや皇帝になることに野心満々で、ドイツに全エネルギーと資金を注ぎ込んでいた。しかし国王ヘンリー三世には、王になるところを見たいものだと願う年少の息子エドマンドがいた。コンラードの存命中、リチャードが申し出を拒否した直後に、ヘンリーの心にエドマンドを候補者とする考えが浮かんだようである。しかし、パルマのアルベルトはすでにフランスの宮廷に向かって出発してしまっていた。アンジュー家のシャルルは国王ルイから断固たる命令を受け取っていたが、教皇に明確に拒絶の意志を伝えたのは次の年の秋になってからだった。一方で、ヘンリーは甥のホーエンシュタウフェン家ハインリヒの権利に心を痛めていた。というのも、彼に好感をもっていたからである。しかし、シャルルは一二五三年十月三〇日に立候補を最終的に撤回し、若き王子ハインリヒも約六週間後に亡くなった。その年もまさに終わろうとした頃、教皇はパルマのアルベルトにイングランドの宮廷と再交渉する権限を与えた。一二五四年二月、ヘンリーはインノケンティウスに、エドマンドを候補者として強く押すと伝えた。三月、パルマのアルベルトは彼と合意の協定案を作り、それを教皇が承認する予定になった。五月十四日、インノケンティウスはエドマンドをシチリアの王とする一連の手紙を書いたが、そのなかで協定のいくつかの変更を示唆していた。その手紙が送られる直前の五月十一日、国王コンラードの死の報せが届いた。パルマのアルベルトは、イングランドが候補者を立てたことを賢明な策かどうか疑っていたので、教皇がいかなる決定を下すか判明するまで、それらの手紙をおさえておいた。(9)

アルベルトの慎重な行動は正しかった。インノケンティウスは即座に態度を明らかにして、幼王コンラーディンの権利に敵対する意志は示さなかった。そして彼は、いまや南の王国を支配しているマンフレーディとの取り引きの可能性を考えた。短い幕間があり、一二五四年秋になってインノケンティウスはマンフレーディと合意に達した。しかし両者とも、お互いを信頼していなかった。マンフレーディは教皇を王国に迎えて歓迎した。教皇がガリリャーノ川を渡る際には自ら教皇の乗る馬の手綱をとったにもかかわらず、それから八日もたたないうちに蜜月は終わり、マンフレーディはルチェーラに逃亡した。インノケンティウスはイングランドとの交渉を再開したが、以前ほど積極的ではなかった。彼はエドマンドをシチリア王として受け入れるつもりだった。しかし、彼はコンラーディンの

権利にかかわるあいまいな条項を挿入した。(10)

ヘンリー三世の野心

一二五四年十二月にインノケンティウスが世を去ったとき、状況はまだ不確実なものだった。イングランド国王ヘンリーは、いまやシチリアの計略に勢いづいていた。彼は長期にわたって十字軍に赴くことを誓い、この目的のために家臣たちに常に税を課していた。しかし、実際には彼は東方へ出かける意志はなく、まして不穏な自分の王国を離れることは賢明ではないと考えていた。教会の聖戦のために金を使うことによって、その見返りとして息子が王位につくことになれば、彼の信仰心と一族のための野心は大いに満足させられたろう。わずか八歳の幼いエドマンドが何らかの見解を持っていたかどうかは不明である。しかし、ヘンリーの家臣たちが彼の熱狂に共鳴していなかったのは明らかだった。彼らは自分たちに課せられた税の徴収に憤っていたが、もしその金が聖地のキリスト教徒の救済と異教徒に対する戦いに捧げられていたら、彼らは不満をもらさずにそれを引き受けていただろう。ホーエンシュタウフェン家に対する聖戦では、人びとに同様な共感を呼びおこすことはできなかった。イングランドの金が国王の個人的な虚栄を満たすためにイタリアでの戦争に使われる正当な理由はまったくなかった。イングランド人が「シチリアの事業」と呼んだそれは、イングランドの君主制の権力を揺るがす恐れがあった。(11)

国王ヘンリーは臣下の不平を意に介さなかった。彼はすでにカスティーリャ王アルフォンソと条約を結んでいた。アルフォンソはガスコーニュ地方〔現フランス南西部地方の古名。当時は一部イングランド領ないし勢力圏〕では彼の好敵手であり、ホーエンシュタウフェン家の相続権を母親の家系から主張していた。ヘンリーの長男エドワードは、アルフォンソの異母妹であるレオノーラと婚約していた。イングランドとフランスの間には長い漫然とした戦いが続いていたが、それも教皇の仲裁と聖王ルイが近隣の国と友好関係を樹立することにより達成された休戦で、中断していた。一二五四年十二月にヘンリーがパリを訪れた際、フランス王妃マルグリートの妹である王妃プロヴァンスのエリエノールを伴っていた。この一行にはさらに、彼女らの母親プロヴァンス伯爵未亡人〔ベアトリーチェ〕と下の二人の妹、コーンウォール伯妃サンチア〔三女〕、それにアンジュー伯妃ベアトリス——彼女たちの夫はそれぞれにシチリアの王冠を拒絶したのだが——が加わった。それは幸せな一家の集りであり、もし汚点があるとしたら、四人の姉妹の間の軽い嫉妬くらいだった。マルグリートとエリエノールとサンチアと彼女たちの母親はみな、ベアトリスに冷淡な態度をとった。というのも、ベアトリスには、もっとも若いのに故伯爵のプロヴァンス全体の相続権が遺されていたからである。そして未亡人と姉たちは、自分たちの正当な分け前をだまし取られたと考えていた。しかし、二人の国王はお互いを気に入っていた。国王ヘンリーは芸術を好みパリの最新の建物を賞賛し、一方、ルイのほうは王子エドマンドの候補に反対しないことに同意した。(12)

その候補は新教皇アレクサンデル四世によっても承認された。インノケンティウス四世なら九歳の少年をシチリアの王座につかせる考えを疑ったかもしれないし、また、コンラーディンの権利を外交上利用できると考えたかもしれない。アレクサンデルはそれほど狡猾ではなかった。彼は、イングランド王は金持ちだと思い、マンフレーディとの不可避な戦いの費用を払ってくれることに喜んだ。ヘンリーは、十字軍として聖地に遠征することと、一二五六年の真夏までには出発するという誓いに、いまだにしばられていた。教皇は要求に応えて、今回は彼の誓いを軽減してやった。代わりに、ヘンリーは一二五六年の大天使ミカエル祭の前にイタリアに兵を送ること、教皇の金庫に総額十三万五五四一マルクを納めることになった。一二五五年秋、ボローニャの司教が教皇の名でエドマンドに王国を授けるために、イタリアから到着した。司教に教皇使節ロスタンド・マッソンが同行したが、その職務は、ヘンリーが約束した金額を集め教皇に渡されるのを確認することだった。エドマンドの厳粛な叙任式は十月に行なわれた。同時に国王ヘンリーは、守らなかった場合の罰として破門を条件に、教皇の要求を実行することを宣誓によって約束した。

得意満面のヘンリーは、自分が何を約束しようとしているのか、まったく認識していなかった。教皇によって要求された金額は、イングランドが支払える能力をはるかに超えていた。彼は実際はその金額の工面を冷静に考慮することなく、教皇庁の負債を肩代わりしたのだった。臣下たちは彼より冷静だった。世俗の有力者はいかなる支援も拒絶し、彼らに強制することはできなかった。聖職者たちはもっと弱い立場にあった。教皇庁へのヘンリーの使者ヘルフォード司教は、教皇へのイタリアの銀行からの融資のために、イングランドの修道院の多くの財産をすでに抵当に入れていた。抵当に入った財産を請け戻すために、三年間にわたって、また三年では不十分だとわかった場合は五年間にわたって、すべての聖職者たちの財産に十分の一税が課せられることになった。それは、ロスタンド・マッソンの指示によって教皇の役人たちが徴収する予定だった。支払いを拒否する聖堂参事会員や修道院に対しては、聖務停止や破門という手段で脅しがかけられた。激しい抗議が国王の迷妄を直撃した。

一方、ロスタンドはその金は入手できないと認識し始めた。巨額の金がイタリアに送られたが、依然として膨大な借財を抱えたままであった。一二五六年のミカエル祭が過ぎたが、約束された献金のほとんどはまだ未払いのままだった。ロスタンドは教皇庁に行き、一二五七年三月にメッシーナの大司教を同伴して戻ってきたが、新しい税の要求も持ち帰った。ヘンリーは使節団を仰々しく迎えた。そこには十二歳になったエドマンドもいて、歓迎会にはプーリア地方の礼服で現れた。シチリアの大司教は国王気どりの男の気転のきく衣装には喜んだかもしれないが、彼に会うために集められたイングランドの名士たちの雰囲気を好ましく思ったはずはない。彼はイングランドの司教たちに熱心な説教を行ない、彼らに新しい国王となる若い王子への義務を思い起こさせた。イングランドの司教たちは教皇が要求した新しい税の代わりに五万二〇〇〇ポンドの金をしぶしぶ出しただけで、下級の聖職者たちの同意もまた必要であると宣言した。下級の聖職者たちは断固として同意しなかった。世俗の有力者たちも、また助力することを拒絶した。

シチリア王エドマンド構想の破綻

今や国王ヘンリーも自分の行き過ぎを認識した。四月に彼は、教皇の代理人たちへのすべての支払いを停止し、自分はシチリアでの事業を続けるかどうかわからないと伝えた。六月末、彼は代理人を指名し、パリで国王ルイと永続的な講和を結び、イタリアで教皇に代替案を申し出る全面的な権限を彼に与えた。ヘンリーは条件を緩和する権利があると考えた。というのも、教皇はマンフレーディのイタリアにおける強い支配権の獲得に対する対抗策を何も講じなかったし、彼を追放する戦いは手に負えない仕事に思えたからである。この観点から、シチリア王国の分割を前提にマンフレーディと講和するほうが賢明ではないのかと、教皇に打診された。あるいは、教皇庁が王国の半分とひき換えに、戦費の半分を調達することも打診された。もしそれが受け入れられない場合、ヘンリーはすべての義務から解放されることを条件に、エドマンドの候補を撤回する用意があり、教皇は別の君主を捜すことができるようになるはずだった。代理人がパリに引き留められていたので、これらの提案はロスタンド・マッソンがローマに持って行った。彼はすでに考えを変え、イングランドの立場に同情するようになっていた。教皇への手紙も、彼自身が起草したもののようだった[13]。

教皇アレクサンデルは激怒した。弱い男特有の強情さで、彼はヘンリーへの譲歩を拒否した。マンフレーディの成功は教皇自身の無能に責任の大部分はあるのだが、彼はそれだけにいっそうイングランド人を自分の手中から離したくなかった。ロスタンドは失脚した。彼はイングランドへの帰還を許されたが、教皇の返答は新たな教皇特使である書記官アルトゥーに託された。アレクサンデルは一つの小さな譲歩を行なった。ヘンリーは約束の金額の残りを、すなわち元々約束された額の半分をかなり上回る額を一二五八年の夏までに払う必要はないとされた。一方イングランドの使節たちは、支払わねばならない金額の一部を賄う借金の債務保証人にならねばならなかった。ヘンリーはフランスと講和を結び、一二五九年三月一日までに八五〇〇人を越える武装した部下を連れてシチリアに来るよう命ぜられた。大司教と司教たちは各々の教区で金を集めることに責任を持つことになった。そしてヘンリーは、世俗の臣下から寄付金を確保することとなった。もしこれらの条件が満たされない場合は、ヘンリーは破門され、国は聖務特権が停止されることになった。

一二五八年四月、ヘンリーは聖俗の有力者をともに召集し、教皇の条件を伝えた。彼らの反発は激しいものだった。数日後、指導的な世俗の貴族が一堂に会し、団結を誓った。その後、完全武装してウェストミンスターの王宮へ馬で乗り込み、入り口に剣をおいて、国王に抗議した。国王は自らの無力を認識した。彼は世継ぎのエドワード王子とともに、貴族たちの助言に従うことを福音書にかけて誓った。貴族の側は、もし教皇が条件を緩和し、国王が国政改革案を提出するならば、シチリアの事業で国王に助力することを約束した。その改革について議論するために、五月に議会がオックスフォードで開かれることになった(14)。

シチリアの事業はいまや、イングランドの君主制と貴族の大きな問題に呑み込まれてしまった。ヘンリーはいまだにある種の希望を抱いていた。実際に彼は三年後に、もし一二五八年に貴族たちによる干渉がなければ、教皇と実行可能な合意に達していたかもしれないと確信した。彼の使者たちは一二五九年に、次の年に承認されることになるフランスとの平和条約をまとめ、国王ルイはシチリアの戦いを援助するために二年間にわたり五〇〇名の騎士の遠征費を肩代わりするという約束の条項をそれに挿入することに成功した。貴族たちは教皇に手紙を書き、自分たちは熱意をもっているわけではないと明示しつつも、その計画を進めるために全力を尽くすことを申し出た。彼らは、自分たちは前もって相談を受けたわけではないとも指摘し、実行の可能性については疑わしいことを示唆した。実際、いまや教皇にとってさえ、イングランドから何も期待できないことは明らかだった。彼はこの問題で間違った行動に出たわけではなかった。彼は自分の側は無傷で、イングランドから約六万マルクを獲得していた。今度ばかりは彼も決心を固め、一二五八年十二月、エドマンド王子にシチリア王国を授与することを中止する大勅書を発布した。[15]

イングランドとの長きにわたる駆け引きは、シチリアの王位問題の解決には何の役にも立たなかった。教皇はそれによっていくばくかの現金を手にしたが、マンフレーディはイタリアでの立場を固めていた。そのことは、主としてイングランド国内の歴史に重要な影響を及ぼした。というのも、それは貴族戦争〔一二六三〜六五年。ヘンリー三世とシモン・ド・モンフォールを指導者とする貴族たちとの戦争。国王の気まぐれ政治をめぐる戦争であったが、貴族側の敗北に終わった〕や国王ヘンリー三世の治世の後半をわずらわせることになる国制上の争いの前触れとなったからである。ひるがえってみるに、国王ヘンリーがそもそも自分の息子をイタリアの王位につかせることが可能だと考えたのは、途方もないことだったように見える。彼も国もそれほど壮大な計画を実現する余裕はなかったし、教皇は自らが時間を浪費していることにもっと早く気づくべきだった。しかし、財政的な問題について周到に考える中世の君主などはほとんどいなかった。ヘンリーの弟リチャードはその時代でもっとも聡明な人物の一人と見なされていたが、自らの財力を頼んで皇帝になるという遠大で野心的な計画に乗りだし、あと一歩で成功するところだった。もしヘンリーの臣下たちが従順に遠征軍の費用を払ってくれていたら、また教皇が強欲に金の要求をするのを控えていたら、エドマンドはシチリア国王になっていたかもしれない。マンフレーディはその後の出来事が示すとおり、無敵ではなかった。彼は、一二五六年当時は〔アンジュー家のシャルルと対決する〕一二六六年に比べて弱かった。彼を打ち負かした〔シャルルの〕軍隊は有能な指揮者に恵まれていたが、特に大軍ではなかった。くわえて、その軍の組織者は、ヘンリーが与える用意のあった資金も投入したわけではなかった。もしヘンリーと教皇アレクサンデルがもっと賢い男で、臣下の尊敬を集められるほど有能だったら、目標を達成したかもしれない。そして、フランスという隣国との提携に代わって、イングランドという遠い国の王家と軽い提携をしていたら、そのほうがシチリアの利益になっていたかもしれない。王子エドマンドは成長して知的で心の広い君主になり、部下のすべてから好意をもたれていた。彼だったら立派な国王になって、シチリア人の利益のために邁進する王朝を樹立していたかもしれない。しかし彼は幸運にも複雑な地中海政治を免れて、ランカスター伯爵になり、シチリアの国王になるよりもはるかに幸福に過ごした。教皇アレクサンデル四世はイングランドの計画を放棄することで、自由に他の候補者を見つけられることになった。しかし、彼は例によってためらった。そして、決断を下す前に、死が彼を連れ去った。彼の後継者ウルバヌス四世はもっと積極的な考えを持っていた。

〈原注〉

（1）Hefele-Leclercq, *Histotire des Conciles*, vol. VI, 1, p. 28.

（2）Jordan, *Les Origines*, pp. 293-6は、ウルバヌスの経歴を説明し性格についても良い評価を下している。ウルバヌスの生涯は、Thierry of Vaucouleurs（published in Muratori, *R.I.S.*, vol. III, 2, pp. 405 ff.）の散文でひどくこきおろされた。

（3）コスタンツァの結婚については、Carini, *Gli Archivi e le Biblioteche di Spagna*, vol. II, pp. 185-6を参照。その婚約は一二五八年七月二八日にバルセロナで結ばれ、実際の結婚はその四年後（一二六二年六月十三日）に執り行なわれた。

（4）Jordan, *Les Origines*, pp. 297–307, a full account of the new Cardinals.

（5）*Ibid.* pp. 336–55.

（6）Libertini and Paladino, *Storia della Sicilia*, pp. 444-5.

（7）Innocent IV, *Registres*, ed. Berger, vol. II, pp. cclxvi-cclxxxv; Matthew Paris, *Historia Anglorum*, vol. III, p. 126によれば、リチャードはコンラードの権利について尋ねたとし、充分な見返りが支払われるなら受け入れただろうともほのめかしている。また、*Chronica Majora*, vol. V, pp. 346-7では、リチャードはそのとき断固拒絶して、月の話をしたといわれている。

（8）聖ルイのためらいについては、Jordan, *Les Origines*, pp. 376–7を参照。

（9）Rymer, *Foedera*, vol. I, 14 (1816 ed.), pp. 297, 301.

（10）*Ibid.* pp. 301-2; Matthew Paris, *Chronica Majora*, vol. V, p. 410.

（11）Powicke, *King Henry III and the Lord Edward*, vol. I, pp. 236–8.

（12）*Ibid.* pp. 239–42.

（13）*Ibid.* pp. 370–5.

(14) *Ibid.* pp. 376–8.

(15) *Ibid.* pp. 385–7; Boehmer, *Regesta*, no. 9178, vol. v, 2, p. 1423.

第5章　王を探して
——アンジュー家のシャルル

教皇クレメンス四世からシチリア王国を与えられるアンジュー家のシャルル。

フランスのアンジュー家 シチリア王国ナポリ王家系〔一部〕

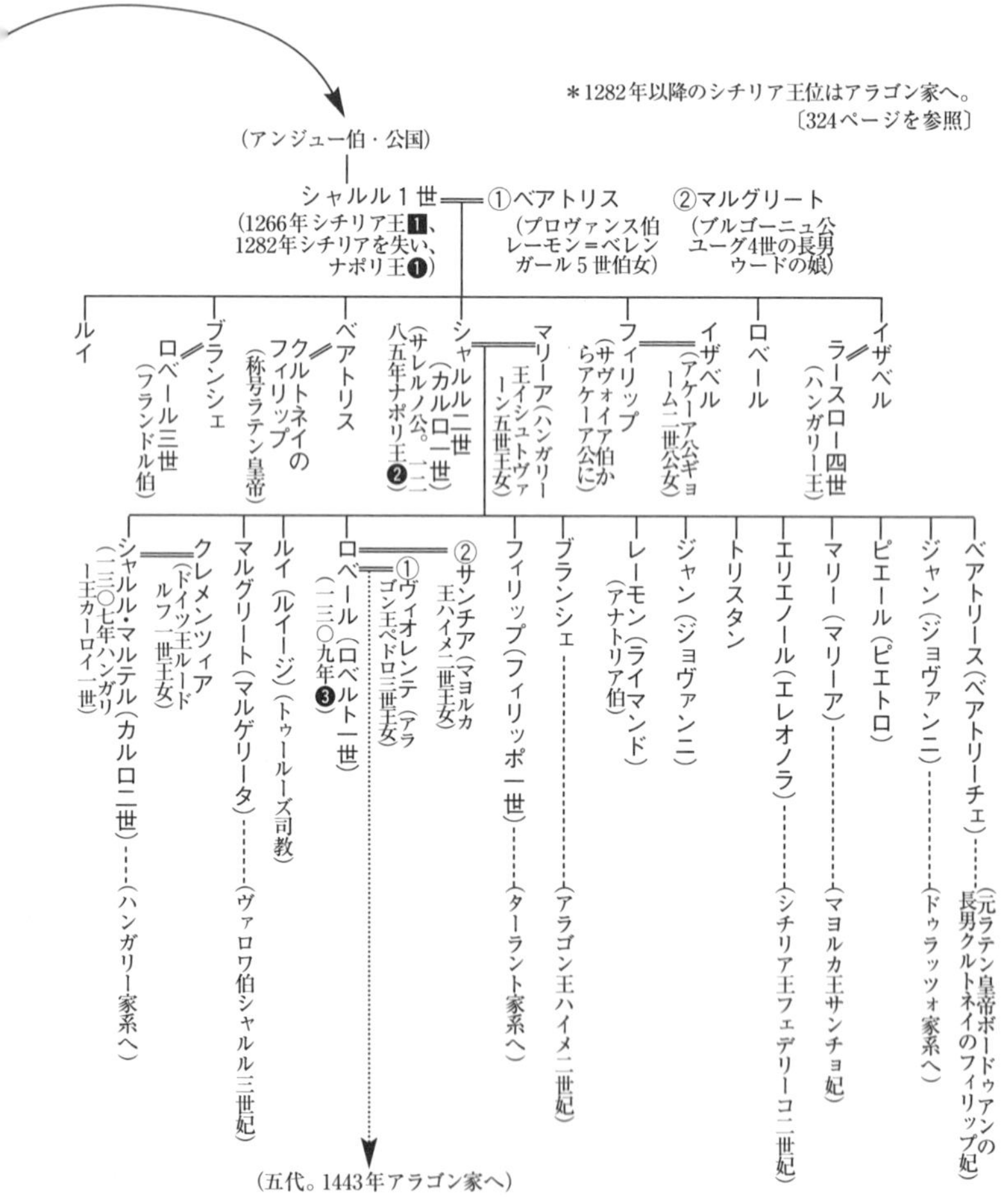
＊1282年以降のシチリア王位はアラゴン家へ。〔324ページを参照〕
（アンジュー伯・公国）
シャルル１世（1266年シチリア王❶、1282年シチリアを失い、ナポリ王❶）
①ベアトリス（プロヴァンス伯レーモン＝ベレンガール５世伯女）
②マルグリート（ブルゴーニュ公ユーグ4世の長男ウードの娘）
ルイ
ブランシェ
ロベール三世（フランドル伯）
ベアトリス
クルトネイのフィリップ（称号ラテン皇帝）
シャルル二世（カルロ二世）（サレルノ公。一二八五年ナポリ王❷）
マリーア（ハンガリー王イシュトヴァーン五世王女）
フィリップ（サヴォイア伯からアケーア公に）
イザベル（アケーア公ギョーム二世公女）
ロベール
イザベル
ラースロー四世（ハンガリー王）
シャルル・マルテル（カルロ二世）（一三〇七年ハンガリー王カーロイ一世）（ハンガリー家系へ）
クレメンツィア（ドイツ王ルードルフ一世王女）
マルグリート（マルゲリータ）（ヴァロワ伯シャルル三世妃）
ルイ（ルイージ）（トゥールーズ司教）
ロベール（ロベルト一世）（一三〇九年❸）
①ヴィオレンテ（アラゴン王ペドロ三世王女）
②サンチア（マヨルカ王ハイメ二世王女）
（五代。1443年アラゴン家へ）
フィリップ（フィリッポ一世）（ターラント家系へ）
ブランシェ（アラゴン王ハイメ二世妃）
レーモン（ライマンド）（アナトリア伯）
ジャン（ジョヴァンニ）
トリスタン
エリエノール（エレオノラ）（シチリア王フェデリーコ二世妃）
マリー（マリーア）（マヨルカ王サンチョ妃）
ピエール（ピエトロ）
ジャン（ジョヴァンニ）（ドゥラッツォ家系へ）
ベアトリース（ベアトリーチェ）（元ラテン皇帝ボードゥアンの長男クルトネイのフィリップ妃）

フランス王国 カペー朝フランス王家〔一部〕

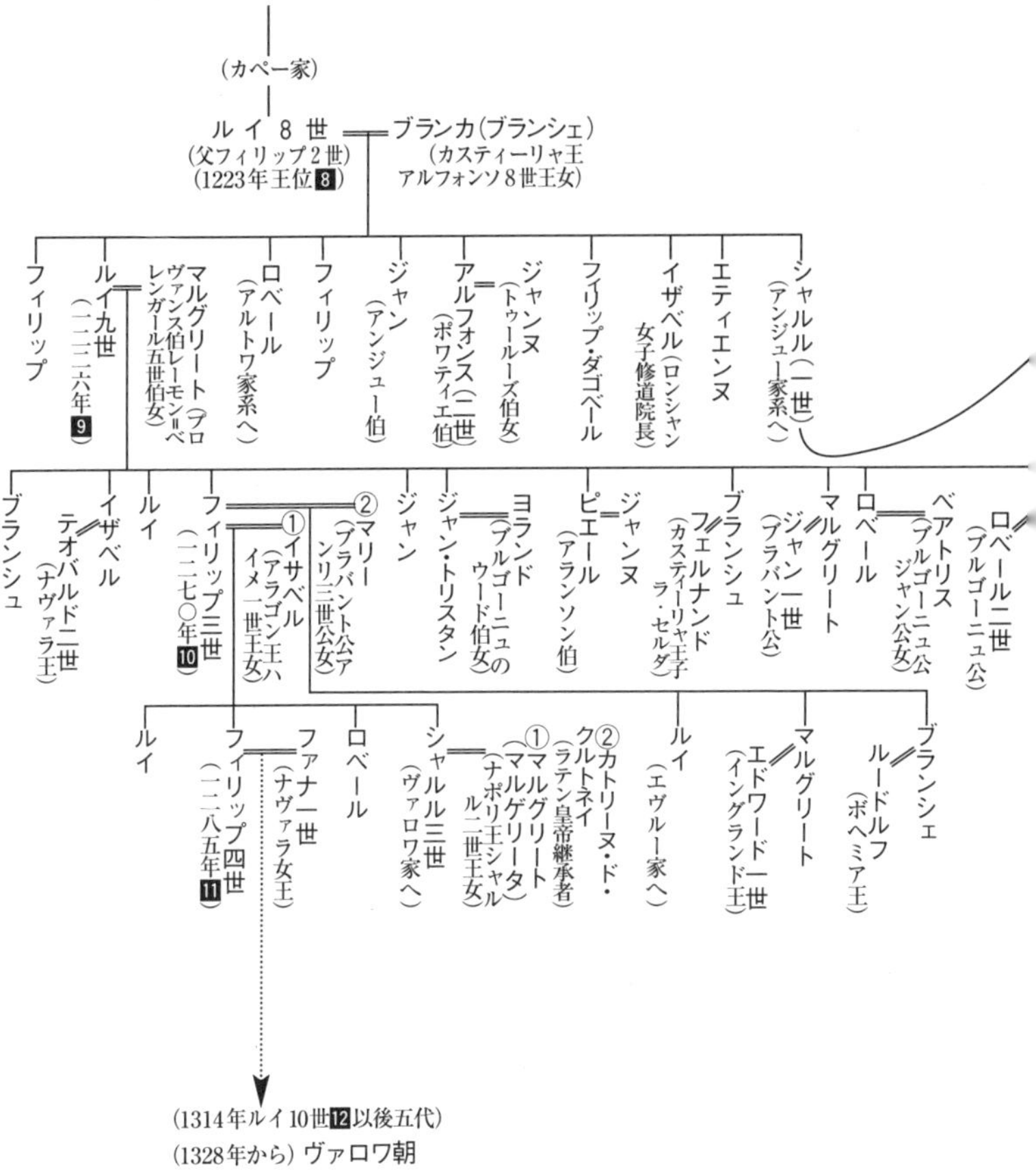
(カペー家)
ルイ8世
(父フィリップ2世)
(1223年王位8)
ブランカ(ブランシェ)
(カスティーリャ王アルフォンソ8世王女)
フィリップ
ルイ九世(一二二六年9)
マルグリート(プロヴァンス伯レーモン=ベレンガール五世伯女)
ロベール(アルトワ家系へ)
フィリップ
ジャン(アンジュー伯)
アルフォンス(二世)(ポワティエ伯)
ジャンヌ(トゥールーズ伯女)
フィリップ・ダゴベール
イザベル(ロンシャン女子修道院長)
エティエンヌ
シャルル(一世)(アンジュー家系へ)
ブランシュ
イザベル
テオバルド二世(ナヴァラ王)
ルイ
フィリップ三世(一二七〇年10)
①イザベル(アラゴン王ハイメ一世王女)
②マリー(ブラバント公アンリ三世公女)
ジャン
ジャン・トリスタン
ヨランド(ブルゴーニュのウード伯女)
ピエール(アランソン伯)
ジャンヌ
ブランシュ
フェルナンド(カスティーリャ王子ラ・セルダ)
マルグリート
ジャン一世(ブラバント公)
ロベール
ベアトリス(ブルゴーニュ公ジャン公女)
ロベール二世(ブルゴーニュ公)
ルイ
フィリップ四世(一二八五年11)
ファナ一世(ナヴァラ女王)
ロベール
シャルル三世(ヴァロワ家へ)
①マルグリート(マルゲリータ)(ナポリ王シャルル二世王女)
②カトリーヌ・ド・クルトネイ(ラテン皇帝継承者)
ルイ(エヴルー家へ)
マルグリート
エドワード一世(イングランド王)
ブランシェ
ルードルフ(ボヘミア王)
(1314年ルイ10世12以後五代)
(1328年から) ヴァロワ朝

教皇ウルバヌスの思惑

ウルバヌスは教皇になる前の数年間を東方で過ごしていた。彼は教皇庁の西ヨーロッパ政策には関わりをもたなかったので、虚心坦懐に取り組んだ。シチリア王位へのイングランドの立候補の話を検討して、それが実行不可能だと即座に判断した。国王ヘンリーは、その救いがたい楽天主義によって、新教皇がアレクサンデルの最終的な決定を覆してくれることを望んだ。しかし彼の嘆願にもかかわらず、ウルバヌスは一二六二年九月に親書を送り、イングランドとの交渉は終わっていることを確認した。彼はすでに他を探していたのである(1)。

フランス人である彼は、本能的にフランスにローマ教会の救済者を求めたのだった。国王ルイはそれまでのところ期待はずれだったが、依頼できる人物は他にいなかった。ウルバヌスは教皇特使としてドイツに滞在したとき、ホーエンシュタウフェン家に対する嫌悪を募らせた。それが余りにも大きかったため、彼はマンフレーディに対抗してコンラーディンの権利を提唱することはできなかった。ドイツには他に適当な候補者はいなかった。そこでは、コーンウォールのリチャードが神聖ローマ帝国の王〔ドイツ王〕として支配権を維持することに専念していた。たとえ教皇が帝国の皇帝権とシチリアの王権の新たな統合を危険を承知で実行する用意があったとしても、彼はあまりに忙しく、イタリアの問題に関わることはできなかった。西方の他の君主のうちで、アラゴン国王ハイメは新しい事業もすすんで引き受ける冒険家だったが、マンフレーディと同盟を結んだばかりだった。カスティーリャ国王アルフォンソはシチリア国王になる者と自任していたが、いまだに神聖ローマ皇帝の候補者で、そのうえ北イタリアの皇帝派と手を結んで皇帝権拡張の計略を進めようとしたかどで、教皇庁の反感をかっていた。残ったのは、フランスの宮廷だけだった。一二六二年の春、書記であるパルマのアルベルトが再度パリに派遣され、国王ルイに再考を促し、彼の一族の王子のためにシチリア王国の授与を受け入れるよう求めた。

国王ルイは当惑した。彼はイングランドの立候補を支持することを約束していた。とはいいつつも、コンラーディンの世襲権については快く思っていなかった。同時に彼は、マンフレーディには不満を示していた。マンフレーディは明らかに王位簒奪者であり、教会の敵だった。彼はマンフレーディを非常に嫌悪していたので、兄弟にあたるアラゴン王がマンフレーディの娘と結婚したのを知ると、息子フィリップとアラゴン王女の婚約を破棄させようとしたほどである。アラゴンのハイメがマンフレーディの教会との抗争にいかなる軍事的な援助も行なわないと約束すると、彼はやっとその結婚に合意したのだった。彼はしばらく躊躇したものの、その高徳な名声と矛盾するような柔軟さを見せて、妥協を行なった。彼は、自分自身および息子のいずれに対しても、シチリアの王座を拒否した。しかし、アルベルトが弟のアンジュー伯シャルルにその王座を提供することを提案すると、彼に異存はなかった。アルベルトがこの譲歩に喜んで、アンジュー伯の住むプロヴァンスに出発する準備をしていたとき、教皇から新しい手紙がパリに届き、全手続きの停止が命じられた(2)。

ボードゥアンの仲介工作の失敗

教皇の態度の変化は、前〔ラテン帝国〕皇帝ボードゥアンが教皇庁に到着したためだった。ボードゥアンは、コンスタンティノープルのラテン帝国を復興する能力のある唯一の君主とみなしているマンフレーディを訪れてから、ヴィテルボにやってきた。教皇の変化は当惑するほどだった。コンスタンティノープルの復興は教皇が心から望む目標であり、また教皇はボードゥアンに対して心から気の毒に思っていた。ただ教皇は、前皇帝が携えてきたマンフレーディの手紙に直接答えることを拒否した。破門された簒奪者と安易に合意する気にはなれなかったが、その申し出自体を即座に拒絶する気もなかった。東方のラテン・キリスト教界が危機にあるとき、イタリアの戦いに全勢力を集中することは、教皇にとって望ましいことではなかった。さらに考慮すべきはコンスタンティノープルだけではなかった。シリアの十字軍国家――そこでウルバヌスは生活し執務したのだが――は、エジプトのマムルーク朝の勢力伸長に脅威を感じていた。一二六〇年のマムルーク朝によるモンゴル人の打破〔アインジャールートの戦い〕は、広大なモンゴル帝国を恐れていた海外属領《ウートルメール》の騎士たちに歓迎されたものの、いまや彼らはさらに大きな直接的な危険の要因と見なされていた。ウルバヌスは経験豊富な人物だった。彼はキリスト教界全体を見て、政策を一時見直さねばならなかった。フランスの王子をシチリア王にしようと画策し続ける代わりに、教皇はいまや信者たちに次々に手紙を書き、十字軍のさし迫った必要性を説いた(3)。

マンフレーディの外交は多くの人にとって成功しているように見えた。あるイングランド人の密偵はヴィテルボからの家族宛ての手紙に、シチリア王と教皇の和解はいまや目前に迫っていると書いた[4]。教皇がビザンティン皇帝に宣誓した友好の誓いからアケーアのギョームを放免したことが、コンスタンティノープルにニュースとして届いていた。そこでは、それがマンフレーディの調停によるものとみなされた。皇帝は自分に対して全ヨーロッパの大同盟が形成されていることに、恐れを抱いた[5]。彼の懸念は時期尚早だった。というのも、教皇ウルバヌスが考え直したからである。ウルバヌスはマンフレーディに、一二六二年八月一日までに本人か代理人が教皇の前に現れ、審判を受けるようにとの召喚状を送りつけた。七月末にマンフレーディはヴィテルボに使節を送り、彼らはかつての皇帝ボードゥアンによって教皇に紹介された。使節は、更なる猶予がマンフレーディに与えられるよう乞い願い、十一月十八日までの延期を認めさせた。一方、ウルバヌスは国王ルイに手紙を書き、助言を求めた。異教徒に対する十字軍を切望していたルイにとって、平和協定の展望は魅力的だった。ルイはマンフレーディには反対だったが、もし教皇がマンフレーディを許すなら、自らの道義心も満足させられるだろうと考えた。彼は手紙で賛成の旨を表明した。だが、なぜかその手紙の送付が遅れた。マンフレーディとの和解に伴い、コンラーディンの権利が犠牲になることに、ルイはいささか心おだやかでなかったのかもしれない。たぶん、いまやシチリアの提供に興味をもっていたアンジュー家のシャルルが、兄の返答を押しとどめたのだろう[6]。十一月早々にマンフレーディの二回目の使節団が到着したとき、ウルバヌスはフランスからの連絡をまだ何も受け取っていなかった。彼は時間かせぎの対応をした。マンフレーディに教皇庁訪問の際の安全な通行権が提示されたが、和解の条件は明らかにされないままだった。そして、パルマのアルベルトに伝言が送られ、アンジュー家のシャルルとの交渉継続の命が下された。十一月末、ついにウルバヌスはマンフレーディに条件を明示した。彼が何を要求したのか正確には知られていない。マンフレーディとその相続人に、コンラーディンの所有となっただろう諸権利を考慮することなく、シチリア王国を封土として与えることを申し出たふしがある。マンフレーディは教皇庁に多額の現金と年貢を支払うことが条件だったようである。また、国外追放した政敵たちを王国に再び受け入れ、彼らから没収した土地を返還することも条件とされた。マンフレーディが容認できなかったのは、この最後の条項だった。たとえ彼が王権の維持のために必要な領地を放棄することに同意しても、没収した土地で償われた部下たちは自分たちの損失を決して承諾するつもりはなかった。マンフレーディの宮廷は、その条件を受け入れるのを断固として許さない情勢だった。彼が逆提案したときには遅すぎた。ウルバヌスは、和解からは何ら成果は生まれないと腹を決めていた。(7)

教皇は油断なく事を進めなければならなかった。国王ルイは東方への十字軍にことのほか熱心だったし、皇帝ボードゥアンは影響力を国王に行使するためにパリに移動していた。ウルバヌスはいまだ十字軍が第一の目的であるかのように行動した。個人的には、ミカエル・パラエオログスとの教会の統一に基づく協定は、ラテン帝国の復興という満足をもたらすだけの結果にしかならないのではないかと考え始めたが、公式にはギリシア人と関係を持つことを一切拒絶した。しかし、彼はルイに、自分の意見ではマンフレーディには信頼をおくことはできないことと、もし十字軍の成功を望むならば、

シチリアの王座には忠誠心のより強い教会の子（信者）をおくべきだと信じ込ませた。(8)

ルイはボードゥアンの嘆願にもかかわらず、心を決めた。一二六三年五月、兄弟であるポワティエ家のアルフォンスとアンジュー家のシャルルがパリにいるルイのもとにやってきた。彼はシャルルに教皇庁と交渉を再開する許可を与えた。六月にシャルルの使節が教皇のもとに到着した。六月十七日、ウルバヌスは彼らに、その主人との協定案を渡した。三日後、ウルバヌスはポワティエのアルフォンスに手紙を書き、条件を受け入れるようシャルルを説得する際の助力を求めた。七月にウルバヌスは皇帝ミカエル・パラエオログスに友好的な手紙を送り、フランスとイングランドの宮廷へ派遣する新たな教皇特使を任命した。この任にあたったのはコセンツァの大司教だったが、彼はホーエンシュタウフェン家の宿敵であるピニャテッリ家というナポリの名家に属していた。大司教はイングランドのヘンリーにはエドマンドの候補の可能性はもはやあり得ないと伝え、フランスのルイにはエドマンドとコンラーディンへの気遣いを捨てるよう伝える予定だった。教会の利益と十字軍のために、シャルルへのシチリアの王座の移譲が必要だった。(9)

マンフレーディが頼りにしていた前皇帝ボードゥアンは必死だった。七月二日、彼はパリからマンフレーディに書簡を送り、マンフレーディの教皇庁との和解の試みは不誠実なものであるとして、教皇が国王ルイを首尾良く説得したと伝えた。さらに、国王ルイに誠意を保証するとの内容の手紙を持たせた信頼できる使者をパリに送るようせきたてた。くわえて、ボードゥアンが見るところではアンジュー伯を極めて嫌っていたフランス王妃宛てにもう一通の手紙を持たせるようにと記した。マンフレーディは結局ボードゥアンからの手紙を受け取らなかった。それはリーミニの行政官によって途中で横取りされ、教皇のところへ送られたのである。教皇はそれを読み、国王ルイに見せるため、パルマのアルベルトを使ってパリに送り返した。ルイは、自分の寄食者であるボードゥアンが陰で画策しているのを知り驚いた。ブルゴーニュ公は、ボードゥアンがラテン帝国を復興した際にはテッサロニカ王国を与えると約束して味方に引き入れていた人物だが、彼をもってしてもルイの心を変えることはできなかった。また、王妃マルグリートもいまや影響力はなかった。というのも、王の兄弟を嫌ったことで、王を怒らせてしまっていたからである(10)。

シチリア王シャルルの誕生

兄ルイの許可が出て、シャルルは教皇が作成した協定案をためらうことなく受け入れた。使者たちは同意書を携えて、教皇が当時居住していたオルヴィエートへすぐに引き返した。六月二六日、ウルバヌスは協定の教会に係わる部分を遵守すると約束した大勅書に署名した。その協定が批准された日付は知られていないが、七月末にはシャルルは教会の承認を得て国王となっていた。

その協定の条件は、以下に記すように、一方的に教皇に有利になっていた。新しいシチリア国王は、ノルマンの君主たちが三国で保有していた教皇代理の地位を放棄しなければならない。新しい国王は聖職者任命権および宗教裁判権を持てない。聖職者から税を徴収することはできないし、空位になっている司教区の税収入を享受する国王の伝統的な権利も行使できない。皇帝の座を要求することが許されないだけでなく、イタリアの帝国領あるいは教皇領においていかなる地位についてもならない。封土の全体もしくは一部たりとも君主から没収できないし、その価値を減じることはできなくなる。国王グリエルモ二世時代のような有徳な行政、すなわち「善王グリエルモ二世」の伝統を保証しなければならない。過剰な税を課してはならない。もし教皇が国王を退位させることを選択した場合、それ以降部下たちに忠誠を要求してはならない。加えて、イングランドに残っている教皇庁に対する負債を引き継がなければならない。要求があった場合、国王は教皇に三〇〇人の騎士か、船を提供しなければならない。そして、金で一万オンスの年貢を教皇庁に支払わなければならない。その額はノルマンの王たちが支払っていた額の三〇倍以上だった。見返りに、教皇庁は国王に教皇の保護を与える。協定によって国王は三年間フランスのプロヴァンスとアルル王国の教会の収入に十分の一税を課すことが許される。教皇はマンフレーディに対する十字軍を送るよう説教することを引き受け、コンラーディンあるいはシチリアの王座の権利を主張する他の人物を、帝国の王座に選ぶことを許可しないよう約束する。以上がその条件だった(11)。

アンジュー家のシャルルがそうした条件を受け入れたということは、彼の野心の程を示すものだった。風聞によれば、彼の受諾は妻の影響によるものだとされた。プロヴァンスのベアトリスは姉妹たちに嫉妬していた。それぞれいまやフランス、イングランド、神聖ローマ〔ドイツ〕の王妃だったからである。以前、姉妹全員が集まったとき、彼女は単なる伯爵夫人として末席におかれ、ひどく憤慨していた。その彼女もようやく王妃になることになった。しかし、シャルルは女性の気まぐれに左右

される人間ではなかった。彼の王座への欲望は、妻の虚栄心よりはるかに強かったのである。(12)

シャルルの家族と生い立ち

シャルルは一二二七年初頭、父親の国王ルイ八世が死んでから数カ月後に生まれた。母親カスティーリャのブランカ〔ブランシェ〕がフランスの反抗的な貴族階級に対して権威を確立した騒々しい時代に、彼は少年時代を過ごした。ブランカは誇り高い精力的な女性で、政治に多忙なため、子供たちに時間も愛情も充分に割くことはできなかった。情の絆が彼女を聖人のような長男のルイ九世に結びつけ、彼女は彼の利益をあくまでも守る一方、ルイも熱心にまた献身的に彼女に報いた。しかし、彼女はシャルルのことはほとんど気にかけなかったようである。シャルルは子供たちのなかで最も母親似だったのだが。聖王ルイの性格は厳格で近寄りがたいところがあったが、兄弟には甘かった。彼が寵愛したのは二番目の弟アルトワ伯爵ロベールであった。ロベールは勇敢で美男だったが、エジプトへの十字軍遠征におけるマンスーラの戦い〔一二五〇年〕で無謀な行動のため死んでしまった。生き残った二人の兄弟アルフォンスとシャルルのうち、ルイはアルフォンスを好んだが、シャルルはそのことを知っていた。ポワティエ伯アルフォンスは病弱な男で、勤勉でおもしろみのない人間だった。しかし、彼はフランスで最大の領地の相続人であるトゥールーズのジャンヌと若くして結婚していた。妻の故郷の南部の領地で暮らすことはほとんどなく、パリやその近郊を好んだ。その間、多数の特使たちが資産管理についての事細かな彼の指示をあちこちに伝達して歩いた。その指示の細部に至るまで彼自らが監督を行なった。彼はいくらか強欲なところはあったにせよ、正義感の強い信心深い支配者だった。兄の国王はそんな彼を慎重で忠誠心に富む相談相手と見なしていた。彼らの唯一の姉妹イザベルは若くして俗世から隠退し、サン・クロードに自ら創設した女子修道院に入っていた。

シャルルには家族の愛情が欠けていたため、若い頃から自立心が旺盛だった。成長すると背の高い筋肉質の男になり、カスティーリャの先祖からは小麦色の肌を、またカペー家からは高い鼻を受け継いだ。さらに、母親の行動力を引き継ぐとともに、健康的でよく鍛えられた肉体を備えていた。また、充分な教育を受け、学問に対する敬意と詩および美術への個人的な嗜好を失うこともなかった。しかし彼は、家系の厳格さも併せ持ち、より高い目的の追求のために個人的な楽しみはいつでも捨てる用意があった。だが、国王ルイの厳格さが真の信仰から生じたものであるのに対して、シャルルのそれは権力への欲望を満たすための道具であった。彼の信仰はそれなりに本物だったが、それは主として自分が神に選ばれた道具であるとの信念に基づくものであった(13)。

シャルルの家族は彼に愛情を注ぐことはなかったが、大きな物質的な贈り物を与えた。彼が生まれる以前に、父親はその死の間際に、子供が男子ならばという条件で、アンジューとメーヌの豊かな資産を遺贈した。彼が二つの伯爵領を与えられたのは、二〇歳になった一二四七年になってからだったが、その前年に母親と兄は大相続人プロヴァンスのベアトリスと彼の結婚を取り決めた。ベアトリスは、プロヴァンスおよびフォルカルキエ伯爵レーモン＝ベレンガール四世の美しい四人の娘の末っ子だった。彼女の姉妹のマルグリートは一二三四年に国王ルイ〔九世〕と、エリエノールは一二三六年にイングランド国王ヘンリー三世と、最も美しいサンチアはのちにドイツ王となるコーンウォール伯リチャードと一二四三年に、それぞれ結婚していた。封建制の慣習では、息子がいない場合は娘たちが共同相続人になるはずだった。しかし、レーモン＝ベレンガールは自分の領地が分割されるのを望まず、ベアトリスにすべてを遺した。姉たちは充分な持参金で適切な補償を受けていると見なしたのだった。残念ながら、持参金は充分とはいえなかった。そして、相続権のない姉妹たちはだまされたと思った。特に最年長の王妃マルグリートは、その後憎しみもあらわにシャルルを追求した。シャルルはまもなく義理の母親サヴォイアのベアトリーチェとも仲が悪くなり、ベアトリーチェは自分の寡婦財産をめぐって彼と争うことになった(14)。

アンジュー伯時代のシャルル

シャルルは妻の一族の敵対行為にも挫けなかった。妻ベアトリスは、ドイツ王であるホーエンシュタウフェン家のコンラードや二人の初老の男やもめ、すなわちアラゴン国王ハイメとトゥールーズ伯レーモン七世などのライバルより、シャルルを夫に選んだのだった。そしてシャルルは、彼女の選択が正しかったことを証明した。プロヴァンス伯爵領は、法的には古くからのブルグントとアルルの王国の一部として、皇帝に臣服の義務があった。だが、シャルルはこれに留意せず、またフリードリヒ二世も権利を主張できる立場にはなかった。しかし、その時期のプロヴァンスの伯爵たちは悠長で、領土内の都市や貴族たちに多くのことを任せたままにしていた。シャルルはそうしたことすべてを中止させようと決心した。一二四六年初頭に彼がプロヴァンスに到着したとき、フランス宮廷で研鑽を積んだ法律家や会計士が多数同行していた。彼らはただちに伯爵の正当な権利や特権を調べ、彼に帰すべき金や恩恵を計算し始めた。これはプロヴァンスの人びとの怒りに満ちた抗議を惹起することになった。この地の二人の貴族、レ・ボーのバレルとカステラーヌのボニファーチェが不満分子を組織した。マルセイユ、アルル、アヴィニョンの三都市と伯爵未亡人が彼らを支持した。彼女は夫の遺言でフォルカルキエ伯領の全所有権とプロヴァンスの財産の用益権を譲渡されたと主張した。三都市は法的には伯爵領の一部ではなく皇帝権領の都市で、イタリアにならって自治都市を発展させていたが、自分たちの独立の脅威を感じ取ったのだった。一二四七年にシャルルがメーヌとアンジューの叙任を受けに北方へ行くと、三都市は五〇年間続く防衛同盟を結成し、レ・ボー家のバレルを軍の司令官として招いた。

シャルルは兄の十字軍遠征に参加することを約束していたので、不満分子を壊滅させる時間はなかった。できることといえば、義理の母親と妥協し、彼女にフォルカルキエとプロヴァンスの歳入の三分の一を与えることだった。一二四八年に彼がエグモルトから国王ルイとともに船出した〔一二四八～五二年の第六回十字軍〕のち、不満は反乱へと燃えあがった。シャルルは十字軍で勇敢な兵士であることを証明したが、兄から暇を与えられるや否や故国へとって返し、一二五〇年十月エグモルトへ上陸した。彼は軍事行動と狡猾な駆け引きを駆使して首尾よく敵を分断し、彼らを一人ずつ粉砕していった。アルルは一二五一年四月に、アヴィニョンは五月に屈服した。六月にはレ・ボー家のバレルが降伏した。マルセイユは八月の最初の攻撃を退けたものの、翌年七月には和平を求めた。シャルルは反乱の指導者たちを彼特有の寛大さをもって扱ったが、自分の法的な権利は明確に主張し、それが宣言され、承認された。マルセイユ人は自治権を許されたが、彼を宗主と認めた。一二五二年十一月、国王ルイの不在期間の摂政だった皇太后ブランシェ〔カスティーリャのブランカ〕の死によって、彼はパリに呼ばれた。そして、兄アルフォンスとともに摂政職についた。彼がシチリアの王冠の申し出を初めて受けたのは、このときだった。アルフォンスはその申し出に不賛成で、国王ルイは東方から手紙で彼にそれを受け入れないよう命令した。落胆したシャルルはフランドル伯国の内乱〔当時、エノー伯国を併合していた〕に介入した。伯爵婦人マルグリット〔一世〕を支持してその息子〔孫〕アヴェーヌ家のジャン〔後のエノー伯〕と戦い、エノー領を得るとともにフランドル伯国守護者の地位を得ると、自分の軍隊をその地域に移動させ始めた。東方にいた国王ルイはフランドルの戦いを耳にして驚愕した。一二五四年夏、ルイはフランスへ戻るとシャルルにエノーを放棄するよう命じた。一二五六年にルイが出した最終的な裁定で、フランドルはアヴェーヌ家のジャンの所有となったが、ジャンはシャルルに個人的に臣下の誓いをたてた。

その頃にはシャルルはフランドル人支配の望みを捨てていた。彼が北部にいるあいだ、プロヴァンスの管理は、有能な家令たちがその地の司教や、いまや忠実な友となったレ・ボー家のバレルに助けられながら行なっていた。しかし、貴族たちの多くはカステラーヌのボニファーチェに率いられていまだ反抗的だった。伯爵未亡人は再び面倒事を起こしていた。マルセイユはシャルルの宗主権を主張する役人たちの来訪に憤慨していた。シャルルは再び敵を分断し、一人ずつ処理していった。一二五六年十一月、国王ルイの調停によって、未亡人は多額の現金と、生存中の相当の収入と交換にフォルカルキエとプロヴァンスの用益権を譲ることに同意した。国王ルイはその騒動の源である老婦人がシャルルの義母であることも考慮して、自らその支払いを賄うことを約束し、弟を助けた。この解決が反対派の貴族たちを弱体化させた。というのも、彼らは資金面で彼女に頼っていたからである。マルセイユは一二五六年にカスティーリャ国王と、またピサと同盟を結んで、シャルルの権力からの離脱を望んだ。しかし、カスティーリャのアルフォンソは依然として神聖ローマ帝国にまつわる権利の主張に忙殺されており、彼らを助けることはできなかった。ピサもフィレンツェとの戦いで不利な立場におかれていた。クーデターが、「フランツォット」——プロヴァンス人はシャルルの支持者をそう呼んだ——によって実行された。そしてシャルルが自らやってきて、新しい協定を主張した。それによって、マルセイユは司法および財政の自治は保てたものの、政治的権力すべてを伯爵の代理人の手に譲り渡した(15)。

プロヴァンスが統治されるようになると、シャルルは伯爵領の境界を越えてその権力を拡大していった。一二五七年には、ヴィエンヌの皇太子から低地アルプス地方の領地をいくつか割譲してもらい獲得した。また、オランジュ公であるレ・ボーのレーモンから、フリードリヒ二世がレーモンの父親に与えたアルル王国の摂政としての権利も獲得した。この譲渡は神聖ローマ皇帝によって承認されるべきだったが、当時皇帝は空位だった。一二五八年には、従来ジェーノヴァ共和国の臣下であったヴエンティミーリア〔現モナコの東方〕伯爵がシャルルを宗主として承認したので、彼の権力は海沿いに東のサンレモまで、また山沿いにテンダ峠まで拡大した。一二五九年には贈与、契約、軍事的な脅しを巧みに混ぜて、シャルルは南ピエモンテ地方のクーネオ、アルバ、ケラスコを支配するようになった。そして次の年に、モンドーヴィ、チェーヴァ、ビアンドラーテ、サルッツォの各領主の降伏によって、この地方での彼の支配権は完全なものとなった。一二六二年初頭、シャルルが北方へ行ってアンジュー家の領地を見廻り、兄とシチリアの王座の可能性について話し合っているとき、プロヴァンスで新たな反乱が火を噴いた。カステラーヌのボニファーチェが反対派の貴族を再編成し、またマルセイユ人が「フランツォット」の役人たちに反対し蜂起して、彼らを追い出したのだった。ジェーノヴァがその反乱軍に支持を約束し、アラゴン国王の息子たちは自分たちの介入によってシャルルの当惑を増幅させようと、モンペリエで待ちかまえた。しかし、レ・ボーのバレルは、従兄弟のユーグが反乱に加わったにもかかわらず、忠誠を保った。その影響力で反乱は広がらずにすんだ。シャルルは南へ急いだ。彼は沿岸の土地を返すことで、ジェーノヴァ人を引き離した。もっとも、内陸の山岳地域は保持したままだった。反乱貴族たちを蹴散らし、ボニファーチェとレ・ボーのユーグは逃亡して亡命した。シャルルはその後、マルセイユに近づいた。しかし、彼はすでにシチリアの王座について教皇と協議中だったので、面倒は避けたかった。アラゴン国王がマルセイユ人のために調停を申し出ると、彼はそれを受け入れた。マルセイユは要塞の軍備を解き、市民は武器を引き渡すこととなった。しかし、都市は司法および財政の権利を保つことができ、反乱の首謀者は罰せられないこととなった。シャルルが示した行動力と寛大さが一体となって成果を上げた。プロヴァンスではこの後、彼の生涯を通じて紛争が生じることはなかった。逆に、プロヴァンス人は彼のイタリアの事業からより大きな利益を受けられるということを認識し、それを完全に支持することになった。(16)

先見の明のある教皇だったら、そのような活力と野心を持った人物は、将来、教会の良き擁護者としては十分な貢献はしないだろうと危惧したかもしれない。しかし、教皇ウルバヌスにはそんな先を見通す余裕はなかった。マンフレーディがあまりに緊急な危難をもたらしていた。弱々しく非現実的な父親を頼みとするイングランドのエドマンドのような子供では、たとえ国王ヘンリーが同国人に支持されても、マンフレーディを粉砕する仕事には不向きだった。能力が証明された人物が必要だった。そしてウルバヌスは、自分と同国人のフランス人がその任にあたるべきだと考えた。もし、これまでの教皇たちが執拗に戦ってきたイタリアのドイツ人支配がフランス人支配に取って代わったら、いずれは危険なことになるとの考えは彼には浮かばなかった。イタリアはマンフレーディを排除しなければならなかった。そして、シャルルこそその任にあたるべき人物だった。とくにシャルルには、彼を支えるフランスの富と、当時ヨーロッパでもっとも大きな精神的影響力を持つ国王聖ルイの支持があったからである。ルイ自身はその計画に全面的に満足しているわけではなかったが、マンフレーディがキリスト教世界にとって脅威であることには、同意していた。また、他の兄弟ほどシャルルに愛情を注がなかったことや、かつてフランドルでの彼の野心を挫いたことに、後ろめたさを感じていたのかもしれない。いったん心を決めると、ルイはシャルルにできる限りの援助を行なった。

シャルル自身は、教皇庁から要求された法外な条件に対しても、懸念することはなかった。そうした条件は、あとで自分の都合に合うように修正できると考えていた。

〈原注〉

(1) Urban IV, *Registres*, ed. Guiraud, vol. I, p.145 (letter to John Mansel).
(2) Hefele-Leclercq, *Histoire des Conciles*, vol. VI, 1, p. 38, n. 1; Jordan, *Les Origines*, pp. 374–8.
(3) Jordan, op. cit. pp. 378–90. また、Wolff, 'Mortgage and Redemption', pp. 66–7も参照。
(4) Boehmer, *Regesta*, no. 4737 a, vol. V, 1, pp. 874–5.
(5) Pachymer, *De Michaele Palaeologo*, p. 88.
(6) Jordan, *op. cit.* pp. 389–92.
(7) *Ibid.* pp. 392–6.
(8) *Ibid.* pp. 397–401.
(9) *Ibid. loc. cit.*
(10) これについてコメントしているマンフレーディとウルバヌスの手紙へのボードゥアンの手紙は、Martène and Durand, *Thesaurus novus Anecdotorum*, vol. II, pp. 23 ff に出ている。女王マルグリートは、やがてフィリップ三世となる当時七歳の息子に、伯父シャルルとは決して同盟しないことを誓わせた。王ルイはそれを耳にしたとき激怒し、教皇はその後すぐに、少年を自分の誓いから解放する旨の手紙を送った。Wolff, *op. cit.* pp. 66–8を参照。
(11) その条約のすべての条件は、Jordan, *op. cit.* pp. 20–6に出ている。
(12) ベアトリスの野心の物語は、Villani, *Cronica*, vol. II, pp. 129–30で詳細に語られている。

(13) シャルルは、コンラーディンの死を許すことができないドイツの歴史家や、シチリア人の反乱を正当化するためにシャルルの抑圧を強調しなければならないアマーリのようなイタリアの歴史家によって、非常に厳しく断罪されてきた。Jordan, *op. cit.* pp. 410-9は、シャルルの性格があまりに優しかったといわれることの実態について論じている。バランスのとれた公平な評価としては、Léoard, *Les Angevins de Naples*, pp. 41-7がある。また、第十五章四一二～四一四ページを参照。なお、シャルルの鼻については、ダンテによっても言及されている。

(14) Léonard, *op. cit.* pp. 47-8.

(15) *Ibid.* pp. 48-9. プロヴァンスでのシャルルの支配については、Sternfeld, *Karl von Anjou als Graf der Provence*で詳細に述べられている。

(16) Léonard, *op. cit.* pp. 50-1.

第6章　アンジュー家の侵入

シチリア王マンフレーディと書記官たち。

ベネヴェント付近

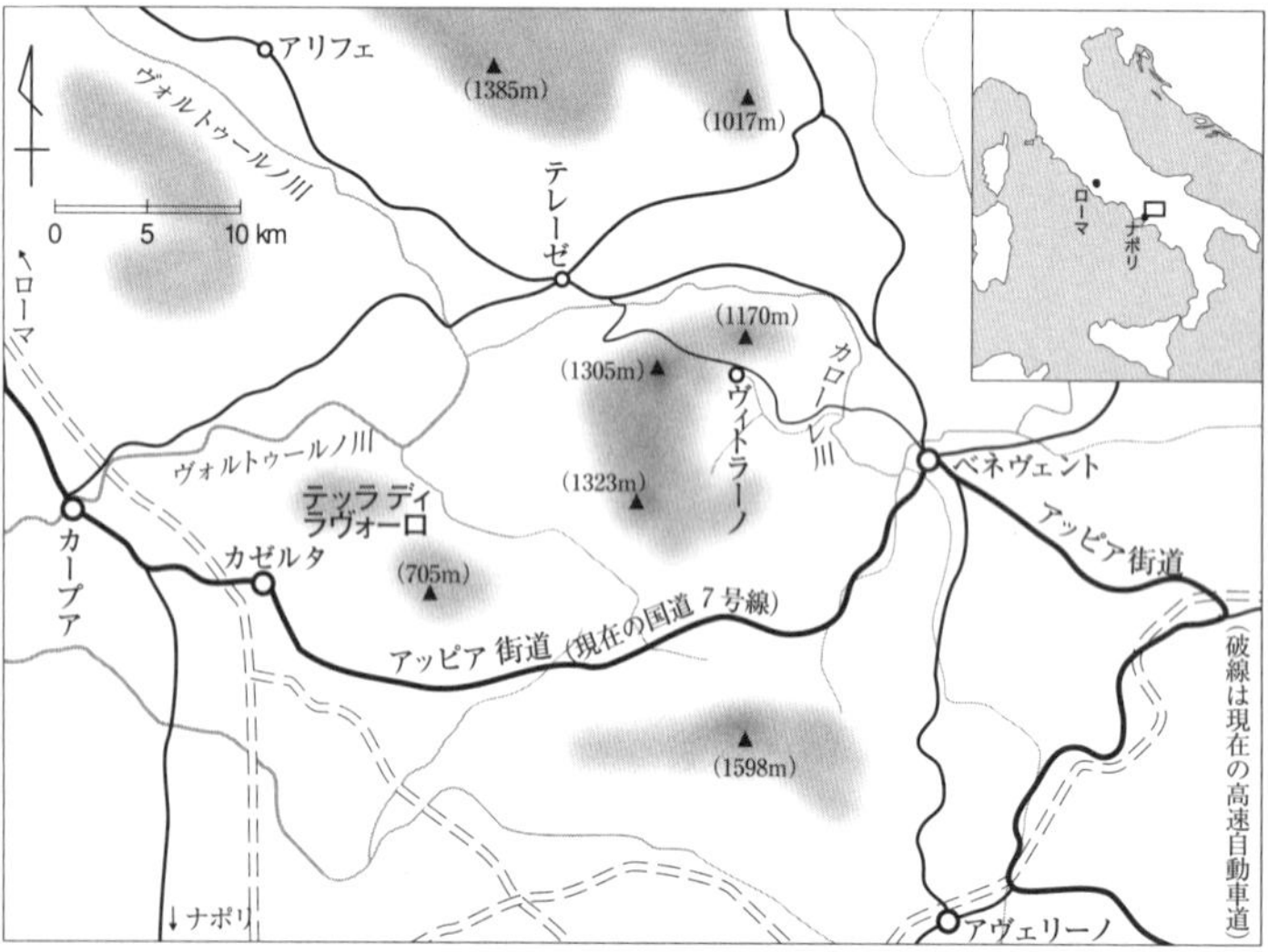

アリフェ
ヴォルトゥールノ川
(1385m)
(1017m)
0
5
10 km
テレーゼ
ローマ
ナポリ
(1170m)
(1305m)
ヴィトラーノ
カローレ川
ヴォルトゥールノ川
ベネヴェント
(1323m)
テッラ ディ
ラヴォーロ
アッピア街道
カープア
カゼルタ
(705m)
アッピア 街道 (現在の国道 7 号線)
(破線は現在の高速自動車道)
(1598m)
ナポリ
アヴェリーノ

マンフレーディの勢力拡大

教皇庁はさして時がたたないうちに、擁護者として選んだ人物の本質を知ることになった。協定は一二六三年六月に結ばれた。ローマは、教皇ウルバヌスが即位した初期の時点で、教皇派の陣営になった。教皇はそこに住まなかったが、ローマを治める者を任命し、彼らが善人委員会《ボニ・ホミネス》を形成して執政官の職務を果たすことになっていた。それは、効率のよい統治ではなかった。政府に対して陰謀をめぐらす強力な皇帝派の一派が存在していた。マンフレーディは、シャルルと教皇の協定を知るや否や、ローマが要所となる都市だと判断した。ピエトロ・ロマーニなる人物に率いられたマンフレーディの熱心な支持者たちは、彼が執政官に任命されるべきだと主張した。彼の義理の息子であるアラゴンのペドロはローマに巡礼し、自分を支持するよう勧誘し、自分をマンフレーディの代わりに候補者として提案しようともくろんだ。そのときローマに滞在していた枢機卿リッカルド・アンニバルディがその陰謀に反撃した。彼は、自分たちの利益に専念する強力な執政官を選んでこれに対抗しようと教皇派を説得した。その提案にもとづき、教皇派はシャルルに執政官の地位を提供し、シャルルはそれを引き受けた。教皇庁との協定によって、シャルルは、帝国のどのような辺鄙な都市においても、小さな役職につくことさえできなかった。しかしいまや彼は、帝国の首都の、重要な世俗の役職に就くことを主張した(1)。

教皇ウルバヌスは困惑した。枢機卿の多くはシャルルとの交渉を中断すべきだと表明した。だがウルバヌスは、枢機卿アンニバルディの尽力を否定してローマの支持者たちを怒らせる危険を冒したくなかった。さらに、シャルルと争っている余裕ももはやなかった。ローマで挫折したマンフレーディは、ローマの教会所領の東部を通って前進し、トスカーナに残る最後の教皇派の都市ルッカに、力づくで自分の宗主権を認めさせようと決心していた。[2] それゆえウルバヌスは、一時的な手段として、シャルルの任命に賛意を表明した。[3] シャルルは、教皇の認可なしにそれを受けることはしないと、巧みに返答した。しかし、彼は自分の立場の強さを認識しており、教皇庁との協定全体の見直しを主張した。一二六三年の秋を通じて、交渉は続けられた。教皇はシャルルが一顧だにしないだろう新しい案を提出した。その年の終わり頃には、協定全体が破棄されるように見えた。しかし一二六四年初頭、マンフレーディの中部イタリア支配が強化され、ルッカがついに彼に降伏した。ウルバヌスは自分が包囲されているのに気づいた。もしすぐに援軍を見つけられなければフランスへ退くほかないと、親しい人に漏らした。彼はシャルルの要求に屈服し、四月に、見直した協定案を枢機卿会に提出した。枢機卿の多くは、アンジュー家の計画そのものに全面的な不満を抱いていた。ウルバヌスは弁明で口火を切り、マンフレーディの成功がシャルルの介入を不可欠にしていると指摘した。教皇は、定められた日もしくはシャルルがシチリア王国を征服した時点で、自らの意志でローマの執政官の地位から退く方法を提案した。その他に彼と取り決めた条件は有効であるとされた。サンタチェチーリアの枢機卿ブリーのシモンは聖ルイが賞賛する人物として知られていた。彼はシャルルとその兄が滞在中のパリに派遣され、シャルルがローマ問題で妥協しないならシチリア国王の候補は破棄されたと見なされると、ルイに伝えることになった。枢機卿シモンを助けるため、イングランドの教皇特使としてルイも好意をもっているサビーナの司教・枢機卿ギー・フルケが、パリに向かうように命令された(4)。

協定案の見直し

一方、シャルルは逆の提案を送りつけた。彼は教皇が事実上自分に決定を委ねたと判断し、征服した王国から教皇に支払われるべき年貢の一万オンスの減額を要求した。彼は征服した王国から支持者たちに贈与を行なうべきだと考えていたが、王国を困窮させたくなかった。また、男性に加え女性も含む子孫のすべてが王位継承権をもつように規定されることを望んだ。シャルルとその後継者が、北部イタリアや中部イタリアに領土や要職を獲得することを禁じる条項については、「故意に」という言葉が付け加えられるよう望んだ。軍事上の、あるいは他の必要性で、土地を占有することを余儀なくされるかもしれないからだった。しかし、教皇が要求した場合は、ただちにそれを放棄する用意のある旨を伝えた。もしシャルルかその後継者が皇帝になる場合、シチリアの王位は男であれ女であれ次の相続人に継承されることを望んだ。また、その王国を征服する軍を指揮する場合、彼のみがその規模を決めることができるよう要求した。最終的にいかなる場合においても、臣下が彼に対する臣服の義務から免除されるような条項は受け入れられないとした(5)。

これらの提案に教皇が喜んだはずはない。だが、教皇は必死だった。これらへの対応策を命じた手紙が、サンタチェチーリアの枢機卿に送られた。ローマに送られるべき年貢額をできる限り高く取り決め、八〇〇〇オンスを下回ってはならないとの指示だった。臣服の義務の問題については、その条項がシャルルには適用されないよう修正することが可能であり、これが充分でない場合は、シャルルの直接の後継者もその規定を免れることが可能であるとされた。これが不可能なら、ある種の対抗の保証を要求しなければならないし、最後の手段としてはその条項の破棄も可とされた。他の提案については、枢機卿の判断に一任された。言うなれば、ウルバヌスがすべての点で譲歩する用意があったとしても、それは真剣な交渉を踏まえてのことだった。サビーナの枢機卿はイングランド国王がシャルルの立候補をめぐって問題を紛糾させないように監視した。フランスにすでに滞在していたコセンツァの大司教は、王妃マルグリートが周知のシャルル嫌いによって交渉の妨害をしないよう、監視することとなった。そのため、彼女のプロヴァンスに対する権利について何らかの修正が必要となるかもしれなかった。もしシャルルとの交渉がうまくいった場合は、フランスの聖職者はマンフレーディとの戦いに対して三年間、十分の一税を支払うよう求められた(6)。

枢機卿がパリで交渉している間に、マンフレーディは再度攻勢に出た。副官の一人でモンタペルティの戦いの勝者であるアングローナのジョルダンは、アンコーナの辺境区を急襲し、そこの教皇領の統治者を捕らえ、トスカーナの皇帝派と協力関係を確立した。さらに、ヴィーコ家のピエトロはローマ郊外で軍事行動を展開した。ローマは、シャルルが代理人として任命したガンテルムのジャック指揮下のプロヴァンス人部隊の登場によってかろうじて救われた。マンフレーディはカンパニア地方

〔テッラ・ディ・ラヴォーロ〕で大部隊を編成し、ピエトロの援助を得て国境を越える用意をしていた。教皇ウルバヌスは自分が包囲されているのを知り、生命の危機さえ感じ始めた。マンフレーディが教皇を排除するため暗殺者を放ったとの噂が流れた。いかなる手段を用いても早急にシャルルをイタリアに連れ戻さねばならなかった(7)。

そうした雰囲気のなかで、枢機卿は有利な取り引きを望むべくもなかった。彼は多少は奮闘したが、譲歩せざるを得なかった。シャルルは王国の支配者になったらすぐにローマの執政官の地位を放棄することに同意した。また、教皇庁に支払うべき年貢を八〇〇〇オンスとすることに合意した。他の提案はすべて枢機卿によって受け入れられた。一方、王妃マルグリートはプロヴァンスの権利を放棄することを拒否したが、義理の弟のシチリアの計画を妨害する行動はとらないことで合意した。八月、枢機卿は交渉が成功裏に終結したと教皇に報告した。その報せが届くや否や、ウルバヌスは熱狂的な祝福の言葉を送った。続いて、枢機卿はフランスの司教たちに戦いのために、十分の一税を放棄するよう説得を始めた。九月までに、不承不承ではあったが、彼らはみな承諾した。ヴネッサン伯領〔現ヴナスク。アヴィニョン近郊の地域〕の聖職者団だけが拒否した。彼らは、枢機卿に教皇特使の権限が与えられているのはフランス王国とプロヴァンス伯領だけであって、自分たちはそのどちらにも属していないと主張した(8)。〔この後ヴネッサン伯領は一二七一年フランス王国に併合され、七四年には教皇庁に譲渡された。一三〇九〜七七年のアビニョン教皇庁の下地となる〕

教皇ウルバヌスの死

教皇ウルバヌスは特使の最終的な成功について耳にすることはなかった。イタリアでの彼の心配は募りつつあった。ついには、教皇在位中のほとんどを過ごしたオルヴィエートの町さえ自分に背いていると疑った。彼はアッシジに退く決心をした。九月十一日にトーディに着き、そこで病に倒れたが旅を続けようとした。馬に乗ることができないので担架で旅を続け、数日後デルータに着いたが、死期が近づいていた。供の枢機卿たちがペルージアに移送し、一二六四年十月二日その地で死亡した。(9)

シャルルはウルバヌスの死の報せを聞き、いささか不安を抱いた。教皇庁との新しい協定はまだ承認されていなかった。新教皇はそれを否認する可能性があった。彼は枢機卿会に自分への反対があることを知っていたし、二人の重要な友であるサンタチェチーリアとサビーナの枢機卿は遠くフランスにいた。彼が教会公認の擁護者ではなくなった場合、敵は活気づき、活動を再開するものと思われた。シャルルはパリからプロヴァンスに移り、イタリアへの侵入に備えた。それから何人《なんぴと》も自分を疎かにできないことを示すために、プロヴァンスでは熟慮のすえに決然とした態度を示した。前年の夏、彼は反逆者のレ・ボー家のユーグを捕らえていた。さらに、アラゴン国王と連絡をとっていたかどで、数人の裕福な商人とアルルの元執政長官《ポデスタ》を含めて、カステラーヌのボニファーチェと伯爵未亡人の友人たちを逮捕していた。彼らは一年間投獄されていたが、扱いは丁重だった。敗北した敵に対しては寛大であるのがシャルルの方針だったからである。ところが突然、シャルルは彼らの処刑を命じた。彼の寛容は単に政策の問題で、弱さのせいではないことを世間に知らしめるつもりだった。十月二四日、彼らはマルセイユのサンミッシェル教会の外で打ち首にされ、財産は没収された。誰も自分を軽んじることはできないことを示し、ついで自分の富をかなり増やした後、シャルルはイタリアへの軍事行動の準備を公然と続けた。誰が教皇になろうと、新教皇は彼の意図を明確に認識するところとなった(10)。

枢機卿会の二一人のメンバーのうち、十八人が新教皇を選ぶためにペルージアでの教皇選挙会議に集まった。フランスに留まっていた二人の枢機卿と、アンコーナ辺境区で教皇の体制を復活させようとしていて任地を離れられないサンマルティーノの枢機卿が欠席した。この三人は亡くなった教皇の政策の支持者だった。枢機卿会はシャルルに賛成する者と反対する者でみごとに二分された。マンフレーディは、折り合いをつけられる教皇の選出を期待し始めた。その空位期間を利用して、シャルルが教皇庁と無関係に自分の望む方策をとったのと異なり、マンフレーディは軍事的攻勢を中断することが賢明だと考えた。彼は、枢機卿たちをこれ以上シャルルの陣営に向かわせることを望まず、教皇選出会議に脅威を与えようとはしなかった。彼の怠惰な性質の故もあって、活動から当面はすすんで身を引いたのだった。

教皇クレメンス四世の誕生

教皇選出会議は結論をだせないまま四カ月間続いた。その討議の過程については何も知られていないが、一二六五年二月五日になって若手の枢機卿の一人が、候補者の選択は二つの派を代表する二人の委員に託すよう提案した。二人の委員はサビーナの枢機卿を選出し、枢機卿会はその決定を受け入れた。サビーナの枢機卿はフランスからの旅の途中だった。彼はペルージアに着いて自分が教皇に指名されたことを知り、二月十五日にクレメンス四世〔在位一二六五～六八年〕の名で教皇に就任した。[11]

その教皇選定は和解と呼べるものではなかった。枢機卿会はマンフレーディと関係をもとうとする者は皆無であり、シャルルの介入を必要不可欠と判断したことが明らかだった。マンフレーディの自制は無駄となり、シャルルの公然たる冷酷な準備が効を奏した。新教皇は傑出した人物だった。彼はラングドック地方〔フランス南部〕のサンギーユの法律家の息子として生まれ、ギー・フルケと名付けられた。若い頃からトゥールーズ伯の法律顧問の仕事に就いた。国王ルイの弟アルフォンスがその伯領を引き継ぐと、幸運が始まった。彼は新しい王家の熱心で有能な代弁者と認められた。一二四七年に妻が死ぬと、聖職者の道を選んだ。一二五二年にル・ピュイの司教になり、一二五九年にナルボンヌの大司教、一二六一年にサビーナの枢機卿になった。一二六二年から六四年まではイングランドへの教皇特使を務めた。彼が教皇に選出されたのは、聖ルイおよびフランス王家との周知の親密な関係によるところが大だった。[12]

教皇クレメンスは、前任者の政策を踏襲することを明らかにした。彼はつねにシャルルと連絡を保っていた。ペルージアへの旅のあいだも手紙を書き、彼にローマ市民をどう扱うべきかについて助言を与えていた。教皇としての最初の行動は、再びイングランドのエドマンドの候補を正式に取り消して、シャルルが無条件でローマ執政官の地位に就くことを承認することだった。彼は、ローマに急行するようシャルルに求めた。ローマは容易ならぬ状況にあったからである。いまやカンパーニア地方の支配者となって城壁に迫っているヴィーコ家のピエトロの攻撃から、ガンテルムの指揮するプロヴァンス人がローマを辛うじて守っている状況だった(13)。

シャルル軍の南下

シャルルは教皇の空位期間を利用して、北イタリアで同盟者を増やしていた。彼は南ピエモンテ地方を支配し、サヴォイア伯の中立を獲得していた。彼は、モンフェッラート侯とはすでに同盟関係にあった。一二六五年一月には、ミラーノ、ベルガモ、コモ、ローディを支配しているトルリアーニ家と友好関係を結び、彼らを援助するために騎兵の一団をつけてレ・ボーのバレルを送った。その直後に、フェッラーラのエステ家の領主たちは、教皇派がエミーリア地方の支配権を回復できるようにシャルルが送った援助と交換に、自領内の自由な通行権を彼に与えた。彼は、ヴェンティミーリアの沿岸地帯を返還して以来、ジェーノヴァとは良好な関係にあった。そして、ジェーノヴァ人とマンフレーディの争いによって、この友好関係はさらに促進された。その原因は、マンフレーディの密偵にそそのかされて、コンスタンティノープルのジェーノヴァ人の執政長官《ポデスタ》が、ギリシア人の帝国を転覆する陰謀に加わったことだった。〔東ローマ〕皇帝ミカエルがそれに気づき、ジェーノヴァ人がニンフェウムの条約で帝国内に有していた特権的地位を剥奪した。この特権を回復するため、ジェーノヴァ人はマンフレーディとの友好関係を破棄せざるを得なくなった。それゆえ彼らはシャルルに積極的な援助を与え、彼の軍隊の領土内の通行を許すつもりはなかったが、シャルルのイタリアへの侵入に反対はしなかった。シャルルがピエモンテ地方とロンバルディーア地方を通って軍隊を送る道は整った。しかし、その軍事作戦が全面的に開始される前に、まだ資金が必要だった(14)。

一方、教皇の必死の訴えに応えて、シャルルは五月十日にマルセイユで数百人の騎士と射手をともなって乗船し、海岸沿いにオスティア〔ローマのテーヴェレ川河口の港〕に向かって慎重に航行した。嵐をついての航海となったが、悪天候のためにリグリア海を監視しているシチリアの小艦隊は彼らを発見することができなかった。十日後、彼はオスティアに上陸し、ローマ進軍に備えた(15)。

シャルルのローマ入城

マンフレーディは行動に移った。五月二四日、彼はローマ市民に書状を送り、彼らの誇りに訴えようとした。そのなかで、自分が皇帝になる権利と野心をもっていることを率直に表明した。しかし、皇帝を選ぶのはローマ市民であり、その当然の権利を奪った教皇庁を彼らが許しているのだと指摘した。手紙には、甘言に加えて、脅しも含まれていた。彼は、偉大な祖父フリードリヒ赤髭王がこの反抗的な都市を力によって征服し、自ら王位についた経緯を思い起こさせた。しかし、この風変わりな巧妙な手紙が書かれるのは遅すぎた。五月二三日、シャルルは万雷の拍手に迎えられてローマに入った。彼はラテラーノの教皇宮殿に居を定めたが、これに不快の念を示した教皇から抗議を受けるとすぐに、カンピドーリオの丘にある執政官宮殿に移った(16)。

シャルルがすでにローマにいることを聞いたとき、マンフレーディは歓喜の声をあげ、「鳥はかごのなかにいる」と叫んだ。ローマで彼を包囲し降伏させるには、短期の決戦ですむと考えた[17]。

ところが、マンフレーディの望んだとおりには事は進まなかった。ローマ市民はシャルルに満足していた。六月二一日、彼は正式に執政官の紋章を与えられた。教皇を満足させるために、彼は王国を征服したら執政官の地位を退くことを再び約束した。一週間後の二八日、教皇クレメンスから特別な信任を受け派遣された四人の枢機卿が、厳粛に彼に王国を授けた。この後、彼は自らをシチリア国王と呼んだ。シャルルはその個性と相まって好意的に受け入れられ、多くの支持を集め始めた。カンパーニア地方におけるマンフレーディの重要な味方であるヴィーコ家のピエトロは、忠誠心に迷いが生じた。シャルルが勝ち馬だと思えた。短い交渉ののち、七月十日に彼は教会と和平を結び、マンフレーディとの約束をすべて破棄し、教皇庁へ忠誠を誓う約束をした。それ以降、彼はシャルルの下で軍務につき、最も精力的な指導者の一人となった。数日後、ローマの皇帝派の指導者だったピエトロ・ロマーニが彼に続いた[18]。

言葉では充分ではないことをマンフレーディは悟った。彼は軍隊を率い王国を出て、アブルッツォ地方を通ってフチーノ湖に出、さらにアーニオ渓谷に入った〔一六二ページ地図参照〕。教皇は、劣る戦力で正面から戦いを挑むような危険は冒さないようシャルルに懇願した。しかし、シャルルはティヴォリ近くの高地にある有利な地点へと前進した。マンフレーディも約十五マイル離れたアーニオ渓谷のアルソーリに前進したが、密偵がカンパーニア地方では支援を得られないことを報告すると、敢えてシャルルの陣地を襲撃することはしなかった。渓谷での小さな衝突のあと、マンフレーディは退却した。その後、あたかもスポレートを襲うかのようにアブルッツォ地方を北進した。そこで突然に、今でも理由は定かではないが、全作戦を中止し、プーリア地方での狩猟の日々に戻ることになる。退却によって、彼はもはや味方を得られなくなった。一カ月もたたないうちに、アンコーナ辺境区に対する支配権を失い、トスカーナでも影響力が低下していった(19)。

緒戦はシャルルの勝利だった。彼はローマを救い、中部イタリアでの教会の地位を回復した。だが、シャルルにはマンフレーディを彼の王国で攻撃するという主要な仕事が待っていた。これには資金が必要だった。大部隊には装備が必要だったし、兵士に報酬も払わなければならなかった。夏の後半、彼と教皇は財政上の細目について議論した。その戦いのためにフランスの教会が十分の一税を支払う義務が再確認された。エノー伯領とヴァーレ・ダオスタ〔現在の北イタリア北西隅アオスタを中心とする地方。当時サヴォイア伯領の一部〕に加えて、反抗的なヴネッサン伯領にも寄進の命令が出た。しかし、支払いは不承不承になされ、時にはまったく支払われないこともあった。クレメンスは、その作戦へのシャルルの拠出金を減じることに同意した。実際のところ、王妃ベアトリスが宝石を抵当に入れたものの、シャルルは多くの金額を用意できず、イタリアの銀行に頼らざるを得なかった。しかし、教皇庁は何年にもわたってトスカーナの銀行から借金を重ねていた。銀行家は、教皇の政策が成功しなければ返金の可能性はないことを知っていたが、かといって、さらに融資することに不安を抱いてはいなかった。フランス国王と弟アルフォンスは、自らの領地からいかなる金も提供しないと述べたが、最後には後者が四〇〇〇マルクの銀とツール銀貨五〇〇〇ポンドの短期融資を申し出た。教皇はフランスの全財産がその計画に投入されることを期待していたが、聖王ルイは異教徒に対する十字軍に備えて富を蓄えていたので、たとえ一銭でも惜しまねばならなかった。ローマでも、シャルルは五万ポンドのプロヴィン銀貨しか工面できなかった。それは彼の一カ月の支出にかろうじて達する額だった。教皇庁は、シャルルがローマに着くや否や、ツール銀貨二万ポンドを貸し付けた。また夏の間に、教皇の保証によってフィレンツェとシエナの銀行からツール銀貨で約一万六〇〇〇ポンドを獲得し、さらに一二六五年の冬が到来する前に彼らからツール銀貨二万ポンドを借りた。同時に教皇は、教皇の礼拝堂の財宝と金銀の食器類を抵当に、やっと五万ポンドを工面した。一方シャルルは、教皇の許可を得て、多くのローマの教会の財産を抵当にローマの銀行から六万二〇〇〇ポンドを工面した。その年の終わり頃には、軍事作戦に充分な資金の準備ができた。しかしシャルルも教皇も、資金を是が非でも必要なことが公けになるのを極力避けたので、交渉は骨の折れるものだった[20]。

シャルル支援軍の到着

またも、マンフレーディは好機を逸した。彼は、敵側の財政上の問題が解決にいたらず、自らがわずかな部隊を送ったロンバルディーア地方の皇帝派の同盟軍が侵入してシャルル軍を防いでくれるようにと望みながら、プーリア地方に残って狩猟を楽しんでいた。シャルルは、必要な融資が集まる前に軍を動かした。軍隊に支払う数カ月分の資金を入手するとただちに、彼は一二六五年十月一日にリヨンに集結するよう軍に命じた。一方教皇は、信頼のおける代理人、ボーモンのジョフロワを教皇特使としてロンバルディーア地方に送り、シャルルの要請に従って、外交的手段でその進軍路を準備させた。クレメンスはシャルルの北イタリア政策をこころよく思っていなかった。特にエステ家との同盟には憤っていた。というのも、エステ家は教皇派の伝統にもかかわらずクレメンスの先任者たちと不仲で、ミラーノは聖務停止下におかれていたからである。クレメンスであれば、まずトスカーナ地方に教皇派支配を回復し、支配者たちに信頼のおけないロンバルディーア地方とエミーリア地方の都市は避けて、リグリア・アルプスを越えて軍を送り込む方策を選んだであろう。しかし、シャルルは自分の計画をたて、それを変えようとはしなかった。加えて、時間もなかった。(21)

十月早々にリヨンを発った軍は侮りがたい規模だった。年代記には、六〇〇〇人の完全装備の騎兵、六〇〇〇人の馬に乗った射手、二万人の歩兵でその半数は石弓を手にしていたと記されている。この数字には確かに誇張があり、騎兵はやや少なかっただろうし、歩兵ははるかに少なかったであろう。この遠征にフランスの最高位の貴族の多くが加わっていた。ヴァンドーム伯がいたし、フランドルとスワソンの伯爵領の後継者もいた。モンフォール伯フィリップはレスター伯の息子である従兄弟ギーとともに参加していた。レ・ボーの領主を筆頭にプロヴァンスの貴族の領主たちが指導者となっていた。司令官はオセールの司教メローのギーだった。秋の雪が高地アルプスに舞い始めた。そこで、友好的な領域から離れずに広い道を見つけるために、軍隊はプロヴァンスを南下し、テンダ峠を越えて、ピエモンテ地方のシャルル支配下の土地に入り、さらにクーネオ、アルバ、アスティを通ってモンフェ

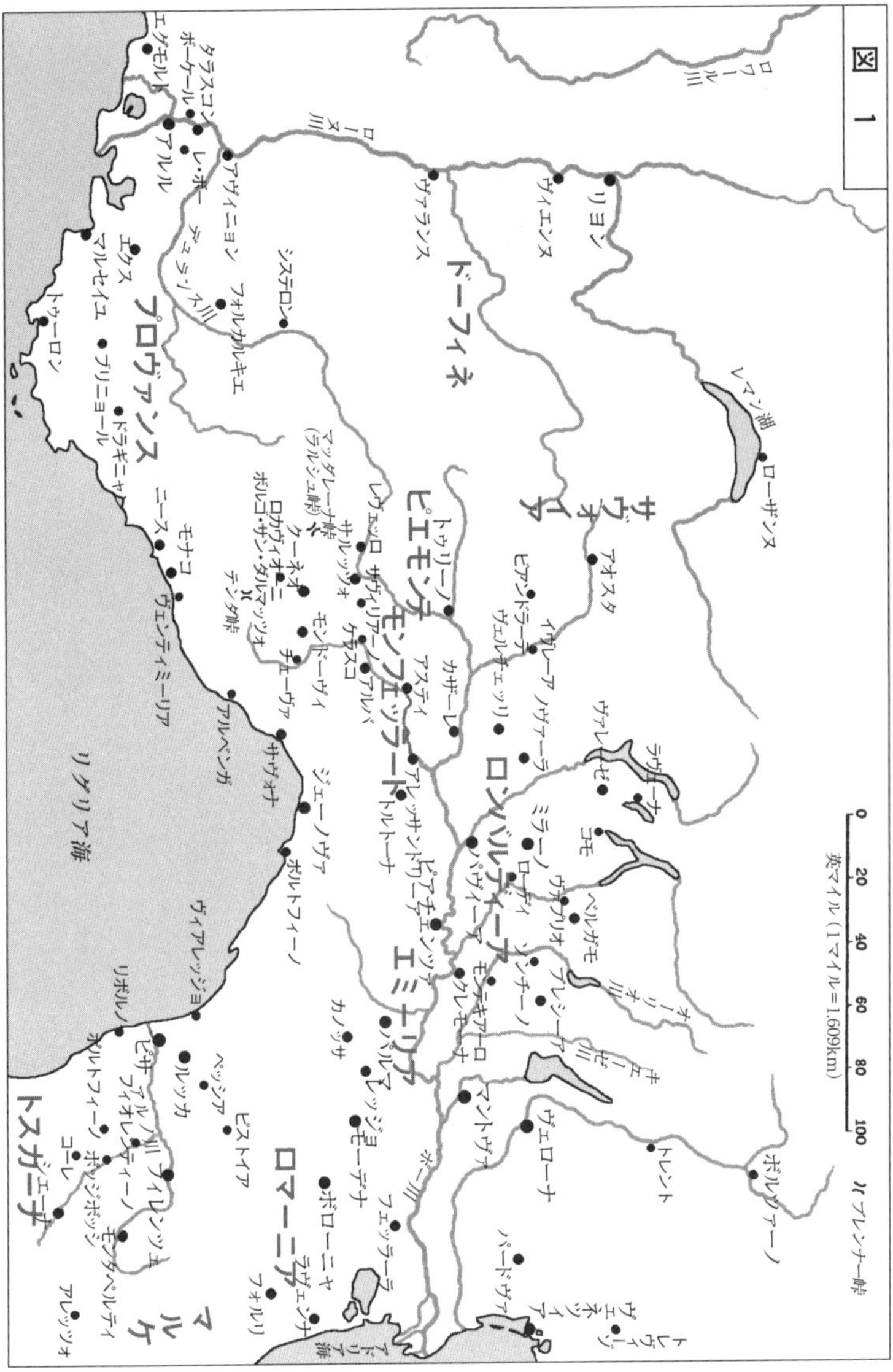

図 1

＊トスカーナ地方とプロヴァンス地方の都市については各々xivページ、213ページの地図も参照。

ッラート侯の領地へと入った。そこで進路は塞がれた。まだマンフレーディと同盟関係にあるパッラヴィチーニ家が、アレッサンドリーア、トルトーナ、ヴェルチェッリ、パヴィーア、ピアチェンツァ、クレモーナ、ブレシーアの町を支配していた。北方のヴェルチェッリがその鎖の中で一番弱い箇所だった。軍隊が北方に旋回し、この地を目指したとき、町の司教によって反乱が起きた。シャルル軍は城壁のなかへ迎えられ、間もなく、小規模のフランスの守備隊を残して前進した。ヴェルチェッリからミラーノへは難なく到着できた。そこでは、トルリアーニ家の長が数週間前に亡くなったばかりだった。甥のナポレオーネが一家を継いでいて、最初はフランスの指導者たちにやや冷淡に対応した。しかし、三日もたたないうちに彼らと了解し、市民軍を同行させることさえした。

ここからの進軍は困難が予想された。というのも、パッラヴィチーニ家の要塞線を再度突破しなければならなかったし、パッラヴィチーニが、クレモーナの長官ドヴァーラのボーソとともにオーリオ川沿いのソンチーノで相当の兵力を待機させていたからである。だがパッラヴィチーニは、ミラーノの同盟軍を率いるアンジュー軍が自分の軍よりはるかに大規模であることを知った。さらに彼は、ブレシーアの忠誠には確信を持てなかった。また噂によれば、ボーソは退却を条件に、フランス軍から巨額の裏金を受け取ったとされている。そのため彼は、ダンテに地獄に落とされ、フランス人からもらった金のことを永遠に後悔し嘆くこととなった。アンジュー軍はオーリオ川を渡り、さらに北進してブレシーア近くに至り、そこでの革命を期待した。パッラヴィチーニ家の守備隊はブレシーアを保持したが、あえて市外に出て侵入軍と対決することはできなかった。モンテキアーロでは、キエーゼ川の渡河を阻止するために、皇帝派によるおざなりな攻撃が行なわれた。ミラーノの市民軍はいまや帰郷していたが、ボーモンのジョフロワがマントヴァから教皇派の軍隊を送り、モンテキアーロを背後から攻撃することができた。町はたちまち陥落した。軍は川を渡り、エステ家とその同盟軍が支配するマントヴァの友好的地域に入った。十二月の末近くには、ポー川を渡ってボローニャに達した。ここから、軍はエミーリア街道に沿ってアンコーナ辺境区に入った。そこでは教皇が歓迎のために新鮮な糧食を用意していた。軍はアンコーナからアペニン山脈を越え、スポレートとテルニを通過し、一二六六年一月十五日頃ローマに到着した。(22)

教皇はその無事な到着を知って安堵した。軍隊のロンバルディーア通過を懸念していたからである。彼は、軍がポー川を渡ったと聞くとすぐに手紙を送り、ボーモンのジョフロワの熱意を讃えたが、教皇が代理人をおくにはその地域は不安定すぎるとして、彼の教皇特使としての権限を破棄した。教皇は、その地域の専制君主たちと芳しくない争いをして教会の評判を落としたくなかったのだった。シャルルも教皇同様に安堵した。もともと彼は成功を確信していた。そして、すでに妻に、海路で自分に合流するよう迎えを出していた。彼女は十二月の末に到着した。その後シャルルは教皇に、シチリアの王と王妃の冠をローマで自分たちに授けるよう要請した。クレメンスは安全なペルージアを離れるつもりはなく、代わりに五人の枢機卿を送り、一二六六年一月六日にサンピエトロ寺院で儀式を司らせた。伯爵夫人ベアトリスはいまや自分が地位において姉たちに劣っていないことを自慢できた。(23)

「ベネヴェントの戦い」マンフレーディ対シャルル

シャルルは、軍隊がローマに長くとどまることを許さなかった。財政上の理由から、その戦いを可能な限り早く終結する必要があった。彼は通常の作戦開始の時である春の到来を待たず、マンフレーディを出し抜いてただちに攻撃を行なうことを考えた。一月二〇日、彼は全兵力を従えてローマを出発した。ローマには少数の守備隊を残しただけだった。古代からのラティーナ街道を進み、アナーニ、フロジノーネを通って、リーリ川沿いのチェプラーノの国境に達した。そこの橋が破壊されずに残っていたので、全軍が安全に川を渡ることができた。渡河を防ぐための策が講じられなかった理由は定かではない。ダンテが『地獄篇』で後世に伝えた裏切りの噂もあった(24)。

アンジュー軍がローマに接近しているという報せで、マンフレーディは眠りから覚めた。シャルルが進軍を続けてさらに攻撃に移ると密偵は伝えた。彼は慌ただしく王国の全軍を集め、甥のアンティオキアのコンラードにアブルッツォ地方とマルケ地方で率いている軍の移動を命じた。シャルルがリーリ川に着いたとき、マンフレーディは同規模の兵力でカープアの要塞に陣を張っていた。アンティオキアのコンラードが援軍を連れて到着するまで、リーリ川沿いと北のテッラ・ディ・ラヴォーロの丘の要塞がシャルル軍を阻止することを期待していたようである。もしそれらの要塞が陥落しても、カープアとヴォルトゥールノ川沿いの要塞がナポリを守ってくれると計算していた。自分はただ待って、シャルルを逃げ場のない場所へうまく誘導させればよいと思っていた。シャルルの進軍の速さと戦略によって、彼の計画に混乱が生じた。アンジュー軍は着実に前進し、二月十日に陥落したカッシーノ丘陵地にあるサンジェルマーノ二重大要塞を含めて、三二の城を奪取した。小さな守備隊はマンフレーディの救援を受けられず戦意を喪失し、抵抗を放棄した。シャルルはいまや、マンフレーディの軍がヴォルトゥールノ川下流の地域に集中したことを知った。彼は、カッシーノから突然内陸部へと方向を変え、サムニーテの丘陵地へと入り、ヴォルトゥールノ川の上流を渡り、アリフェ、テレーゼを通ってベネヴェントに向け進軍した。マンフレーディは裏をかかれたことに気づき、ベネヴェントに先に到着しようと、カープアを発って内陸部へ移動した。(25)

二月二五日、アンジュー軍がベネヴェントの町につながる曲がりくねった山道を下っていると、氾濫したカローレ川の向こうにある町の周辺に、敵の全兵力が配置されているのが見えた。アンジュー軍は戦意を阻喪した。冬の厳しい天候のなか、丘陵地を次々と通過するのは困難だった。多くの荷物運搬用の動物が死んだ。滑りやすい道で荷馬車のほとんどが放棄され、食料は底をつき始めていた。有利鳥はかごに入ったとのマンフレーディの自信に満ちた観測が、ついに証明されたように見えた。有利な立場を得た彼は、甥のコンラードが援軍を伴って現れるのを待ち、アンジュー軍が飢えのために退却するか降伏せざるを得なくなるのを待っていればよかった。ところが、マンフレーディは自制できなかった。彼は臣下の忠誠に確信をもてなかった。それまでに守備隊の多くがやすやすと敵に降伏したことに動揺を覚えていたし、その地方の貴族たちも少なからず動揺していると思った。コンラードがいつ到着するかも定かではなかった。彼は八〇〇人からなるドイツ人傭兵の騎兵の援軍を得ただけで、それ以上は期待できなかった。シャルルの軍隊が困難に陥っている様を見て、マンフレーディはただちに攻撃に移ることを決めた。一方シャルルには幸いなことに、平原に下りながら、マンフレーディ軍が会戦のためにゆっくりと川を渡っているのが目に入ったのだった。

翌日の一二六六年二月二六日金曜日、二つの軍は戦いのために整列した。マンフレーディは防御の甲冑をつけていないサラセン人部隊を前面に配置した。彼らの後ろには、良質の馬に乗り新しい様式の鉄の甲冑を身につけた最高の部隊である一二〇〇人のドイツ騎兵が、弓矢で敵が混乱に陥ったときに攻撃する態勢を整えていた。指揮をとったのは、マンフレーディの従兄弟ジョルダーノ・ランチアとアングローナのガルヴァーノであった。その少し後列に、伯父のサレルノ公ガルヴァーノ・ランチアの指揮するほとんどロンバルディーア人とトスカーナ人からなる約一〇〇〇人にのぼるイタリア人傭兵の騎兵をおいた。彼らには二〇〇〜三〇〇人の軽装備のサラセン人騎兵がついていた。マンフレーディ自身は、一〇〇〇人をかなり上回る兵力の予備部隊すなわち王国の騎士および従者とともに、陣地の近くにとどまった。マンフレーディは彼らを全面的に信頼できなかったので、勝利を確信できるまで彼らを使いたくなかった。そこには、義理の兄弟のカゼルタ伯リッカルドとアチェーラ伯トムマーゾがいたが、二人ともすでに忠誠心が揺らぎつつあった。また、彼の侍従であるマンフレーディ・マレッタと、もっとも忠実な友であるローマ人テバルド・アンニバルディも一緒だった。

シャルルは川に向かってわずかに下った地点にいたので、地形の点でいくらか有利だった。彼には、自分の軍がマンフレーディの軍より統一がとれており、信頼できるという有利さもあった。マンフレーディ同様に、彼も部下を三つの騎兵部隊の集団に分けて整列させたが、前面には大部分が石弓の兵から成る歩兵部隊をおいた。最初の騎兵集団は約九〇〇人のプロヴァンス人からなり、フランスの高官ミルポアのユーグと、モンフォールのフィリップが指揮をとっていた。シャルル自身は、中部フランスとラングドック地方から集められた約一〇〇〇人の第二の集団を指揮していた。フィレンツェ人グィード・グエッラが指揮する四〇〇人のイタリアの教皇派騎兵が彼らと一緒にいた。オセールの司教とヴァンドーム伯はシャルルとともにいた。最後尾には、予備部隊としてフランドルのロベールと城代ジル・ル・ブルムの指揮する北部フランスとフランドルの部隊が控えていた。

サラセン人歩兵部隊によるフランス人歩兵部隊への攻撃で戦いが始まったとき、マンフレーディはまだ準備を終えていなかった。フランス部隊が崩れそうになると、プロヴァンスの騎兵分隊が混戦のなかに攻撃をかけ、サラセン人を蹴散らした。それに対して、馬に乗った重装備の兵からなるドイツの騎兵部隊が、命令無しに音を立てて丘を駆け上がり、プロヴァンス軍を混乱させた。シャルルは、第二列に前進を命じた。彼らは、戦闘中の集団のなかに、馬を駆って突入した。ドイツの部隊は数の上では不利になったが、敗北はしなかった。彼らの甲冑は剣を通さないように見えたが、とうとう一人のフランス人が、ドイツ兵が剣を打ち下ろすために腕を上げるときに脇の下が無防備になることに、気がついた。仲間にそこを突くようにと大声で伝えた。フランス隊はドイツ隊のまっただなかに進み、接近戦になったが、ドイツ軍の長い剣は効果を失い、フランス軍の短くて鋭い剣が有効だった。

もしマンフレーディの騎兵第二列がすばやく突入していたなら、この戦闘はマンフレーディの勝利だったかもしれない。しかし、騎兵第一列のドイツ人部隊の攻撃が早すぎた。ガルヴァーノ・ランチア指揮の第二列部隊は一本の狭い橋の渡河で手間取ったために遅れてしまった。たぶん彼も、マンフレーディの他の指導者たちと同じように、ドイツ部隊の不敗を信じ、自分たちの敗北など信じられなかったのであろう。彼がロンバルディーア人とトスカーナ人に攻撃を命じたときは、あまりにも遅すぎた。彼らは、勝ち誇ったフランスの部隊と正面から衝突した。一方シャルルは、第三列に、迂回して敵の側面を攻撃するよう命令した。イタリア軍は彼らを迎え撃つまでもたなかった。ガルヴァーノの努力にもかかわらず、彼らは崩れ去り逃走した。多くが捕らえられ、さらに多くが殺された。マンフレーディと予備部隊は、たとえ実際にその戦いの敗北をくい止めることができたとしても、介入するには遠すぎて間に合わなかった。マンフレーディは友人のテバルド・アンニバルディと国王の外衣をかろうじて交換すると、最後の列に攻撃を命令した。しかし、王国の貴族たちはその命令には望みがもてないと判断した。彼の義理の兄弟たちに率いられて、彼らは戦場から馬で去っていった。マンフレーディは護衛とともに孤立した状態でとり残された。脱出することもできたが、それ以外の道を選んだ。忠誠心のある従者を従えて、戦闘のただなかに突入した。国王の外衣を着て隣にいたテバルドとともに、マンフレーディはたちまちのうちに叩きのめされた。兵で生き残った者はほとんどいなかった。カローレ川の橋は敗走者で遮られていたし、武装した者は増水した川のなかを進むこともできなかった。さらにシャルルは、騎馬隊の後ろに負傷者にとどめを刺す役割の兵を配置した。マンフレーディ軍の三六〇〇人の騎兵のうち、逃亡できたのはわずか六〇〇名だったといわれている。

夕方頃には、シャルルは戦場の支配者となっていた。そして、全王国が彼の前に広がっていた。彼は橋を渡り、ベネヴェントに馬を乗り入れ、教皇に勝利の報を書いた。「捕虜のなかには、ランチア家のジョルダーノとバルトロメーオがいる。ガルヴァーノ・ランチアは死亡したといわれている。マンフレーディの運命はまだ不明だが、彼の無人の馬が見つかったので、死んだものと思われる」と彼は報せた。(26)

二月二八日日曜日、一人の兵士が死体を積んだロバをひいて陣地を通りかかり、「マンフレーディの死体はいらんかね」と叫んだ。彼はシャルルの前に連れていかれた。シャルルはそれが実際にマンフレーディかどうか、カゼルタ伯とジョルダーノおよびバルトロメーオのランチアに見るように命じた。彼らは確認し、ジョルダーノは手で顔を覆って「おお、私の主人よ」と叫んだ。フランスの騎士の数人が、そのように勇敢な戦士のために敬虔な弔いを行なってほしいと願い出た。シャルルは、マンフレーディが破門されたまま死んだのだったら、喜んで同意するのだがと答えた。しかし翌日、教皇に手紙を書いて宿敵の死について報告した際、遺体は宗教的儀式を行なわないにせよ、丁重に埋葬するよう兵たちに指示した。遺体はベネヴェントの橋のたもとの穴の中におかれ、通りかかる兵士が皆その上に石を投げかけて石山《ケルン》が築かれた。のちに、コセンツァの大司教が教皇自身の命令で遺体を掘り出し、王国の境界のすぐ外側にあたるリーリ川の土手に再び埋められたと噂された。(27)

シャルルは、軍の鋭気を養うのに必要な期間だけ、ベネヴェントにとどまった。ベネヴェントはシチリア王ではなく教皇庁に忠誠を誓っていたが、シャルルは軍の略奪行為を放置した。彼は妻をローマから呼び寄せて、難なくナポリへと進軍した。三月七日、国王は馬に乗り、王妃は青いベルベットで吊された駕籠に乗って、厳粛にその地に入った。

〈原注〉

（1）Jordan, *Les Origines*, pp. 458-60は、やや不明瞭な交渉について、全面的に参考になる。

（2）*Ibid.* pp. 478-9.

（3）*Ibid.* pp. 460-2.　教皇は、パルマのアルベルトに宛てた手紙で見解を説明しており、その手紙は Martène and Durand, *Thesaurus*, vol. II, p. 50に載っている。

（4）Jordan, *op. cit.* pp. 465-8. その実際の対応については、Martène and Durand, *Thesaurus*, vol. II, pp. 33-43を参照。

（5）*Ibid.* pp. 468-75には、シャルルの反対提案が載っている。

（6）*Ibid.* pp. 486-90; Urban IV, *Registres*, vol. IV, pp. 807-9, 816-36.

（7）Jordan, *op. cit.* pp. 495-500. ローマにおけるガンテルムについては、Sternfeld, *Karl von Anjou*, p. 229を参照。

（8）Jordan, *op. cit.* pp. 490-5, 506-9.

（9）Thierry of Vaucouleurs, *Vita Urbani IV*, p. 420; Potthast, *Regesta Pontificum Romanorum*, vol. II, p. 1540.

（10）Sternfeld, *op. cit.* pp. 214 ff.

（11）Jordan, *op. cit.* pp. 516-7.

（12）*Ibid.* pp. 299-303.　本章一三七ページも参照。

（13）*Ibid.* pp. 521-2.

(14) *Annales Januenses* (*M.G.H., Scriptores*, vol. XVIII, p. 249); Pachymer, *op. cit.* pp. 167–8; Caro, *Genua und die Mächte am Mittelmeer*, vol. I, pp. 142–57, 167; Jordan, *op. cit.* pp. 570–5.

(15) Sternfeld, *op. cit.* pp. 242–6.

(16) Jordan, *op. cit.* pp. 524–6. Martène and Durand, *Thesaurus*, vol. II, pp. 141, 264, 324; Boehmer, *Regesta*, no. 4760, vol. V, 1, p. 879.

(17) Boehmer, *Regesta*, no. 4763, vol. V, 1, p. 880. Saba Malaspina (Muratori, *R.I.S.*, vol. VIII, pp. 815–6) はしかしながら、マンフレーディは自分の地位についてお抱えの占星家による占いに安心したばかりだったにもかかわらず、彼はその報せに苛立ったという。

(18) Jordan, *op. cit.* pp. 526–33.

(19) *Ibid.* pp. 534–5.

(20) その軍事行動の財源については、Jordan, *op. cit.* pp. 536–58で長々と議論されている。

(21) *Ibid.* pp. 592–8.

(22) *Ibid.* pp. 593–6; Léonard, *op. cit.* pp. 55–6.

(23) Boehmer, *Regesta*, no. 14276, vol. V, 2, p. 2060. その枢機卿を派遣することになった教書の日付は、十二月二十九日となっている。*Ibid.* nos. 9622–3, p. 1479. またVillani, *Cronica*, vol. II, pp. 142–3は、その戴冠式について報告している。

(24) Léonard, *op. cit.* p. 57; Hefele-Leclercq, *op. cit.* vol. VI, 1, pp. 49–50. その橋はカゼルタ伯リッカルドが防衛するはずだったが、マンフレーディは異母姉妹である彼の妻ヴィオランテを誘惑したとされる。そうした反逆についてのダンテの論及が、*Inferno*, XXVIII, ll. 16–7である。

(25) Léonard, *op. cit.* pp. 57–8; Oman, *A History of the Art of War in the Middle Ages*, vol. I, pp. 498–9.

(26) ベネヴェントの戦いに関する当時の説明は、Andrew of Hungary, *Descriptio Victoriae a Karolo*

reportatae (*M.G.H., Scriptores*, vol. XXVI) に出ており、それには、戦闘に参加していたレ・ボーのユーグなどの手紙を含んでいる。シャルルが教皇に提出した報告は、Baronius-Raynaldi, *Annales Ecclesiastici*, vol. III, pp. 188–9, Saba Malaspina, pp. 825–30; Ricordano Malespini (Muratori, *R.I.S.*, vol. VIII, pp. 1002–5) などに出ている。また、Villani, vol. II, pp. 147–55にも出ているが、これは少し時代が下るし、描写が過剰気味である。さらに、より短い言及なら、その時代のほとんどあらゆる年代記のなかに出てくる。それらのうち適切と思われる要約をしているのは、Oman, *op. cit.* pp. 500–5であろう。なお、ダンテは*Purgatorio*, III, ll. 124–32で、マンフレーディの墓のことに言及している。

（27）Del Giudice, 'La Famiglia del Re Manfredi', pp. 69–70がその日付を特定している。Villani, vol. II, pp. 155–6では、ナポリ王族について記している。

第7章　若きコンラーディン

交戦を描いた同時代の挿し絵。

タリアコッツォ付近

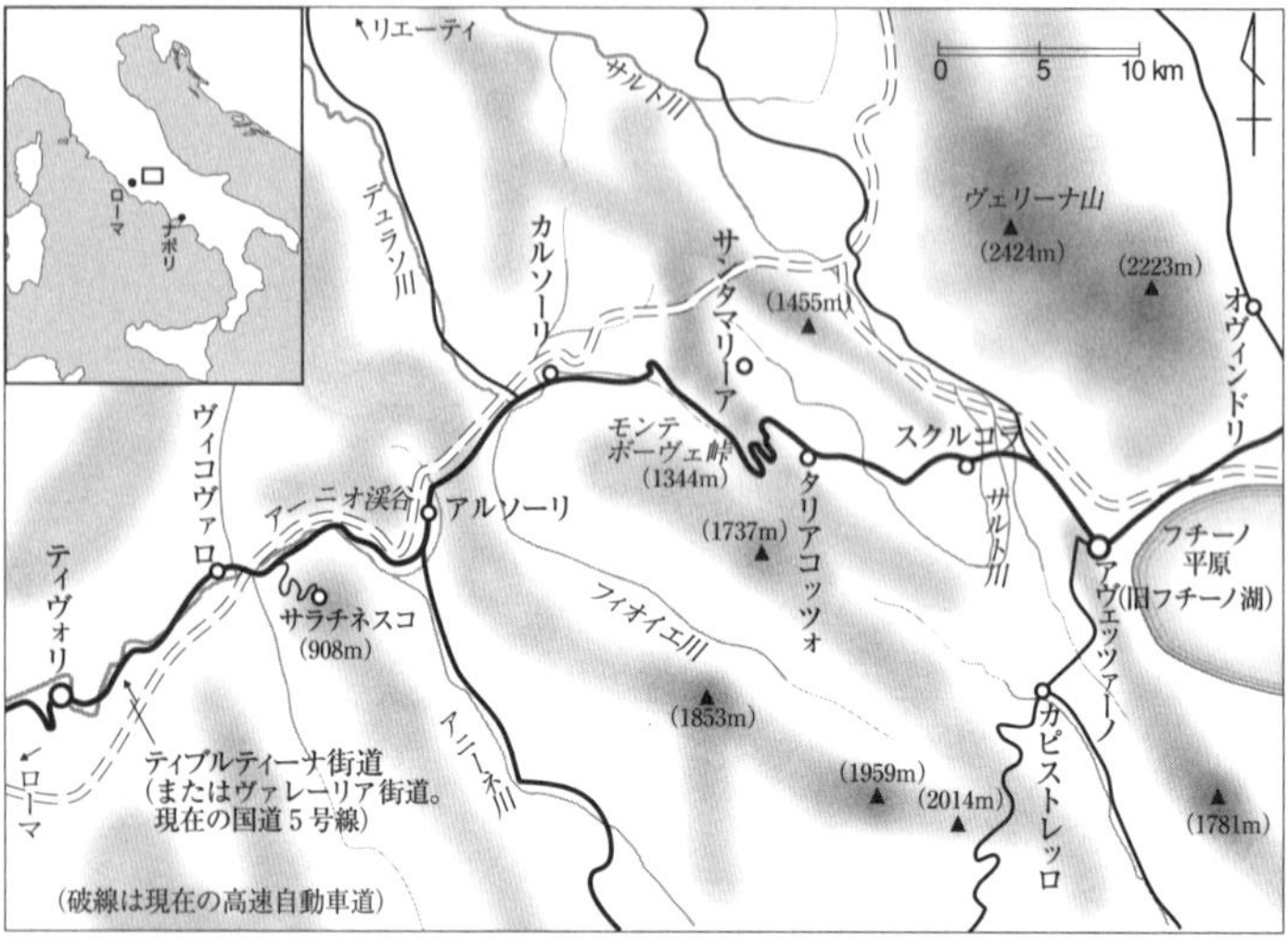
リエーティ
サルト川
デュラノ川
カルソーリ
サンタマリーア
(1455m)
ヴェリーナ山
(2424m)
(2223m)
オヴィンドリ
0 5 10 km
ローマ
ナポリ
ヴィコヴァロ
アーニオ渓谷
アルソーリ
モンテボーヴェ峠
(1344m)
タリアコッツォ
スクルコラ
サルト川
(1737m)
フチーノ平原
(旧フチーノ湖)
アヴェッツァーノ
ティヴォリ
サラチネスコ
(908m)
フィオイエ川
(1853m)
カピストレッロ
(1959m)
(2014m)
(1781m)
アニーネ川
ティブルティーナ街道
(またはヴァレーリア街道。
現在の国道5号線)
ローマ
(破線は現在の高速自動車道)

新しい統治者シャルル

一二六六年五月六日、教皇クレメンスはイングランドにいる教皇特使に書簡で次のように伝えた。「我が愛する子シャルルは、王国全土を無事支配下に治め、あの危険な人物の腐敗した死体、彼の妻と子供たち、および彼の財産を掌中に収めた」[1]。ベネヴェントの戦いのあと、もはや征服者への反対は見受けられなかった。シャルル軍の到着前に、都市は一つまた一つと使者を送って降伏を申し出た。フェデリーコ・ランチアは一時カラーブリア地方で抵抗を組織しようと考えたが、やがて勝ち目はないと判断した。アンジュー家の部隊がモンフォールのフィリップに率いられて海を渡り、シチリアに入ったとき、島民は騒乱を起こさなかった。彼らはマンフレーディが自分たちをほとんど考慮しなかったことに失望していた。それだけに、マンフレーディの滅亡を惜しむこともなかった。マンフレーディの海軍はまだ無傷のまま残っていたが、まもなく降伏した。シャルルは、マルセイユの水夫たちが乗り組んだ艦隊を用意したが、それを使う必要もなかった[2]。

マンフレーディの死体は、ベネヴェントの橋のたもとにまだ埋められていた。その悲報が届いたとき、妻ヘレネ王妃は唯一人のまだ幼い娘とマンフレーディの三人の庶子と一緒にルチェーラにいた。彼女は父親のいるエピロスに行くための船を見つけようと、子供たちとトラーニへ急いだ。教皇の密偵が追跡し、彼女が船の準備を城で待っている間に追いついて守備隊を脅して、王妃を裏切ることを強要した。彼女らはノチェーラに連行されパルコ城に幽閉された。彼女は一二七一年にそこで死んだが、まだ三〇歳前だった。娘のベアトリーチェは一二八四年に釈放され、サルッツォ侯と結婚した。だが、庶子の息子たちは獄から出ることはなかった。彼らの一人は一三〇九年にはまだ生きていた。
マンフレーディの財産は長官のマンフレーディ・マレッタによってただちに勝利者に渡された。[3]
マンフレーディの支持者たちは、一人また一人とシャルルに恭順の意を示した。勝利が確実になるや、シャルルは報復の意志のないことを明らかにした。ランチア家の者でさえ、いくらか躊躇したのち彼への臣従の礼を誓って、領土のほとんどを保持することを許された。まだ敗北しないままアブルッツォ地方にいたアンティオキアのコンラードが、停戦を求めてきた。マンフレーディの他の友人たちは逃亡したか、もしくは国外に逃げる準備をしていたが、全面的な恩赦の下に、戻ってくるように促された。その恩赦を利用した者のなかに、ジョヴァンニ・ダ・プロチダがいた。彼はフリードリヒ二世の死の床に付き添い、またオルシーニ枢機卿の重い病気も治した優秀な医者だった。教皇クレメンスがシャルルに彼を推薦し、シャルルは彼の診断に傾聴するようになった。[4]
シャルルは実際、大いに恩情を示した。彼はベネヴェントにおける軍の略奪行為を防ぐことができなかったが、征服者の逸脱行為で被害を受けた都市はまったくなかった。彼は王国に平和と正義をもたらしたいと考えた。新しい臣下をないがしろにしてフランス人やプロヴァンス人にだけ報いるつもりはなかった。敵対行為や裏切りが明らかになった場合を除いて、いかなる領土も没収しなかった。

財政担当の役人たちが国中に散り、資産を評価し、税がしかるべく支払われるよう計らった。彼の発した布告のほとんどが役人の職務の監督に関するもので、悪弊が生じないように配慮されていた。彼は税の徴収者に対する不平を聞き、彼らの勘定を調べるため、年三回の会合が開かれるよう命令した。マンフレーディの時代のかなり緩やかな統治のあと、その国はいまや秩序正しい慈悲に富んだ支配に落ち着くことになると思われた(5)。

しかし、初期の寛容さにもかかわらず、新しい体制は人気がなかった。新国王は厳格で近づき難い存在に見えた。彼にはホーエンシュタウフェン家がイタリアの家臣を魅了したような快活な親しみやすさが欠落していた。彼はプロヴァンス人の吟遊詩人《トルーバドゥール》をひいきにし、学問と芸術に関心を示したが、印象は冷たく非人間的なものだった。シャルルが懸命に抑制したものの同国人たちは傲慢で強欲だった。さらに、税は公正に賦課されていたが高率で逃れようがなかった。シャルルには返済すべき負債があったので資金が必要だった。南イタリアとシチリア人は、たとえ腐敗していたとしても、もっと気楽な体制を望んだだろう。マンフレーディはその一風変わった生活態度と教会との争いのために臣下の人気を失ったが、信心深く精力的なシャルルと対照的なマンフレーディを、人びとはいつしか愛情をもって思い出すようになった(6)。

教皇クレメンスとシャルルの確執

まもなく、不満の声が教皇の耳に達した。彼は愛すべき子シャルルの業績を自慢して当然だったのに、彼に対する親愛の情は急速に冷めていった。教皇は、感謝の念にあふれた従順な者を使って王国を支配することを望んでいた。しかし、教皇が国王に絶えず助言を与えても、その忠告は聞き入れてもらえなかった。教皇はベネヴェントの略奪に衝撃をうけた。彼は、理由は明らかではないが、シャルルが降伏したイタリア人に厳し過ぎ、また、教会の忠実な同盟者への恩賞を渋っていると思った。教皇はとくにシャルルの徴税方法に頭を痛めた。クレメンスは、シャルルが王国の司教、貴族、指導的市民を召集し、自分の困窮を説明し、寄進額を彼らに決定させるべきだったと述べた。クレメンスは心痛のあまり、シャルルや彼の一族を批判し始めた。教皇はシャルルを、傲慢で強情で恩知らずで無秩序な廷臣たちに囲まれ、役人の手の中で踊る道具に過ぎないと決めつけた。ある手紙のなかでクレメンスは、シャルルには状況分析ができず、聞く耳も持たず、柔軟性もなく、優しさのかけらもないと痛烈に批判した。(7)

それにもかかわらず、クレメンスは潔しとはしないものの、シャルルにまだ頼っていた。シャルルは約束を破ることは望まなかったので、五月に不本意ながらもローマの執政官の地位を退いた。教皇はまもなくそれを後悔することになる。というのも、その後ローマ市民はコンラード・ベルトラム・モナルデスキとルーカ・サヴェリの二人の共同執政官を選んだが、後者は二二年前、教皇庁に対する反乱を指揮したことがあったからである。彼らの最初の行動は、ローマ市民に対する借財を返却するよう教皇とシャルルに要求することだった。教皇は彼らを盗人あるいは山賊と非難し、彼らを打倒する陰謀を扇動することでそれに答えた。結果は彼が期待した通りにはならなかった。一二六七年早々、大衆の反乱が起こり、ローマは有名な皇帝派のアンジェロ・カポッチに掌握された。シャルルにローマの支配を委ねたままにしておいたほうが賢明だったと思われた。しかし、カポッチは慎重だった。彼はシャルルからもクレメンスからも反撃を誘発したくはなかった。彼は執政官の地位を要求せず、シャルルの同志の一人カスティーリャのエンリケ王子にその地位を提供した。(8)

カスティーリャ国王アルフォンソ〔十世〕には、フレデリコとエンリケの二人の弟がいた。彼らはアルフォンソが王権を共有する意志のないことを知って、二人ともアルフォンソと対立しており、外国で冒険的な生活をおくっていた。フレデリコ王子はしばらくの間、チュニスのイスラム王に仕えていた。それからイタリアに渡ってマンフレーディと手を組み、ベネヴェントの戦いでは彼とともに戦った。戦場から逃れたあとはチュニスに戻っていた。エンリケ王子はフランスで一旗あげようとした。そこで彼は従兄弟のシャルルと知り合い、イタリアの作戦のために多額の金を貸した。見返りとして、サルデーニャ王国かエピロス公国をもらえるものと思っていた。しかし、シャルルは金を返せず、彼の野心に応えるつもりもないように見えた。カポッチがしかと見通したとおり、エンリケはローマへの招待を受け、一二六七年六月に執政官の地位についたのは、怒りを秘めてのことであった。(9)

ローマの事件に驚いたクレメンスは、シャルルに北イタリアでの自由な行動を許した。マンフレーディが滅びたことで、ロンバルディーア地方での皇帝派勢力は崩壊していた。早くも一二六六年三月の末には、ミラーノで大議会が開かれ、そこでシャルル側の代表が、ポー川沿いの大都市のすべて、すなわち西のヴェルチェッリから東のトレヴィーゾまでの代表と、また川の南のレッジョとモーデナからの代表と一堂に会した。いまや全員が教皇派だった。パッラヴィチーニはまだクレモーナとピアチェンツァを支配していた。しかし、彼も六月にはシャルルに屈服し、田舎の別荘に隠退せざるを得なくなった。スカリジェーリ家の領主の下にあるヴェローナとパヴィーアだけが、独立を保持していた。残りのロンバルディーア地方はいまや、シャルルと彼の同盟者のミラーノのトルリアーニ家、フェッラーラのエステ家の支配するところとなった。彼のピエモンテ地方の支配も強化された。モンフェッラート侯はそうした力の集中を心配して、注意深く中立を宣言した。公然たる敵愾心を示すような危険を冒すことはできなかった。同盟体制での彼の地位はサルッツォ侯が引き継いだ。プロヴァンスのシャルルの家令ギョーム・レスタンダールが、ピエモンテとロンバルディーアの家令として受け入れられた。教皇は全体的に不満だった。教皇庁はトルリアーニ家を長い間信用していなかったし、エステ家をも嫌っていた。シャルルはホーエンシュタウフェン家の皇帝のいずれにも劣らず、効果的に教皇庁を包囲した。しかし、教皇には他の選択はなかった。(10)

トスカーナでもまったく同じ状況だった。そこの皇帝派は追放されていなかった。実際、フィレンツェはシャルルの攻撃に備えて教皇の保護を要請した。しかし、その例にならった他の都市はなかった。一二六六年の秋、サンミニアートの会合で皇帝派同盟が再結成された。フィレンツェの皇帝派の中心人物グィード・ノヴェルロは勝ち誇って町に入った。彼は一カ月後に追放されたが、そのとき設立された民衆による政府は信頼に足りうる教皇派ではなかった。一二六七年一月、教皇はシャルルにトスカーナへ軍を送らせることが必要だと考えた。三月末、彼の部隊が北方へ進軍した。四月十八日、彼らはフィレンツェに入った。皇帝派は戦わずして退却し、戻ることはなかった。その直後、ルッカにも入城した。この二つの都市はシャルルを任期七年間の執政長官《ポデスタ》として選出した。ピストイアとプラートもそれに続いた。五月七日、シャルルは南部に留まるようにとの教皇の要求にもかかわらずトスカーナに現われ、フィレンツェへの厳かな入城を行なった。ピサとシエーナだけがまだ彼に反対していた。彼はこの二都市を粉砕しようとしたが、その前に教皇が彼を呼び寄せ、ヴィテルボで会見した。そこで、彼はトスカーナでの支配を三年に限ると約束した。彼は六月末にトスカーナに戻り、シエーナに通じる街道にあるポッジボンシの大要塞を包囲した。五カ月間にわたって包囲したが、激しい抵抗にあった。十一月三〇日、ついに要塞は急襲を受けて陥落した。教皇はさし迫った危険を憂慮し、包囲を解いて王国に戻るようシャルルにくり返し懇願した。しかし、彼は屈服も敗北も拒絶した[11]。

一二六七年七月に妻ベアトリス王妃がノチェーラで死んだのは、シャルルが遠く離れたこのポッジボンシにいた時のことだった。彼女が王室の地位を享受できたのは一年足らずであった[12]。

コンラーディンの存在

教皇は、北イタリアでのシャルルの政策を大目に見、彼を南部へ帰還させようと考えていた。一二六七年の晩夏の頃に、教皇が抱いていた強い恐れが現実のものとなった。それは北部から生じた。教皇庁は、マンフレーディに対する憎悪のあまり、ドイツにもう一人のホーエンシュタウフェン家の人間がいることを忘れていた。しかしイタリアの皇帝派は、マンフレーディに忠誠を示していた時でさえ、コンラーディンのことを忘れてはいなかった。コンラーディンはいまや十五歳になっていた。彼はバイエルンで母親のエリーザベトすなわちドイツ王コンラード〔コンラート四世〕の未亡人と、彼女の二番目の夫ゴリツィア伯マイナルドの保護の下に、育てられていた。母親の兄弟、バイエルン公のルートヴィヒとハインリヒ〔十三世〕が、コンラーディンの政治的利権を支えていた。彼の一家の古くからの財産のうち残されているものはいまや極めて少なくなっていた。ドイツでは、シュヴァーベン公国の一部が、彼の指名した人物による統治を受け入れていた。海外属領《ウートルメール》の貴族たちは彼をイェルサレム王国の国王と認めていたが、もし彼がそこを訪れたとしても、その権力が厳しく制限されていることを知るだけだったであろう。しかし、彼は賢明で早熟な少年で、美男で魅力的で自分の血統を深く意識していた。母親は彼の野心を諫めていた。息子が命がけの大きな冒険に出ることを望まなかった。彼の最も親しい友は、彼よりさほど年長ではない遠い従兄弟バーデンのフリードリヒだった。この従兄弟はバーベンベルクの母方の血筋により、幼児のときにボヘミア国王が併合したオーストリア公国の合法的な相続人だった。フリードリヒはコンラーディンの計画すべてを熱心に支援していた。(13)

コンラーディンの権利の問題は周期的に浮上した。教皇庁は時折、彼をマンフレーディの対抗馬として考えたことがあった。聖王ルイは彼の権利をまったく無視するわけにもいかないと長い間考えていた。一二六〇年、バイエルン公はコンラード・クロッフとコンラード・ブッサルスの二人の密使をローマに送った。その目的は、まだシャルルに言質を与えていなかった教皇アレクサンデル四世が、コンラーディンのことを考慮に入れているかどうかを知ることだったようである。二人がローマにいる間に、ブッサルスは殺害され、クロッフは重傷を負った。その刺客はマンフレーディの支持者と見られている。モンタペルティでの惨事〔六一ページ参照〕のあと、フィレンツェの教皇派は一時的にバイエルンの宮廷に近づいたことがあった。しかし、ベネヴェントでのマンフレーディの死まで、皇帝派はマンフレーディの主張を支持していた。彼らの考えがコンラーディンに向いたのはその戦闘ののちだった(14)。

一二六六年の後半、マンフレーディの近親者と友人は勝者の寛容を疑い、復讐を企んで一人また一人と密かにイタリアを通りアルプスを越えた。バイエルンの宮廷に着いた最初の人物は、マンフレーディの法務府の主導的法律家プレッツォのピエトロだった。彼はいわゆるシチリア様式の文体の習得者として有名だった。その文体は大げさで派手だったが、政治的声明文にはすばらしい効果を発揮すると見なされていた。彼のペンはいまやコンラーディンに奉られることとなった。次に、コンラードとマリーノのカペッチェ家兄弟がやってきた。コンラードは、最初はマルケ地方の、次にはシチリアのマンフレーディの代理だった。彼らの三番目の兄弟ジャーコモは、彼らの代理としてシチリアにとどまった。そのすぐ後に、フリードリヒ二世の庶子フリードリヒの息子アンティオキアのコンラードがアヴェッツァーノの領主一族マレーリのジョヴァンニとともに、シャルルによって閉じこめられた牢からかろうじて脱出した。彼らもまたアルプスを越えてバイエルンにやってきた。次に、マンフレーディの伯父であるランチア家のガルヴァーノとフェデリーコ、そしてマンフレーディのかつての家令マンフレーディ・マレッタがやってきた(15)。

シャルルに対する復讐心に燃える支持者の到着で、年代記作家が若獅子とか若鷲と呼ぶ若者の精神はいやが上にも高揚した。コンラーディンはすでにイタリアに書状を送り、支持者たちに覚悟を決めさせていた。いまや数多くの人びとが結集した。十月、彼はアウグスブルクで会議を開くと、生来の権利としてシチリア王国を要求することを明らかにし、友人および臣下に支持を求めた。ただし、自分の冒す危険は承知していたので、もし子供なしで死んだ場合は、自分の所有するすべてをバイエルン公の伯父たちが継承するよう定めた。伯父たちは思い留まらせようと最善を尽くしたが、むだだった。彼の意気込みに引きずられるように、会議は彼を正当な権利のある王座につかせるべく、次の夏の末にイタリアへの遠征を開始することを決めた(16)。

教皇クレメンスはいまや、バイエルンへの亡命者の逃走も、ホーエンシュタウフェン家の若い王子の野心も、十分に知っていた。一二六六年九月十八日、彼は、コンラーディンを皇帝に選出しようとする者およびイタリアへの作戦行動で彼に同行する者に対する激しい非難を公にした。二カ月後には正式の教皇勅書を出し、コンラーディンの権威を認めたり、彼の代理人を受け入れる者は破門し財産を没収すると脅した。教皇は、フィレンツェの皇帝派がコンラーディンと接触していることを耳にすると驚愕し、シャルルにイタリア北部と中部で教皇派の地位を回復するための自由な活動を許可した。一二六七年夏頃までは、事態が確実に掌握されているように見えた。ただ、シチリアでは騒乱が始まりそうだったので、教皇はシャルルに、トスカーナの皇帝派の最後の拠点にとどめを刺す試みを中止して、自分の王国に戻ることを望んだほどだった。ましてアルプスの向こうからの攻撃は予想もしてなかった。一二六七年九月十五日、彼はシャルルへの手紙に、いまやコンラーディンがイタリアに侵入するとはとても思えないと記した。そのころ、コンラーディン軍はチロルの谷をブレンナー峠に向かって進軍していた(17)。

教皇クレメンスの楽観は長く続かなかった。九月十七日に再びシャルルに書簡を送り、シチリア島全体が反乱状態にあり、チュニスから軍隊が到着したと知らせた。コンラーディンの命令で、かつてシチリアのマンフレーディの代理を務めたコンラード・カペッチェが島に戻り、アンジュー家に対して島民を決起させる危険な使命を引き受けた。島民はマンフレーディにあまり好感をもっていなかったが、それよりシャルルの徴税官の対応はさらに嫌っていた。カペッチェは陰謀に対する確かな手応えを感じた。そのあと、チュニスにいるフレデリコ王子および彼の仲間の亡命者と連絡をとった。チュニスの王から武器を与えられた彼らが海をわたって反乱に助勢した。教皇は、ローマからの報せにも不安を募らせた。執政官となったエンリケ王子はカンパーニア地方の諸都市を占領し、国境沿いのシャルルの城を攻撃することで、教皇の不興をかっていた。しかし、シャルルがエンリケの意図に気づいていたにもかかわらず、クレメンスはエンリケを公然たる抗争に引き込むことを望まなかった。教皇はシャルルに、エンリケはローマでは反乱を組織できないだろう、というのもローマ市民は執政官としてのエンリケを恐れており、反乱には金がかかり過ぎるから、と語った。教皇はシャルルから一二六六年に借りた金を返すことで、エンリケと和解するよう提案するのが精一杯だった。シャルルの疑念は証明されることになった。十月半ば、エンリケは自らの立場を明白にした。彼はすでにシチリアにいる兄弟と連絡をとっていて、小規模の軍団を率いてコンラーディンのところから直接やってきたガルヴァーノ・ランチアの訪問を迎え入れた。彼らは密かに迅速にイタリアを南下し、十月十八日にローマに到着した。ホーエンシュタウフェン家の鷲の旗を誇らしげに翻してローマに入城し、執政官による厳かな歓迎を受け、ラテラーノ宮殿に迎えられた。数日後、一通の手紙を携えて伝令がローマを発った。その手紙には、執政官がコンラーディンを歓迎する旨の内容とともに、自分を詩人と夢想するエンリケらしく、上手とはいえない韻文の勧告も含まれていた(18)。

クレメンスは絶望した。彼はむなしくもローマを奪回する望みを抱きながら、執政官ときっぱりと絶縁するまでに一カ月間を要した。やっと十一月になって、教皇は正式にエンリケを非難したが、彼とローマのコンラーディン支持者たちを破門したのは翌年四月になってからだった。シチリアはいまや反乱軍の手に落ちていた。パレルモとメッシーナだけが、まだシャルルの代理によって持ちこたえていた。ルチェーラのサラセン人が加わり、カラーブリア地方にも反乱は広がっていた。しかし、シャルルはトスカーナに留まることを主張した。十一月末にポッジボンシが陥落した時でさえ、彼はシエーナを孤立させるためにヴォルテッラを奪取し、一二六八年一月にはピサに矛先を向けた。ポルト・ピサーノ〔ピサの外港〕を占領して略奪し、その城壁を破壊してピサの海上貿易全体を一時中断させた。三月になってやっと彼は教皇の懇願に耳を傾け、フィレンツェから南に向けて進軍した。途中、ヴィテルボで教皇と会うと、ロンバルディーア地方の皇帝代理として叙任を受けた。ひとたび王国に戻ると、シャルルは、コンラーディンの接近の前にサラセン人を粉砕しようと決意を固め、ルチエーラのサラセン人の反乱鎮圧に乗り出した[19]。

コンラーディン軍のイタリア侵入

コンラーディンは前年にアウグスブルクでたてた予定に従って、一二六七年九月半ばにバイエルンを出発した。軍隊は大規模なものではなく、先祖代々の領地や親族の領地から集めた、おそらくは四〇〇〇人にも満たない騎兵からなっていた。事実、歩兵はいなかったし、多くの傭兵を雇う金もなかった。兵の士気は高揚していた。しかし、バーデンのフリードリヒを除いては、若い王子が支持を求めたドイツの領主たちは消極的で、彼を落胆させるものだった。彼らはアルプス越えには同行するが、南方への軽率な冒険につきあう約束はしなかった。伯父たちは最後まで彼に中止の説得を続けた。母親はホーエンシュヴァンガウ城で別れの挨拶をするとき、不安を隠せなかった。だが、彼は決意を固めていた。その決意は、加わったイタリア人によってさらに煽りたてられた。彼の個人的な取り巻きと書記官たちはほとんどイタリア人だった。参謀の多くはプレッツォのピエトロが送ってきたシチリア人だった。

ドイツを発つ前に、コンラーディンはプレッツォのピエトロの筆による誇張に満ちた文体の宣言を公表した。宣言では、ホーエンシュタウフェン家の正統な継承者としての権利が公式に表明され、教皇の要求がきびしく攻撃され、マンフレーディは破廉恥な簒奪者として非難されていた[20]。

軍はゆっくりとチロルを抜け、ブレンナー峠を越え、ボルツァーノとトレントで休みをとった。一二六七年十月二一日、北イタリアの皇帝派の都市ヴェローナに到着した。コンラーディンは三カ月間そこに留まった。この滞留の理由は定かではない。イタリア中の皇帝派に、自分の軍に加わる時間を与えたかったのかもしれない。シチリア人とルチェーラのサラセン人の反乱がシャルルを南に引きつけ、イタリア全体が自分に有利に展開するのを望んだのかもしれない。あるいは、同盟者であるエンリケ王子が、ローマから北方へ前進するのを望んだのかもしれない。エンリケはこの数カ月間、かなり積極的だった。彼の密偵がトスカーナ地方で工作を行なっており、そこではピサとシエーナがまだシャルルと戦っていた。十二月一日、トスカーナの皇帝派は執政官エンリケと厳粛な条約を結んだ。三つの条項の第一は、トスカーナ同盟がエンリケを五年間の任期で総司令官に選んだことを宣言した。彼は、二〇〇人のスペイン人騎兵の給料に加えて、一万ピサ・ポンドの年収を受け取ることとなった。見返りに、彼はトスカーナの自治都市が望むときにはいつでも、自治都市の費用で二〇〇〇人の騎兵からなる軍を送ることとなった。しかし、皇帝派は彼を全面的に信頼していたわけではなかったので、もしエンリケがコンラーディンと絶縁した場合、その条項は無効になると付け加えられた。第二の条項は、実際にはトスカーナ同盟には何の権利もない、トスカーナにあるすべての帝国の領土を占領する権利をエンリケに与えるものだった。とはいえ、教皇派である都市を含めて、トスカーナの都市の権利と財産は慎重に留保されていた。アンジュー家のシャルルはトスカーナから駆逐されるべき公敵として非難された。第三の条項は、ローマ市と執政官とを一体のものとみなしていた。教皇はその条約を無効だと宣言したが、その言葉は空しかった。実際のところ、シャルルとその軍がトスカーナに留まっている限り、皇帝派にできることはほとんどなかった。しかしその一方で、皇帝派の兵たちは群をなしてローマのエンリケに加わっていった(21)。

一二六八年一月十七日、コンラーディンはヴェローナを発った。シチリアの反乱も教皇の祈りもシャルルをトスカーナから引き揚げさせるには至らなかった。シャルルは、ロンバルディーア地方でコンラーディンを迎え撃つことさえ考えていた。しかし、トスカーナの支持をしっかりと確信できるまで、アペニン山脈を越えたくはなかった。シャルルの動きが不確定であるにもかかわらず、コンラーディンは待てなかった。ヴェローナ市民は友好的だったが、それ以上長く軍を駐留させることはできなかった。軍勢自体はなかなか動こうとはしなかった。バイエルン公はこれ以上進むことを拒否し、帰郷していた。軍勢のなかで最も野心的だったハプスブルク家のルードルフを含め、下位の多くの領主たちがバイエルン公にならった。イタリアの皇帝派は苛立ちを示し始めていた。コンラーディンは一度ロンバルディーア地方の横断を試みていたが、その時は教皇派の軍に押し戻された。今度は、彼の行動を阻止するものはなかった。ミラーノのトルリアーニは彼に攻撃する準備をしていたものの、城壁のなかに籠もったままだった。三日間の強行軍の後、コンラーディンは北イタリアで二番目に大きな皇帝派の都市パヴィーアに到着した。そこに数週間滞在し、ピサへ向かう準備をした。シャルルがロンバルディーアに出てきたのはこの時だった。コンラーディンは少数の伴の者と軍勢を離れた。モンフェッラート侯が故意に見逃してくれ、またフリードリヒ二世の庶子の娘婿カレット侯が公然と友好的な態度を示してくれたおかげで、リグリア・アルプスを越えて海岸沿いにサヴォナに着くことができた。三月二九日、そこから彼はピサの船で出港した。四月七日、ピサに着き、王族にふさわしい儀礼をもって迎えられた。五月二日、彼は自分の軍に再び加わった。彼の軍隊はバーデンのフリードリヒの巧みな指揮の下、計画よりも西側の峠を通ってアペニン山脈を越えたが、途中では何の抵抗にも会わなかった。

ピサでは、皇帝派の兵士と資金が続々とコンラーディンに流れ込んできた。その見返りに、彼はあたかも戴冠した若い国王のごとく行動し、忠実な同盟者に特権を与えた。ピサは、トラーパニ、マルサーラ、サレルノ、イスキア島、マルタ島で有していた同様の権利を、シチリア王国でも受けることになった。彼はピサからルッカを攻めたが、トスカーナのシャルルの副官ブレーセルブのジャンが行く手を遮った。六月十五日、コンラーディンはピサを発ち、シエーナに向かった。ポッジボンシはすでにアンジューの守備隊に反乱を起こし、コンラーディンに町の鍵を送っていたので、彼を温かく歓迎した。六月二五日、シエーナに到着した。同日、彼の部隊の一部が東方を偵察中、アレッツォから遠くないポンテ・ア・ヴァーレでアルノ川を渡るブレーセルブのジャンと遭遇した。フランス軍は驚き混乱し、ジャンは捕虜となった。コンラーディンはシエーナに十日間ほど滞在した。シエーナは忠誠の報酬として、その地域全体の通行料の賦課と法律の施行の権利を与えられた。コンラーディン軍はシエーナから古代のカッシア街道〔ローマ街道の幹線〕を通ってローマに前進した。街道は教皇クレメンスが住んでいるヴィテルボの城壁のそばを通っている。伝説によれば、教皇は宮殿の高い窓に腰掛け、彼らが通り過ぎるのを見ながら、小羊が屠殺場に連れていかれるところだと期待をこめてつぶやいたといわれる。

コンラーディンのローマ入城

六月二四日のコンラーディンのローマ到着は、異常なほどの興奮をもって迎えられた。教皇の都が、ローマ教会の公然たる敵に対して、これほどにぎやかな歓迎を示したことはこれまでなかった。群衆は賛歌をうたい、花を投げて彼を迎えた。街路には絹と繻子が飾られ、人びとはみな晴れ着で着飾っていた。マルス広場では競技会が行なわれ、夜には松明行進があった。美貌と魅力を備えた少年王はあたかも神のように遇された。たとえ教皇派の有力な貴族たちが列席せずにカンパーニア地方の各地の城壁から注意深く見守っていたとしても、誰も気にもとめなかった。皇帝派は日一日と数を増やし、大群となっていった。執政官エンリケは祝祭の行事を如才なく取り仕切り、不動の献身を少年王に約束した。[22]

ヴィテルボにいた教皇にとって、ローマから届く報せは大きな苦痛をもたらした。教皇と後継者たちはその後何年ものあいだ、この都市を許すことはなかった。彼らは特にエンリケを非難した。クレメンスは、二度と外国人を執政官にしてはならないと、心に誓った。[23]

コンラーディンは三週間にわたって自らの勝利をローマで堪能した。八月十四日、彼は希望に胸を膨らませて、王国を征服するために軍を率いて出発した。軍勢は大規模に膨れ上がっていた。いまや彼は約六〇〇〇人の兵を指揮し、全兵士が訓練を受けた騎兵だった。旗をなびかせながらヴァレーリア街道を進み、ティヴォリを通過してサビーナ丘陵に入った。

ルチェーラでサラセン人を降伏させるのに手こずったシャルルは、コンラーディンがローマにいると聞くとその包囲を解き、山間部を素早く進軍してアヴェッツァーノの近くに八月四日に到着した。彼は、コンラーディンがランチア家の主要な所有地があるフチーノ湖の地域を通ってプーリア地方に向かうものと正しく推測していた。というのも、ナポリへ直接通じる道は要塞で固められているので、コンラーディンは味方のいる地域を選ぶのが妥当だと考えられたからである。八月九日、シャルルはスクルコラに到着したが、そこはタリアコッツォとアヴェッツァーノを結ぶ道が小さなサルト川と交差していた。彼は北東に数マイル移動し、オヴィンドリの丘陵地帯で野営した。野営地からはアヴェッツァーノとプーリア地方を結ぶ唯一の道が望めた。コンラーディンがプーリア地方に向かえば、必ずやシャルルの知るところとなった(24)。

コンラーディンはオルシーニ家の皇帝派の分家に属する小さな村ヴィコヴァロで休止し、サラチネスコの城に着いた。城ではガルヴァーノ・ランチアの娘であるアンティオキアのコンラードの妻が彼をもてなした。次に彼はカルソーリに移動した。ヴァレーリア街道はここで南東に曲がり、モンテ・ボーヴェ峠を越えてタリアコッツォに通じていた。コンラーディンはいまや、シャルルが近くにいることを知った。そこで、狭い谷間で遭遇することは避けて北方へ迂回し、スクルコラに直接出ることのできるサルト川の谷のロバ道を通って、軍を誘導した。彼はこうしてタリアコッツォの隘路を避けたが、シャルルは依然として前方で進路を妨害していた。この谷づたいの難儀な進軍から得られた教訓は、重装備のドイツ騎兵隊を有効に投入できる平原で決戦を挑むことだった。

「タリアコッツォの戦い」コンラーディンとシャルルの決戦

一二六八年八月二二日、コンラーディンはスクルコラに陣を構えた。数時間後、シャルルとその軍隊が到着し、サルト川の反対側に陣を張った。シャルルは、コンラーディンが丘陵を抜ける進路をとったことを知るや、オヴィンドリの陣をたたんでアヴェッツァーノで部隊を再編成し、ヴァレーリア街道沿いに川まで前進した。二週間前に野営したので、スクルコラの平原を知っていたのだった。そこで彼は戦いを行なう準備をした。午後、二つの先陣の間で小競り合いがあったが、両陣営とも停戦して、次の日の決戦に備えることを望んだ。

おそらく野営地の密偵の噂に驚いたのであろうが、その晩コンラーディンは、軍に伴ってきた捕虜ブレーセルブのジャンを処刑するよう命じた。戦闘で捕らえた敵を殺すことは当時の慣習に反するので、コンラーディンの支持者たちは衝撃を受けた。

タリアコッツォの町がコンラーディンの戦線より五マイル後方に位置していたにもかかわらず、歴史上タリアコッツォの戦いとして知られるその戦いは、八月二三日木曜日の朝に幕を切って落とされた。二年前のベネヴェントの戦いと同様、双方の軍勢は三つの軍団に分割されていた。コンラーディンの最初の軍団は、サルト川の西側の土手上の道に立った。エンリケ王子が指揮をとり、彼のスペイン人騎兵隊と、ローマとカンパーニアの皇帝派の部隊から成っていた。その後ろには第二軍団がいて、ロンバルディーアとトスカーナの皇帝派の部隊および王国からの亡命者から構成されていたが、なかには少数の重装備のドイツ人騎兵隊もいた。残りのドイツ人部隊は、二人の少年王子、コンラーディンとバーデンのフリードリヒが指揮する予備軍団を形成していた。一方シャルル軍は、コンラーディン軍の六〇〇〇人より少なく、五〇〇〇人の騎兵から成っていた。しかしそれは、過去二年間つねにシャルルが共に戦ってきた、経験豊かな、信頼できる部下で構成されていた。イタリアの教皇派とプロヴァンスの部隊から編成される第一軍団は、川の東側の本道に並んだ。司令官の名前は記録にはない。第二軍団には、シャルルのフランス人部隊の大部分が含まれていて、指揮は軍最高司令官クッサンスのアンリがとっていた。シャルルはその軍団が敵に予備軍と見なされるように目論んだ。そして、最高司令官は予備軍と一緒にいるのがふつうだったので、クッサンスのアンリに自分の外衣を着用させ、国王の旗を彼の旗手に持たせた。シャルル自身は、約一〇〇〇人の最高の騎兵から成る実際の予備軍とともに、右翼の後方約一マイルの、敵から見えない丘の窪みに隠れていた。彼に付き添っていたのは、十字軍から戻ったばかりの経験豊かな兵士でフランスの家令であるサンヴァレリのエラールだった。二つの軍の間には、小さなサルト川が流れていた。夏の盛りで、水量は少なかったが、築かれた土手としめった川床のため場所によっては、とくに本道の橋がかかっている付近では、渡るのが困難だった。

朝早く、エンリケ王子と彼の部隊は橋に向かって整然と馬を進めた。無駄な試みだったが、敵の疑念を鎮めるため、彼はその日はあたかも戦う意志がないかのごとく、川の近くで野営の準備を非戦闘員に命じた。九時頃、突然彼の騎兵は鞍にまたがり、橋をめざして突撃した。シャルルの軍団は彼らを迎え撃つため待機していた。クッサンスのアンリ指揮下の第二軍団は、背後に近づいて王子の軍を撃退し、シャルルの軍団とともに橋を渡る準備が整えられた。戦いの興奮のなかで、王子の部隊は分断されたが、その半分がガルヴァーノ・ランチアの部隊とともに川を南方へ遡っていることに、フランス兵は気づかなかった。橋の半マイルほど上流は、土手は低く、流れが広がって、渡りやすい浅瀬であった。皇帝派の部隊は威勢よく川を渡り、アンジュー軍の左翼に攻撃をかけた。その猛攻撃はまったく予想外だった。ガルヴァーノが左翼のクッサンスのアンリを攻撃している間、アンジュー軍の第一軍団のイタリア兵とプロヴァンス兵が橋から後退したため、王子の軍は橋を渡ることができた。コンラーディンにとって勝利は保証されたように見えた。アンジュー軍に対する虐殺はすさまじかった。クッサンスのアンリは国王シャルルと間違えられて討ち取られ、アンジュー軍の残りの兵は戦場から逃げ去った。コンラーディンと彼の騎兵がとどめの一撃を下すため馬で乗りつけたとき、もはやその必要はなかった。エンリケ王子とガルヴァーノは逃亡者たちを徹底的に追跡した。ガルヴァーノの部下の数人は脇道にそれ、アンジュー軍の野営地を略奪した。略奪にはコンラーディンのドイツ兵の多くも加わった。少年王はわずかの随行者とともに戦場に残された。

シャルルは隠れた場所に潜んだままだったが、その惨状に愕然とした。一瞬、部下を助けに打って出ようと考えた。しかし、サンヴァレリのエラールが、あまりに遠すぎると押しとどめた。到着しても遅すぎるし、居場所を明かすだけになると思われた。待っていれば、勝ち誇った敵は略奪物をさがしに分散するのは確実だとの判断だった。シャルルは、ホーエンシュタウフェン家の旗のまわりに集まった小規模の集団を除いて、戦場に人がいなくなるまで堪えしのんだ。それから、隠れ場所から全速力で部下とともに飛び出した。コンラーディンの騎士たちは、平原を横切って疾走してくる騎兵が敵の無傷の集団であることを、最初は理解できなかった。何が起きているのかわかったときは、手遅れだった。彼らに備えはなかったし、数で劣っていた。激しい戦闘の後、コンラーディンの同志たちは、今のうちに逃げるよう彼を説得した。バーデンのフリードリヒおよび私的な護衛とともに、コンラーディンはローマへの道を全速力で馬をとばした。彼の旗手は戦場で殺害され、鷲の旗は奪われた。騎士の多くが殺され、彼らを再組織しようとしたアンティオキアのコンラードは捕虜となった。

アンジュー軍の野営地を略奪していたドイツ兵と皇帝派は、国王の旗が引きずり降ろされたのを見て、散り散りに逃走した。しかし、エンリケ王子とガルヴァーノはまだ敗北していない軍を指揮していた。エンリケは、敵を求めてプーリアへの道を谷づたいに登ったとき、振り返って事態を知ったようである。部下を再編成し、馬で平原に引き返した。彼の軍団はまだシャルルのそれを数で上まわっていた。だが、部下と馬は長い戦闘で疲弊していた。それに、重い鉄板の甲冑を着けているドイツ兵は、鎖帷子を着たフランス兵以上に夏の暑さに苦しんでいた。さらに彼らは、敵から見えるなかを馬で長い距離を下ってこなければならなかった。シャルルには、兵に兜を脱いでしばらく休ませ、敵を迎え撃つために整列させる余裕があった。とはいえ、皇帝派の軍はそうとうに強力だったので、サンヴァレリのエラールは偽装退却を進言した。彼はシャルルの許可を得て、あたかも断念して戦場を離れるかのように、フランスの騎兵部隊の一団を後方へと移動した。エンリケの忠告にもかかわらず、皇帝派は惑わされて隊列を乱し、エラールを追跡したり、国王を攻撃しようとした。一見すると、アンジュー軍は敵に呑み込まれたように見えた。しかし、エラールがとって返し接近戦が始まると、皇帝派はたじろいだ。エンリケ王子は部下を引き離し、再度攻撃するために結集させた。しかし、馬が疲弊し兵たちもあまりに疲労していて、腕を振り上げて剣を打ち下ろすことさえできなかった。彼らは精魂尽き果てた状態にあった。馬がまだ使える皇帝派の兵は、仲間をその場に残し虐殺されるままにして、全員馬にまたがって戦場から敗走した。シャルルは、悲惨な緒戦の後に、完璧で明白な勝利をおさめた。

その晩シャルルは、腰を落ち着けて教皇に書簡をしたためた。何世紀もたった今でもまだ不愉快な印象を与える文体によって、彼は聖書にあるエサウの言葉で手紙を始めた。「我が父よ、目覚めて、汝が息子の鹿肉を食せよ。汝の祝福を我に与えたまえ」〔創世記27・19〕と彼は書いた。それから、戦いを詳しく描写したが、緒戦は軽く触れただけで、重大な損害についてもわずかしか言及しなかった。彼は勝ち誇って、次のように結んだ。「我が軍は、ベネヴェントの彼らの敗北とは比較にならないほど多数の敵を殺した。戦いの直後にこの手紙を書いているので、コンラーディンと執政官エンリケが死んだのか逃亡中なのかはまだわからない。執政官の馬が捕らえられたので、彼が徒歩で逃亡したことは確かである」(25)。

実際、敵の指導者の多くがその戦いで生き延びていた。アンティオキアのコンラードは捕虜となって監視下にあった。執政官エンリケは、リエーティへの途中にあるサンサルヴァトーレ修道院に逃れたが、そこで身元を見破られて捕らえられた。コンラーディンはローマへ馬で向かい、八月二八日にバーデンのフリードリヒおよび約五〇人の騎士と一緒にそこに着いた。執政官エンリケは代理として、ウルビーノの皇帝派の領主モンテフェルトロのグィードをローマに残していた。しかしグィードは、その後敗北した友を慎重に排除しながら勇敢な傭兵隊長として生き延びた人物だけに、その戦闘についてすでに聞き知っていた。彼はコンラーディンの受け入れを拒否し、カンピドーリオの丘に入る城門を彼ら一行の目の前で閉じてしまった。そして少年王に、すでに教皇派に入城を許しているのでローマを離れたほうがよいと警告した。コンラーディンと一行は、ヴァレーリア街道沿いに馬で戻ると、どうにかして山岳地帯を逃走し、プーリア地方の反乱軍に加わろうとした。サラチネスコでは、アンティオキアのコンラードの妻が再び彼らをもてなし、彼女の父ガルヴァーノ・ランチアがそこに避難しているのを知った。そこで、彼らは計画を変更した。東へ向かう道にはシャルルの密偵が各所で見張っていたからである。その代わり、ガルヴァーノとともに南方をめざし、カンパーニア地方を横切ってポンティーノ湿原の小さな港町アストラに向かった。そこでジェーノヴァへ向かう船を見つけようと考えた。その地の領主ジョヴァンニ・フランジパーネは、風変わりなよそ者が到着したと聞き、彼らを逮捕するため兵を送った。捕らえられたのは、コンラーディン、バーデンのフリードリヒ、ガルヴァーノ・ランチア、およびローマの皇帝派の有力な貴族の数名だった。フランジパーネは近くの城に彼らを監禁した。数日後、シャルルの提督ラヴェーナのロベルトが枢機卿テラチーナのジョルダーノとともに到着し、国王と教皇の代理として捕虜を引き渡すよう要求した。彼らはまずパレストリーナ〔ローマ東方〕に連行された。そこで、ガルヴァーノ・ランチアが息子の一人と数人のイタリア人皇帝派とともに、裏切り者として処刑された。コンラーディンとバーデンのフリードリヒはナポリに移送され、卵城に留置された。[26]

シャルルは慈悲をかけなかった。かつてベネヴェントの勝利の後、彼が示した寛容は効果がなかった。彼は再び同様の弱さを見せるつもりはなかった。捕虜のうち、アンティオキアのコンラードは釈放された。彼が他の者より罪が軽かったり裏切りの度合が少なかったからではなく、彼の妻がサラチネスコの地下牢に枢機卿たちの親族である数人の重要な教皇派の貴族を閉じこめていて、夫を戻さないと彼らを殺すと脅したためだった。エンリケ王子は重要な姻戚関係をもっていたので、殺せなかった。フランスとイングランドの宮廷が彼のために陳述を行なった。しかし、彼は命は救われたものの二三年間を獄で過ごすことになった。最大の問題は、コンラーディンの処遇だった。[27]

伝聞によると、教皇クレメンスはその少年の死を主張した。コンラーディンの生かシャルルの死か、シャルルの生かコンラーディンの死かと述べたといわれている。最終的にシャルルは、コンラーディンは死ぬべきだとの結論に達した。ホーエンシュタウフェン家の王子が生きている限り自分の王座は安泰でないと考えられたし、コンラーディンの無邪気な魅力がいっそう危険に見えた。しかし、シャルルは遵法主義者であった。もし彼が捕虜とした敵の王子を死刑にして当時の慣習を破るならば、法的な根拠が必要であった。法律家たちはコンラーディンに対する起訴状の作成を命じられた。王国へのコンラーディンの侵入は、盗みと裏切りの烙印を押された。のちのアンジュー家の擁護者は、コンラーディンがブレーセルブのジャンを処刑したことを、戦争犯罪として糾弾した。たしかに、そのことは当時の慣習に反するものだった。しかし、それには触れられなかったし、通常の殺人として処理するにはいささか無理だった。シャルルの裁判官たちは期待されていることを承知していた。短い手続きの後、彼らはコンラーディンに有罪を宣告した。唯一の罪といえば、忠誠の問題だった。バーデンのフリードリヒも、彼と一緒に有罪を宣告された。両者とも打ち首の判決を受けた。ナポリのモリチーノ広場、現在のメルカート広場に処刑台が設けられた。一二六八年十月二九日、コンラーディンとフリードリヒは多くの部下とともに公開斬首の刑に処された。それが、ナポリ市民がただ一度だけ目にした、彼らの王になったかもしれない端正な十六歳の少年の姿だった。ナポリ市民は彼のことを決して忘れなかった。

ヨーロッパの良心はコンラーディンの裁判と死に大きな衝撃を受けた。ダンテは、コンラーディンは無実の犠牲者であると、半世紀後に記している。教皇でさえ、悪意ある者の血統の断絶を喜びはしたが、深く心を痛めた。教皇派の歴史家ヴィラーニは、クレメンスが共謀したあらゆる疑惑から彼を救うために、必死の努力をした。今日に至るまで、歴代のフランス王のなかで最も有能なひとりを弁護するために熱弁をふるうフランス人たちによってさえも、シャルルは全般的に非難の対象となっている。ドイツ人にとってそれはつねに歴史上最大の犯罪であった。何世紀もたった後、詩人ハイネは深い悲しみをこめてこれについて記している。しかしシャルルは、目的は手段を正当化すると考える

現実主義者だった。コンラーディンが死んだことで、彼は安全に統治をできると考えた。(28)

〈原注〉

（1）Martène and Durand, *Thesaurus*, vol. II, p. 319.
（2）Hampe, *Ceschichte Konradins von Hohenstaufen*, pp. 65–7; Jordan, *L'Allemagne et l'Italie*, pp. 366–7; Léonard, *Les Angevins de Naples*, p. 60.
（3）Del Giudice, 'La Famiglia del Re Manfredi', pp. 71 ff. また、Wieruszowski, 'La Corte di Pietro d'Aragona', *Archivio Storico Italiano*, Anno 96, vol. I, pp. 142–3も参照。Wieruszowskiはその注で、マンフレーディの三人の息子が庶子だったと考えられる理由を、確信をもって述べている。
（4）Jordan, *L'Allemagne et l'Italie*, pp. 366–7, with references.
（5）Trifone, *La Legislazione Angioina*, pp. 5 ffを参照。
（6）第二章原注19を参照。
（7）Boehmer, *Regesta*, nos. 9667, 9713, 9730, 9761–2, vol. V, 2, pp. 1484, 1488, 1490, 1493.
（8）Jordan, *op. cit.* pp. 370–1.
（9）Saba Malaspina, pp. 833–4; del Giudice, *Don Arrigo, Infante de Castiglia, passim.*
（10）Jordan, *op. cit.* pp. 375–7; Léonard, *op. cit.* p. 372.
（11）Léonard, *op. cit.* pp. 372-5.
（12）Salimbene de Adam, *Cronica*, p. 473.　彼女の遺体は、埋葬のためにエクスへ運ばれた。
（13）Hampe, *op. cit.* pp. 21–41, and 176 (for Frederick of Austria).
（14）*Ibid.* p. 24.

(15) *Ibid.* pp. 68–9.
(16) *Ibid.* pp. 95–100.
(17) Martène and Durand, *Thesaurus*, vol. II, pp. 456–8, 525, 574; Jordan, *op. cit.* pp. 377–9.
(18) Hampe, *op. cit.* pp. 111–50. エンリケがコンラーディンを歓迎した様子は、d'Ancona and Comparetti, *Le Antiche Rime Volgari*, vol. II, pp. 305–7に出ている。
(19) Jordan, *op. cit.* pp. 386–90; Léonard, *op. cit.* pp. 65–6; Hampe, *op. cit.* pp. 189–95.
(20) コンラーディンの宣言については、Hampe, *op. cit.* pp. 346–50を参照。彼のドイツからの出発については同pp. 172–4を参照。コンラーディンはホーエンシュヴァンガウ城で母に別れを告げた。
(21) Jordan, *op. cit.* pp. 385–6; Saba Malaspina, *op. cit.* pp. 834–6.
(22) Hampe, *op. cit.* pp. 211–69はコンラーディンの旅を詳細に描いている。また、Saba Malaspina, *op. cit.* pp. 842–4は、ローマにおける彼の歓迎の様子をいきいきと記している。
(23) Jordan, *op. cit.* pp. 392. 一二七八年に発行された教皇ニコラウス三世の教書*Fundamenta Militantis Ecclesiae*は、この時代の教皇庁の動揺に言及している。
(24) Hampe, *op. cit.* pp. 270–82.
(25) タリアコッツォの戦いに関する最も完全な当時の出典は、フランスの修道士プリマトゥスの年代記であり、その要約はJohn of Vignay, *M.G.H., Scriptores*, vol. XXVI, pp. 655–67に出ている。Saba Malaspinaも同書pp. 845–8で適切な説明をしている。教皇とパードヴァの住民に対するシャルルの報告書は、より詳細な内容となっている。Baronius-Raynaldi, *Annales Ecclesi-astici*, vol. III, pp. 242–3. *Annales S. Justinae Patavini* (*M.G.H., Scriptores*, vol. XIX, pp. 190–1). ヴィラーニの説明は、よくあるように、あまりにも美的に過ぎる（vol. II, pp. 181–9）。近代の解釈については、Hampe, *op. cit.* pp. 288–95とOman, *op. cit.* vol. I, pp. 505–15を参照。この戦いが実際にあった場所については、その平野に多数の水路があるために、確認するのが難しい。現在のヴァレーリア街道は、峠からタリアコッツォまでのまっすぐの谷道を避けて、東へ迂回しながら下っている。おそらくコンラーディンは、モンテボーヴェの中腹を北東へ越えて、トレモンティとサンタマリーアを通過したものと思われる。

(26) Saba Malaspina, *op. cit.* pp. 848–50.

(27) Hampe, *op. cit.* pp. 305–6, 314.

(28) *Ibid.* pp. 312–27, 358–65. 当時のほとんどの年代記が、コンラーディンの死を犠牲としてなんらかの同情を示して言及しているのに対し、Salimbene, p. 476 は軽率にも、彼の名声はその死後煙のように消えたと間違ったことを記している。

第8章　シチリア王シャルル

アルノルフォ・ディ・カンビーオ作のシャルル像。

シチリアの統治者（11～14世紀）

イタリア語表記

《ノルマンのアルタヴィッラ（仏語名オートヴィル）家》

1072～1101年	ルッジェーロ1世　シチリア伯
1101～1113年	シモーネ（息子）　シチリア伯
1113～1154年	ルッジェーロ2世（弟）　1130年シチリア王に
1154～1166年	グリエルモ1世（息子）（悪王）
1166～1189年	グリエルモ2世（息子）（善王）
1190～1194年	タンクレーディ（ルッジェーロ2世の庶子の孫）
1192～1194年	ルッジェーロ3世（息子、共治）
1194年	グリエルモ3世（弟）

《ドイツ（シュヴァーベン）のホーエンシュタウフェン家》

1194～1197年	エンリーコ（独語名ハインリヒ6世）。ルッジェーロ2世の娘と結婚、シチリア王。（神聖ローマ皇帝）
1198～1250年	フェデリーコ1世（フリードリヒ2世）（息子）（神聖ローマ皇帝）
1250～1254年	コンラード（コンラート4世）（息子）（ドイツ王）
1254～1258年	（空位）
1258～1266年	マンフレーディ（庶子の弟）

《フランスのアンジュー家》

1266～1285年	カルロ1世（仏語名シャルル1世）　シチリア王。1282年にシチリアを失い、以後ナポリ王位。シチリア王位はアラゴン家へ

《スペインのアラゴン家シチリア王》

1282～1285年	ピエトロ1世（スペイン語名ペドロ3世）。マンフレーディの娘と結婚。シチリア王。
1285～1291年	アルフォンソ3世（息子）
1291～1295年	ジャーコモ（ハイメ2世）（弟）
1295～1337年	フェデリーコ2世（弟）（フレデリコ1世）。95～96年はシチリア卿，1302年からトリナクリナ（シチリア古称）王。
1337～1342年	ピエトロ2世（息子）（ペドロ）
1342～1355年	ルイージ（息子）（ルイス）
1355～1377年	フェデリーコ3世（弟）（フレデリコ2世）
1377～1401年	マリーア（娘）（マリア）
1390～1409年	マルティーノ1世（アラゴン王マルティンの息子、マリアと結婚）
1409～1410年	マルティーノ2世（息子）
1410～1412年	（空位）
1412年～	（アラゴン王国トラスタマラ家）

〔下線の表記は本書で用いた呼称〕

シャルル王の統治開始

二つの大きな勝利によって、シャルルは王国を確実に自分のものとした。王国をめぐって争うホーエンシュタウフェン家の王子は今や残っていなかった。マンフレーディの三人の息子はまだ生存していたが、ナポリの牢にいたので危険はなかった。ドイツでは、チューリンゲンの方伯マイセンのフリードリヒという若者がいて、母親がフリードリヒ二世の娘であったことから王家の後継者だと主張し、一時期シチリアとイェルサレムの国王という立派な肩書きを有していたが、彼の主張をまともに受け取るものはいなかった。カスティーリャの国王はホーエンシュタウフェン家の血統を時折自慢していたが、彼がシャルルに挑戦するには利害が錯綜しすぎていた。弟のエンリケ王子はシャルルの捕虜になっていたし、国王アルフォンソ〔十世〕が弟を嫌っていたとはいえ、カスティーリャ一家の誇りから、王子の命を危険にさらすわけにはいかなかった。さらに都合の悪いことには、マンフレーディの年長の娘コスタンツァが、アラゴンの後継者の妻としてバルセロナにいた。しかし、彼女の老齢の義父、国王ハイメの野心には、シチリア征服は含まれていなかった(1)。

国王シャルルは王国の統治に心ゆくまで専念し、次の征服の計画を練ることができた。かの吟遊詩人カステルノーのピエールは次のように詠った——「国王シャルルは世界で最大の地域を支配する者となるだろう。それは彼のものであり、彼にふさわしい(2)」。コンラーディンを処刑したことに、良心の苛責はなかった。少年が打ち首にされた数日後、トラーニの町は国王の二度目の結婚のために飾り立てられた。シチリアの新しい王妃ブルゴーニュのマルグリートは、先妻のベアトリスほどの大相続人ではなかったが、オーセールとトネールの二つの都市といくつかの諸侯領を始めとして、かなりの財産を中部フランスに所有していた。不幸なことに、この結婚は子供に恵まれなかったので、王妃の死後これらの土地は彼女の親族に戻された。このようにフランスにおける領地を増やした後、国王シャルルはイタリアの支配権を再び主張し始めた。(3)

ローマの支配

教皇クレメンスの心は国王ほど平静ではなかった。彼はコンラーディンの死のちょうど一カ月後、一二六八年十一月二九日にヴィテルボで亡くなった。皇帝派は、彼の死を神の復讐と考えた。彼の最後の日々は、死後の不安によって暗いものだったようである。(4)いまや、教会の擁護者は教会の召使いでないことをあからさまに示し始めていた。教皇庁が今後は外国人を執政官にさせないと定めたローマは、タリアコッツォの戦いの直後、シャルルの支配下に戻った。一二六八年九月十二日、彼は国王ルイ宛の手紙で、ローマ市民が全員一致で自分を終身執政官に選出したと公言した。その手紙は虚偽に満ちていた。全員一致は、教皇派の亡命と逃亡のおかげで獲得されたのだった。のちに教皇庁がその任期について問い質すと、シャルルは任期は十年間だけだと認めた。彼はただちにローマに赴き、九月の後半を費やしてローマの行政を再組織した。ローマの名士からなる元老院は維持されて、助言者の資格での活動が許されたが、ローマ市民に自治は認められなかった。彼は市の財政を確実に掌握した。彼の名において硬貨が鋳造された。そして、市の収入は市の金庫である都市会計院に払い込まれ、その収入役はシャルルが指名した。彼は警察を組織し、貴族たちの要塞化した屋敷を威圧する塔を建設した。また、さまざまな法律部門を取り扱う王宮裁判官と、上訴を審問する王宮裁判長を指名した。多くの規則が作られ、ローマへの適切な食料の確保とカンパーニア地方の開発が図られた。ローマ市民のために大学を設立することさえ考えた。シャルルは、新しい教皇の選出とその政策に影響力を行使するためにローマへの関心が生じた一二七二年春に二カ月間滞在した時を除けば、そこを訪れることはまれだった。彼の支配は、一年任期の副王の権限を与えられた代理人を通じて行なわれた。二人のナポリ人以外、シャルルは常にフランス人をその地位に任命した。その統治はあまりに独裁的で、不評だった。しかし、一般的なローマ市民は、半世紀前の教皇インノケンティウス三世の死以後、都市を苦しめた派閥抗争と反乱に疲れていたので、秩序の回復に感謝した。一二七〇年頃にカンピドーリオの丘に建てられたシャルルの像は、こうした感謝のしるしだった⑤。

ローマおよびイタリア全土での彼の行動は、教皇クレメンスの死によって容易になった。枢機卿たちは即座にヴィテルボに集まり、新教皇を選出しようとしたが、意見の一致を見ることはなかった。一連の長い教皇選挙会議がくり返されたが、結論は出なかった。約三年間、教皇は空位だった。教皇クレメンスは枢機卿に多くの同国人を任命していた。これらフランス人枢機卿たちはイタリア人の選出を妨害し、一方イタリア人の枢機卿たちは、シャルルの権力とのつり合いから、さらにまたフランス人が教皇になることには耐えられなかった。空位はシャルルにとってきわめて好都合だったので、彼はフランス人グループに影響力を行使して空位期間をのばすことに全力をかたむけたのではないかという疑惑を払拭することができない。しかし公式には、彼はその議論に距離を置いていた。教皇の不在は、シャルルのローマでの権力と、中部イタリアの教皇領での彼の影響力を制限できる権威の不在を意味した(6)。

中部イタリアの支配

さらに、シャルルにとって好都合なのが、神聖ローマ帝国内の空位だった。一二五〇年のフリードリヒ二世の死以来、皇帝は不在だった。彼の息子コンラード〔コンラート四世〕は皇帝の冠を授からなかったし、対立王のホラントのウィレムも、またその後に候補者となったコーンウォールのリチャードもカスティーリャのアルフォンソも、皇帝戴冠をしていなかった。皇帝の不在の際、教皇はイタリアの皇帝代理を指名する権利を主張し、シャルルをトスカーナ地方の皇帝代理として任命していた。今や、そのシャルルの称号に異を唱える教皇も皇帝もいなかった。彼はそのことを充分に活用した。シャルルは当面は王国に関することで多忙だったためトスカーナを訪れることはなかったが、彼の介入を必要とする事態も生じなかった。皇帝派はコンラーディンの敗北で混乱状態にあった。彼らのうち自らの立場を保持できたのは、シエーナとピサという昔からの拠点のみだった。トスカーナの他の都市は、教皇派の掌中に取り戻された。一二六九年春、シャルルはフランス人ジャン・ブリトーをトスカーナの代理として任命した。六月十七日、ブリトーとフィレンツェの教皇派はコーレでシエーナ人に完璧な勝利を収めた。シエーナはさらに一年シャルルの攻撃に持ちこたえたが、一二七〇年八月に降伏した。皇帝派は駆逐され、フィレンツェで長い亡命生活を送っていた教皇派の領主たちがその都市を占領し、フィレンツェの勢力圏に組み入れた。それがシエーナの繁栄の終焉だった。シャルルはすでにピサを屈服させていた。ピサ人をとりわけ妬んでいたジェーノヴァ人との同盟によって、彼は海上でピサを孤立させることができた。シエーナの敗北によって、ピサは陸上での唯一可能な同盟国を失った。一二七〇年の春、ピサ人は和平を訴え、寛大な処置が認められた。彼らにはシャルルに忠誠を誓う義務は課せられなかったし、教皇派でしかも教皇派の都市出身者なら、執政長官《ポデスタ》に選ぶことができた。ただし、新しい皇帝が戴冠し、シャルルの皇帝代理が自動的に終了した時点で、その条約も無効となることが明示された。シャルルに代わってこの条約をまとめたのは、副官のレスター伯シモンの息子ギー・ド・モンフォールだった。ギーは一二六五年の父の死〔イングランドの貴族戦争。一〇七ページ参照〕の直後にシャルルの下に避難し、イタリアまで同行して、いまや国王の最も親密な友人の一人になっていた。

一二七〇年末までにトスカーナ全土がシャルルの支配下に入った。その地域の都市のほぼ全てで、彼は支配者として受け入れられた。彼の権限は地域によって強弱はあるものの、代理人の権威が一般的に承認された。コンラーディンの死により、トスカーナ地方についてシャルルの懸念はなかった。そしてピエモンテ地方とロンバルディーア地方を掌握している限り、中部イタリアに侵入する者はいないと思われた。必要なことといえば、教皇派が優位を保つよう注意を促すことだった。トスカーナ人の商人はシャルルの南部の王国で活動でき、その友好的態度によって利益を得た。フィレンツェ人を中心に、ルッカおよびシエーナなどのトスカーナ地方の商人と金融業者は協力して活動しており、すでに北西ヨーロッパとの取引をほとんど掌握していた。その上に、いまや彼らは活動を南のシチリアまで広げ、東方との貿易も一手に握り、イタリアの沿岸都市に損害を与えていた。なかでもジェーノヴァは、シャルルとの同盟を後悔し始めていた(7)。

北イタリアの支配

ピエモンテ地方については、シャルルは心配しなかった。そこはイタリアの他の地域とは対照的に、古くからの封建領主の家系がまだ地位を保っていた。彼らのうちで最も強力なサヴォイア伯とモンフェッラート侯は、シャルルに対して非友好的だった。これに対し、強力な隣国よりは遠い宗主国を良しとする弱小の領主たちは、むしろシャルルの上級君主の地位を認める気になっていた。そして、シャルルがプロヴァンスからロンバルディーア地方まで難なく移動できるように、部下が配置された(8)。

ロンバルディーア地方にはもっと難しい問題が存在した。コンラーディンの死によってロンバルディーアの都市のほとんどで教皇派の地位が強化されたのは当然だったが、ヴェローナとパヴィーアは頑強に皇帝派の立場を守った。一方、教皇派もコンラーディンに強固な反対の立場をとらなかったものの、ドイツの危険が去った今となっては、アンジュー家の支配に嫌悪感を示していた。ロンバルディーア地方では領主の支配が都市の組織にとって代わることが当時の趨勢だった。そうした新たな領主たちは多くが教皇派だったにもかかわらず、都市に対してより勢いのある上級君主を戴くことを潔しとしなかった。しかし、シャルルは北イタリア全土に上級君主の地位を確立しようと考えていた。

コンラーディンの死に続く数カ月は、小規模の戦闘と陰謀の連続だった。パヴィーアの皇帝派は、ミラーノの教皇派と一時期同盟関係を結んだ。パルマとピアチェンツァを回復しようとするパッラヴィチーニの試みは、一連の小競り合いを生み出し、その過程で彼は死んだ。当初シャルルは南部の仕事に忙殺されていて、それに介入する余裕はなかった。しかし一二六九年五月、彼は、パルマの指導者たちに書簡を送り、コンラーディンのかつての支持者たちを一掃すべく、強い行動に出ることを勧めた。そして、この地のドミニコ会修道院の院長へ手紙を送り、教会の敵とフリードリヒ二世の子孫に対抗する信者の同盟をロンバルディーア地方に結成するよう要請した。チューリンゲンのフリードリヒがイタリアへの侵入を本気で企てていると、彼は憂慮したのだろう。同時期、彼はロンバルディーアの全都市に、新しい家令ラ・ロシュのゴーティエを送る意志のあることを伝えた。この家令は、当地ではあまり歓迎されなかったようである。数カ月後の十月、シャルルは教会の熱心な支持者を組織するために、サンタセヴェリーナの大司教を送った。同月、ロンバルディーアの都市の代表者全員が、シャルルの役人と会合するためにクレモーナの議会に集められた。そして、シャルルを君主として承認するよう公けに求められた。返答は、全員一致にはとても至らなかった。ポー川の南の都市はボローニャ、アレッサンドリーア、トルトーナを除いて合意したが、ミラーノとその近隣の都市は断固として拒絶した。十二月には、不支持だった都市の一つか二つがシャルルに忠誠を誓うことに同意したが、ロンバルディーア地方がアンジュー家の支配に服さないことは明らかだった。にもかかわらず、シャルルはロンバルディーアの家令を任命し続けた。全員がフランス人で、反抗的な都市を威嚇したが、長期間にわたって在職する者は皆無だった。シャルルはイヴレーアなどのいくつかの都市では執政長官《ポデスタ》を任命し、ピアチェンツァやアレッサンドリーアのような他の都市では市民がポデスタを選出できる名簿を作成した。しかし実際のところ、彼の影響力は減退しており、フランス人役人の登用により、イタリア全体の共感を失っていた。フランス人への憎悪が、残存する皇帝派の都市の抵抗を強めていった。パヴィーアでは、罪もないフランス人の巡礼者がその国籍のために性的な辱めを受けた。ドミニコ会修道院は修道士の数人がフランス人であったことで略奪を被った。(9)

ドイツの皇帝派に対抗して

実際のところ、皇帝派は外国からの援助を期待していた。一二六九年八月、チューリンゲンのフリードリヒは、皇帝派の指導者であるアンディートのウベルティーノに手紙を書き、近いうちにイタリアに侵入すると表明した。また十月には、遠征隊に四〇〇〇人の騎士と多くのドイツの貴族が同行するとパヴィーアに伝えた。その年の夏、マンフレーディの義理の息子アラゴンのペドロ王子から依頼されて活動中のカスティーリャ王アルフォンソの密偵が、ロンバルディーア地方の皇帝派と接触した。皇帝派は、パヴィーアからカスティーリャの宮廷に大使を送ることでそれに応えた。皇帝派は期待を込めて、フリードリヒとアルフォンソの両者を激励した。前者はシチリアの王国だけを、後者は帝国だけを望んでいて、彼らの利害は衝突しないと考えられた。これはフリードリヒとアルフォンソには道理にかなったものだったが、ペドロは妻のシチリアの権利を明らかに意識しながら、アルフォンソに協力していた。しかし結局、どちらの侵入も起きなかった。一二七一年七月、パヴィーアと、いまや公然と皇帝派を名乗るモンフェッラート侯が、枢機卿会の反フランス派の急先鋒である三人のイタリア人枢機卿をそそのかし、ドイツのフリードリヒを訪ねさせ、イタリアへの到来が遅れている理由を問い質させた。フリードリヒは、イタリアで自分の代わりを果たす総代理を指名することで、これに答えた。ところが、指名されたトレフルト伯はヴェローナまで旅しただけだった。彼は歓迎はされたが、数週間を無為に過ごしたあと、ドイツに帰ってしまった。カスティーリャのアルフォンソは少なくとも表面上は積極的だった。彼はロンバルディーア地方に二〇〇〇人の騎士を送ることを申し出て、シャルル包囲を意図した一連の複雑な同盟を提案した。また、娘の一人をモンフェッラート侯グリエルモ〔六世〕と結婚させることさえした。結婚式は一二七一年にスペインで行なわれ、モンフェッラート侯爵は皇帝代理の肩書きを携えてイタリアに戻った。不幸なことに、その後彼が義父の名において近隣の教皇派に対して行なった小規模な戦いは、ことごとく不首尾に終わった。(10)

このためシャルルは、影響力の低下にもかかわらず、ロンバルディーア地方の状況に大きな不安を抱くことはなかった。彼のさらなる野望にとって、王国を確実に掌握し、完全に活用することが重要だった。タリアコッツォでの勝利は、その問題を解決することはできなかった。シチリアではいまだに反乱が起きていたし、ルチェーラのサラセン人は依然として反抗していた。しかし反乱軍はいまや、外国の本格的な支援をまったく期待できなくなっていた。実際、プーリア地方とバジリカータ地方の都市のいくつか、たとえばポテンツァ、ガリーポリ、アヴェルサなどでは反乱の寸前で動揺し、シャルルの勝利の報せに誘発されて、彼に忠実な市民がコンラーディン支持者をすべて殺戮する事件が起きた。逃亡できた反乱軍側の者はルチェーラのサラセン軍に合流した。その大要塞はシャルル側の将軍の攻撃に数カ月間もちこたえた。シャルル本人が包囲戦の指揮をとるために到着したのは、一二六九年四月のことだった。だが、彼の指導をもってしても、城塞に対して有効な攻撃を加えられなかった。一方、封鎖は強化され、一二六九年八月二八日、ついに守備隊は飢えのため降伏を余儀なくされた。サラセン人の命は救われた。彼らは武器を没収されて、国王の支配地域の各地に家族ごと分散させられただけだった。しかし、要塞で捕らえられたキリスト教徒の反乱軍の者はすべて死刑となった。(11)

シチリアの統治

シチリアの反乱はさらに続いた。反乱軍を指揮していたコンラード・カペッチェは、チューリンゲンのフリードリヒに救援を要請したが、徒労に終わった。しかし、カペッチェは島民の支持を得ていたので、シャルル軍の将軍クシーのトマは、パレルモとメッシーナを維持する以外、ほとんど何もできなかった。その後シャルルは、フィリップとギーのモンフォール兄弟を援軍とともに派遣した。彼らはカターニアとシラクーサの間にある反乱軍の都市アウグスタをかろうじて占領し、略奪を行なった。戦闘をかいくぐって生き残った住民は、即決裁判にかけられ拷問を受けて処刑された。一二六九年八月、ギョーム・レスタンダールがシチリアの司令官に任命され、一年のうちに島全土を支配下においた。フレデリコ王子とフェデリーコ・ランチアはジルジェンティ〔現アグリジェント〕で降伏を余儀なくされた。反乱軍の主力は、コンラード・カペッチェが司令部を置いていたシアッカの要塞で敗北した。カペッチェは島中部のチェントゥリーパ城へ逃れたが、一二七〇年早春にそこで捕らえられた。彼は兄弟のマリーノおよびジャーコモとともにナポリに連行され、斬首刑に処せられた。(12)

王国全土の反乱軍に加えられた罰は、当時の基準からいっても厳しかった。シャルルは部下に、武装している者を捕らえた場合、誰も容赦するなと命じた。降伏した者は、国王の決定に身を委ねなければならなかったが、もし望むなら、彼らの訴訟が高等法院で取り上げられることも可能だった。しかし、コンラーディンの運命が示すように、裁判所の判決のみに委ねられていた。反乱軍が支配していた都市では、国王に対して武器をとらなかった市民には恩赦が与えられたものの、彼らのなかでも、ドイツ人、スペイン人、ピサ人はただちに国を去らねばならなかった。反逆者所有の財産は没収された。彼らの妻たちは当初、領地と動産の所有を許された。しかしシャルルは、彼女たちが亡命中の夫たちに送金していると疑ったようである。それ故、彼女たちの資産は一時差し押さえられ、ごくわずかの年金が与えられることになった。その一方、例外的措置も行なわれ、まもなく未亡人へ資産が返還された。こうした抑圧的な措置は細心の注意を払って実施されたが、国王代理のほとんどがフランス人だったこともあり、悠長なイタリア人にはいっそう耐え難いものとなった。ただ、これらの措置は著しい効果を上げ、やがてシチリアを含めて王国全体に秩序が回復された。しかしまた、それらは激しい憎悪という遺産を島に残すことになった[13]。

シャルルの統治政策も島民の親愛の情を獲得できなかった。最初、彼はマンフレーディの行政をほとんど変更せず受け継いだ。しかし、コンラーディンの侵入と反乱の後、彼は王国をフランスにならって再組織し、重要な地位には信頼できるフランス人を就けるようはかった。彼の支持者には封土が報償として与えられた。それは合法的な見せかけによって行なわれた。マンフレーディやコンラードはもちろん、一二四五年の教皇による正式な廃位以後のフリードリヒ二世も、合法的なシチリア国王であったことを、シャルルは認めなかった。それゆえ、彼らが各々行なった授与などは無効とされた。すべての土地所有者は権利証書を提示し、自分の土地が一二四五年以前に授与されたことを証明する必要があった。古い家系の多くははるか昔に証書を紛失していたり、公式な登記も行なっていない場合があった。また、他の多くの者の土地は、簒奪者の下に登記されたり再登記されていた。このために、彼らの土地は没収された。こうした措置は、有罪の宣告を受けた謀反者から没収した土地と併せて、国王に再分配の広大な土地をもたらすことになった。約七〇〇人のフランス人とプロヴァンス人が、相続人のいないそうした土地から封土を与えられたが、シャルルは新しい封土のいずれも危険が生じないよう小規模とし、残りの土地の多くは国王領として保持した。フランス人の入植者を王国内に定着させるため、またイタリア人が島を離れて謀反を計画することを防ぐため、一年以上王国を不在にした家臣から所有地を没収できる権限を国王に与える法律が成立した。同時に、ビザンティンの時代から自治を享受してきた都市は、国王と直接あるいは主要な家臣を通じて封建的関係を結ぶことになった。王国の執行人あるいは封建制の治安官が、いまや、重要な活動すべてを管理するようになった。ナポリと王国の北部にある少数の大都市だけが、一定の政治的権力を備えた自治都市を維持したが、やがてそれらの都市でも権力行使は慎重にせざるを得なくなった(14)。

シャルルの行政改革

シャルルは前任者時代に存在した国の重要な役職を維持した。それらの役人とは、陸軍を管理する全軍総司令官、海軍を管理する提督、裁判長、国王秘書官の長である首席書記官、聖職者がつとめる主席の登記官である尚書長、王国の収入役である官房長、国王の領地を管理する家令である。一二五九年には首席書記官の職を再分割し、一二七二年以後は尚書長の職を空位にして副尚書長がその仕事を掌握した。シャルルは軍の管理では、全軍総司令官を補佐するために二人の最高司令官を加えた。各々の行政は大司法官の支配下におかれ、国王領の役人と家臣の両方の行政を監督した。彼らが地方の裁判と税の徴収にとくに責任があったからである。国王シャルルは、自分が創設した卓越した裁判制度を自慢していたが、その自負は政治的問題に関係ない局面では正しかった。それらの一連の法令は、圧制や汚職の罪のある役人をいかに厳しく処罰したか、殺人、盗賊行為、盗みや犯罪者をかばう行為に対してどんなに厳しかったかを示している。民事の裁判も効率的で公平だったようである。国の各地を巡回し、地方の裁判所の判決に対する上訴や行政区の大司法官の判決に対する不平に耳を傾

けるのが、裁判長の任務だった。(15)

シャルルはさらに大きな野望を追求するために、王国の富を完全に利用しようとした。彼の課した税は高額だった。彼は、フリードリヒ二世が確立した徴税体系を基本的に遵守した。これには間接税、関税、港湾税、多様な原材料・製品および倉庫に課せられる税が含まれていた。しかし、フリードリヒの主たる財源は、土地に課す直接税の「一般上納金」だった。元来この税は、有事のとき王国の防衛のために課せられる封建的臨時上納金だったが、皇帝が必要度に応じて率を変える恒常的な年貢に改変したものだった。フリードリヒの部下はその税に激しく憤慨していた。彼は死の床でこれを廃止した。教皇は、シャルルに王位を提供する際、王国を財政的に圧迫しないように、善王グリエルモ治世の税体系に戻すことを条件とした。そのとき教皇が懸念していたのは、特にこの税だった。シャルルはとりわけ財源を必要としていたので、この条件を受け入れることができなかった。各々の行政区から徴収される額は年ごとに決められた。それを集めるのは大司法官の役割だった。行政府の出費の使途を厳密に検査した後で、残りを国庫に送った。一二七七年、シャルルは財務を官房長の職から切り離し、ナポリの卵城に常設の役職を置いた。また、彼は臣下から徴収する封建的な税の数を増やしたうえ、さらに、罰金と物品の没収が最も一般的な処罰である刑罰体系によっても、収入を増やしていった。

これらの税はすべての臣下に重くのしかかった。もちろん国王シャルルは、彼らを全般的に富裕にしなければ、彼らの都合できる金額が減ることを充分に承知していた。しかしまた一方で、最善の方法は国家による厳格な管理であると信じていた。民間の事業は排除されなかったが、規則でがんじがらめにされた。あらゆる輸出入には許可証が必要だった。検査官や徴税官が経済活動や商業活動の細部にわたって調査した。南イタリアの多くの征服者と同様に、シャルルは、国が以前より当然豊かになったと信じて、南イタリア人の個人主義と、彼らが外国人の支配者のために一生懸命働くのを嫌っていることを、過小評価していたことは十分に考えられる。彼の行動の多くは有益だった。彼は、商業上の訴訟は裁判所が公平に耳を傾け、素早く処理されるようにはかり、職務に忠実すぎる役人から商人を保護した。度量衡を標準化し、貨幣制度を改革しようとした。公共事業計画が導入されて街道が改修され、とくにナポリからスルモーナとアブルッツォ地方を経てペルージアとフィレンツェに通じる幹線と、ナポリからベネヴェントを経てフォッジアおよびアドリア海へ通じる街道の整備には力が注がれた。祭や市場が創設された。港の整備と拡張には特別な考慮が図られた。国王マンフレーディが着手したマンフレドニアが完成した。バルレッタとブリンディジが拡張され、後者にはシャルル自身が新しい灯台を設計した。ナポリ港では改良事業が行なわれた。これらの港湾事業の目的は、外国船を惹きつけ貿易を促進して、港湾税を得ようということだった。とくにマンフレドニアは、アドリア海で悪天候に遭遇した船舶に避難所を提供するものと見なされた。鉱業も奨励された。カラーブリア地方のロンゴブッコの国王領で銀鉱山が一二七四年に開発され、毎年数百ポンドの銀を国庫にもたらした。また同じ年、産出高の三分の一を国に治めるとの条件で、民間の企業がレッジョ近くで採掘許可を得た。シャルルは農業にも関心を持っていた。国王領の羊牧場のために、アフリカからバーバリー種の羊を導入した。また、国有林の管理にも力を注いだが、その主たる理由は造船に木材が必要だったからである。同時に彼は、農民を保護した。国王領の土地管理人と森林監督者が、農民の土地を侵害することは許されなかった。また徴税人は、農民が税を払わなくても、彼らの農耕機具と荷役用動物を没収することはできなかった。

国王は、増収のため、他にも商業上の方策をとった。大きな船を建造し、貿易業者にそれを賃貸しした。また、南部人の反発を招いたが、外国とくにトスカーナの商人や金融業者の活動を奨励した。彼らは特権の対価として充分な金額を支払った。国王は、アマルフィ人を例外として、外国人は自分の臣下の誰よりも意欲的で精力的だと判断した。しかし、ユダヤ人は支援しなかった(16)。

こうした複雑な行政すべてに、国王は強い個人的関心をもった。残存している記録は、彼が大きな関心をもってすべての細部を熟知し、数え切れないほどの規則を裁判所に発布させていたことを示している。これほど政府のあらゆる活動に絶えず関わった中世の君主は、兄の国王ルイを始めとしてほかには誰もいなかった。シャルルは王国を巡行し、役人と秘書はこれに同行せねばならなかった。大勢の役人を長期間にわたって賄える町はなかったので、シャルルは絶え間なく移動することになった。一彼がナポリで政治に集中し、ここを事実上の首都としたのは、その治世の終わりに近い頃だった。一二六九年以降、彼は王国の外に出ることはほとんどなかった。例外的に、ローマを数回訪問し、トスカーナを一度訪れ、チュニスへの国王ルイの十字軍に加わった。そして、晩年にフランスを再訪しただけである。シチリアへは、チュニスへ向かう途中を除いて訪れることはなかった(17)。

シャルルの統治は優れていたし効率的だった。それによって、秩序、正義、そして一定の繁栄がもたらされた。しかし、臣下には人気がなかった。彼らは、あまりにも煩雑であまりにも広範囲の、そしてあまりに権威的な政府を嫌った。とりわけ、それが外国人によるものであるが故に、嫌ったのである。シャルルは一二五八年以降はイタリア人を信用しなかったし、責任ある地位には極力少数の人間しか採用しなかった。主要な役人はすべてプロヴァンスかフランスの生まれだった。王国の高官はみなフランスかプロヴァンスの出身だった。首席書記官は例外だったが、その地位も一二六九年から一二八三年まで空白だった。一二六九年から統治の終焉までの期間、一二五名の地方の裁判官の名前がわかっているが、このうち二五名だけがイタリア人とみられる。財務局が尚書長の役所から分離された後、二人の財務官のうち一人はイタリア人にしなければならなかった。そして確かに、国王の秘書局と、さほど重要でない法律を扱う地位が、イタリア人に与えられた。これは言語上の必要性からである。国王はフランス語を公用語とするよう主張した。彼と主要な臣下はみなフランス語を話したので、これは当然だったが、イタリア人とシチリア人に対する配慮はなかった。さらにイタリア人とシチリア人は、多くの封土がフランス人に授与されたことも気に入らなかったし、ルチェーラに設置された共同体のように、分散させたサラセン人の代わりに身分の低いフランス人やプロヴァンス人の外来者を入植させたことにも、気分を害していた[18]。

シャルルはたとえ統治が惹起した不満に気づいたとしても、それに注意を払ったりはしなかっただろう。彼は卓越した統治者と自認していたし、自らの確立した秩序に臣下は感謝しており、また、もし彼らが公然と不満を示したら警察と裁判所で処理できる、と思っていたようである。彼は反乱を繰り返したことでシチリアを容赦しなかったし、シチリアもまた彼の統治の恩恵をほとんど受けていなかった。シチリアの港には本土の港に与えられたのと同じ配慮を受けたところはなかったし、産業にもわずかな助成しかなかった。島の国王所領は厚遇され、そこの農民は王国の他の農民と同じ保護を受けた。しかし島民は、本土の利権と比較して自分たちが重要視されない単なる一地方にすぎないことを、ホーエンシュタウフェン家の統治下にあったときよりも強く感じざるを得なかった。シャルルがシチリア人にほとんど理解を示さず、シャルルの悪行を彼らが忘れていないことに気づかなかったのは、賢明ではなかった[19]。

シャルルとフランス

もし、シャルルが財源を王国だけに頼っていたのなら、もっと慎重だったかもしれない。しかし、彼はイタリア以外の資産によっても強さと自信を増していた。彼はフランスにアンジューとメーヌの大きな親族封土を所有していた。これら二つの地方はアンジェに行政府を置くことにより、一つの行政単位として組織されていた。その長には、シャルルが伯爵に任命した大法官《バイイ》がいて、彼の下に中央財務局を管理する収入役がいた。土地の多くはシャルルの個人的な領地で、執事か女主人によって管理され、彼らが地域の秩序と裁判の責任を負っていた。二つの地域の領主は、当時のフランスでは通例の封建的特権を享受していた。しかし、シャルルの密偵が厳しく彼らを監視していたし、彼らはア

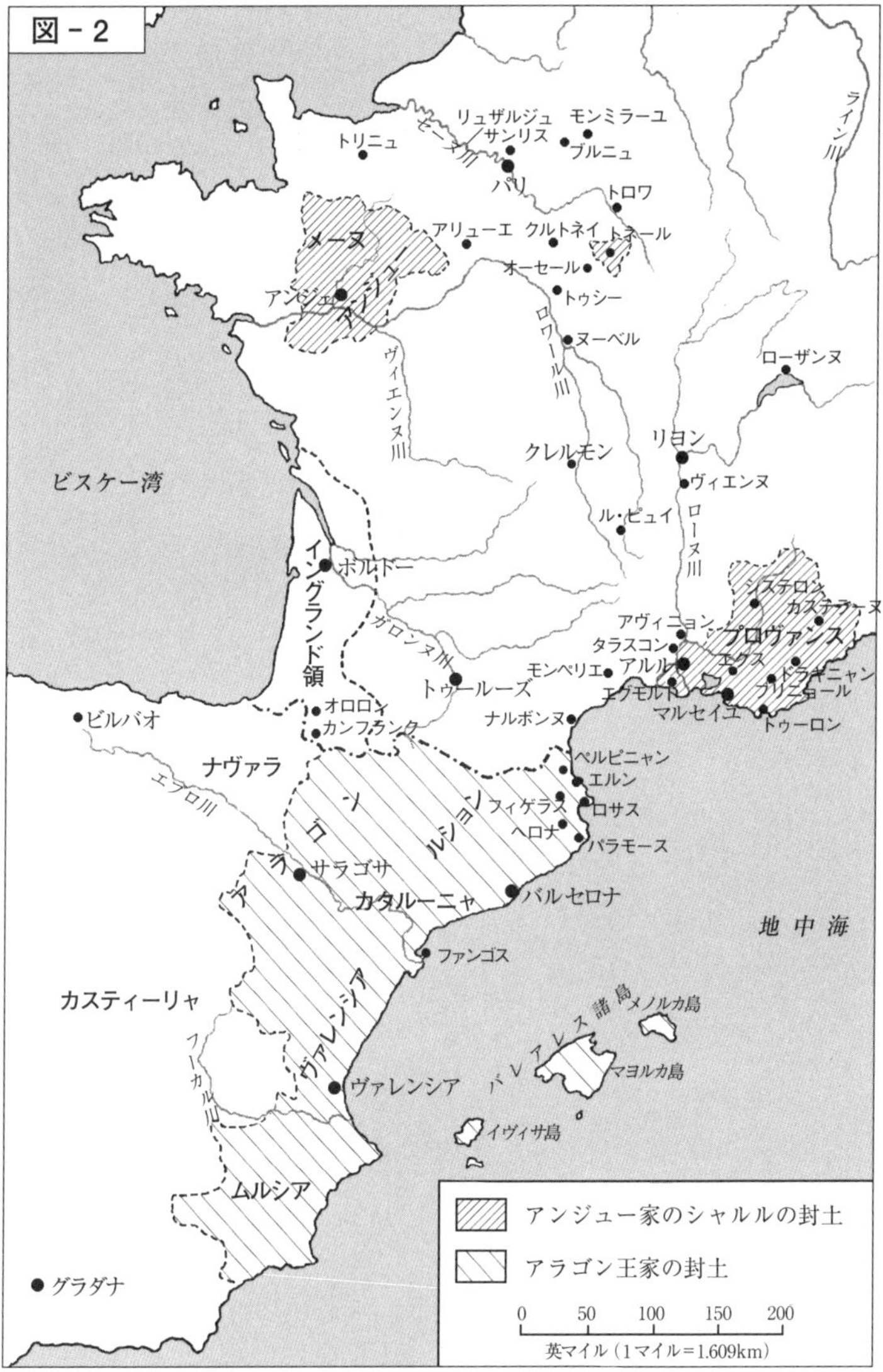

＊プロヴァンス地方の都市については149ページの地図も参照。

ンジェの大法官の監視下で少なくとも一年に四〇日は過ごさねばならなかった。シャルルは、フランスではローマ教会と良好な関係にあったが、教会が伯爵の権利を侵害することは許さなかった。彼は兄の国王ルイの忠実で実直な家臣であり、自分の利益を代表する代理人をパリにおいていた。彼は自分の伯領を再訪することはなかったが、事態すべてをこまかく掌握していた。彼の承認なしに重大な決定は決して下されなかったし、任命もほとんどなされなかった。そのため、アンジェとパリおよびイタリアの彼の宮廷の間を特使が行き来していた。彼は二度目の結婚で、北フランスに散らばったモンミラーユ、アリューエ、トリニュ、ブルニュの四つの小さな諸侯領とともに、ヌーベル、オーセール、トネールの伯爵領の三分の一を手に入れた。これらの領地はシャルルの死後、未亡人の王妃マルグリートがフランスに戻り、自ら管理したが、その前はイタリアからの同じく用心深い監視のもとで管理運営された。

シャルルにとってのフランス領土の価値とは、それらがもたらす収入にあった。彼が受け取る粗収入は、年額でイタリアの王国領からあがる全収入の五分の一にも達していたし、彼の純収入は年平均で黄金六〇〇〇オンス相当をかなり上回る額に達していた[20]。

さらに価値があったのが、プロヴァンスの伯爵領だった。一二五七年以降、プロヴァンス人との悶着は起きなくなっていた。彼らはいまやシャルルの最高の家臣で、シャルルは彼らに自領での最高の地位を与えていたし、彼らのほうはシャルルの統治の利点を十分承知していた。イタリア出発に際して、シャルルは伯爵領の統治を、信頼できる友でのちにシステロンの司教になったリュザルジュのアダーンに委ねた。アダーンを家令が支えたが、家令は首相の役割を果たした。その任にあたる者をシャルル自らが指名し、しばしば再編した評議会が、裁判長、財務長官、そして後には財務事務官も下級大臣たちと一緒に助言を行なった。政府の所在地はエクスだった。伯爵領は代官が管理する荘園として知られる数多くの地域に分割されていた。シャルルは代官の制度を維持したが、裁判権を彼らの職務から外し、各々の荘園の財政も管理する裁判官を任命して、彼らの権力を縮小した。シャルルは市や町からそれまでの独立した自治権をすでに奪っていたが、すべてを荘官の下においていた。彼らは代官と同様に各々裁判官によって補佐されていた。シャルルは、イタリア人を王国に登用するのを避けたのと同様に、プロヴァンスの主要な行政職には、アンジューかメーヌの出身者と、少数のナポリ人を任命した。一二七七年にリュザルジュのアダーンが死去すると、シャルルはプロヴァンスの政府と王国の政府を合併した。以後のプロヴァンスは、独自の制度をもつものの、王国の行政区として取り扱われることになった。プロヴァンス人がこのことに憤慨した様子はない。明らかに王国の政府は同国人によって支配されていたし、シャルルも個人的に伯爵領の繁栄に特別な配慮をもって臨んだからである。彼がプロヴァンスに注意を払うには充分な理由があった。黄金で年額二万ポンド相当にのぼる純収入を彼にもたらしていたからである。厳密にいえば、プロヴァンスは神聖ローマ帝国の一部を構成してはいたが、幸いなことに、帝位の空白のおかげでシャルルは服従すべき宗主が不在だったのである。(21)

シャルルはプロヴァンスのおかげで、自分の大きな野心を満たす手段をもつことになった。ホーエンシュタウフェン家の血筋が絶え、自分の領土が巧緻に再編成されて、シチリアの国王であり、北イタリアのほとんどを支配する上級君主であり、ローマの執政官であり、アンジュー伯であるシャルルには、いまや地中海帝国を建設するために、その富と力を使うべき時がついに到来したのである。

〈原注〉

（1）系図Ⅳを参照〔訳注／原著には載っていない〕。コスタンツァの主張については第十二章三二七～三二八ページを参照。

（2）De Bartholomaeis, *Poesie Provenzali*, vol. II, p. 230.

（3）マルグリートは、ブルゴーニュ公〔ユーグ四世〕の長男ウードと妃ブルボン家のマティルドの娘であり、母マティルドとオーセール、ヌーベル、トネールの共同相続人だった。マルグリートはそれらのうち、フランス北東部にあるトネールとオーセールの一部、それにモンミラーユ、アリューエ、トリニュ、ブルニュの諸侯領を相続した。シャルルは彼女に嫁資としてルマンの町を与えた。Léonard, *Les Angevins de Naples*, pp. 72, 75–6を参照。

（4）Potthast, *Regesta Pontificum Romanorum*, vol. II, p. 1648.

（5）De Boüard, *Le Régime politique et les Institutions de Rome au Moyen Âge*, pp. 76–9, 137–8, 162–3, 172–5; Gregorovius, *Geschichte der Stadt Rom im Mittelalter*, ed. Schillmann, vol. II, pp. 64–5, 1411; Jordan, *L'Allemagne et l'Italie*, pp. 401–2. シャルルが計画した大学については、del Giudice, *Codice Diplomatico*, vol. I, p. 68を参照。

（6）Sternfeld, *Cardinal Johann Caetan Orsini*, pp. 152 ff.; Jordan, *op. cit.* pp. 394–5.

（7）Jordan, *op. cit.* pp. 403–5.

(8) *Annales Placentini Gibellini* (*M.G.H., Scriptores*, vol. XVIII, pp. 542–5); Jordan, *op. cit.* p. 414.

(9) Jordan, *op. cit.* pp. 411–4.

(10) *Annales Placentini Gibellini*, pp. 535–9; Jordan, *op. cit.* pp. 411–3.

(11) Jordan, *op. cit.* pp. 395–6. プロヴァンス人の吟遊詩人ガレーガ・パンザノは、シャルルのことを、キリスト教徒に対してよりもイスラム教徒に対してははるかに寛容だったとの理由で、叱責した。Monti, *Gli Angioini di Napoli nella Poesia Provenzale*, p. 418.

(12) Jordan, *op. cit.* pp. 396–7; Léonard, *op. cit.* pp. 72–3.

(13) Del Giudice, *Codice Diplomatico*, vol. II, pp. 239, 250, 258, 322.

(14) Léonard, *op. cit.* pp. 80–2, with useful references.

(15) *Ibid.* pp. 82–3. より高位の役職者の完璧なリストが、Durrieu, *Les Archives Angevines de Naples*, vol. II, pp. 189–213に出ている。

(16) Jordan, *op. cit.* pp. 398–400; Léonard, *op. cit.* pp. 83–9. 残存する財政記録は、de Boüard, *Documents en Français des Archives angevines de Naples, Règne de Charles Ier*: I, *Les Mandements aux Trésoriers*; II, *Les Comptes des Trésoriers*である。

(17) シャルルの行動は、Durrieu, *Les Archives Angevines*, vol. II, pp. 163–89でほぼ完璧にたどられている。

(18) Durrieu, *op. cit.* pp. 267–400は、シャルルに雇用されたフランス人をリストアップしている。フランス語の使用については、del Giudice, *op. cit.* vol. I, p. 17を参照。

(19) シチリア島については第十二章三三九～三四〇ページを参照。シチリア島はサルソ川を境界とする二つの行政地域に分割された。

(20) Léonard, *op. cit.* pp. 75–7.

(21) *Ibid.* pp. 77–80.

第9章　地中海帝国

フランスのユール地方メーヌヴィルにある聖ルイ（9世）の14世紀前半の像。

アケーア公国・アテネ公国の統治者

＊1204年の第4回十字軍によって、ラテン帝国のほかに、ビザンツ帝国のモレア地方とよばれたペロポネソス半島一帯に、アケーア公国・アテネ公国など12のフランク人系諸国がつくられた。

《アケーア公国の統治者》

1205～1209年　シャンプリット家ギョーム1世
1209～1228年　ヴィレアルドゥアン家ジョフロワ1世
1228～1246年　同ジョフロワ2世（息子）
1246～1278年　同ギョーム2世（弟）（娘：イザベル、マルグリート）
＊1261年、ペラゴニアの戦いに敗れ、一時ニケーア帝国に占領される。
1278～1285年　カペー・アンジュー家シャルル1世
1285～1289年　同シャルル2世
1289～1307年　ヴィレアルドゥアン家イザベル（ギョーム2世の娘、共治）
1289～1297年　エノー家フロレンス
1301～1307年　サヴォイア家フィリップ（1世）（アンジュー家シャルル1世の次男。イザベルと結婚）
1307～1313年　カペー・アンジュー家フィリップ1世
1313～1318年　エノー家マチルド（共治）
1313～1316年　カペー・アンジュー家ルイ
1318～1333年　カペー（ナポリ）アンジュー家ジャン
1333～1364年　カペー（ナポリ）アンジュー家ロベール
1364～1370年　カペー・ブルボン家マリー
（1430年まで続く）

《アテネ公国の統治者》

1205～1225年　ブルゴーニュのラ・ロシュ家オト
1225～1263年　同ギー1世
1265～1280年　同ジャン
1280～1287年　同ギョーム（弟）
1287～1308年　同ギー2世
1308～1311年　ブリエンヌ家ゴーティエ
＊1311年、ビザンツ帝国雇用のカタルーニャ人傭兵たちが、アテネ公国とネオパトラス公国を占領。（第16章原注56を参照）
（アテネ公国としては1388年まで続く）

シャルルの外交政策

シチリアの国王たちが古くから抱いた目標は、地中海の東部沿岸の国々を支配する帝国の樹立であった。ロベルト・グイスカルドはアドリア海東側の支配を確立しようとした。彼の一族はシリアに植民地を得ることを考えて、第一回十字軍を支援した。国王ルッジェーロはギリシアの征服を考えたことがあった。妻の権利によってシチリア国王となった皇帝ハインリヒ六世は、東ローマ帝国全体の併合を計画した。フリードリヒ二世は、ギリシアの国々にまで領土拡大を試みはしなかったものの、イェルサレム王でありキプロスの上級君主という権利を実現しようとした。マンフレーディはグイスカルドの政策を踏襲して、コルフ島〔ギリシア北西部、現ケルキラ島〕と対岸の本土に足がかりを獲得することに成功した。それは十字軍の問題と一体化していた。コンスタンティノープルを占領略奪した第四回十字軍は、教皇にさえ衝撃を与えた。しかし、いったんラテン帝国〔第四回十字軍が建国。一二〇四～六一年〕が創設されると、ギリシア人は征服者の支配と宗教を頑強に拒否したため、それまで西欧で得ていた親近感を根本から失うことになった。以後は、こうした分裂主義者に対するあらゆる戦いが聖戦として正当化されるようになった。聖ルイは、当代まれな誠実さをもって、十字軍の第一の目的は異教徒からの聖地の解放であり、ギリシアの分離主義の鎮圧がその目的に有益であるとの意見に組する用意があった。ラテン帝国の崩壊とギリシア人によるコンスタンティノープルの奪還によって、その感情は増幅された。実際、マンフレーディが亡命中のラテン帝国皇帝に全面的な支持を申し出たとき、それによって自らを熱心な十字軍戦士であるということを世界に示し、教皇庁の敵意を回避することを望んでいた。彼は実際にしばらくの間、教皇を当惑させた。遅かれ早かれ、教皇の任命した人物によって自分の王国が攻撃されるという確信がなかったら、彼はおそらくラテン帝国を再興し、ボードゥアン二世〔ラテン帝国最後の皇帝、在位一二四〇〜六一年〕を復帰させるために、コンスタンティノープルに対する遠征軍を率いただろう。(1)

シャルルはマンフレーディの政策を引き継いだ。マンフレーディのもっとも初期の事業の一つは、ヘレネ王妃の嫁資であるコルフ島と本土の要塞を占領するため、小規模の遠征軍を送ることだった。彼は提督フィリッポ・チナルドにその統治を託していた。ベネヴェントでのマンフレーディの死の報せが届くと、チナルドは自分の名においてその統治を続行した。エピロスの専制公《デスポーテス》ミカエルは、娘がイタリアで囚われの身となったからには、その領土を取り返したかっただろう。しかし、彼にチナルドを追放できるとは思えなかった。その代わり、彼は義理の妹である妙齢の未亡人との結婚をチナルドにすすめ、ヘレネの嫁資だった領土は義妹のものだと表明することで面目を保った。一族による円満な協議にもかかわらず、デスポーテスは新たな義弟に対して活発に陰謀を図り、ついには彼の暗殺を図った。その結果、一二六六年末にシャルルの部隊が到着したときには、大きな抵抗は見られなかった。シャルルは、ヘレネ王妃が自分の捕虜であるから彼女の嫁資は自動的に自分の手に渡るという合法的理由で、その領土の権利を主張し、チナルド家の成員であるガッツォを統治者に任命した。(2)

しかし、シャルルの野心はアルバニアの海岸沿いのいくつかの島と都市だけでは満たされなかった。彼はコンスタンティノープルを目指した。元皇帝ボードゥアンは、マンフレーディに望みを託していたため、ひとたびシャルルのイタリア侵入が実行されると、フランス宮廷で冷遇されていた。彼は落胆してイタリアへ帰った。一二六七年五月、彼は教皇とともにヴィテルボにいた。クレメンスは彼とシャルルの和解をはかり、シャルルは彼と会見するためにトスカーナ地方の作戦を中断した。ボードゥアンは新国王の支持を得るため多大な犠牲を支払わされたが、新たに提示された条件を議論できる状態にはなかった。その条件とは、まずヘレネ王妃が未亡人として亡夫から相続した領土のシャルル所有を承認すること。次に、アケーア公国の宗主権をシャルルに譲渡すること。また、ヴェネツィアが支配する島々と、ボードゥアンに保有が許されたレスボス、キオス、サモス、アモルゴスの島々を除いて、エーゲ海のすべての島の完全な統治権をシャルルに与えること。さらに、コンスタンティノープルを除いて、シャルルがボードゥアンのために征服してくれる領土の三分の一を報償としてシャルルに与えること。加えて、ボードゥアンの嫡子フィリップは、子供がないまま死んだ場合には帝国の権利がシャルルに移るという条件で、シャルルの娘ベアトリスと結婚すること、というものであった。これらの条件の見返りとして、シャルルはコンスタンティノープルの征服を目指して、二〇〇〇人の騎士からなる軍を編成し一年間支援することを約束した。(3)

シャルルはすでにアケーア公ギョームとは接触し、一二六七年二月に大使を交換していた。アケーア公はそれまで無一文の亡命者をもてなすために寛大な贈与を余儀なくされていたが、彼に代わる強力で活動的な王を新しい宗主権保護者として、喜んで迎えた。彼の妻〔アンナ〕は、不運な王妃ヘレネの妹だったが、妻の姉妹に対する思いはことごとく無視された。シャルルはボードゥアンとの協定に署名するとただちに、アケーアの宮廷で宗主権を代表する家令を送った。ギョームはビザンティン勢力の復活に脅威を感じていたので、ギリシアの皇帝に対するいかなる遠征にも喜んで助力することを約束した。(4)

シャルルの東欧支配

外交的連合の網はそこで終わったわけではない。同じ年にシャルルは、ペルシアのモンゴル人イル汗国の宮廷に使節団を送った。モンゴル人は七年前にアインジャールートの戦い〔一二六〇年。現ヨルダンのアンマン近郊〕でエジプトのマムルーク軍に敗れていたが、いまだに北シリアと東アナトリアを支配していた。シャルルは、ビザンティン人がトルコ人と提携することを恐れ、モンゴル人がその両者を牽制することを望んだ。彼の使節たちは丁重に迎えられたが、目的を果たすことにはできなかった。父親の旭烈兀《フラグ》の跡を継いだばかりのイル汗阿八哈《アバカ》は、フランク人にあまり好感を抱いていなかった。その上、彼はビザンティン王女マリア・パラエオロギナと結婚しており、彼女はデスピナ・カーツンの名でモンゴル中に知られ尊敬を集めていた。(5) シャルルが同盟国の獲得でもっとも成功したのは中部ヨーロッパにおいてだった。ハンガリー王国はいまやウィーンの郊外からバルカン半島にまで広がっていた。この王国には、スロヴェニア、トランシルヴァニアおよびクロアツィアのほとんどとダルマツィアが含まれていた。年老いた国王ベーラ四世は、しばしばセルビアとブルガリアに侵入していた。ボスニア国王は彼の臣下であり、義理の息子だった。ベーラは数年前には分離派のギリシア人に対する十字軍を主導することを申し入れていた。彼はまた中部ヨーロッパで利用価値のある同盟者となりそうだった。隣国のボヘミア王が皇帝の権利を主張していたからである。シャルルは、王妃であるプロヴァンスのベアトリスの死の報せを受け取るや否やベーラに書状を送り、彼の末娘マルギトとの結婚を申し込んだ。しかし、この王女はすでに尼僧になることを誓っていて、両親は彼女の希望を尊重した。一説では、彼女は望まない結婚を逃れるため、自ら顔に傷をつけたとされている。シャルルは新たな提案を行なった。ハンガリーの皇太子すなわち後のイシュトヴァーン五世には、ラースロー〔四世〕という息子とマリーアという娘がいた。ラースローはシャルルの娘イザベルと結婚することになり、一方、後のシャルル二世、当時サレルノ公であったシャルルの長男がマリーアと結婚することとなった。国王ベーラは同意し、二組同時の結婚が行なわれた。この結果、のちにアンジュー家がハンガリーの王位を占めることとなった(6)。

こうして準備された最初のコンスタンティノープル遠征計画は、コンラーディンのイタリアへの侵入によって中断した。この侵入者が撃退されるまで、東方への危険をともなう事業は進められなかった。実際、アケーア公は自ら四〇〇人の騎士を率いてコンラーディンと戦うシャルルの支援に現れ、タリアコッツォの戦いに加わった。

シャルルと東ローマ帝国

その戦いの勝利のあと計画が復活し、シャルルとアケーア公ギョームが望んだ状態と完全に一致するわけではなかったが、同盟関係は強化された。ギョームには王子がなく、娘が二人いるだけだった。彼は年長の娘イザベルを跡継ぎとして指名していた。イザベルはビザンティン皇帝ミカエル・パラエオログスの長男アンドロニクスとの結婚を求められていた。フランク人がアケーアと帝国の平和な再結合を許していたら、ギリシアの歴史はもっと幸せなものとなっていたであろう。しかし、シャルルの考えは違っていた。彼は次男フィリップとイザベルの結婚を要求したうえ、元皇帝ボードゥアンから獲得した条件に類似したものを主張した。すなわち、もし新郎が子供無しに死んだ場合、世襲財産はシャルルに渡るという条件である。ボードゥアンの息子の場合は、その条項はたぶん正当なものであった。ボードゥアンには他に直接の後継者がいなかったからである。[7] しかし今回、その条項は合法的な女子相続人からの相続権の剥奪を意味し、あらゆる封建制の先例に反するものだった。ギョームはそれに異を唱えながらも同意せざるを得なかったが、のちに彼は死の床で、すでに義理の息子フィリップが死去していたため、下の娘マルグリートに有利な遺言状を密かに作成した。[8]

シャルルは、一二七〇年夏にコンスタンティノープルに対する遠征軍を出帆させる計画をたてていた。春には艦船に装備が施され、アドリア海沿岸の港に集められた。フィリップとイザベルの結婚の契約は、アケーアのフランク人との最終的な取り決めが成立した六月十二日に調印された。コンスタンティノープルでは皇帝ミカエルが深刻に憂えていた。彼は城壁を修繕し、艦隊を再編していた。コンスタ隊は小規模ではあるが、装備は優れていた。しかし、遠征の報せが伝わるや、敵対する近隣諸国が結束することが彼にはわかっていた。西方の唯一の盟友はジェーノヴァだったが、そのジェーノヴァはいまやシャルルと友好的な教皇派の手中にあった。ミカエルの密偵たちが、ジェーノヴァとその東方の植民地で皇帝派を復活させるために懸命に工作したが、成果をあげていなかった。かつてミカエルがマンフレーディの脅威にさらされたときは、提供できる唯一の餌、すなわちコンスタンティノープルの教会とローマ教会の再合同の実現のために最善を尽くすという約束で、教皇との友好関係を求めた。教皇ウルバヌス四世は、マンフレーディを恐れて、ミカエルを秘かに激励した。しかし今は、教皇クレメンスはそれほど好意的ではなかった。マンフレーディの脅威が除かれたからには、分離派の皇帝と取り引きする理由はなかった。

ところが、勝ち誇ったシャルルへの不信が募るにつれて、教皇クレメンスはミカエルが何度も提示した申し入れを無視しなくなった。コンスタンティノープルの総大主教が友好的で尊敬に満ちたいいまわしで書簡を送ってきたときと、ミカエルが誠実さを示すために異教徒に対する十字軍に参加すると申し出たとき、教皇はとりわけ喜んだ。そして、いまや自分が条件を提示することができると思った。彼は一二六七年五月十七日、皇帝の提案に対する返事を送り、ギリシア教会は政治的な、あるいは教会に関する議論を行なう以前に、無条件で教皇の権威に服さなければならないと主張した。ミカエルがそうした条件を受け入れることはできないことを、たぶん彼は知っていたのだろう。受諾はすなわち、ミカエルが王座を犠牲にしなければならないということだった。というのも、ビザンティンの人びとには、プライドもあったし、ラテン人による迫害の苦い経験もあったため、再合同を考慮させるには極めて慎重に説得する必要があったからである。その手紙が送られて十日後の目的地にまだ到着すらしていないときに、クレメンスはヴィテルボでシャルルと〔元ラテン帝国〕皇帝ボードゥアンの和解を取り仕切った。(9)

一二六八年のコンラーディンの侵入のおかげで、皇帝ミカエルは救われた。しかし、コンラーディンが敗れた直後、教皇クレメンスは亡くなった。そして、教皇空位のために、ミカエルには訴え出る重要な権威が存在しなくなった。だが、彼は西方の状勢については充分な情報を得ていた。二つのビザンティン使節団が一二六九年中にさほど間をおかずパリを往復し、不確かな教会合同の提案を伝え、力で強制された合同よりも自主的な合同のほうがはるかに満足のいくものであることを指摘した。それは慎重な働きかけだった。ルイは分離派を快く思っていなかったので、皇帝の提案を単に枢機卿会に付託しただけだった。枢機卿たちの返答は、亡くなった教皇の条件を繰り返しただけだった。(10) しかし、ルイはその問題の緊急性に注目した。彼の野心は異教徒に対する十字軍をただちに実行することだった。彼の健康は衰え始めていたからである。これまでの十字軍の大失敗が、記憶にまとわりついていた。いまや国の条件は整い、国を離れることが可能だった。しかし、彼は弟の助力を求めた。もしこの時点でシャルルがコンスタンティノープルに対する作戦に出発したら、たとえそれが聖なる教会のためであろうと、自分の神聖な十字軍は不利な状況に陥るだろうと考えられた。フランス国王の意見を伝える手紙が、シャルルに送られた。(11)

フランス国王ルイの死（一二七〇年チュニジア十字軍）

シャルルは困惑した。彼は兄を心から賞賛し尊敬していたし、ルイが影響を及ぼす世論の力を充分に知っていた。シチリア国王がフランスの兄の十字軍に加わらないということは決してあってはならない、と考えられた。しかし、彼は個人的な東方への冒険を捨てるつもりはなかった。ルイがその遠征を延期してくれることをむなしくも望みながら、彼はコンスタンティノープルに対する軍事的・外交的準備を進めていた。同時に、たとえ自分がイスラム教徒に対する十字軍に参加するにしても、その征服は自分の直接的な利益になるイスラム教徒を対象とする十字軍でなければならないと決めていた。

シチリアからちょうど海を隔てたところに、チュニスの王ムスタンシルの領土が広がっていた。シャルルは彼を不快に思っていた。国王ルッジェーロ二世の時代から、チュニスはシチリア王に年貢三万四三〇〇ベザント金貨を支払うことに同意していた。ムスタンシルはマンフレーディの死による王朝の交代を理由に、その支払いを中止していた。そのうえ、彼はマンフレーディとコンラーディンを支持する亡命者たちを受け入れ、シチリアの反乱者たちの援助さえ行なっていた。しかし、彼は頑迷なイスラム教徒ではなかった。滞在するキリスト教徒の商人に加えて、宮廷にいるキリスト教徒の亡命者にさえ、礼拝の完全な自由を許していた。首都にはドミニコ会修道院の設立を許した。実際、彼自身の改宗も不可能ではないとささやかれていた。シャルルは国王ルイの注意をたくみにチュニスへと向けさせた。エジプトと東方イスラム支配圏に対する攻撃のために、チュニスの支配がどんなに価値があるかを指摘した。ムスタンシルはキリスト教を採用するかどうかの瀬戸際で揺れているが、臣下の将軍やカリフたちの反対を恐れていることも、シャルルは示唆した。兵力をわずかに誇示するだけでムスタンシルは臣下を無視して決断するだろう、と。チュニジア人の王の改宗の可能性をシャルルが実際に信じていたかどうかは疑わしい。しかし、チュニスを従順な者に支配させることは、彼にとってこの上なく有利なことだと思われたし、その国を征服して自分の帝国に加えることは、さらに好都合だと思えた。そうなれば、地中海の要所にあたる海峡の完全な支配権を手に入れることになり、シチリアの今後の混乱にも自分で対処し得る保証となるからだった(12)。

国王ルイは弟の説得に乗った。キリスト教のために、一つの国とその王位を奪取する機会に恵まれたことが彼を興奮させ、戦略の議論も彼にとっては完璧と思われた。顧問たちはそれほど楽観的ではなかった。十字軍への国王の不参加を望む者はほとんどいなかったが、国王が十字軍に参加しなければならないとしても、東方へ直接赴くほうがよいと思われた。東方では、追いつめられた海外属領《ウートルメール》の騎士たちがキリスト教徒の援軍を執拗に要求していたからである。ルイの最も信頼できる数人の友、たとえば彼の伝記作者ジョアンヴィルなどは、その遠征に同伴することを拒否した。しかし一二七〇年七月一日、ルイがエグモルトから船出したときは厖大な大軍を伴っていた。当時まだ生きていた三人の息子、長男の妻、義理の息子のナヴァラ王テオバルド〔二世〕、それにフランスの最高位の貴族の多くが同行した。ジェーノヴァ人が船を供給し、部隊のほとんどを輸送した。

チュニス遠征に利点もあるとはいえ、シャルルはルイが十字軍計画を中止することを最後まで望んだ。王の顧問の多くも反対であることを知っていた。彼がコンスタンティノープル遠征の準備を止め、自らの指揮によってチュニスに進むよう船舶に命じたとき、すでにフランス軍は出発していた。アドリア海沿岸の港からそれらの船を迂回させ、シチリアに再結集させるのに時間がかかった。七月八日、彼は夏の前半を過ごしたナポリを出発した。七月十三日にはパレルモに着き、船団を待ちながら一カ月そこに滞在した。八月二〇日、島の西端のトラーパニに着いた。八月二四日の夜、彼は艦隊の先頭にたって出帆し、翌日チュニス沖に停泊すると、まさにその朝国王ルイが死んだという報せを耳にした。

フランス軍は七月十七日にチュニス沖に着いていた。上陸は抵抗を受けなかったが、国王ムスタンシルは自ら進んで改宗を公表することを渋った。彼は首都に引きこもり、要塞に兵を配置した。国王ルイは古代カルタゴの遺跡に陣地を設営をしたが、ムスタンシルの敵兵を考慮すると、シャルルが部隊を連れて到着するまで、直接の攻撃は延期するほうが賢明に思えた。その間、チュニス人の小部隊が陣地を断続的に急襲した。彼らの奇襲よりもはるかに効果をあげたのは、アフリカの夏だった。うだるような暑さのなか、熱帯の衛生管理の知識がほとんどなかったため、フランス軍は赤痢や腸チフスにかかり始めた。まもなく軍の半数が病に倒れ、地位の低い将兵たちが指導者にならざるを得なくなった。王の次男で二〇年前に父親がエジプト軍の捕虜となったときダミエッタで生まれたジャン・トリスタンが死に、四日後には教皇特使が後を追った。国王ルイと長男フィリップ〔三世〕も病気になった。フィリップは危機を乗り越えたが、国王ルイは三週間病に伏せた後、八月二五日に早すぎる死を迎えた。

シャルルのチュニス支配

シャルルの到着によってフランス軍は救われた。彼の部隊は意気盛んだったし、気候への対処法を知っていた。涼しくなるとすぐに、シャルルはチュニスへの攻撃を敢行した。二つの小さな戦いでチュニス軍は敗れ、さらにイングランドのエドワード王子〔後のエドワード一世。プランタジネット朝〕の指揮の下、新たな十字軍の軍隊が近づいているとの報せが届くと、ムスタンシルは和平を請うた。十月三〇日に協定が作成され、十一月一日、ムスタンシル、シャルル、彼の甥のフランス国王〔フィリップ三世〕が調印した。そこで合意されたことは、ムスタンシルがこの戦争の費用を全額支払い、その三分の一がシャルルのものとなること。ムスタンシルの領土に捕らえられているすべてのキリスト教徒を解放すること。ノルマンの国王に納められていた年貢よりもやや高い年貢をシャルルに支払うこと。シャルルの商人たちにチュニスへの自由な出入りの権利と、彼らの宗教の自由な礼拝を認めること。そして最後に、チュニスにいた政治亡命者は全員追放されることとなった。この協定は十年間有効とされ、一二八〇年に更新されたようである(13)。

シャルルがこの戦役できわめて巧妙に立ち回ったので、十字軍のあいだで彼の真意について疑念が生じた。キリスト教徒の軍がチュニスを征服できたはずだったのに、と彼らは思った。しかし、それが実現していたらシャルルは、フランス王、ナヴァラ王、ちょうど到着するところだったイングランドの王子、ローマ教会、ジェーノヴァ人、それに数々の諸侯と、戦利品を分けなければならなかった。彼がいちばん良いものを受け取れる、交渉による和平を選んだのは、当然だった。十一月早々、従兄弟のコーンウォールのヘンリーとともに到着したエドワード王子は、戦いが終わっているのを知って失望した。エドワードは、コーンウォールのヘンリーにガスコーニュ地方〔現フランス南西部地方の古名。当時は一部イングランド領ないし勢力圏〕の政府を奪取するためフランス軍とともに戻るように指示した後、聖地へと航海を続けた[14]。

有利な和平協定にもかかわらず、不運はなおも十字軍に、またシャルルにさえも付きまとっていた。野営地では病気が続き、さらに多くの犠牲者がでた。すでに病気に倒れていたナヴァラ王は、トラーパニで死んだ。フランス軍がカラーブリア地方を通って陸路を移動中に、フランスの若き王妃アラゴンのイサベルが落馬し、その傷がもとでコセンツァで死去した。シャルルの軍隊も病気で激減し、さらに神の手による災難が彼にふりかかった。十字軍の艦隊がチュニスから北方へ航海中、シチリア西岸沖で猛烈な嵐に襲われた。シャルルの最良のガレー船数隻を含めて十八隻が失われた。他の多くの船も大損害を受けた。コンスタンティノープルに対する遠征を再開するための修理に何カ月も要すると思われた[15]。

シャルルは国王ルイの死によっても重大な損害を被った。彼はルイの政策につねに同意していたわけではないし、ルイの逡巡には反感を抱いていた。とくに、ルイの十字軍遠征の重大な決定には憤っていた。しかし、ルイは彼が頼りにできる誠実で愛情深い兄だった。新しいフランス王はもっと性格の弱い人物だった。そのフィリップ三世は伯父を賞賛していたし、伯父と一緒のときはその影響を受けやすかった。ただ、フィリップはまた母親にも忠実だった。その王妃マルグリートは、プロヴァンスの相続財産のすべてを奪ったシャルルを許すつもりはなかった。遡ること一二六三年に国王ルイは、シャルルに一切援助をしないという宣誓を王妃がフィリップに無理矢理たてさせたことを知った。ルイは激怒し、フィリップにその誓いを撤回させた。今やルイは亡く、若い妻も死んだとなっては、フィリップがフランスに戻ったときに、彼に対する母親の影響力を阻止できる人物はいなかった。シャルルはフランス宮廷の支持をもはや当てにはできなかった[16]。

フランス軍は陸路イタリアを通って、ゆっくりと祖国へ戻った。シャルルはヴィテルボまで甥に同行した。ルイは枢機卿たちが新しい教皇を選出できなかったことに心を痛めていたので、国王フィリップはぜひ父の望みを実現し、混乱に終止符を打とうとした。シャルルは再び、身内の信仰心を悔やんだに違いない。教皇の空位はシャルルにとってまたとない機会だった。しかし、それはいずれ満たされるべきもので、彼が助力する意志がないように見えることは好ましくないと思われた。二人の王は、一二七一年三月のほとんどをヴィテルボに滞在した。そのときは枢機卿たちとの協力も実を結ばなかったが、枢機卿会の両派に妥協が必要だと二人は説得したようである。さらに数カ月にわたる論争の後、彼らは小さな委員会を設立し、そこでリエージュの助祭長テバルド・ヴィスコンティを候補とすることが同意された。一二七一年九月一日、彼が教皇に選出された[17]。

王のヴィテルボ滞在に、ある悲劇が暗雲をもたらした。コーンウォールのヘンリーがフランス軍に随行していたが、彼はイギリス人が「ドイツ人」と呼ぶ人物で、神聖ローマ帝国の王リチャード〔ドイツ王コーンウォール伯リチャード〕の息子だった。前途洋々たる若者で、父の帝国の権利を相続するだろうと人びとは見ていた。一方で、ギーとシモンのモンフォール兄弟がシャルルに従っていたが、彼らはイングランド王に対する反逆者として死んだレスター伯シモンの息子たちだった〔貴族戦争〕。ヘンリーはエドワード王子から、エドワードの義理の兄弟エンリケ王子〔カスティーリャ国王アルフォンソ十世の弟。タリアコッツォの戦いで捕虜となった〕の釈放についてシャルルと交渉し、モンフォール家とイングランド王家とを和解させるよう命じられた。モンフォール家はプランタジネット朝への敵意を捨て去るつもりはなかった。そしてある日、ヘンリーがサンシルヴェストロの教会で礼拝中に、ギーが背後に忍び寄って彼を刺し殺した。ヘンリーは人びとに好かれていた。そして、その殺人が教会内で行なわれたことが世間に衝撃を与えた。ギーはシャルルの最も意欲的で成功を修めた副官の一人だったが、シャルルは彼との縁を切り、その職と地位を解任せざるを得なかった(18)。

バルカン半島の要となったシャルル

十字軍が終結したことで、シャルルは東ヨーロッパ作戦へ復帰することができた。コンスタンティノープル大遠征は延期せざるを得なかったが、やるべき仕事はたくさんあった。エピロス専制公《デスポーテス》ミカエルは一二七一年早々に死去していた。彼の嫡子ニケフォルス一世は、庶子の半兄弟ヨアンネス〔一世ドゥーカス・アンゲルス〕から自分の相続財産を守るのに苦労していた。ヨアンネスはすでにネオパトラスの領主であるネオパトラス公となって、テッサリア地方とコリント湾のあいだの山岳地帯を支配していた〔テッサリア支配〔国〕〕。シャルルは彼らの争いを利用して、専制公国の北部地方に自分の領土を拡げた。二月、彼の部隊はドゥラッツォを占領し、初夏の間にアルバニア地方の内陸深く侵入した。翌年の二月には、シャルルは自らアルバニア王と宣言してガッツォ・チナルドを総代理に任命し、また彼を助ける裁判官と財務長官をおいた。その王国はアクロセラウニア岬〔現ブローラの近く〕からモンテネグロ山脈の麓のアレッショ〔現レジャ〕まで海岸沿いに広がり、内陸の部族も不安定ながら支配していた。コルフ島と対岸の本土側の都市はまた別に統治されていたようである。戦略上の観点を除くと、シャルルはバルカンの領土から得るところは少なかった。その歳入は政府の維持がかろうじて可能な額だった。住民たちにローマ教会のキリスト教を強いる試みはつねに反発を招き、ラテン人をドゥラッツォの大司教として就任させたにもかかわらず、彼は総代理とつねに仲が悪かった。地元の人間をその地方の要職につかせないという通例に従って、シャルルは忠実なナポリ人をアルバニアとコルフ島へ就任させることで、彼らに報いた。しかし、シャルルが新王国の守備隊として使ったルチェーラ出身のサラセン人は、政府よりもアルバニア人に好意を示す傾向があった(19)。

それにもかかわらず、シャルルはいまやバルカンの政治の重要な要素となっていた。彼はまもなく、ミカエル・パラエオログスの帝国の崩壊を望んでいる友を近隣の君主のなかに見出した。新しい王国のすぐ東のセルビアはステファン・ウロシュ一世が統治していたが、その妃エレーヌは元皇帝ボードゥアンの娘で、ローマ教会への熱心な回宗者だった。セルビアの東にはブルガリアがあり、皇帝コンスタンティン〔・ティフ〕・アセンは、ミカエル・パラエオログスがニケーアの帝位から追放し盲目にさせた少年皇帝ヨアンネス四世の姉と結婚していた。彼らの国の利害は異なっていたが、両王室の女性は、憎むべきコンスタンティノープルのギリシア人皇帝に屈辱を与える行動をとるよう、シャルルを励ました。シャルルの使節は両宮廷で歓迎された。また、ペロポネソス半島もいまやシャルルの強い影響下にあった。女相続人〔アケーア公ギヨームの長女イザベル〕とシャルルの息子フィリップの結婚が一二七一年五月に行なわれ、シャルルの支配権がしばしば約束された。その間、ギヨーム公は忠実な家臣だった。もう一人の重要なフランク系ギリシア人君主のアテネ公ジャンは、痛風のため活動は限られていたが、ギヨームを直接の宗主として認め、彼を熱心に支えていた。ギリシア人のネオパトラス公は、ミカエル・パラエオログスがローマとの密接な関係の兆しを示すときだけは正教会の熱烈な擁護者となったにもかかわらず、ラテン人の近隣の国々とは友好的だった。ネオパトラス公の娘の一人は、ジャン公の継承権のある兄弟アテネ公ギヨームと結婚しており、もう一人の娘はステファン・ウロシュとラテン人の妃の間の長男〔ステファン・ウロシュ二世〕と結婚していた。さらに彼は、コリント湾の貿易に関心を持っていて、そのためにはシチリア王との友好関係が得策だった。シャルルがコンスタンティノープルに対する大同盟をまとめるのは簡単だと思われた。しかし、シャルルは注意深く行動しなければならなかった。新教皇がどのように行動するのか、シャルルにはわからなかったからである[20]。

〈原注〉

（1）第三章七四～七六、八六～八八ページを参照。

（2）Pachymer, *De Michaele Palaeologo*, p. 508; Miller, *The Latins in the Levant*, pp. 125–6; Léonard, *Les Angevins de Naples*, pp. 103–4.

（3）条約の内容は、Buchon, *Recherches et Matériaux pour servir à une Histoire de la Domination française*, vol. I, p. 33; Miller, *op. cit.* pp. 126–7による。

（4）Miller, *loc. cit.*

（5）Runciman, *History of the Crusades*, vol. III, pp. 313, 331–2.

（6）Léonard, *op. cit.* pp. 105–6.

（7）ボードゥアン二世の娘でセルビア王妃のエレーヌは、分離派の君主と結婚したもののラテン教会の熱心な伝道者であったが、彼女の要求はヴィテルボでは無視されたようである。

（8）マルグリートを引き立てたと推定される遺言については、Miller, *op. cit.* pp. 129–30, and pp. 252–3。

（9）Martène and Durand, *Thesaurus*, vol. II, p. 469 (Clement's letter to Michael); Pachymer, *op. cit.* pp. 359–61; Norden, *Das Papsttum und Byzanz*, pp. 448–57.

（10）Pachymer, *op. cit.* pp. 361–2; *Annales Januenses*, p. 264; Norden, *op. cit.* pp. 265–6.

（11）Sternfeld, *Ludwigs des Heiligen Kreuzzug nach Tunis und die Politik Karls I von Sizilien*, pp. 164 ff.

（12）Sternfeld, *op. cit.* pp. 201 ff.　シャルルが兄のアフリカ遠征を知らなかったと述べている言質には、疑問が残る。Saba Malaspina (*op. cit.* p. 859) は、アフリカを攻撃しなければならないと彼は前もって決めておいたと、率直に述べている。Joinville, *Histoire de Saint Louis*, ed. de Wailly, pp. 398–400.

（13）Sternfeld, *op. cit.* pp. 237–48; Runciman, *op. cit.* vol. III, pp. 291-2; Hefele-Leclercq, *Histoire des*

Conciles, vol. VI, 1, pp. 64–6. 主な典拠は、William of Nangis, *Gesta Sancti Ludovici* (Bouquet, *R.H.F.*, vol. XX), pp. 440–62である。また、*Annales Januenses*, pp. 267–9も参照。

(14) Villani, vol. II, pp. 203–4は、十字軍の不満を報告している。エドワードの関与については、Powicke, *King Henry III and the Lord Edward*, vol. II, pp. 598–9を参照。

(15) William of Nangis, *Gesta Philippi III* (Bouquet, *R.H.F.*, vol. XX), pp. 476–8, 482–4; Hefele-Leclercq, *op. cit.* vol. VI, 1, p. 66.

(16) 王妃マルグリートについては、第五章一一九〜一二〇ページを参照。フィリップ王は一二七四年に再婚したが、その妻ブラバントのマリーが姑の口出しを止めさせた。第十一章三〇八〜三〇九ページを参照。

(17) Hefele-Leclercq, *op. cit.* vol. VI, 1, pp. 66–7; Pinzi, *Storia della Città di Viterbo*, vol. II, pp. 280–92.

(18) Powicke, *op. cit.* vol. II, pp. 609–10.

(19) Léonard, *op. cit.* pp. 107–8; Miller, *op. cit.* pp. 516–7, and *Essays on the Latin Orient*, pp. 432–3; Bourcart, *L'Albanie et les Albanais*, p. 98; Norden, *op. cit.* pp. 477–80.

(20) Longnon, *L'Empire Latin*, pp. 240–2; Diehl, Oeconomos, Guilland and Grousset, *L'Europe Orientale de 1081 à 1453*, pp. 204–6; Miller, *The Latins in the Levant*, pp. 131–3; Norden, *op. cit.* pp. 480–5.

第10章　教皇グレゴリウス十世

アレッツォにある教皇グレゴリウス十世の墓。

パラエオログス朝〔一部〕

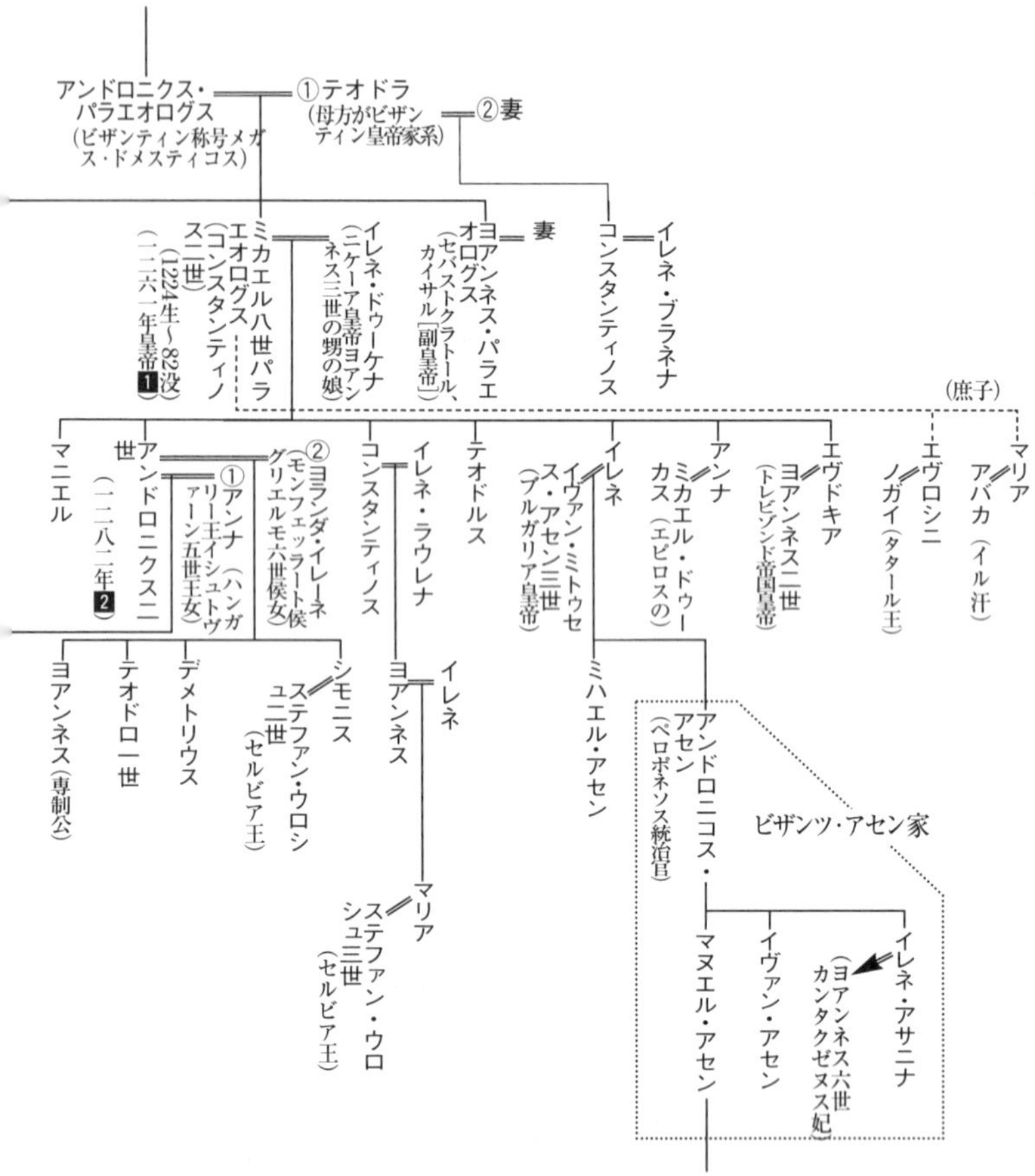
アンドロニクス・パラエオログス（ビザンティン称号メガス・ドメスティコス）
①テオドラ（母方がビザンティン皇帝家系）
②妻
ミカエル八世パラエオログス（コンスタンティノス二世）（1224生～82没）（一二六一年皇帝 1）
イレネ・ドゥーケナ（ニケーア皇帝ヨアンネス三世の甥の娘）
ヨアンネス・パラエオログス（セバストクラトール、カイサル［副皇帝］）
妻
コンスタンティノス
イレネ・ブラネナ
（庶子）
マニエル
アンドロニクス二世（一二八二年 2）
①アンナ（ハンガリー王イシュトヴァーン五世王女）
②ヨランダ・イレーネ（モンフェッラート侯グリエルモ六世侯女）
コンスタンティノス
イレネ・ラウレナ
テオドルス
イレネ
イヴァン・ミトゥセス・アセン三世（ブルガリア皇帝）
アンナ
ミカエル・ドゥーカス（エピロスの）
エヴドキア
ヨアンネス二世（トレビゾンド帝国皇帝）
エヴロシニ
ノガイ（タタール王）
マリア
アバカ（イル汗）
ヨアンネス（専制公）
テオドロ一世
デメトリウス
シモニス
ステファン・ウロシュ二世（セルビア王）
ヨアンネス
イレネ
マリア
ステファン・ウロシュ三世（セルビア王）
ミハエル・アセン
アンドロニコス・アセン（ペロポネソス統治官）
ビザンツ・アセン家
マヌエル・アセン
イヴァン・アセン
イレネ・アサニナ
（ヨアンネス六世カンタクゼヌス妃）

東ローマ帝国（ビザンティン）

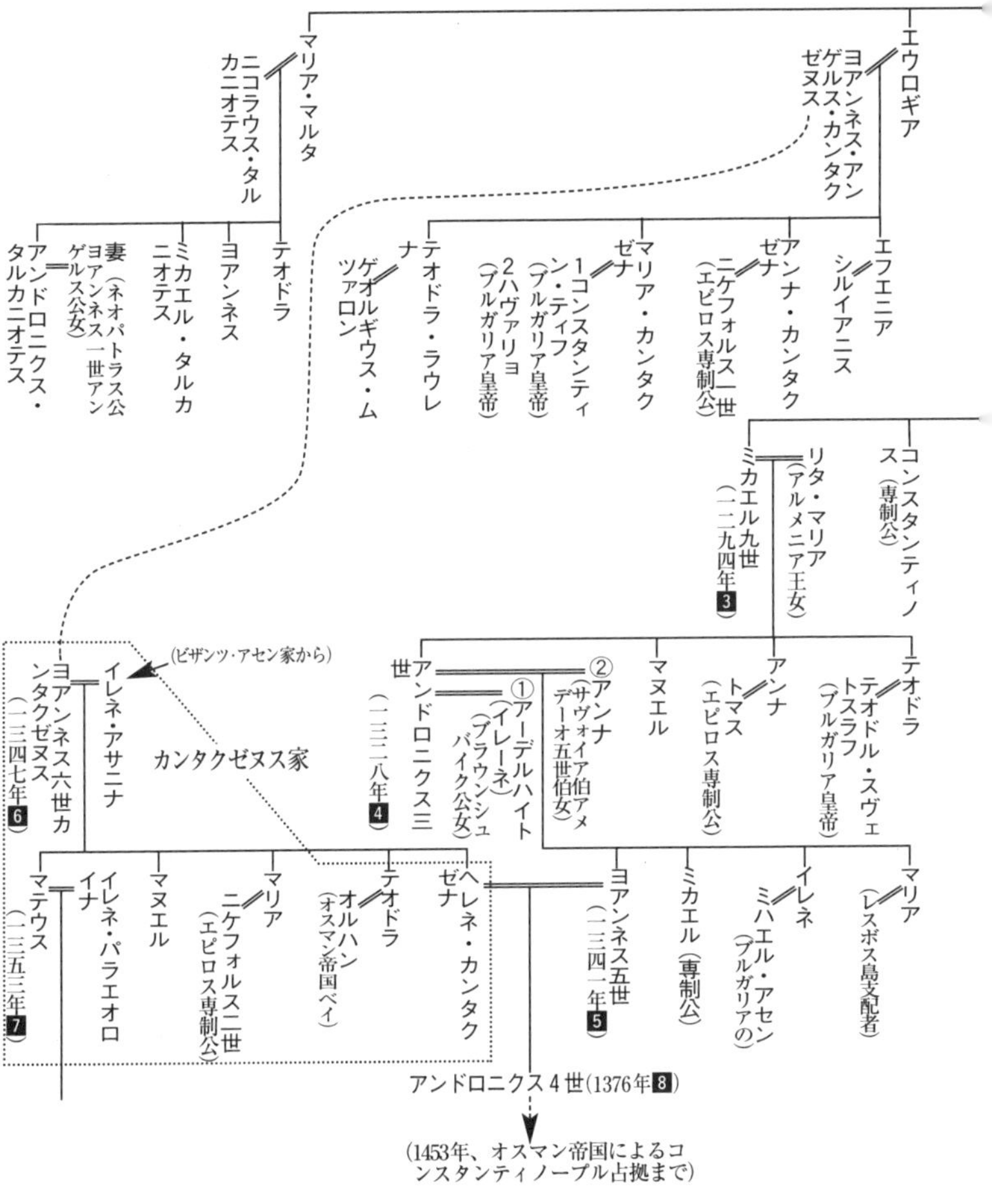

エウロギア
ヨアンネス・アンゲルス・カンタクゼヌス
マリア・マルタ
ニコラウス・タルカニオテス
エフェニア
シルイアニス
アンナ・カンタクゼナ
ニケフォルス一世（エピロス専制公）
マリア・カンタクゼナ
1コンスタンティン・ティフ（ブルガリア皇帝）
2ハヴァリヨ（ブルガリア皇帝）
テオドラ・ラウレナ
ゲオルギウス・ムツァロン
テオドラ
ヨアンネス
ミカエル・タルカニオテス
妻（ネオパトラス公ヨアンネス一世アンゲルス公女）
アンドロニクス・タルカニオテス
コンスタンティノス（専制公）
リタ・マリア（アルメニア王女）
ミカエル九世（一二九四年3）
テオドラ
テオドル・スヴェトスラフ（ブルガリア皇帝）
アンナ
トマス（エピロス専制公）
マヌエル
②アンナ（サヴォイア伯アメデーオ五世伯女）
①アーデルハイト（イレーネ）（ブラウンシュバイク公女）
アンドロニクス三世（一三二八年4）
(ビザンツ・アセン家から)
イレネ・アサニナ
ヨアンネス六世カンタクゼヌス（一三四七年6）
カンタクゼヌス家
マリア（レスボス島支配者）
イレネ
ミハエル・アセン（ブルガリアの）
ミカエル（専制公）
ヨアンネス五世（一三四一年5）
ヘレネ・カンタクゼナ
テオドラ
オルハン（オスマン帝国ベイ）
マリア
ニケフォルス二世（エピロス専制公）
マヌエル
イレネ・パラエオロイナ
マテウス（一三五三年7）
アンドロニクス4世(1376年8)
(1453年、オスマン帝国によるコンスタンティノープル占拠まで)

教皇グレゴリウス十世の登場

シャルルの慎重な態度は賢明だった。新教皇は無視できる存在ではなかった。テバルド・ヴィスコンティは、枢機卿たちが妥協できる立派な候補者であった。彼はピアチェンツァ生まれのイタリア人だったが、教会生活のほとんどをアルプスの北の低地帯諸国〔現ベルギー・オランダ・ルクセンブルグの占める地域〕で過ごし、政治的論争には関与していなかった。教皇に選出されたとき、彼は聖地にいた。イングランドのエドワード王子の遠征に同伴した低地帯諸国の十字軍の指導者として、滞在中だった。彼にとって、教皇への選出は青天の霹靂にひとしく、パレスチナを離れることは不本意であった。教皇としての最初の行動は、シリアにいる十字軍戦士に大きな支援を訴える回勅であった。イタリアへの出発前にアッコン〔現アッコ、イスラエル北部〕で説いた説教は、次のようなものであった――「おぉ、イェルサレムよ。もし私がおまえを忘れるようなことがあれば、私の右手が動かなくなっても悔やむことはないだろう」。教皇の任期中も、東方の十字軍への強烈な思いを抱き続けた。

新教皇は一二七二年一月に南イタリアへ上陸した。国王シャルルは彼が王国を通過する際にもてなし、おそらくは彼と政策について議論したものと考えられる。彼はヴィテルボへ進み、二月十日に到着した。彼はローマで自分の即位式が行なわれることを望んだ。シャルルは執政官として彼を迎えるために、ローマへ急いだ。彼は三月二七日に、グレゴリウス十世の名で教皇となった。(1)

グレゴリウスには政策を練る時間が充分にあった。即位の四日後に教皇勅書を発布し、二年ぶりの教会会議を一二七四年五月一日に開催すると命じた。そこでは、三つの主要な議題を論ずる予定だった。すなわち、教会改革、ローマ教会とコンスタンティノープル教会の合同、および東方への十字軍であった。(2)それはシャルルにとって歓迎すべきことではなかった。教会改革問題は、王国内の教会に対する自分の影響力を減じるものでない限り、彼にはあまり関心がなかった。彼の望んでいた十字軍は、コンスタンティノープルに対するものだった。教会同士の自主的な合同をめざした交渉が行なわれるのであれば、彼は自らの希望を捨てざるを得ないだろうと思われた。だが、そのすぐれて宗教的な計画に異を唱えることは難しかった。そのうえ彼には、イタリアでの教皇の支持が必要だった。トスカーナ地方の皇帝代理の地位は皇帝不在時に前教皇から与えられたもので、彼はそれを保持したがっていた。もし全イタリアの教皇派に対する影響力の堅持を望むならば、教皇の協力が不可欠だった。近いうちにそれは認められるようであったが、もし教皇が新しい皇帝を見つけるようだったら、シャルルは近い将来自分の権利を追求せねばならなかった。さらに彼は、ちょうどジェーノヴァとの争いに巻き込まれたところだったので、教皇との協調を必要としていた。

シャルルとジェーノヴァの抗争

これまで、シャルルとジェーノヴァとの関係が良好だった例しはなかった。両者はリグリア地方の沿岸をめぐってかなり以前から争っていた。ジェーノヴァは権利を主張していた土地を回復し、見返りに、シャルルがイタリアへ向かう際、その通過を露骨に反対するのを控えたものの、シャルルへの援助は全くなかった。ジェーノヴァ政府は名目上は教皇派だった。しかし、皇帝派は追放されてはいなかったし、他の教皇派都市と同盟を結ぼうとはしなかった。ジェーノヴァはビザンティン人との特恵的な立場を享受していて、それを失うことを恐れたので、元皇帝ボードゥアンとシャルルの協定に憤慨した。とくに、ヴィテルボで調印された条約が、長年のライバルであるヴェネツィアにだけ保証を与えていたことに不満だった。ジェーノヴァはコンラーディンには何の援助もしなかった。しかし、彼がポルトフィーノで一日を過ごしたときに、指導的な教皇派の連中がこれみよがしにわざわざ表敬訪問を行なった。一二六九年八月にジェーノヴァ政府は、トスカーナ地方でのシャルルの権力が承認されたことに驚くと同時に、シチリア王国での貿易特権をぜひ手に入れたいと望んで、ついにシャルルと条約を結び、皇帝派を追放することに同意した。代償として、ジェーノヴァはシャルルの支配する港に自国の商人たちのための領事館と住居をかまえること、また税の特別控除を受けることが認められた。

その条約は短命だった。ジェーノヴァ政府は、国王ルイにチュニスへの十字軍に必要な船舶を貸与することで友好的な態度を示した。十字軍兵士とジェーノヴァ人水夫たちが被った病気や悲惨な状況の報せがジェーノヴァに届くと、世論は政府に敵対するようになった。もともと皇帝派をすべて追放することは不可能だった。彼らは数が多過ぎたし、その指導者のスピノーラ家とドーリア家は市中に多くの友人を持っていた。一二七〇年十月二八日、聖シモーネと聖ユダの聖名祝日に、突然の蜂起によって政府は転覆し、皇帝派が復帰した。オベルト・スピノーラとオベルト・ドーリアが市民隊長になって絶対的な権力を握り、市民隊長に対しては、自治都市と市民の長老たち、それに蜂起の日にちなんだ名である「祝福を受けた使徒シモーネとユダの幸運な結社」という大衆政治組織が助言を行なった。

新しい皇帝派政府は、シャルルと関係を絶つことを望まなかった。新政府はトスカーナとロンバルディーアの皇帝派とは慎重に距離を保った。ジェーノヴァはシャルルがチュニスと結んだ条約から恩恵を受けていた。そこに長い間捕虜となっていた多くのジェーノヴァ人が解放されたからだった。しかし、十字軍の艦隊がチュニスからの帰途に遭遇した嵐で、ジェーノヴァの船が何隻も没し、多くの船が航行不能となった。シャルルは、捨て荷とあわせて、難破船と被害を受けてシチリアの海岸まで流された船を回収して自分のものにする権利を、執拗に主張した。ジェーノヴァが抗議したが無駄だった。数カ月後、シャルルが教皇の即位式に立ち会うためにローマに滞在中、ジェーノヴァの教皇派と親密な関係にあった枢機卿オットブオーノ・フィエスキが手はずを整えて、指導的な教皇派の亡命者たちがシャルルと会うことになった。シャルルは助力を約束し、彼らはジェーノヴァに復帰した際にはジェーノヴァの市民隊長の地位をシャルルに与えることとした。その協定の報せを受けて、ジェーノヴァでの皇帝派への熱狂は高まったが、警戒心も生まれた。市民隊長たちは教皇に訴え出ることを決めた(3)。

教皇派と皇帝派の対立の収拾

教皇グレゴリウスは多忙だった。彼は誠実で偏見をもたず、唯一の目的はキリスト教世界の安穏だった。彼はシャルルに好意を持ってはいなかったようだが、教会の利益になると思われる場合はいつでもシャルルを支持する用意があった。彼が目をかけていた甥のヴィスドミノ・ディ・ヴィスドミニは、プロヴァンスでシャルルの裁判官として働き、エクスの大司教にとりたてられていた。教皇は彼に愛情を注ぎ、一二七三年に枢機卿にした。また、グレゴリウスは、おそらくヴィスドミノの推薦によるものだろうが、プロヴァンス人を使用することに積極的で、たとえばシャルルの最も忠実な役人の一人であるピュイリカールのファルクをアンコーナ辺境区の主任司祭に任命した。グレゴリウスはシャルルの権力を縮小しなかった。シャルルは依然としてローマの執政官であり、トスカーナ地方の皇帝代理のままだった。クレメンス四世がヴェローナ、パヴィーア、ピサ、シエーナといった頑迷な皇帝派の都市に対して発した聖務停止措置は、引き続き承認された。ロンバルディーア西部では、教皇特使としてヴィスドミノが、モンフェッラート侯グリエルモ〔六世〕に対する戦いで、シャルルの部隊に同伴した。グリエルモは、シャルルが停戦を協議するために送った三人の使者を不具にし、自らを窮地へと追い込んだ。(4)

しかしグレゴリウスは、教皇庁が何かにつけシャルルに依存しているように見えることを放置しておく気はなかった。彼は、イタリアの都市のいたるところに存在する教皇派と皇帝派の確執を、必死に収拾しようとした。また、ヴィスドミノがシャルルの手先だと見なされているのを知って、心を痛めた。その教皇特使は教皇宮廷に召還されて枢機卿の帽子を授与されて慰さめられ、そこに留まることを命じられた。一二七三年五月、グレゴリウスはアルノ川の河川敷で行なわれた会議で、フィレンツェの教皇派と皇帝派の調停を試みた。そして、皇帝派がいまだ郊外に堅持している要塞を教皇派政府に引き渡し、その代わりに彼らが市中に自由に戻ることができるよう取り決めた。教皇派がその要塞を直ちにシャルルの代理に渡し、皇帝派を罰し続けてその協定を破ると、グレゴリウスはフィレンツェに破門の措置を下して皇帝派に同情を表明した。しかし、新しい皇帝を選出することが、彼の主たる解決策であった。混乱状態にあるドイツでは、国家に加えて教会にとってもある種の集権的な権力が今こそ必要であったし、もし心底友好的に教皇とともに働く皇帝が現われたら、イタリアで教皇派と皇帝派を分裂させている理由のすべてが消え去るに違いないと、彼には思われた。問題は、そうした皇帝を見つけることだった(5)。

神聖ローマ皇帝をめぐる抗争

神聖ローマ帝国の王〔ドイツ王〕コーンウォールのリチャードは、一二七二年四月二日にイングランドで死去した。彼は息子ヘンリーを殺された衝撃から立ち直ることができなかった。リチャードの死によって、教皇の困難は軽減した。彼が皇帝になるつもりはないことは以前から明らかだったものの、教皇庁によってドイツ王としては承認され、他の候補者の可能性は排除されていた。彼の古くからの好敵手であるカスティーリャ王アルフォンソ〔十世〕がドイツ王を自称して、本気で皇帝の地位につこうとする兆候を再び示していた。しかし、アルフォンソの政策はイタリアの非妥協的な皇帝派と同盟することであり、教皇が彼の主張を斟酌することは不可能だった。さらに、ドイツでは彼への支持はまったくなかった。グレゴリウスは、新皇帝には誰であろうとドイツに秩序を回復できる人物でなければならない、と判断した。アルフォンソは、リチャードの死の報せを聞くとすぐに尊大な手紙を教皇に送り、自分の称号を承認して皇帝戴冠の手続きに着手するよう要求した。この要求が認められれば、彼は皇帝派の友人と縁を切り、北イタリアの代理の地位を国王シャルルに譲る約束の心づもりがあったようである。グレゴリウスは巧みな拒絶をもってそれに答えた。すなわち、神聖ローマ帝国の王を決めるのはドイツの選帝侯であるということであった(6)。

一方、グレゴリウスは選帝侯たちにその義務を果たすよう結集せよと説いた。適切な候補者を見つけることは難しかった。強い人物が求められたが、教皇にはしかるべく敬意を払う人物でなければならなかった。ドイツ諸侯は、自分の犠牲において秩序を回復する気などおこさない弱い人物が望ましかった。近隣の君主たちはまた異なる考えだった。もっとも威厳ある候補者はボヘミア国王オタカル二世だった。ボヘミア国王は代々世襲の皇帝への聖杯酌人として選帝侯に名を連ねていた。もっとも、ドイツ人でないという理由で、一部の法律家はそれに反対していた。しかしオタカルは、一部は征服により、また一部は自分より倍の年齢の女性と結婚したことで、オーストリアとシュタイアーマルク〔現オーストリア南東部〕のバーベンベルク家の相続権を手に入れ、いまや広大なドイツの領土を所有していた。また彼は、ドイツ騎士団と合同で、異教徒であるプロシア人への十字軍を遂行して大きな成果をもたらし、シュレジエン地方〔現ポーランド南西部〕のほぼ全土とその北方の辺境地帯を獲得した。その結果、彼の領土はバルト海からアドリア海まで広がった。彼はローマ教会とは総じて良好な関係にあり、また彼の一族はホーエンシュタウフェン家を嫌っていた。その頃、オタカルは皇帝への野心を一変して教皇派に敵対し、チューリンゲンのフリードリヒと娘を婚約させたことがあった。その後再び考えを変え、国王シャルルおよび教皇庁と友好関係を結んだ。オタカルはグレゴリウスに、娘がシャルルの最年長の孫と支障なく結婚できるように、娘とフリードリヒの婚約を解消してくれと頼んだ。グレゴリウスは承諾し、一時はオタカルが意中の人物となったかのように見えた。(7) しかし、シャルルの考えは違っていた。シャルルはオタカルとの同盟を望んでいたが、シュタイアーマルク地方からアドリア海岸までの所領を考慮すると、皇帝としてのオタカルは北イタリアで強力過ぎるように思われた。シャルルは甥のフランス王フィリップに書面で、皇帝の候補者となるよう命じた。シャルルは、彼への支持を教皇に説得できるし、フィリップと関係ある六人の強力な王がみな助力すると記した。それは巧妙な考えだった。フィリップは、皇帝となれば慕っている伯父に必ずイタリアの支配権を委ねるだろうし、伯父に対する感謝の念が強まり、母親の悪影響から解放されるだろうとの読みだった。しかし、シャルルの楽観主義は常軌を逸していた。彼は教皇グレゴリウスをまったく誤解していたし、カスティーリャとアラゴンの国王が実際にはフランスの彼らの従兄弟を推挙するだろうことを、真剣に考えてみることさえできなかった。フィリップはその計画に心をひかれた。一二七三年七月、彼は教皇に使節団を送り、その支持を求めた。グレゴリウスの答えは巧みだが曖昧だった。

使節たちに対し、彼らの主人の幸福を祈るが、問題全体はさらなる考慮が必要であると述べた。彼は、カスティーリャ国王もまだ対象となっていることを隠そうとしなかった(8)。

実際グレゴリウスは、外国人の王が皇帝になるのを許すつもりはなかった。彼は賢明にも、ボヘミアのオタカルにさえ反対していた。ドイツの選帝侯たちがオタカルを選ぶつもりがなかったためである。ドイツの諸侯のなかで最も注目された候補者は、コンラーディンの伯父でその相続人バイエルンのハインリヒ〔十三世〕だった。しかし、彼は兄のルードヴィヒ〔二世〕と一家の相続を分割していたものの、あまりに強力だった。彼もその地位をそれほど望んでいなかった。兄のルードヴィヒ伯が自ら立候補した。彼はプファルツ侯として選帝侯であり、自分の票が獲得できそうな唯一の票だった。次に、アンハルト伯オットーの名が浮上したが、彼は取るに足りない人物だった。最後に、ホーエンシュタウフェン家を起源とするニュルンベルク城伯フリードリヒ〔三世〕が、アルザス伯であるハプスブルク家のルードルフを推薦した。

ルードルフは恰好の候補者だった。五五歳で背の高い厳格な外見と物静かで礼儀正しい態度、その経験と信仰心はみなが認めるところの人物だった。彼の一家は伝統的にホーエンシュタウフェン家に忠誠を尽くしていたし、ルードルフ自身もその王朝に尽くしたことによって一度ならず破門の処分を受けていた。最近では、ヴェローナまでコンラーディンに伴をしたとき、破門になったことがあった。一族の領地はスイス北西にあり、ライン川およびアーレ川とルツェルン湖の間の土地のほとんどを所有していた。さらに、当時、現在のチューリヒ州にほぼ相当する豊かなキーブルク伯領を相続していた。さらに彼は、北部《アッパー》アルザス全土も所領としていた。彼は人間的に尊敬され裕福だったが、過剰な権力は有してはいなかった。一二七三年の夏までに、彼はドイツ人の目にはもっとも可能性のある候補者として、頭角を現した。しかし、選帝侯たちはなかなか態度を決めようとしなかった。帝国の自治都市は、選帝侯の全員一致の支持がない人物は受け入れられないと、すでに明言していた。彼らは、諸侯がどんなに喜ぼうとも、不安定と混乱は断固として拒否することを決心していた。八月にグレゴリウスは選帝侯たちに書簡を送り、もし所定の期間内に義務を果たさなければ、教皇自身が神聖ローマ帝国の王を指名するつもりだと厳命した。ルードルフは、もし自分が選ばれた場合は、諸侯の承認なしには王家の土地を一切譲渡しないと約束して、支持を獲得した。

選帝会議は一二七三年九月二九日に設定された。九月十一日に三人の聖職者の選帝侯であるケルン、マインツ、トリールの大司教がプファルツ伯と共同で、他の選帝侯が指名に同意した人物なら誰でも受け入れる用意のあることを発表した。彼らは、ザクセン公ヨーハンとブランデンブルク辺境伯がルードルフの支持を決めたことを確信していたようである。ボヘミアのオタカルはいまだ自分の選出を望んでいたので、他の人物への投票を拒絶した。

オタカルは選帝会議に出席するつもりはなく、代理としてバンベルクの司教を送り、可能なかぎり選出を妨害するよう命じた。他の選帝侯たちは結集して、ボヘミア王に選帝侯の資格はなく、七番目の投票権はバイエルン公にあると反撥した。このようにして、選帝侯はルードルフを全員一致で支持することが可能になった。ルードルフは十月一日にフランクフルトで神聖ローマの王と宣言され、十月二四日にアーヘンで〔ドイツ王として〕戴冠した(9)。

グレゴリウスはおそらくオタカルの選出を望んでいたと思われる。しかし、ボヘミア王が怒りと抗議の手紙を送ったにもかかわらず、グレゴリウスは温情を示して、選帝侯たちの選出を受け入れた(10)。グレゴリウスがルードルフを正式に承認したのは数カ月過ぎてからだったし、ドイツ王として皇帝戴冠のためルードルフをローマに招いたのは、翌年の九月になってのことだった。一方で彼は、自分がルードルフを正当な王と見なしていることを明らかにし、リヨンの公会議では彼の代理人たちをしかるべくもてなした(11)。

ルードルフの選出によって、ドイツには大きな希望が生じた。その期待はすべて満たされたわけではなかったが、彼の賢明で巧みな政治は、国に秩序を回復し、次の世紀の繁栄の基礎を築くことに成功した。また、オタカルとの戦いで勝利をおさめ、ルードルフと彼の子孫はハプスブルク家の権力の基礎となるオーストリアおよびシュタイアーマルク地方の支配権を手に入れることとなった。シャルルにとって、その選出は外交上の敗北だった。行動的な選出皇帝の活動によって、必然的に北部イタリアでのシャルルの権威は低下し、彼の敵は勇気づけられた。当面の敵の筆頭はジェーノヴァだった。一二七二年十一月にシャルルは、教皇派を除いて、自分の領土内に居住するジェーノヴァ人全員を捕らえ、財産を没収することで戦争を誘発した。ジェーノヴァは教皇に訴えた。教皇はシャルルを非難する一方で、ジェーノヴァには教皇派を政権に復帰させるよう勧めた。同時にグレゴリウスは、是が非でも自ら十字軍を組織しようとして、ジェーノヴァとヴェネツィアの和平を企った。両国はここ数十年来、東方の海域で衝突をくり返していた。ヴェネツィアは一定の合意に達することを考えていた。ヴェネツィアはジェーノヴァへの率直な手紙で、自分たちには危険な隣人がいるが、もし力を合わせればその者が自分たちに干渉できなくなると指摘した。しかし、両国は和解を望んだかもしれないが、東方での商人たちの競争は苛烈をきわめており、交渉からは何も結実しなかった。[12]

一二七二年末、ついにシャルルとジェーノヴァ人の公然たる戦争が勃発した。ジェーノヴァ人は譲らなかった。シャルルの唯一の戦果は、ジェーノヴァ人が支配していたコルシカ島のアジャクシオ港を一時的に占拠しただけだった。しかし一二七三年の秋、彼はさらに積極的な策をとり、トスカーナとピエモンテの両方から攻撃を行なった。それまでジェーノヴァは、教皇からの支持を期待して、他の皇帝派の都市と同盟を結ぶことを拒否していた。グレゴリウスは彼らのために何もしなかった。そこで十月末に彼らは、パヴィーアとアスティと協定し、カスティーリャのアルフォンソを援助することを約束した。アルフォンソは、ドイツにおける選帝会議が開かれる前に選出皇帝としての自己の権利を遅ればせながら主張し、ロンバルディーアに侵入するところだった。アルフォンソは役に立たない同盟者だとわかった。こうして、ジェーノヴァはアンジュー家のシャルルに対する北方の皇帝派の総蜂起に組み込まれていった。[13]

東方と西方の教会合同をめぐって

ジェーノヴァとの戦いには出費を要した。さらにシャルルにとって、チュニジアへの十字軍の後、艦隊を整備するためにも費用がかかった。彼は、教皇グレゴリウスに教会再合同についての願望を明らかにする前に、コンスタンティノープルへの新たな作戦を計画することができなかった。グレゴリウスは東方について熟知していた。偉大な前任者のウルバヌス二世以後誰も考えつかなかったことだが、十字軍の真の成功には東方のキリスト教徒の積極的な協力が必要だと彼は認識していた。ラテン帝国の復活という夢を描くことは無益だった。過去の経験は、これと逆のことを示していた。しかし、ローマにすすんで服従したギリシアの帝国は、得がたい同盟国になると思われた。グレゴリウスは時期をうまく選んだ。というのも、皇帝ミカエルは敵に囲まれて、イタリアからの攻撃を恐れていた。もしシャルルを中立化させられる唯一の方法がローマへの服従だとしたら、宗教的服従の政策がコンスタンティノープルで真剣に検討されなければならなかった。ミカエルは注意深い外交家だった。彼は教皇との同盟の重要性を知っていたが、ローマを軟化させる彼の試みはこれまで失敗していた。新教皇が教会再合同のための公会議に出席するよう、友好的な言葉を用いた招待状を送ったとき、教会再合同が彼の教会の屈辱を意味するものであったにもかかわらず、直ちに彼は返答した。ミカエルはそれを自らの王座を維持する唯一の手段とみなし、政治的独立とはそのような犠牲を払ってでも手に入れる価値のあるものだと国民が理解してくれるだろうとの、間違った期待を抱いた(14)。

グレゴリウスは抜け目のない人物で、コンスタンティノープルでの再合同賛成の主たる論拠が、帝国の危機にあることを的確に見抜いていた。それゆえに彼は、ローマの教会の優位性を承認する明確な宣言を皇帝から得るまでは、皇帝の政治的問題すべてを放棄するつもりはなかった。その宣言が行なわれて初めて、コンスタンティノープルから代理の使節がやってきて、公会議で再合同の細部を議論できるものとした。一方でグレゴリウスは、皇帝と条約を結びたがっているヴェネツィアなどの西方の国家が暫定的な決定以上のことをするのを禁じて、皇帝にそれとなく圧力をかけた。彼はつねにシャルルを抑えていられるわけではないことをほのめかした。シャルルは、それまでのところいかなる敵対行為も禁じられていた。彼は、ローマに向けて領土を通過するビザンティンの特使に安全な通行権を与えるよう求められた。教会の協議は一二七三年中続いた。その年の末頃には、ミカエルは教皇に自分の誠意を確信させたが、教会合同はコンスタンティノープルで支持を得ていないことを教皇に公に告白していた。ミカエルのおだやかで信心深い振る舞いによって、教皇と皇帝は信頼し合った。ギリシア人が尊敬するギリシア生まれのフランチェスコ修道会の修道士ヨアンネス・パラストロンの説得の才と、合同派に改宗した総大主教《カルトフィラックス》ヨアンネス・ヴェクスの活躍のおかげで、総大主教ヨセフスの反対にもかかわらず、教会会議はローマ教会の完全な優位性、ローマへの上訴の権利、教皇の名が聖餐式で言及される必要性を認める宣言に調印するよう誘導された。ミサの使徒信経におけるフィリオクエ〔カトリック教使徒信経において、父と子と聖霊の三位一体のことを現わす。東方教会はその三位一体を否定していた〕いう教義上の論点は言及されず、公会議での議論に持ち越された。教皇は当面はこれに満足し、ギリシアの使節団が公会議に正式に招待された(15)。

これらすべての協議が、特にシャルルを苛立たせた。彼は、コンスタンティノープルへの敵対行為を手控えるようにとの教皇の命令に従わざるを得なかった。ジェーノヴァとの戦いで北イタリアでは苦境に立たされ、教皇と争う余裕はなかった。彼は、その合同から何も生まれないことを望んでいた。一二七三年十月十五日、彼は、四年前にヴィテルボで取り決められた娘ベアトリスと元ラテン皇帝ボードゥアンの息子クルトネイのフィリップとの結婚を挙行した。数日後にボードゥアンは亡くなり、フィリップが皇帝の称号を帯びた。グレゴリウスは十一月にフィリップに書簡を送り、ギリシアの特使たちを妨害しないよう命じた際に、彼をコンスタンティノープルの皇帝と呼び、ミカエルをギリシア人の皇帝と呼んだ。しかし、それはフィリップにとって望みのない単なる儀礼にすぎなかった。(16)

東ローマ皇帝ミカエルの外交活動

シャルルが行動の停止を余儀なくされている間に、ミカエルは外交活動を積極的に行なった。ブルガリア皇帝は妻を亡くしていた。ミカエルは、姪の一人で仲のよい姉エウロギアの娘マリア・カンタクゼナと結婚するよう、ブルガリア皇帝を説得した。花嫁の持参金をめぐって争いがあったが、それ以降ブルガリアとの緊張は緩和した。ミカエルはメッセンブリア〔現ギリシアのトラキア地方、アレクサンドルーポリ西方にあった〕の港を与えることを約束したが、その後、住民がギリシア人なので彼らの意志に反して移譲することはできないとの理由で、港の譲渡を拒絶した。一二七二年にブルガリアは帝国に侵入し、失敗すると、一二七三年にシャルルに使者を送ることで報復した。しかし、それによって何も生じなかった。結婚によるセルビアとの同盟を図ろうとするミカエルの試みも、ラテン生まれの王妃の反対のためについえた。しかしミカエルは、二つの外交上の勝利によってバルカンでの紛争を回避した。ダニューブ川対岸の黒海沿岸の草原地帯は、タタール人の王ノガイの支配下にあった。ミカエルは一二六六年に庶子の娘の一人エヴロシニを彼に嫁がせていたが、ノガイとの同盟が今や強化され更新された。一二七二年のブルガリアの侵入は、ノガイへの要請で素早く阻止され、ブルガリアはこれによって教訓を得た。セルビアを牽制するため、今度はミカエルはハンガリーと同盟を結んだ。シャルルの友である国王ベーラ〔四世〕は一二七〇年に死んでいた。彼の嫡男イシュトヴァーン五世は、タタール人から逃れてハンガリーに避難していた異教徒の遊牧民、クマン族もしくはポロヴェッツ族の女性と結婚していた。その王妃はキリスト教徒だったが、西方のキリスト教より東方のキリスト教を好んでいたふしがある。彼らの息子と長女はシャルルの二人の子供と結婚し、もう一人の娘はセルビアの跡取り、すなわちラテン帝国生まれを強く意識している王妃ヘレナの息子の妻だった。しかし他の二人の娘は、母親の希望に沿ったと考えられるが、ルテニア〔現ポーランド南東部からウクライナにかけての一帯〕の正教会派の王子たちと婚約していた。一番下の娘をミカエルの跡取り息子アンドロニクスに嫁がせることになり、その結婚が協定で約束された。国王イシュトヴァーンは一二七二年に死去したが、息子ラースロー〔四世〕はアンジュー家出身の妻よりもむしろ母親の影響下にあり、ボヘミアのオタカルに怯えていた。オタカルの領土的な野心には、熱心なラテンの伝道活動が付随していた。結局、ビザンティウムとの同盟は維持されたのだった。(17)

ミカエルはバルカンについては懸念はなかったが、ギリシアにおける彼の外交はめだった成功をおさめなかった。エピロス専制公《デスポーテス》ミカエル・アンゲルスの後継者ニケフォルスは、ブルガリア王妃の妹にあたる皇帝の姪アンナを娶った。アンナは外聞を気にしない利発な女性だったが、夫は意志薄弱で無力だった。彼の庶子の兄弟ネオパトラス公ヨアンネスのほうが重要な人物だった。皇帝は甥の一人、アンドロニクス・タルカニオテスをヨアンネスの娘と結婚させ、ヨアンネスにセバストクラトール〔ビザンツ帝国副皇帝〕の称号を与えることで、彼を支配しようとした。しかし恩知らずの甥は、コンスタンティノープルを重視しない義父と同じ立場をとった。ミカエルは、ギリシアのラテン人に対抗してギリシア人の同盟を築くことを望んでいた。彼が達成できたことといえば、エウボイア〔現エヴィア島〕の小さな戦いでヴィチェンツァ生まれの若い野心家リッカーリオを雇用したことだった。リッカーリオは卓越した司令官として、皇帝のために島を徐々に征服した。[18]

さらに西方では、ミカエルはジェーノヴァ人と密接な関係を結び、彼らを通じて一二七三年末頃にカスティーリャのアルフォンソと連絡をとった。ビザンティンの金が北イタリアの皇帝派支援のために使われ始めたと考えられる。[19]

シャルルは、教皇によって行動が束縛され、〔ビザンティン〕皇帝の活動に対抗する策をたてられないことが腹立たしかった。彼は進行中の教会再合同工作の失敗を期待するほかなかった。元ラテン皇帝ボードゥアンとの協定では、一二七四年の夏までに彼が帝国に侵入することが明記されていた。教皇はその規定を履行することを禁じたが、期限をもう一年延長する許可を与えた。一二七五年までに、ミカエルが彼の教会をローマの教会に組み入れるかどうかが明らかになると思われた。もしそれが行なわれなければ、何が起きるかをギリシア人が悟るのも、また明らかになるはずだった。[20]

リヨンの公会議

一二七三年の春、グレゴリウスはリヨンで公会議を開くことを決めた。イタリアを離れることにはいささか不満だったが、彼が十字軍に参画させたかったのはアルプス以北の勢力だった。彼は、シャルルが教皇代理に圧力をかけられない地域で公会議を行なうことを選択した。彼はシャルルに好意をもっていなかった。シャルルとジェーノヴァとの悶着は、彼に責任があると考えていた。一二七二年秋、教皇は古くからの友人、イングランドのエドワードの訪問を受けた。エドワードは父親の王位を継ぐため、聖地から本国へ戻る途中だった。彼は、従兄弟の暗殺者ギー・ド・モンフォールが厳正な罰を受けずに見すごされ、義父で南トスカーナの主導的な教皇派の領主ヒルデブランド・アルドブランデスキの保護下にあることを知って、激怒した。ギーは、いまだにシャルルの好意を受けていると思われた。一二七三年六月、グレゴリウスは住んでいたオルヴィエートを発ち、リヨンに向かった。フィレンツェを通過する際、彼はこの地の教皇派と皇帝派を和解させようとした。教皇の出立後、シャルルの支援を受けた教皇派によってその努力は水泡に帰した。しかし、教皇はシャルルと不和になることは望まなかった。コンスタンティノープルを攻撃しなかったことに報いたかったし、シャルルを聖地への十字軍に参画させたかったからである[21]。

グレゴリウスは十一月初めに、人びとに強い感動を与える行列を伴ってリヨンに入った。彼は数カ月間を公会議の準備で過ごし、ヨーロッパのあらゆる高位聖職者に書簡を送って、十字軍の問題を論議する予備会合に召喚した。彼はすでに専門家から多くの意見書を得ていたが、各々がその運動をもう一度高揚させるための方法を提案していた。彼は、ギリシア人との間に生じるであろう議論で、自分を支えてくれる神学者を召喚した。その一人にトマス・アクイナス〔イタリアの神学者・哲学者。スコラ哲学の完成者。著書に『神学大全』など。一二二五（二七）～七四年〕がおり、彼はギリシア人の誤りについて小冊子を書いていた。トマスは当時ナポリに住んでいたが、国王シャルルとの関係は良くなかった。彼がナポリから遠くないシャルルの姪のマジェンツァ城で病気になったとき、人びとは直ちにシャルルの密偵が毒を盛ったと疑った。彼は旅を続けたが、病は重く、一二七四年三月七日にアクィーノの近くのフォサヌオーヴァで死んだ。ダンテはシャルルの有罪を確信していた。しかし、シャルルは自分についての不平をトマスが教皇に言うことを恐れた可能性はあるが、その偉大な学者の死が自然死ではなかったと考える根拠はない(22)。

三日間の断食の後、一二七四年五月七日の月曜日、教皇グレゴリウスによって第十四回全公会議がリヨンで開会された。彼は十三人の国王に出席を求めた。フランス、イングランド、スコットランド、ノルウェー、スウェーデン、ハンガリー、ボヘミア、カスティーリャ、アラゴン、ナヴァラ、アルメニアの各王に、シチリアのシャルルと、神聖ローマ帝国の王〔ドイツ王〕だった。シャルルについては、教皇は出席しないことを承知していたし、ドイツ王については教皇はまだ正式には承認していなかったが、使節を送るよう勧められていた。残念ながら、一人を除いて、これら国王たちは招待を拒絶した。遠い国に住んでいる国王が招待を受けることは期待されていなかったが、リヨンの郊外で教皇に会い、教皇を市中へと案内したフランス王すらも、公会議のために戻ることを拒絶した。教皇がとくに頼りにしていたイングランドのエドワードは、公会議の開催中に自分の戴冠式が行なわれるよう取り決め、主導的な司教たちの出席を妨げ、教皇に冷淡な態度をとった。カスティーリャのアルフォンソはリヨンへの途中でグレゴリウスとの会見の場を得ようとしたが、リヨンへは行くつもりはなかった。実際に出席した王室の人物のうち二人は、王位の権利主張に失敗した者、すなわち、称号だけのラテン皇帝フィリップと、イェルサレム王国の王位を主張したアンティオキア公国の王女マリーだった。王位についている唯一の君主は、年老いていたが意欲旺盛な戦士、アラゴンのハイメ〔一世〕だった。彼は十字軍に強い関心を持っていたが、教皇の計画は素人じみて非現実的だとみなすようになっていた。彼は、集まった高位聖職者たちの厳粛な雰囲気を意に介さなかった。彼は何も約束しないまま、愛人のベレンガリア公女の腕の中へと帰っていった。彼は、家臣の妻を籠絡したかどでグレゴリウスに破門された末、二年後に死んだ。

公会議は最初に教会改革に関わるさまざまな問題を取り扱った。それらのほとんどは、高位聖職者と大修道院のあいだの多様な対立抗争に関するものだった。またいくつかは、破門と聖務停止の法律についてであった。教皇の空位を防ぐための一つの重要な規則が定められた。それは、教皇の死の際に、不在の枢機卿が到着するのを最高十日間待てばよいという規則であった。加えて枢機卿たちは、教皇選出会議に会衆し、選出を終えるまで、外界と接触しないと決められた。選出が遅れれば遅れるほど、彼らの生活条件が厳しくなるはずだった。教皇が空位である限り、彼らは給料をもらえないことになった。次に、公会議は十字軍について議論した。国王たちが欠席のため具体的な決定は行なえなかったし、アラゴンのハイメが帰国したので全体の雰囲気は消沈してしまった。フランス王の大使サンヴァレリーのエラールは、総力を結集した十字軍を無意味だと宣言し、ハイメを怒らせていた。彼の発言には抗議は起きず、沈黙をもって受け入れられた。教皇にできることといえば、十字軍のために十分の一税徴収の新たな規則を発布することだったが、それはヨーロッパの国王とその家臣の両者にとって十字軍計画をいっそう不評にするだけだった。教皇はまた、イタリアの沿岸都市がサラセン人に武器や資材を売ることを禁じ、キリスト教徒の商船が六年間イスラム教徒の港に入らないよう命じた。どちらの規則も実施することは不可能だった。

グレゴリウスは外交関係でわずかながらも成功した。彼は、十字軍に先立って、ヨーロッパに平和と秩序を回復しようと決心した。ヨーロッパのすべての君主に対して出した戦いの中止命令は完全に守られたわけではないが、スペイン王やボヘミアのオタカルのような戦闘的な君主の数人は、しばらくのあいだ自重した。グレゴリウスも模範を示し、ハプスブルク家のルードルフを神聖ローマ帝国の王〔ドイツ王〕として全体で承認させることに成功した(23)。しかし、彼の外交上の大きな勝利は、なんといってもギリシア教会の服従だった。

東ローマの使節団

コンスタンティノープルで高まる怒りにもかかわらず、皇帝ミカエルは教皇の条件を受け入れる決心をしていた。コンスタンティノープルの総大主教ヨセフスは、ヨアンネス・パラストロンによって作られた寛大な信仰形式さえ未だ承認することを拒否していた。一二七四年一月、ヨセフスはペリブレプトス修道院〔コンスタンティノープル〕への隠居を命じられた。彼は、もし合同が同意に至らなかった場合、その唱道者たちに懲戒的な行為をとらないという条件で、総主教としての全権力を与えられて再登場の可能性があると伝えられた。また、もし合同の調印が行なわれた場合は、それを受け入れてもよいし、または隠退したまま修道院に残ってもよいとされた。一方ミカエルは、典礼にはまったく変更はなく、コンスタンティノープルには教皇特使も代理人も足を踏み入れたりしないことを、聖職者たちに保証した。教皇は、皇帝とコンスタンティノープルに集まった聖職者に、ローマから派遣された特使の前で、ローマ教会の支持を宣言すれば充分であることをほのめかしていた。ミカエルは、それでは反乱が生じることがわかっていたので、リヨンへ全権使節団を送るという選択肢を選んだ。

三月初め、使節団は二隻のガレー船で出発した。最初の船には教会の代表者、すなわち前総大主教ゲルマヌスとニケーアの府主教テオパネス、皇帝の個人的な大使、および行政官ゲオルグス・アクロポリテスが乗船していた。二隻目の船には二人の宮廷高官と多くの秘書官や書記が、皇帝から教皇宛ての贈り物とともに乗っていた。船がマレーア岬〔ペロポネソス半島南東部。エーゲ海に突出〕を回ったとき、嵐に会い、二番目のガレー船が岩礁に乗り上げた。一人の水夫を除いて、一行と積み荷はすべて失われた。そのため、六月二四日にリヨンに到着した使節団は、当初意図していたほどの華々しいものではなかった。また、その顔ぶれもさして印象的ではなかった。ゲオルグス・アクロポリテスは卓越した政治家であり学者だったが、教会の指導者であるニケーアの府主教はそれほど著名な人物ではなかった。ゲルマヌスは一二六六年にコンスタンティノープルの総大主教になったにもかかわらず、その無能力と無分別のために数カ月後に解任されていた。使節団に、尊敬される教会人をミカエルが参加させることができなかったことは、重大なことだった。

使節団は教皇と枢機卿によって丁重に迎えられ、教皇の秘書に三通の書簡を渡した。一通は皇帝から、一通は彼の長男アンドロニクスから、もう一通はギリシアの多くの指導的な大主教からのものだった。五日後、聖ペテロと聖パウロの祝日に、彼らは一部ギリシア語で歌われる宗教上の儀式に参加した。そのなかでギリシア人の聖職者たちはフィリオクエの句が三度くり返される使徒信経《クレド》を、カラーブリア地方から来た唯一のカトリック教徒の司教たちと一緒になって唱えた。その言葉が唱えられたとき、ニケーアの大主教が歌うのを止めたことは注目された(24)。合同のための正式の儀式は七月六日の金曜日に行なわれた。教皇は、ギリシア人が自主的に復帰して服従したことに喜びを表明し、自らが受け取った三通の書簡のラテン語訳を朗読した。皇帝の書簡には、ローマで承認された信経を守ること、ローマ教会の優位性に対する信心の宣言が盛り込まれ、ローマ教会に対する服従が明示されていた。そして皇帝は、ギリシア正教会が分裂前に使っていた教義と現存の儀式が神、聖書、公会議、教皇の命令と矛盾しない限り、守られるよう求めていた。彼の息子の書簡も、同じ文言で記されていた。主教たちの手紙は、合同への皇帝の誠実な努力に言及した後、分裂前の前任者たちと同様に、教皇に全面的に敬意を払う用意があることを表明していた。この最後の手紙は多少注意深い言葉遣いで、調印者たちに過度の責任を負わせないように書かれていた。行政官は皇帝の個人的全権大使として、主の名において、分裂をやめ、ローマ教会を唯一の真の教会としてその教義・教理を受け入れ、ローマ教会の優越性を認め、それにもとづき全面的な恭順をローマ教会に示すことを誓った。教皇は署名されたその誓いの書面を手にすることを望んでいただろう。しかし、それは存在しなかった。船の遭難の際失われたのかもしれない。行政官がその誓いをくり返すと、教皇はテデウム〔神にささげる賛美の歌〕を吟唱し、ルカ伝にあるキリストの言葉――「是非あなたと共にこの小羊を食べることを望んできました」〔日本基督教団新約聖書訳〕――という一節をテキストとして使いながら、説教を行なった。それから、信条がラテン語とギリシア語で歌われ、「父と子に従う者」〔カトリックのミサで唱える言葉〕が二度くり返された。分裂は公けには終わりを告げた。(25)

次の月曜日、教皇はある使節団を迎えた。それはギリシア人と同じくらい彼を喜ばせた。ペルシアのモンゴル人のイル汗国王の十六人の使節で、彼らは七月四日に到着していた。彼らはイスラム教徒のマムルーク朝に対抗するため、キリスト教国と同盟を結ぶよう指示を受けていた。グレゴリウスは彼らを大いに励まし、使節団の一人が、二人の従者とともにキリスト教の洗礼を求め、実際にそれを受けたときにはとりわけ満足した。しかし彼は、宗教的な約束以外、何ひとつ具体的なものをイル汗国に示さなかった。(26)

グレゴリウスは公会議の結果に満足した。十字軍については何も明確なことが決められなかったのは事実である。しかし彼は、教会の合同それ自体もさることながら、それがアナトリア〔小アジア〕を横切る陸路を再び切り開くことでどんな十字軍も容易になるため、価値があると考えた。国王たちは教皇に何の助力もしなかったことを少々恥じ入っていた。フランスのフィリップは次の年に十字軍に加わったし、ほぼ同じ頃、ドイツ王ルードルフも神聖ローマ皇帝の戴冠の約束と引き替えに十字軍に参加した。他方で、教皇は講和の工作を続けた。一二七五年五月、彼はプロヴァンスの国境のボーケール〔ローヌ川河口西岸〕でカスティーリャのアルフォンソに会い、ドイツ王の称号とイタリアの皇帝派の指導者であるとの彼の主張を、放棄するよう説得した。数カ月後の九月、教皇はローザンヌでルードルフと会い、彼を承認し、彼のためにアンジュー家のシャルルとの友好条約の手はずを整えた。その条約は、シャルルの最年長の孫シャルル・マルテルとルードルフの娘クレメンツィアとの結婚によって、保証されることとなった。ルードルフは、ロマーニア地方とマルケ地方に対する皇帝の全権利を実質的に放棄することで、自分の承認の代償を支払った(27)。

否定されたシャルルの野心

シャルルは合同が成立したことをすでに知らされていた。

一二七四年七月二八日に教皇はシャルルと名目だけの〔ラテン〕皇帝フィリップに書面で、彼らが保証しているコンスタンティノープルとの停戦をさらに延長するよう要求し、皇帝ミカエルにはシャルルと停戦協定を結ぶよう命じた。その交渉は、モンテカッシーノ大修道院長ベルナルドに託された。彼はナポリとコンスタンティノープルを訪れ、シャルルとミカエル両者に、一二七五年五月一日に始まる一年間の停戦を約束させた。その停戦は、シャルルにとってまったく不公平なものだった。というのも、条約はシャルルのコンスタンティノープル攻撃を禁じていたが、両陣営ともそれがギリシア半島およびアルバニアに適用されないと考えていたからである。その地域はビザンティン人が攻撃を始めており、シャルルはいったん帝国の首都を奪取すれば全体が自分の手に落ちるとみなして、戦いを避けることを選んだ地域だった。(28)

当時シャルルが停戦に同意したことは、大きな痛手にはならなかった。ジェーノヴァとの戦いはいまや拡大し、復活した皇帝派同盟に対する戦いとなり、能力以上の出費が必要となっていた。グレゴリウスは同情を示さないわけではなかった。シャルルが教皇庁への年貢のために宝石を売ろうとしていると聞くと、支払いを遅らせることを許可した。また、ジェーノヴァと皇帝派の同盟国であるアスティとモンフェッラート侯を破門した。しかし彼は、いまやシャルルではなくハプスブルク家のルードルフを、北イタリアに秩序を回復させるのに適切な人物とみなしていることを明らかにした。そしてシャルルに書簡で、自分の政策を嫌うことは充分理解できるが、熟考すれば、合理的で正しいことがわかるだろうと記した。シャルルがルードルフを説得して自分にピエモンテ地方を与えるよう教皇に頼むと、教皇はその旨を伝えたが、自分はシャルルの要求を伝えているだけであり、個人的にはこのような戦略上重要な領土を譲渡することは大きな禍根を残すことになるだろうと付け加えた。(29)また、シャルルの古くからの宿敵、フランスの皇太后が再びもめごとを起こした際、教皇はシャルルが望むほど強い処置をとらなかった。そのマルグリート皇太后は、ルードルフがドイツ王としてあまねく承認されたと聞くや、妹のイングランド皇太后〔エリエノール〕の賛成を得てルードルフに、プロヴァンスの相続権を騙し取られたという昔の苦情を書面で申し立てた。プロヴァンスはいまだ公式には〔神聖ローマ〕皇帝を宗主として戴いていたので、彼に自分の権利の侵害を正すよう訴えたのだった。ルードルフは、プロヴァンスに対する自らの権威を認められたことに喜び、彼女にその伯領を与えることを約束するほど踏み込んだようである。しかし、シャルルとルードルフを結束させようとする教皇の努力により、ルードルフがその計画を追求することは不可能だった。教皇は、復讐心に燃えた年老いた未亡人には、何の叱責の書面も送らなかった(30)。

ジェーノヴァとの戦いは激化した。一二七四年十月には、ピエモンテ地方の状況が深刻になったので、シャルルは甥のアルトワのロベールを代理に任命したが、成功しなかった。一二七五年一月には、ジェーノヴァ、アスティ、モンフェッラートが、ノヴァーラ、パヴィーア、マントヴァ、ヴェローナとともに、カスティーリャのアルフォンソに忠誠を誓った。五月にアルフォンソは戦いから身を引いたが、彼らの勝利は続いた。彼らはすでに力に訴えて、シャルルの臣下の都市ヴェルチェッリとアレッサンドリーアを皇帝派同盟に加わらせていた。夏の間に、サルッツォとレヴェッロを屈服させた。彼らの部隊はシャルルのピエモンテ地方の領内を自由に移動し、その間ジェーノヴァの艦隊はシチリアのトラーパニとマルタのゴゾ島を略奪し、ナポリ湾で示威行為を敢行した。教皇は、その戦いがロンバルディーアに拡大することを懸念していた。そこでは、大都市ミラーノが押さえきれない状態になりつつあった。しかし、教皇はいまや選出皇帝〔ルードルフ〕を、教皇派と皇帝派を和解させることができる唯一の人物とみなしていた。彼は、ミラーノ人への書簡でルードルフに使節団を送ったことを祝い、他のロンバルディーアの都市もこれに倣うよう説いた。彼が、シャルルにピエモンテ地方を管理させるようルードルフに心から勧めることができなかったのは、当然だった。[31]

ピエモンテ地方では、一二七五年夏にアスティが地域の皇帝派同盟の指導的都市として、皇帝派が獲得したものをそのまま保持できることを条件に、和平を申し出た。シャルルはその提案を一顧だにせず拒絶した。数日後、彼の家令であるラゴネーゼのフィリップが手ひどい敗北を被り、消耗した軍を率いてアルプスを越えプロヴァンスへの撤退を余儀なくされた。一二七六年夏頃にシャルルのピエモンテの領土で残っていたのは、クーネオ、ケラスコ、サヴィリアーノの三つの孤立した町といくつかの取るに足りない村だけだった。[32]

ヨーロッパの国王たちとの交渉において、グレゴリウスは一つの重要な原則に従って行動した。すなわち、いかに聖地への十字軍計画を巧みに推進できるかである。もし教皇がシャルルの北イタリアでの失敗とギリシアへの御しがたい野心に無関心に見えたとしたら、それは正当な理由のない攻撃が神聖な承認を得られる方向にシャルルが注意を向けるだろうと、教皇が期待したからだった。彼は、シャルルにその方向に向かわせようと、全力を尽くした。

教皇グレゴリウスの終末

リヨンを訪れた数少ない王室の人物の一人にアンティオキア公国の王女マリーがいた。彼女はコンラーディンの後継者として、イェルサレム王国の王位継承権を支持してくれるよう教皇に求めるためにやってきた。彼女の母親は、コンラーディンの曾祖母のイェルサレム女王マリーアの異父妹だったが、女王マリーアの別の異父妹〔マリーの母の異父姉〕の孫であるキプロス国王ユーグ三世より自分のほうが正当な王座の継承者、すなわち、より近親であると考えていた〔三七〇ページ系図参照〕。コンラーディンの死の報せが着くとすぐに、彼女はアッコンの高等法院に提訴していた。しかし海外属領《ウートルメール》の法律家たちは、国王ユーグの支持を決めていた。テンプル騎士団〔十字軍時代の三大騎士団の一つ。聖地巡礼の保護と聖墓防衛を目的に一一一九年に設立され、二八年の教皇公認後、七二年に修道会となった〕だけが彼女を支持していた。合法的な権利がどうであろうと、中年の未婚婦人よりは活発な若い男のほうが明らかに優れた候補者だと、ほとんどの人には思えたのだった。

　グレゴリウスは東方にいた間に、この失意の王女になんらかの同情を示したのかもしれない。それで彼女はリヨンの公会議に行く価値があると思ったのだった。彼女の楽観主義は正しかった。公会議は訴訟を討議しなかったものの、グレゴリウスは彼女に個人的な認可を与え、彼女の権利を国王シャルルに売ることが賢明だろうと説得した。海外属領の法にもとづいた見解と国民が表明した願望に反対することは、教皇の横暴だったし、法的に王位の権利が売買できるものなのか、まったく明確ではなかった。しかし、国王ユーグに対するグレゴリウスの評価はおそらく低かったのだろう。実際、ユーグはイェルサレム王国に政治的秩序をもたらす能力にまったく欠けていることを自ら暴露し、絶望して一二七六年に居心地のよいキプロス王国に身を引いた。しかしこの計画は、他の場所で失意に陥ったシャルルに慰めを提供することになるので、ことのほか教皇の気に入った。それは、シャルルの虚栄心をくすぐるものだったし、またシャルルに聖地の繁栄について個人的関心を引き起こさせ、同時にイェルサレム王国に有能な統治者をもたらすことになるからだった。マリーは、イェルサレムの王位が居心地の悪いことを明らかに認識していたので、教皇の助言を受け入れた。交渉はしばらく時間がかかった。シャルルは手持金に不足しており、王女はあまり安売りしたくはなかった。結局、彼女の金の必要性のほうが、シャルルのそれより大きいとわかった。一二七七年三月十八日、契約は結ばれた。金一〇〇〇ポンドとツール銀貨で四〇〇〇ポンドの年金の見返りに、彼女はシャルルに自分の全相続権を譲渡し、シャルルはただちにイェルサレム王の称号を得た。(33)

その頃、教皇グレゴリウスが死去した。一二七五年十月、ローザンヌでドイツ王ルードルフと会った後、彼はアルプスをゆっくりと越えてミラーノに行き、ボローニャを通過してフィレンツェへと南下した。彼の旅行中、秘書たちは十字軍についてあわただしく手紙を書いていた。十分の一税は聖戦に使う場合のみ徴収してローマ教会に納めることができるとの通達が、次々に国王たちに送られた。特使たちは、薄れつつある熱意をかき立てるよう命じられた。失望はしていたものの、彼は自分の偉大な十字軍の夢がまだ実現することを信じていた。しかし、クリスマスにフィレンツェに滞在中に、彼は重い病いに陥った。一二七六年一月一日に彼は緊急の書簡をシャルルに送り、時間のあるうちに会いたいと伝えた。(34) 彼はアレッツォに担い駕籠で運ばれ、一月十日にそこで没した。

シャルルが教皇の死を知ったのは、ローマ滞在時だった。信じ難いことだが、彼は悲嘆に暮れたのだった。

〈原注〉

（1）*Gregorii X Vita Auctore Anonymo Scripta* (Muratori, *R.I.S.*, vol. III, 1, pp. 599 ff.); Throop, *Criticism of the Crusade*, pp. 12-5; Hefele-Leclercq, *Histoire des Conciles*, vol. VI, 1, p. 67; Potthast, *Regesta Pontificum Romanorum*, vol. II, pp. 1651-2.

（2）Gregory X, *Registres*, ed. Guiraud and Cadier, vol. I, p. 55-6; Hefele-Leclercq, *loc. cit.*

（3）*Annales Januenses*, pp. 262, 272-3; Caro, *Genua und die Mächte am Mittelmeer*, vol. I, pp. 213-33; Jordan, *L'Allemagne et l'Italie*, pp. 407-11.

（4）*Annales Placentini Gibellini*, pp. 554-5; *Annales Januenses*, pp. 273-4; Potthast, *Regesta*, vol. II, p. 1456.

（5）Gregory X, *Registres*, pp. 129-32, 328-9; Jordan, *op. cit.* pp. 406-7.

（6）Gregory X, *Registres*, pp. 65-7. アルフォンソの手紙は残っていないが、その内容は、グレゴリウスの返事から明白である。

（7）Hefele-Leclercq, *op. cit.* vol. VI, 1, pp. 68-9; Jordan, *op. cit.* p. 416. ジェーノヴァではオタカルが教皇の意中の候補者であったと信じられていた。ボヘミアの年代記、*Annales Ottokariani* (*M.G.H.*, *Scriptores*, vol. IX) には、オタカルがドイツの王族から王位を授けられたが、拒否したとある。

（8）Champollion-Figeac, *Lettres des Rois, Reines et autres Personnages*, vol. I, p.652.

（9）Hefele-Leclercq, *op. cit.* vol. VI, 1, pp. 69-71; Jordan, *op. cit.* pp. 417-20. この選挙に関する資料は、*M.G.H., Constitutiones*, vol. III, pp. 7-15, and by Krammer, *Quellen zur Geschichte der Deutschen*

Königswahl, vol. II, pp. 1–12として出版されている。

(10) オタカルは、選挙が終わってからもグレゴリウスに、まだ自分の要求を支持してくれるよう望んだようである。翌年のリヨンでの公会議の直前に、オルモゥツ〔現チェコ〕の司教ブルーノが教皇に提出した十字軍の回顧録は、まさにオタカルの大義を巧みに擁護するものであった。Throop, *op. cit.* pp. 105–6を参照。オタカルの抗議については、*M.G.H., Constitutiones*, vol. III, p. 19を参照。

(11) 本章二六四ページを参照。

(12) Caro, *op. cit.* vol. I, p. 319は、ヴェネツィアの政策に関する資料となる。

(13) *Annales Januenses*, pp. 280–2; Caro, *op. cit.* vol. I, pp. 265–78.

(14) Norden, *op. cit.* pp. 471–2, 491–2; Hefele-Leclercq, *op. cit.* vol. VI, 1, pp. 159–60; Chapman, *Michel Paléologue*, pp. 113–4.

(15) Norden, *op. cit.* pp. 499–520は、数多くの引用によって、その交渉過程を詳細に解き明かしている。Hefele-Leclercq, *op. cit.* vol. VI, 1, pp. 161–3, 167–8.

(16) Potthast, *Regesta*, vol. II, p. 1672; Longnon, *op. cit.* pp. 242–3.

(17) Pachymer, *De Michaele Palaeologo*, pp. 317–8, 342–55.

(18) *Ibid.* pp. 308–9, 322–4, 410.

(19) *Annales Placentini Gibellini*, p. 553; Caro, *op. cit.* vol. I, p. 288; Chapman, *op. cit.* p. 96.

(20) Gregory X, *Registres*, vol. I, p. 123; Norden, *op. cit.* p. 518 and n. 2.

(21) Powicke, *op. cit.* vol. II, pp. 609–11. 第九章二三五〜二三六ページを参照。

(22) ヴィラーニはトマスの毒殺説を詳細に展開（vol. IV, p. 195）しており、ダンテは*Purgatorio*, XX, ll. 68–9でその説を受け入れている。

(23) Hefele-Leclercq, *op. cit.* vol. VI, 1, pp. 168–72; 公会議におけるアラゴン王ハイメの関与については、

Chronicle of James I of Aragon, translated by Forster, vol. II, pp. 639–54で生き生きとその得意げな様子の説明がなされている。Hefele-Leclercqは、*op. cit.* vol. VI, 1, pp. 181–209にその教理を載せている。

(24) Pachymer, *op. cit.* pp. 384–96; Hefele-Leclercq, *op. cit.* vol. VI, 1, pp. 172–3; Chapman, *op. cit.* pp. 109–12.

(25) Pachymer, *op. cit.* pp. 396–9; Norden, *op. cit.* pp. 520–36; Hefele-Leclercq, *op. cit.* vol. VI, 1, pp. 172–8.

(26) Hefele-Leclercq, *op. cit.* vol. VI, 1, pp. 178–80.

(27) Gregory X, *Registres*, pp. 207–9; Léonard, *op. cit.* pp. 118–20.

(28) Gregory X, *Registres*, p. 123; Léonard, *op. cit.* pp. 116–7; Norden, *op. cit.* pp. 537–53. Pachymer, *op. cit.* p. 410は、シャルルが、自分の王権に制限を加えることになったコンスタンティノープルへの攻撃禁止に、非常に怒っていたとしている。

(29) Potthast, *Regesta*, vol. II, p. 1693; Léonard, *op. cit.* pp. 121–2.

(30) Fournier, *Le Royaume d'Arles et de Vienne*, p. 230; Léonard, *op. cit.* pp. 118–9.

(31) *Annales Placentini Gibellini*, pp. 558–9; Monti, *La Dominazione Angioina in Piemonte*, pp. 45–6.

(32) *Annales Placentini Cibellini*, pp. 559–60; Monti, *op. cit.* pp. 50–2.

(33) アンティオキア公国のマリーとその要求については、La Monte, *Feudal Monarchy in the Latin Kingdom of Jerusalem*, pp. 77–9; Hill, *History of Cyprus*, vol. II, pp. 161–5; Runciman, *History of the Crusades*, vol. III, pp. 328–9, 342を参照。

(34) Potthast, *op. cit.* vol. II, pp. 1702–3.

第11章　アンジュー家の復活

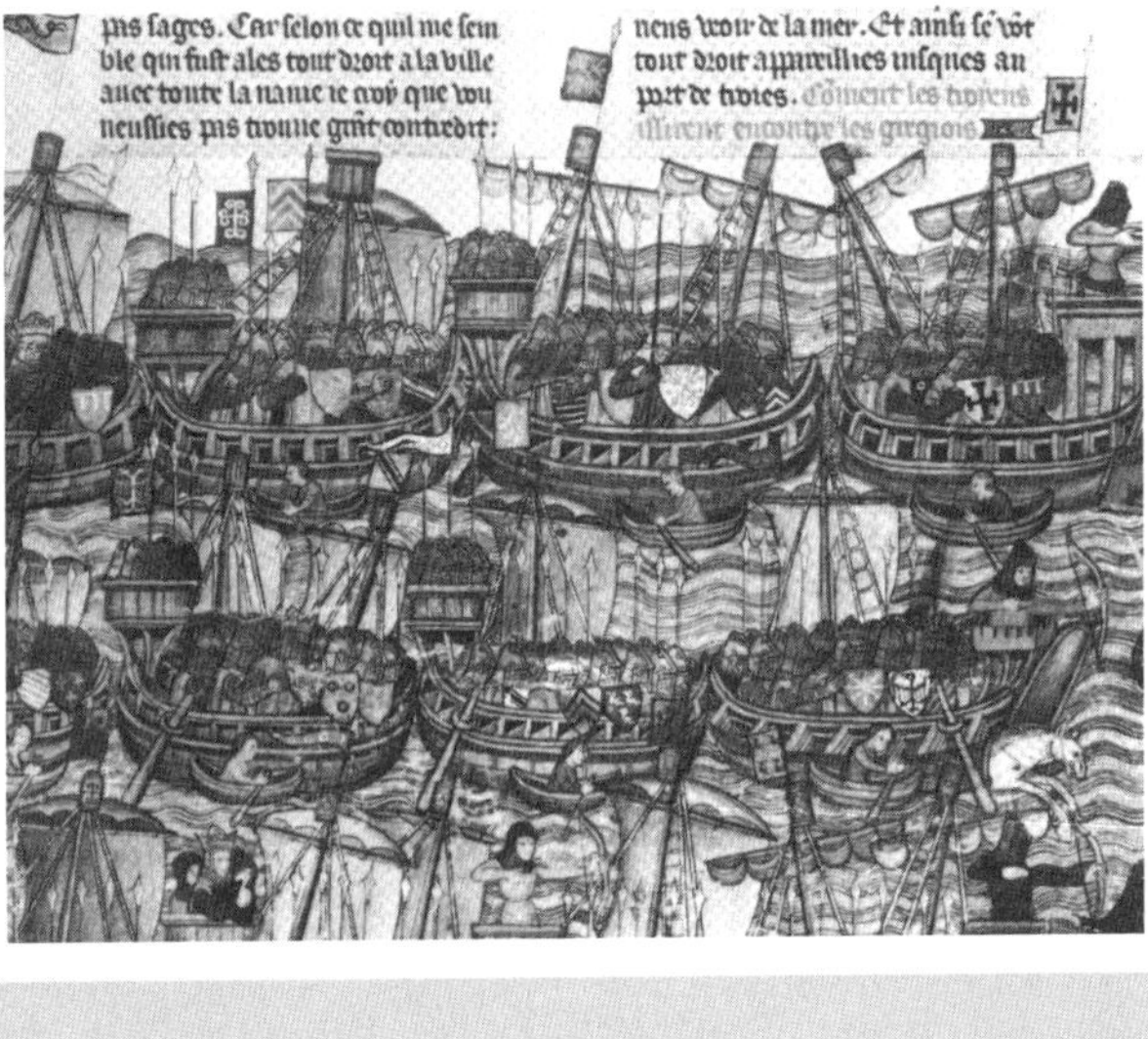

十字軍艦隊を描いた同時代の挿し絵。

中世ブルガリア〔アセン家・テルテル家〕

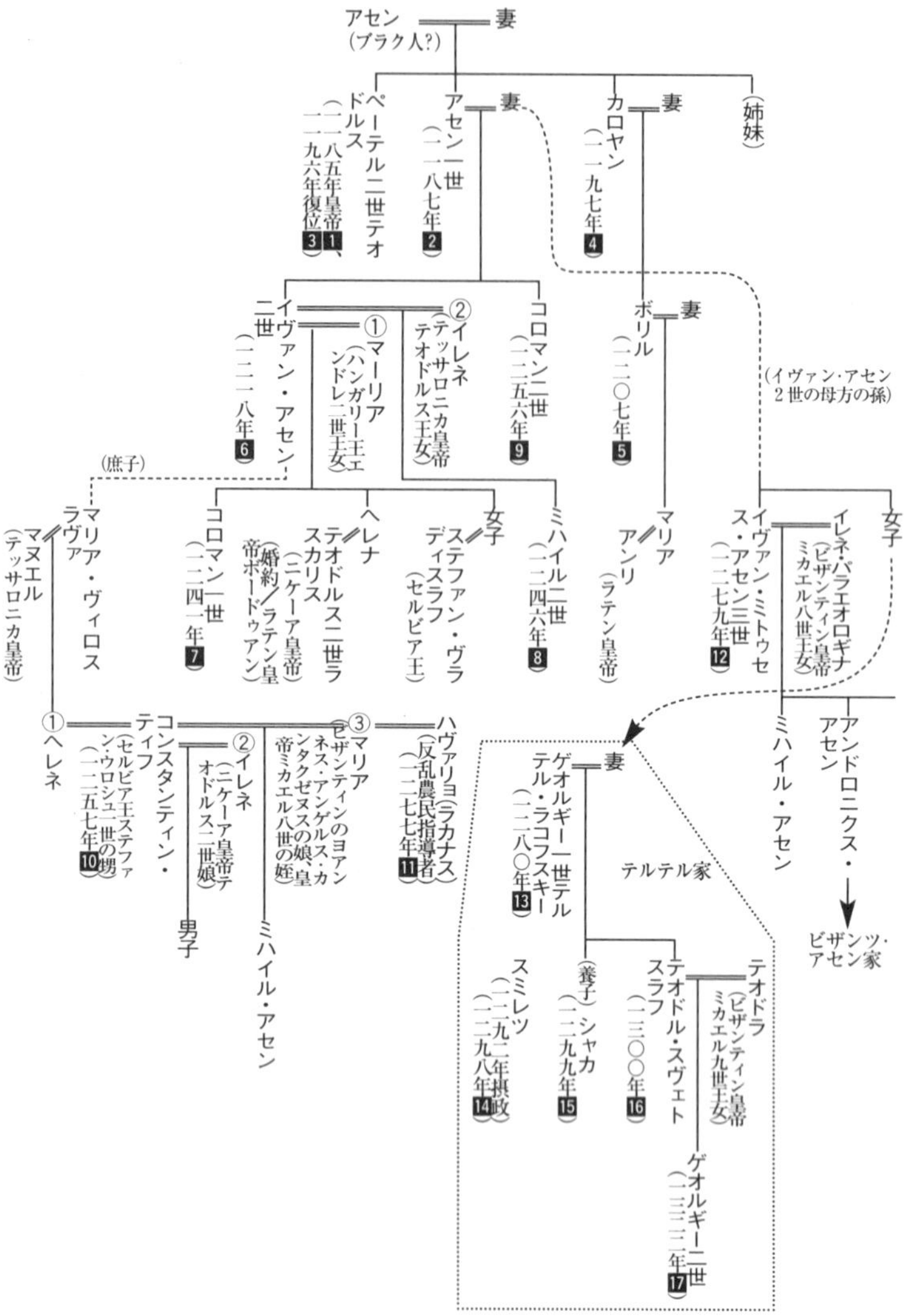

中世セルビア〔ネマーニャ家〕

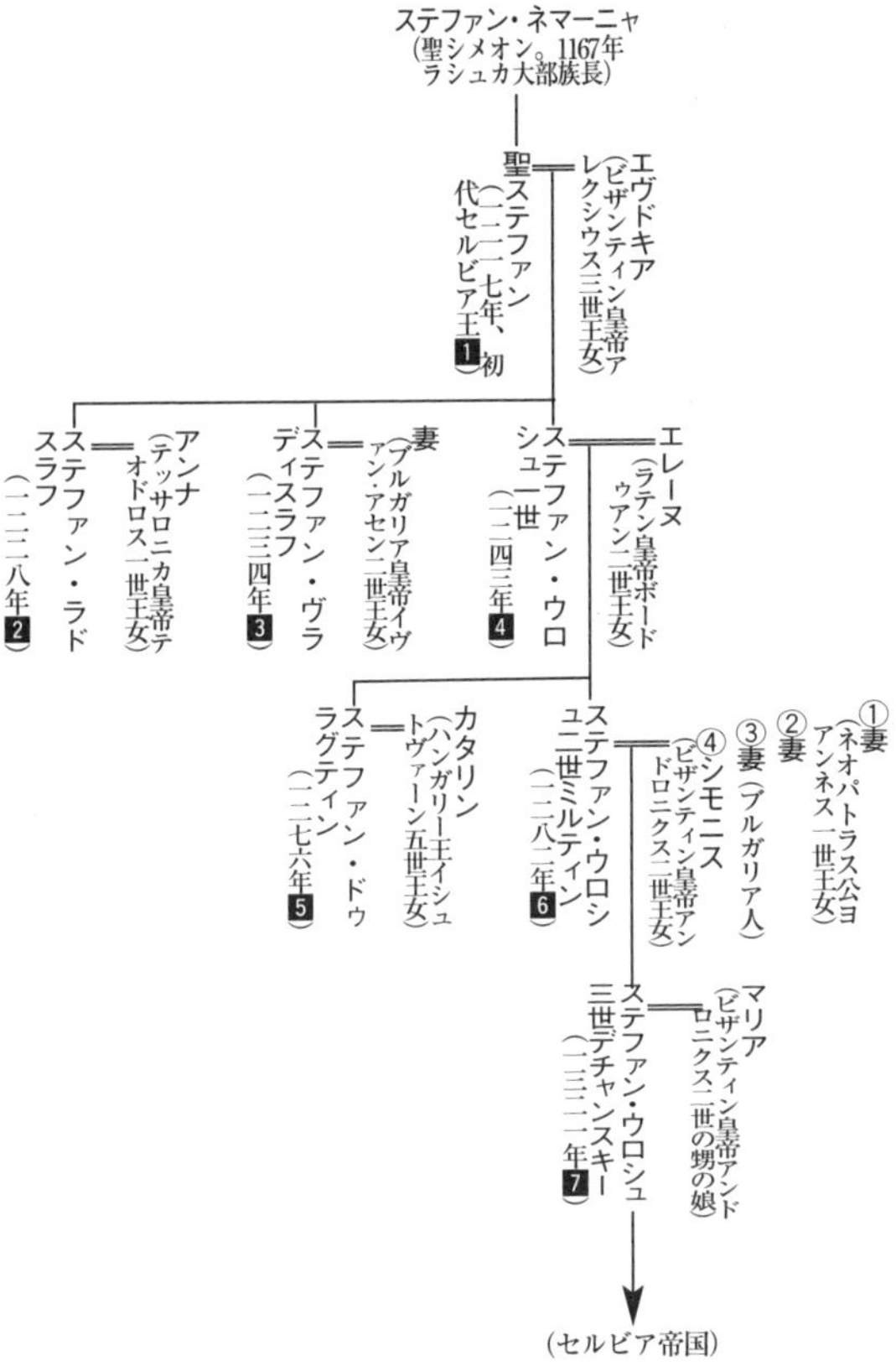
ステファン・ネマーニャ
(聖シメオン。1167年 ラシュカ大部族長)
聖ステファン
(一二一七年、初代セルビア王 1)
エヴドキア
(ビザンティン皇帝アレクシウス三世王女)
ステファン・ラドスラフ
(一二二八年 2)
アンナ
(テッサロニカ皇帝テオドロス一世王女)
ステファン・ヴラディスラフ
(一二三四年 3)
妻
(ブルガリア皇帝イヴァン・アセン二世王女)
ステファン・ウロシュ一世
(一二四三年 4)
エレーヌ
(ラテン皇帝ボードゥアン二世王女)
ステファン・ドゥラグティン
(一二七六年 5)
カタリン
(ハンガリー王イシュトヴァーン五世王女)
ステファン・ウロシュ二世ミルティン
(一二八二年 6)
①妻
(ネオパトラス公ヨアンネス一世王女)
②妻
③妻(ブルガリア人)
④シモニス
(ビザンティン皇帝アンドロニクス二世王女)
ステファン・ウロシュ三世デチャンスキー
(一三二一年 7)
マリア
(ビザンティン皇帝アンドロニクス二世の甥の娘)
(セルビア帝国)

短命の教皇インノケンティウス五世とハドリアヌス五世

ヨーロッパの平和と異教徒に対する十字軍派遣をめざす亡き教皇の執拗な努力によって、国王シャルルの征服計画はすべて中断させられていた。シャルルは、自分の合意できるものでなければ、ヨーロッパの平和を望まなかったし、イェルサレム王国を喜んで受け取ったものの、十字軍派遣によってそれを失う危険を冒したくはなかった。グレゴリウスはシャルルにコンスタンティノープル攻撃を禁じたが、いまやビザンティン人はギリシアの彼の領土と同盟国に攻撃を仕掛けていた。シャルルは自らの尊大さによって、ジェーノヴァとの戦いを余儀なくされ、いまや北イタリアでは守勢に立たされていた。教皇が神聖ローマ帝国の王ルードルフ〔教皇による皇帝戴冠を経ることなくドイツ王のまま終わるため以下称号を「王」と表記〕にその地の秩序回復を要請したことで、グレゴリウスの支持も帳消しとなった。シャルルは、自分にとってそのように不都合な考えをもつ教皇は、金輪際選出させまいと決心した。

グレゴリウスがアレッツォで没したとき、シャルルはローマにいた。リヨン公会議で決められた手続きに従って枢機卿はアレッツォに集合したが、枢機卿会の全構成員がそろうために十日間の猶予期間が設けられた。彼らはシャルルが近くにいることを意識していた。討議は二四時間しかかからなかった。一二七六年一月二一日、彼らは、シャルルが贔屓にしていることで知られた聖職者でサヴォワ生まれのドミニコ会修道士タレンテーズのピエールを選出した。彼はかつてリヨンの大司教で、今はオスティアの司教枢機卿だった。彼はインノケンティウス五世を名のり、ただちにローマに行き、二月二二日に祝聖された。シャルルはヴィテルボからローマまで彼に同行し、祝聖式に出席した。その後五カ月間、教皇と国王はローマに残り、常時顔を合わせた(1)。

シャルルは当然、新教皇を歓迎した。インノケンティウスはシャルルのローマの執政官およびトスカーナ地方の皇帝代理としての地位をただちに承認した。グレゴリウスが生きている間は、王ルードルフはシャルルの皇帝代理の地位に抗議しなかったが、いまや指名された皇帝として、新教皇には帝国の役職を任命する権利はないと考えた。彼は、ロマーニア地方を教皇領の一部とみなす約束を亡き教皇と交わしていたが、抗議のためにロマーニア地方に役人を送って、自分に対する忠誠の誓いをたてさせた。教皇インノケンティウスは強く反発した。ルードルフは、強引に引き出した誓約が無効とされるまでは、イタリアに来ることができなかった。ただ、皇帝戴冠のためにぜひともローマを訪れたかったので、ルードルフは当面は教皇に加えてシャルルとも折り合いをつけておくべきだと考えた。彼はバーゼルの司教を派遣して、二人と協議させた(2)。

インノケンティウスは次に、シャルルとジェーノヴァとの和平調停を行なった。これはシャルルにとってはあまり名誉な和平ではなかった。というのも、ジェーノヴァは皇帝派が支配したままだったし、シャルルの支配地域でジェーノヴァが享受していた特権を再認し、シャルルの獲得した小さな占領地を返却しなければならなかったからである。その代わりにジェーノヴァは、シャルルのヴェンテイミーリア〔現モナコの東方〕の宗主権を承認した。しかし、そのおかげでシャルルは、失敗に終わったものの自由にピエモンテの領土を回復しようとできたし、またトスカーナでの足場を固めることもできた。トスカーナはその時期の戦いで彼が勝った唯一の地域であり、ピサは彼の軍門に下っていた。一二七六年六月二二日に和平が調印された。その四日後、教皇インノケンティウスはローマで死んだ。(3)

教皇選挙がローマで行なわれることは、シャルルにとって好都合だった。規定どおりに枢機卿は十日後、インノケンティウスが死去したラテラーノ宮殿に集まった。シャルルは執政官として、自らの警備力で宮殿を包囲することが可能だった。彼は、自派の枢機卿に外部と自由に情報交換させ、食料の差し入れの受け取りを許す一方、反対派を隔離し、リヨンの公会議で決められた厳しい禁欲生活を強いた。その工作は成功した。一週間近くたった七月十一日、枢機卿たちはシャルルの最も忠実な友の一人であるジェーノヴァ人の枢機卿オットブオーノ・ディ・フィエスキを選出した。彼は熱烈な教皇派で、教皇インノケンティウス四世の甥だった。彼はハドリアヌス五世を名のることを提案した。しかし、彼は助祭枢機卿にすぎなかった。祝聖式の予備段階として叙任される時間もなく彼は重病に陥り、八月十八日にヴィテルボで世を去った。(4)

シャルルは選出された教皇とヴィテルボに行き、近くのヴェトラーラの城で暮らしていた。しかし彼は、新教皇の選出のために開かれた今回の枢機卿会には、ローマで行なったほどの圧力をかけることができなかった。反フランス派の旗頭である首席枢機卿ジョヴァンニ・ガエターノ・オルシーニが会議を取り仕切り、イタリア人でもフランス人でもない唯一の枢機卿、ポルトガル人のホアン・ペトロ・ユリアを巧みに推薦した。彼の助言は受け入れられた。枢機卿ユリアが九月早々に選出され、九月二〇日にヴィテルボでヨハネス二一世として祝聖された。国王シャルルはヴィテルボの祝聖式に出席し、シチリア王国を代表して敬意を表した。(5)

教皇ヨハネス二一世とシャルルの関係

教皇ヨハネスは個人的にはシャルルに好感を抱いていた。彼はシャルルがローマの執政官とトスカーナの皇帝代理の地位を保持することを許可した。また、親切心を発揮してピエモンテにおけるシャルルの敵の皇帝派を破門したが、同時に使節を送り、シャルルのために停戦協定の手はずを整えた。彼は王ルードルフにはイタリアに来ることを禁じた。ルードルフの役人たちがロマーニア地方の町々で、彼を上級君主として承認するよう強制していたからである。さらに教皇は、アンティオキア公国のマリーがイェルサレム王国の王位継承権をシャルルに売却する契約に個人的な賛意を示し、翌年の三月十八日に契約は調印された。(6)しかし、ヨハネスはそれ以上は何もしなかった。シャルルは北イタリアでの権力回復を願っていた。一二七五年九月と一二七六年六月のピサ人に対する勝利によって、トスカーナにおける彼の支配は強化された。アペニン山脈の向こう側では、ポー川の南のパルマなどの教皇派の都市は、ローマ教会と国王シャルルへの献身を公に表明していた。(7)川の向こうでは、暴君ナポレオーネ・デッラ・トーレが一二七七年一月に自分の臣下によって滅ぼされた。この一族は三六年間にわたってミラーノを支配していたが、彼はルードルフの好意を得るために、古くからのシャルルとの友好政策を破棄した。(8) ミラーノ人は彼に代わって、大司教オットーネ・ヴィスコンティに統治権を与えた。王ルードルフは当面は、イタリアにやってきて干渉する様子はなかった。教皇が入国を禁じていたこともあるが、一二七六年六月にボヘミアのオタカル〔二世〕との戦いに参加したためでもあった。ルードルフは勝利をおさめ、一二七六年十月に和平協定が調印された。それは彼とオタカルの子供たちの二組の結婚による同盟で保証された。それによってオタカルは、オーストリア、シュタイアーマルク、カリンティア〔現オーストリア南東部〕、ヤルニオラ〔現スロヴェニア国一帯〕からなるバーベンベルク公国を割譲し、ルードルフをボヘミアとモラヴィアの支配者として承認した。その結果、ルードルフは潜在的な国力を大いに増強することができた。彼はこの新しい地方の再編成に全力を投入したが、オタカルがこの和平協定を守るつもりのないことがやがて明らかになった。(9)

シャルルにとっては絶好の機会が到来したように見えた。しかし教皇は、北イタリアで彼をまったく支援しようとしなかった。それどころか、ミラーノの大司教と北部ロンバルディーアの他の教皇派の指導者たちは、ルードルフとの封臣関係を堂々と宣言した。教皇庁は、シャルルが勢力を挽回しないように、ドイツ王にイタリアの門戸を開けておきたかったのである。(10)

暗礁に乗り上げた教会合同

教皇はシャルルのコンスタンティノープルへの作戦計画も支援しなかった。教皇グレゴリウス十世を大いに満足させた東西教会の合同は、リヨン公会議で高位聖職者たちが期待したほど簡単に実現できないことがわかってきた。皇帝ミカエルは誠実さをもって義務を果たそうと望んだ。それまでのビザンティンの皇帝とは異なって、ミカエルは神学にはあまり関心を持たず、合同によってもたらされる政治的利益は聖職者が被るいかなる屈辱よりはるかに価値があると考えていた。彼と意見を同じくする臣下はほとんどいなかった。コンスタンティノープルの総大主教ヨセフスは、合同主義者と関係を持つことを一切拒絶した。皇帝の支持者で構成される教会会議はヨセフスを解任し、代わりに卓越した神学者であるヨアンネス・ヴェクスを任命した。彼は合同の妥当性を心から確信していた。しかしヴェクスには、皇帝の命令で彼を選出した主教たち以外に支持者がいなかった。ミカエルの嫡男アンドロニクスは、義務感から父親を支持した。しかし後に示されたように、神学研究によって、彼はローマ教会の反対に傾いた。宮殿では、皇帝の姉である気丈な未亡人エウロギアが反対の先頭に立ったが、彼女はそれまでミカエルの最も親密な相談相手だった。娘たちはブルガリア皇妃とエピロス専《デス》制公《ポーテス》の妻だったが、エウロギアと同じ考えだった。帝国内では、修道院、下位聖職者、それに平信徒の大多数が、合同論に大きな衝撃を受けた。ラテン人がコンスタンティノープルを略奪してからまだ二世代しかたっていなかった。まだ生存中の多くの男女が、ラテン人がいかに乱暴に東方教会を扱ったかを記憶していた。彼らはキプロス島とラテン人支配下のギリシアで迫害が未だに行なわれていることを耳にしていた。結局、ローマが正しいと彼らが認めることは望むべくもなかった。皇帝の合同主義の政策が存続できるかどうか、人びとが疑うのも当然だった[11]。

この疑念が教皇庁に伝わらないはずはなかった。実際、ミカエルはその困難について教皇に示唆していた。グレゴリウス十世の死の直前にイタリアに到着したビザンティンの使節団は、異教徒に対する十字軍をただちに開始し、皇帝の敵たちを破門するようにと、教皇に懇願した。もし合同が受け入れられるよう望むならば、合同に有利なように具体的に図る必要があった。インノケンティウス五世は、十字軍遠征は実現間近かだと答えたが、破門の問題は先に延ばした。それは、国王シャルルとギリシアにいるラテン人の君主たちを怒らせることを意味した。実際のところ、シャルルの圧力を受けて、コンスタンティノープルに対するインノケンティウスの態度はいささか動揺していた。ヨハネス二一世はグレゴリウスの政策に戻った。彼は、書簡を託した二人の司教と二人のドミニコ会修道士からなる使節団を送った。皇帝への書状では、個人的な忠誠の宣言が求められており、彼の息子、総大主教および聖職者一般への書状では、服従の命とともに、彼らに対する教皇の友好的な関心が表わされていた。ミカエルは合同賛成の誓いを公に示した書状で返答した。アンドロニクスは合同に対する自分の熱意を書状で表明した。総大主教ヨアンネス・ヴェクスと主教たちはローマ教会の優越性を信じることと、ローマ教会にならって信条にフィリオクエを付け加えることを再確認する書状に署名していた。ただ、それらの文章がローマ側の希望ほど正確なものではなかったうえ、主教数人が署名を拒否したため、皇帝の公証人が署名を偽造したのではないかとも噂された。教皇ヨハネスは満足し、コンスタンティノープルへの対抗処置をとることをシャルルに禁止し続けた。(12)

エーゲ海を支配するビザンティン軍

教皇はシャルルと皇帝の停戦を主張したものの、ギリシアとアルバニアでの彼らの戦いを防ぐことはできなかった。もし皇帝が宗教上の政策を消極的な国民に強いるとしたら、それには軍事的な成功と帝国の拡大が必要だった。皇帝は、シャルルがコンスタンティノープル攻撃を禁じられているのを知っていたので、ギリシアのシャルルを攻撃することに躊躇《ちゅうちょ》しなかった。一二七四年の夏、使節がリヨン公会議から戻る前に、皇帝はアルバニアに軍を送り、ベラートの要塞とブトゥリントの港を占領した。十月、ビザンティン軍はアヴローナ〔現ブローラ〕と、シャルルの司令長官であるトゥーシーのナリヨットが駐在していたドゥラッツォ〔現ドゥラス〕を包囲した。アルバニアにおける〔シャルルの〕王国は崩壊寸前であった。イタリアから援軍が急遽派遣され、とりあえず両方の都市とも救うことができた(13)。

一二七五年の春、ミカエルは勝利に活気づき、ペラゴニアの勝者だった弟の副皇帝《カイサル》ヨアンネスの指揮の下、軍隊と艦隊を中部ギリシアに送り、エピロスの庶子の王子ネオパトラス公ヨアンネス〔一世ドゥーカス。テッサリア支配〕とラテン人の同盟者を打倒しようとした。作戦は失敗だった。ビザンティン軍は主として遊牧民クマン族とトルコ人傭兵から編成されていたが、修道院を略奪したため、同志であるギリシア人の兵のみならずこの地方の住民も憤慨させてしまった。また、ギリシア人の兵も、庶子の軍にいるギリシア人兵士と戦うことには気が進まなかった。カイサルはネオパトラスにまで進軍し、敵側に三〇〇人のフランク人のギリシア最強の騎兵とアテネ公ジャンが加わっていることを知った。その後の戦いでは、数の上でははるかに優っているにもかかわらず、最初のラテン軍の攻撃で帝国軍は崩壊した。カイサルは艦隊とともに撤退せざるを得なかった。

数日後、提督アレクシウス・フィランソロペノス指揮下のビザンティン艦隊は、ヴォロス湾のデメトリアス〔現ヴォロス〕沖でラテン艦隊と遭遇した。ラテン艦隊は、一部はヴェネツィア人所有で、また一部はほぼ全員がロンバルディーア人の子孫であるエウボイア〔現エヴィア島〕のラテン人領主所有だった。それらの船は木製の塔で武装され、浮かぶ都市のような外観を呈し、各々の船には想像を絶するほど多数の戦闘員が乗り込んでいた。最初はラテン艦隊の攻撃が成功した。フィランソロペノスは重傷を負いボートで岸に運ばれ、その間に旗艦は敵の手に落ち、他の船も大きな損害を受けたため岸へと戻された。すると、カイサル・ヨアンネスが陸上戦の残存者とともに乗船した。彼らは素早く艦隊に人を配置し、ラテン艦隊に反撃した。ラテン人は驚き、たちまち敗れ去った。二隻を除いて船すべてがビザンティン人の手に渡った。しかし、カイサルはその勝利の余勢を駆って戦いを続行する確たる信念もなかった。彼は部隊とともにコンスタンティノープルに帰り、公的生活から隠退した。ネオパトラスで被った敗北を恥じてのことだと彼は語ったが、おそらく兄の宗教上の政策が気に入らなかったためでもあったろう(14)。

デメトリアスの戦いの後、ビザンティンの艦隊はエーゲ海を支配し続けた。皇帝と新しい条約を協議するためにコンスタンティノープルにいたヴェネツィアの使節団は、その報せが届くと、急遽二年間有効の条約に署名した。翌一二七六年、ミカエルは中部ギリシアに対し二回目の攻撃を敢行することを決心した。彼の陸上の軍隊はネオパトラス公ヨアンネスに再び敗北した。しかし、海上の戦いには再度勝利した。ミカエルは提督として、ヴィチェンツァ出身のリッカーリオというイタリア人冒険家を雇った。リッカーリオは野心満々の若い傭兵としてかつてエウボイア〔島〕へ行き、すぐれた才能によってただちに名声を獲得した。しかし彼は、社会的地位がはるかに上の美しい未亡人と結婚しようとして、その地方のロンバルディーア人領主たちを怒らせてしまった。エウボイアから逃れた彼はカリストスの町〔現エウボイア島南端〕を占領し、海賊の巣窟として繁栄させた。その後コンスタンティノープルに行き、皇帝にその知性を印象づけた。ミカエルはビザンティンの部隊と艦船の指揮権を与え、もしエウボイアを征服したら、その全域を封土として与えることを彼に約束した。ラテン人はデメトリアスでの海戦の敗北から回復していなかった。彼らは、リッカーリオとコンスタンティノープルの連絡網を遮ることもできなかったし、リッカーリオがスポラデス諸島の島々を占領するのを防ぐこともできなかった。エウボイアでも彼は要塞を次々と占領した。島の中心都市であるネグロポントすなわちカルキスの町だけが持ちこたえた。ただ、ビザンティン人がファルサラ〔中部ギリシア、テッサリア地方〕で敗北したため、彼は必要な陸上の援軍を得られなくなった。しかし、城壁外での交戦の間に、アテネ公とラテン人領主の多くを首尾よく捕虜にできた。彼は勝ち誇って捕虜を皇帝の前に連行し、皇帝は裕福なギリシア人の妻と提督の称号を彼に与えた。それからの数年間、彼はネグロポントを除いたエウボイア全域を支配し、隣のラテン人の国々を始終急襲し続けた。攻撃を休んだのは、トルコ人に対する皇帝の作戦を支援したときだけだった。ヴェネツィア人は一二七七年に皇帝との条約を更新したとき、リッカーリオの攻撃からの保護を要請した(15)。

さらに南のペロポネソス半島では、皇帝の部隊が一二七五年にギョーム公とアンジューの合同軍をグレート・アラホヴァ〔神域デルフィの東隣か〕でうち破るなど、まずまずの成果をあげた。合同軍司令官でギリシア人さえ賞賛した少数のフランク人ブリュエールのジョフロワがその戦いの直前に赤痢で死んでいた。その勝利によって、皇帝は半島の南東部ラコニア地方の支配を固めることができた(16)。

シャルルの反攻

一二七七年頃、アドリア海の東側におけるシャルルの領土と影響力は、ますます不安定になっていた。彼はコンスタンティノープルに対する大遠征を計画して、皇帝に対する報復の気持ちを一段と強めた。彼がイェルサレム王国を継承できたことは、いまや取るに足りない慰めにすぎなかった。一二七七年七月七日、マルシコ伯サンセヴェリーノのルッジェーロは六隻のガレー船とともにアッコンに到着し、シャルルとアンティオキア公国のマリーおよび教皇ヨハネス二一世の署名した書状を当局者に提出して、シャルルの代理である自分に都市と王国を譲渡するよう要求した。イェルサレムの合法的な国王であるキプロスの国王ユーグ〔三世〕は、七カ月前に嫌気がさしてアッコンを去っていた。彼は、王国の貴族とアッコンの商人たちの争い、テンプル騎士団と聖ヨハネ騎士団〔第一次十字軍時代に修道士ゲラルトが創立した宗教騎士団。傷病者治療を主目的とし、一一一三年に教皇により公認〕の争い、ヴェネツィアとジェーノヴァの植民地争いを、鎮めることができなかった。テンプル騎士団が彼の権威を嘲笑すると、彼はキプロスへと隠遁し、従兄弟バリアン・ディブラン〔二世〕を大法官《バイイ》に任命して後を託した。バリアンは途方に暮れた。王国の高等法院はマリーの王位継承権を否定する判決をすでに出していたし、たとえその権利を高等法院が是認したとしても、高等法院への相談なしに彼女がその権利を処分する権利は認められないと判定していた。しかし貴族たちのなかには、国を捨てた王の権利を守るために敢えて武力に訴える気構えのある者はいなかった。長い間ユーグに敵対していたテンプル騎士団は、とくにその団長がシャルルの従兄弟ボージョーのギョームだったので、シャルルの代理を歓迎した。このため、聖ヨハネ騎士団はシャルルに反対したが、高等法院の貴族たちと同様に、不在の者のために戦う気にはならなかった。イェルサレムの総大司教レンティーノのトマソはテンプル騎士団を嫌っていたが、教皇の勧告に逆らうことはできなかった。ヴェネツィア人はアッコンからジェーノヴァ人を一時的に駆逐したが、シャルルをコンスタンティノープルに対抗する潜在的な同盟者、すなわちジェーノヴァ人の敵と認識した。そのため、彼らはシャルルの主張を支持した。バリアンは抵抗もせず、サンセヴェリーノのルッジェーロにアッコンの要塞を明け渡した。ルッジェーロは要塞にシャルルの旗を掲げ、彼をイェルサレムの王と宣言し、貴族たちに王の代理に敬意を表するよう命令した。貴族たちは、国王ユーグにたてた自分たちの誓いを国王が解いてくれることが先決だと主張して、ためらっていた。ところが、彼らがユーグに使者を送って助言を求めると、ユーグは何も答えなかった。ついにルッジェーロの堪忍袋の緒が切れ、自分に敬意を表することを拒否する者は誰でも領地を没収すると宣言したところ、貴族たちは服従した。

シャルルは血を流さずに新しい王国を手に入れた。しかし、それは価値のない王国だった。初期の十字軍兵士によって建設されたその王国に残されていたものは、カルメル山からベイルートのちょうど北方のドグ川まで伸びた、幅わずか十マイル、長さ一〇〇マイルの海岸沿いの土地だけだった。北方には、長さはさらに短いが幅はやや広い、細長い土地のトリポリ伯国があった。しかし、その伯王すなわち前アンティオキア公国王ボエモン七世は、ただちにシャルルをイェルサレム王国の王と認めながらも、彼を宗主とみなすことを拒絶した。平和が維持されている間は、王国の内陸との交易から生じるある程度の収入があった。ところが、そのほとんどはイタリア人商人たちの懐に入るか、国境にある税関を支配する城を所有している騎士団に渡っていた。国王は、アッコンを別にすると、王国の要塞をまったく所有していなかった。シャルルが得たものといえば、東方で部隊を維持する義務だけで、彼の国庫には何の利益も生じなかった。成功といっても、威信を高める成功でしかなかった。(17)

また教皇庁も、この取り引きからまったく利益を引き出せなかった。シャルルは、いかなるかたちにせよ異教徒に対する十字軍遠征を開始することで、新しい領土を危険にさらすつもりはなかったからである。いまや近東における強国はエジプトのマムルーク朝スルタンの国だった。この国は、一二六〇年にアインジャールート〔現ヨルダンのアンマン近郊〕でモンゴル人に対して決定的な勝利を収め、イスラム教世界の主導権を獲得した。戦いの直後に王位についた恐るべきスルタン、バイバルス〔アッザーヒル・バイバルス一世〕は、十五年の間に十字軍に残されていた内陸の領土をすべて征服し、古くからの十字軍国家アンティオキア公国を滅ぼした。王国で生き残った者も彼のなすままにされた。

しかしモンゴル人は、アインジャールートの戦いでパレスチナとエジプトへの前進を阻まれたものの、依然として強力だった。遠いモンゴルの大汗の宗主権の下、ペルシアを支配していたモンゴル人の君主イル汗は、アフガニスタンとコーカサスおよびシリア砂漠の間のすべての国を支配していた。モンゴル人は、リヨン公会議に使節団を送ったことが示すように、キリスト教に共感を持ち、マムルーク朝に対抗する同盟に加わる用意があった。歴代の教皇を始めとする多くのキリスト教徒にとって、そうした同盟は救済策の提供と思えた。しかしシャルルはそう考えなかった。モンゴル人との同盟はとくにジェーノヴァ人によって提唱されたのだが、彼らは黒海と北シリアでモンゴル人との交易を実質的に独占していた。それゆえ、同盟にヴェネツィア人が反対し、またジェーノヴァが富を蓄えるのを見たくないシャルルも反対した。さらに、シャルルが頼りにしていたテンプル騎士団は、常にマムルーク朝との同盟を支持していた。テンプル騎士団はいまや東方での有力な金融業者となっていて、イスラム教領主たちの多くは彼らの顧客だった。彼らは、マムルーク朝が挑発されないかぎり、財政上有利な状態も混乱することはないと考えた。したがって、アッコンにいる役人へのシャルルの指示は、バイバルスとの平和を保ち、全面的な友好的態度を示すようにとのことだった。彼は、マムルーク朝の領主が、アッコンでの政権交代は彼らの障害にならないと考えてくれればよいと望んだ。シャルルの目的は、新しい領土を維持することだけではなかった。チュニスの国王はカイロと連絡をとっていた。もし彼が、シャルルとカイロのスルタンが同盟したことを知れば、定期的にナポリに年貢を払い続けるものと考えられた。そしてシャルルは、その金が必要だった。(18)

南東地中海域でシャルルが唯一攻撃したかったのは、キプロスの国王ユーグに対してだった。しかし歴代の教皇たちは、シャルルにキプロス攻撃の権限を与えていないことを確認させ、そのことがつねにシャルルの失望の種だった。もし攻撃が許されていたら、キプロスが豊かで利益のあがる戦利品になっていたのはまちがいない。(19)

教皇ニコラウス三世とシャルルそしてルードルフ

教皇の政策のためにシャルルは挫折したが、悲観的にはならなかった。教会の合同は遅かれ早かれまやかしと判明するだろうと、彼は期待した。王ルードルフは、ボヘミア王オタカルのような敵を含めドイツ国内にあまりに多くの問題を抱えており、はるかイタリアに関わることはできないだろうし、教皇庁は自分のことを最も価値ある友だといずれ判断するだろうと、シャルルは考えた。彼は、教皇には絶望していなかったが、ヨハネスの突然の死にはまったく備えをしていなかった。教皇はヴィテルボの宮殿に新しい翼棟を増築していた。それは、建てる際に配慮が足りなかった。一二七七年五月十二日、彼が新しい寝室で眠っていたとき、頭上の天井が崩落した。彼は重傷を負い、八日後に死去した。

教皇の死去の際、シャルルは南プーリアで病に伏せっていた。彼は北へ急ぐことはできず、新しい教皇選挙が遅れることを期待した。教皇ヨハネスの数少ない布告の一つは、リヨンで承認された、教皇の後継者を任命するまで枢機卿に厳しい生活を強いる法令を無効にするものだった。教皇が死んだ当時、枢機卿会の十一人のうち八人だけがヴィテルボの近くにいて、選挙に参加できた。このうち四人がイタリア人で、四人がフランス人だった。彼らの間で合意は成立しなかった。六カ月間彼らは言い争い、ついには激高したヴィテルボの市民が彼らを教皇の宮殿に閉じこめると同時に自分たちはイタリア人の教皇を望んでいることを明らかにした。フランス人枢機卿が譲歩した。一二七七年十一月二五日、枢機卿ジョヴァンニ・ガエターノ・オルシーニがニコラウス三世として教皇に選出された[20]。

新教皇は過去何年にもわたって長老の地位にいた。彼は一二四四年にインノケンティウス四世によって枢機卿の地位を与えられていた。その時から、彼は枢機卿会内の穏健な教皇派の反フランス集団を主導していた。彼はローマの最大の家系に属していた。一族への忠誠が顕著だったが、ローマへの忠誠心も確かなものであった。のちに作家たちは、彼の一族優先主義とそれに伴う強欲のゆえに彼を厳しく批判した。ダンテは彼を地獄の洞穴におき、洞穴の中で出世したことを悔やませ、家紋が熊のオルシーニ家の子孫の子熊たちを富裕にすることに熱心だった聖職売買者として描いている。歴史家ヴィラーニは、彼の政策全体はシャルル・ダンジューに対する密かな怒りにもとづいていると考えた。その理由は、教皇が姪の一人をシャルルの息子か甥の一人と結婚させたいと申し出たとき、シャルルが、オルシーニ家はカペー朝王家と婚姻関係を持つには値しないと答えたためとしている。この話に裏付けはない。しかし、ニコラウスとして就任し数カ月後に新しい枢機卿を任命するとき、その一つを兄弟のジョルダーノに、またもう一つを甥のラティーノ・マラブランカに与えたこと、また最高の地位を思いのまま一族の者に与えたことは事実である。おそらく、親族が彼の頼ることのできた唯一の友だったのだろう。同時代人にとって、ニコラウスは非の打ちどころのない道徳心と広い政治的視野を持つ人間に見えた(21)。

それにもかかわらず、彼はシャルルなら選ばなかった人物だった。シャルルはいまや病気から回復しつつあった。病気のおかげで、シャルルはただちにシチリア王国を代表して教皇に敬意を表しに行かずにすむ口実ができた。同様に、そのことで教皇は彼に書状で健康について尋ねる口実ができた。各々が礼儀を失わずに待ち、相手の出方を窺うことができた(22)。シャルルはニコラウスについては確信をもてなかった。教皇就任から二週間もたたないうちに、彼は穏やかだが確固とした言葉遣いで王ルードルフに書簡を送り、ロマーニア地方の教皇領からルードルフの役人たちを出国させるよう命じた。前の教皇たちの書状は何の効果もなかったが、ボヘミアのオタカルとの新たな戦いに直面していたルードルフは、その命令に従った。続いてニコラウスはシャルルに矛先を向け、ローマの執政官の地位を退くよう要求した。彼はシャルルに、一二六八年の任命は十年間のみ有効だったことを思い起こさせた。シャルルはトスカーナ地方の皇帝代理の地位も放棄することとなった。ピエモンテ地方の状況はシャルルにとっていっそう悪化していた。教皇を怒らせる余裕などなかった。彼はローマに来ると、友人たちのなかに腰を落ち着けた。ニコラウスがイタリアのシャルルの敵の破門を承認すると、シャルルは教皇を表敬訪問することに同意した。会見は一二七八年五月二四日にローマで行なわれ、シャルルは四カ月後に執政官と皇帝代理の地位を放棄する約束をした。ニコラウスはそれに報いるため、ロンバルディーア地方の皇帝派の使節団を受け入れることを、多忙を理由に拒絶した(23)。

このようにシャルルとルードルフに対する権威を確立した後、ニコラウスはヨーロッパの平和のために両者を和解させることに着手した。中心となる厄介者はフランスの皇太后だった。ルードルフは彼女にプロヴァンス伯領の権利を認めていた。そして、息子の国王フィリップ〔三世〕は彼女を信頼してはいなかったが、いまや彼女は甥のイングランド国王エドワード〔一世〕の支持を得ていた。一二七八年夏、彼女の代理人がルードルフの長男〔次男〕ハルトマンと国王エドワードの娘ジョアンとの婚約を仲介した。当時ハルトマンは父親の後継者として承認され、また可能ならば、ルードルフの皇帝戴冠後すぐにドイツ王の地位に就くはずだった。もしハルトマンの帝国の継承が困難な場合、彼とジョアンには世襲財産としてプロヴァンスを始めとするアルルとヴィエンヌの王国が与えられる予定だった。エドワードとルードルフの両者ともその協定に満足した。八月、ルードルフはモラヴィアのデュルンクルトでオタカルに最終的な勝利を収めた。オタカルは戦場で殺された。一カ月後、ボヘミアのすべての貴族がルードルフに服従し、義理の息子でもあるオタカルの若い息子ヴァーツラフ〔二世〕を後見人として受け入れた。ルードルフはいまやイタリアかプロヴァンスに進出できる立場にあった。(24)

教皇の反応はシャルルに有利だった。一二七八年の秋冬を通して、彼はシャルルおよびルードルフ両者と密接な連絡を保ち、前者を励ますとともに後者を抑制した。ルードルフはまだ皇帝戴冠を望んでいた。それは彼にとっては、アルル王国よりも重要だった。しかし、彼は適切な補償なしにいかなる権利も放棄することは望まなかった。ニコラウスは彼が受け入れそうな条件を見つけるのに少々腐心した。シャルルはもっと従順だったが、彼はプロヴァンスについては神経質になっていて、そこを失うまいと決心していた。ニコラウスはさまざまな計画を考えていた。彼が最も注意深く育んでいた計画は、次のようなものだった。ドイツの王位は世襲財産としてルードルフに与えられる。シャルルは南イタリアの支配に限定される。アルル王国は、もしシャルルの若い孫シャルル・マルテルがルードルフの娘クレメンツィアと結婚した場合、そのままシャルル・マルテルのものになる。北イタリアは王国に変更し、オルシーニ家に与えられる。以上がその内容だった。残念ながら、ロンバルディーア人もトスカーナ人も、オルシーニ家に支配されることを歓迎する根拠はなかったし、指名されている皇帝がアルプス以南の古くからの帝国領土の支配権をすすんで放棄するとは、期待できなかった。(25)

一二七九年の夏、ついに合意に至った。イタリアにおける神聖ローマ帝国の権利が承認され、ルードルフにはその皇帝戴冠が約束された。しかし、彼はロマーニア地方に干渉することはできなくなった。そして、トスカーナ地方では皇帝代理の権限を教皇庁が行使することになったと考えられる。シャルルはルードルフによってプロヴァンス伯として認められたが、その伯領を代表してルードルフに敬意を捧げることとなった。アルル王国はプロヴァンス抜きで再編成された。そこはシャルルの長男サレルノ公シャルルに与えられ、彼がシャルル・マルテルとクレメンツィアに代わって管理し、二人がしかるべき年齢に達したらただちにそこを引き渡すこととなった。

解決しなければならないさまざまな問題があった。イングランドのエドワードを怒らせてはならなかった。調停者にとって幸いなことに、ルードルフの息子ハルトマンが死んだことで、イングランド王女との婚約の問題に決着がついたし、エドワードは国内の多くの問題に専念しなければならなかった。しかしエドワードは喜ぶこともなく、もっぱらフランスの宮廷を非難したようである。フランスの皇太后を鎮めることは、はるかに困難だった。教皇と王ルードルフ両者ともが一二八〇年春、プロヴァンスの権利はその協定によって侵害されたわけではないと彼女に書面で保証した。彼女は息子の国王フィリップからまったく支援を得られなかったので、抗議の術もなかった。しかし彼女はそれでもなお、アンジュー家のアルル王国が絶対に樹立されないよう配慮するつもりだった。(26)

ついに一二八〇年五月、シャルルとルードルフの間の協定が、当事者間の一連の書簡の往復により署名された。他方でシャルルは一二七八年八月三〇日、ローマの自分の代理たちに手紙を送り、彼らの支配している要塞と監獄をローマの人びとに渡すよう命じた。また、執政官の職を辞し、教皇に返した。ニコラウスはただちに兄弟のマッテーオ・オルシーニを執政官に任命した。同時にシャルルは、トスカーナの皇帝代理の地位からも退いた。ニコラウスは、新しい代理を指名できる皇帝が現れるまでの暫定措置で、甥の枢機卿マラブランカを就任させた。ニコラウスは、ロマーニア地方の秩序回復の支援をシャルルに求めた。王ルードルフの役人たちはすでにその地を去っていた。しかし、皇帝派を弱体化させることは容易ではなかった。この地に主任司祭として派遣されていた教皇の甥ベルトルド・オルシーニには充分な部隊が提供されなかった。シャルルは教皇庁の出費で皇帝派と戦う機会に恵まれたことを喜び、高官の一人ギョーム・レスタンダールにえり抜きの騎兵三〇〇人をつけて送り込んだ。反乱者は、大司教が皇帝派の陣営に鞍替えしたミラーノを始めとして、ロンバルディーアの数カ所の都市の支持を得たが、教皇はシャルルの支援によってポー川の南の地方の支配権を回復した[27]。シャルルにはこの威信が不可欠だった。というのも、いまや彼はピエモンテ地方に残されていた最後の領土を失っていたからである。トスカーナでは、教皇によってシャルルのさまざまな上級君主の権利が放棄させられたため、枢機卿マラブランカはシャルルの政策を転換し、グレゴリウス十世の政策に立ち返った。フィレンツェは教皇を支配者として任命し、追放した皇帝派を再び受け入れた。他の都市は全体の和解に従った。指名された皇帝として王ルードルフは代理を送ったが、その代理はいくつかの税を徴収することを許されたものの、政治的な権限は与えられなかった[28]。

シャルルが服従した理由は、教皇への敬愛からではなかった。彼もニコラウスもお互いに信頼してはいなかった。しかし、協同することが彼ら両者にとって好都合だった。実際のところ、教皇の政策はシャルルに損害を与えることはなかった。プロヴァンスは彼に残されたし、アルル王国も将来彼の子孫の手に入る見通しとなった。北イタリアへの関与の縮小により彼の財政状態は改善された。彼は一二八〇年には五年前よりはるかに豊かになっており、再びコンスタンティノープル遠征を計画する余裕ができた[29]。

東西教会合同協約の変更

教皇はなおもその遠征を禁じた。しかし、教会の合同は進展していなかった。教皇はより厳しい言葉で皇帝ミカエルに対処するようになった。まもなく約束は破棄され、シャルルが自由に計画を進められる兆しがあった。

聖職者たちの誓約宣言を携えミカエルから派遣された使節団は、イタリアに到着するや教皇ヨハネス二一世の死去を知らされた。彼らは書類を枢機卿に預けて帰国した。教皇ニコラウスはその後宣言を読み、それが適切でないと判断した。コンスタンティノープルが面する金角湾〔ボスポラス海峡内の小さな入り江〕をはさんだガラタのラテン人植民地から教皇に報告が届き、コンスタンティノープルの教会ではローマ教会形式で信条が述べられていないし、儀式もまったく変更されていないことが記されていた。一二八七年十月、ニコラウスは皇帝にさらに厳しい遵守を要求する使節派遣を決定し、そのための指示を作成した。使節団は皇帝に誠意をもって表敬しつつ、完全な合同からの逸脱が許されないことを決然と確認するように、との指示だった。皇帝は使節団を次の十項目で満足させねばならなかった――すなわち、皇帝と息子は、リヨン公会議で決められたとおりに、信条にある正確な言葉を用いて誓約の宣言を書き直さなければならない。皇帝は、総主教と教会の高位聖職者たちにその信条を忠実に守らせる。すべての教会の礼拝において、信条にはフィリオクエの言葉が挿入されなければならない。ローマ教会が真の信仰と一致しており、いかなるギリシア形式の儀式も維持されてはならない。使節団は、帝国内のあらゆる中心地を訪れて、これらの指示が実行されるよう配慮する。ギリシア人はあまねく過去の分裂の赦免を使節たちに求めなければならない。使節たちは、懺悔を求める者は誰であろうと、ギリシアの聖職者を越えて、その懺悔を聞くこととする。皇帝は恒久的な枢機卿最高顧問が帝国内に居住するよう求めなければならない。合同の反対者はすべて破門されるもの

とする。総主教と主教全員は、自分たちの任命の承認を教皇に申請しなければならない。以上が、教皇の要求だった(30)

これらの条件は、リヨン公会議で決められた条件をはるかに越えるものだったので、ニコラウスが故意に合同を破綻させようとしているかの如くに思えるほどだった。グロッセートの司教バルトロメーオに率いられた使節団は真冬にイタリアを出発し、一二七九年の春コンスタンティノープルに到着した。彼らがその条件をミカエルに提示すると、彼は大いに当惑した。だが、彼は心から合同こそ正しい政策だと信じ、彼らの要求に応じようと最善を尽くした。いまや彼には、帝国の周囲ほぼ全体が敵となっていた。説得が役に立たないと知ると彼は、反対勢力を打破するために、より厳しい処置を試みた。元総大主教ヨセフスは、当初コンスタンティノープルの修道院で穏やかに暮らすことが許され、新総大主教ヨアンネス・ヴェクスとは友好的な関係にあった。しかし、元総大主教はなお合同に同意することを拒否したため、黒海の孤島に流された。彼は殉教者とみなされ、崇拝者が増大した。ミカエルは、自分が一二六六年に幼い皇帝ヨアンネス〔四世〕ウァタゼスの視力を奪った事実の赦免を総主教アルセニウスが拒否したことで彼を解任し、教会の大部分をすでに怒らせていた。いまやアルセニウスの一派はヨセフスの一派と合流していた。教会合同に異を唱える高位聖職者と政治家は地位を追われた。彼らの多くは投獄され、また他の者は皇帝の姉エウロギアとその娘の皇后がいるブルガリア宮廷の歓迎をあてに亡命した。エピロスではエウロギアの義理の息子のニケフォルス〔一世、専制公〕が合同を拒絶し、合同の不評に乗じて皇帝軍をブトゥリントの町から追い出した。さらに南では、近隣のラテン人の国々との同盟によって独立を保っていたネオパトラス公ヨアンネスが、東方正教会の擁護者として前面に現われ出た。彼は一二七七年にギリシアの全聖職者による宗教会議を召集し、皇帝、総大主教、教皇の破門を宣言した。続いてマケドニアでは、反皇帝の公然たる反乱が起きた。ミカエルがその反乱を鎮めるため軍隊を送ると、軍が反乱に同調し、彼は軍をコンスタンティノープルに呼び戻したほどだった。

首都では数多くの逮捕が続いた。皇帝の家系の者でさえ投獄され、そのなかには皇帝の弟の息子すなわち甥アンドロニクス・パラエオログス、それにエウロギアの息子ヨアンネス〔年長の姉マリアの息子か。二四二ページ系図参照〕もいた。合同を全面的に受け入れていないと思われる主教たちには、より過酷な処置が下された。こうした皇帝のやり方は、敵に殉教者のリストを作らせ、抵抗を激化させただけだった。総大主教ヨアンネス・ヴェクスはミカエルに苛烈な弾圧を控えるよう訴えた。ミカエルは激怒し、彼に総大主教の座から退くよう命令した。しかし、いまや教皇特使の到着が予想されたので、彼らを当惑させないように、退位は公表されなかった。

教皇特使の一行は、反乱を鎮圧するために皇帝が滞在していたアドリアノープル〔現エディルネ〕でまず皇帝に会った後、一二七九年の晩春にコンスタンティノープルに到着した。皇帝は合同に対する自分の忠誠を特使に約束し、リヨン公会議の信条を具体的に盛り込んだ新しい誓約の宣言に息子とともに署名した。彼は特使をあちこちの牢獄に案内して、自らの誠実さを誇示した。皇帝が合同の敵をいかなる高貴な生まれの者であれ厳罰に処していることを、特使は見てとった。ほどなく特使は、皇帝がヴェクスと争ったことを知り、ヴェクスを復帰させるよう賢明にも主張した。しかし、合同が実際に臣下たちに受け入れられていると特使に確信させることは、不可能だった。特使が帝国から集まった聖職者たちに会う前に、ミカエルは密かに会合を開き、主教たちに率直に話した。彼は教皇の新しい要求について語り、恒久的な枢機卿特別顧問の受け入れなど、いくつかはグレゴリウス十世の約束に反すると述べた。さらに、主教たちの信条にいかなるものも付け加える必要はない、たとえ全イタリア人との戦いになろうとも、そうせよと主張するつもりはないと話した。しかし、危機的状況において何らかの譲歩は必要であり、荒れ狂う嵐のなかで賢い船長はためらうことなく積み荷の一部を放棄しなければならない、たくみな機転が示されなければならない、狩猟の際には騒音をたて獲物を警戒させてはならない――皇帝の比喩は効果的だった。特使が教会の集会で彼らの要求を示すと、その要求は礼儀をもって静粛に聞かれた。続いて主教たちは信条についての声明を作成した。声明では、聖霊の発出の問題がギリシア語だらけでラテン語に翻訳するのも不可能なほど、巧妙な神学的な冗長さで議論されていた。出席したすべての主教がその声明に署名したが、そのうちのいくつかは皇帝が偽造したと噂された。教皇が追加した要求は触れられなかった。特使は、この文書と、皇帝とその息子の個人的な宣言、さらに教皇の希望が実行されるとの口頭による約束を携えて、ローマへ戻ることになった。皇帝は自分の誠実さの証として、反対運動を指導した二人のギリシア人主教、イグナティウスとメレティウスを連れて戻るよう特使にたのんだ。教皇は最もよいと思う方法で彼らを処罰するよう求められた(31)。

教皇ニコラウスは特使の報告に満足ではなかったが、皇帝に対して敵対的な行動には出なかった。賞賛に値するほどの賢明さで、彼はイグナティウスとメレティウスをコンスタンティノープルに送り返し、彼らは何かの間違いで告発された誠実で徳のある人物と思えると伝えた。彼は個人的にはギリシア人に対して無分別でも敵対的でもないことを示したかった。彼はまだシャルルが帝国を攻撃することを禁じていた。彼が隠忍自重したのは、ミカエルからの気前のよい贈り物のせいだったにちがいない。彼の強欲ぶりは悪名高かったので、教皇在位期間中、皇帝の密偵によって運ばれたビザンティンの金が、ニコラウスがシャルルに課した抑制の主な理由であると、そこかしこでささやかれた。[32]

しかし、シャルルはこの抑制に耐える必要はなくなった。一二八〇年八月二二日、ニコラウス三世はヴィテルボ近くのソリアーノの邸宅で心臓麻痺で突然亡くなった。枢機卿たちは後継者を選出するため、すぐにヴィテルボに集合した。再び、枢機卿会のイタリア人の派閥とフランス人の派閥がみごとなほど均等に分かれた。しかし、オルシーニ一族の手に権力が集中したことにイタリア人の多くは憤っていた。シャルルは慎重にプーリア地方に留まっていたが、密偵がローマとヴィテルボで亡くなった教皇の一族に対する敵意をあおった。教皇選出会議は六カ月間続いた。一二八一年の新年早々、ヴィテルボの民衆が耐え切れず騒ぎ始めた。シャルルはその騒乱を口実に軍を導入し、市民の同意を得て、枢機卿会が決定を行なうまで枢機卿たちを宮殿に閉じ込めた。一二八一年二月二二日、サンタチェチーリアの枢機卿でフランス人のシモン・ド・ブリが選出され、マルティヌス四世の名で三月二三日オルヴィエートで就任した。[33]

教皇マルティヌス四世とシャルル

新しい教皇はフランス王家と昔から昵懇だった。地位が低い頃、聖ルイの宮廷で働いたこともあった。教皇ウルバヌス四世が彼を枢機卿にとり立て、在フランスの教皇特使に任命した。彼は、シャルルのシチリア王への立候補の手配をする際、一定の役割を果たした。枢機卿会のフランス派を率いる彼は、シャルルと密接な関係にあることが知られていた。マルティヌスは情熱に満ちた愛国者だった。就任から一カ月以内に昇進させた七人の枢機卿のうち四人がフランス人、一人がイングランド人、イタリア人はたった二人だった。教皇の政策の大転換をシャルルは期待できた。四月、オルヴィエートで上級君主として新しい教皇への謁見のため北へ向かったとき、彼は期待に満ちていた。[34]

シャルルは失望せずにすんだ。教皇マルティヌスは同胞のフランス人の願いを叶えるため全力を尽くす用意があった。彼はキリスト教世界の敵を審判するローマ教会の威厳などに関心を払わなかった。彼はドイツ人とくに王ルードルフを嫌悪していた。また、イタリア人を信頼せず、彼らが統治することを許さなかった。東方のキリスト教徒は、復活したフランス帝国主義の領土拡大に領地を提供する以外の何者でもなかった。シャルルと教皇の会談の第一の成果は、シャルルをローマの執政官の地位に復職させることだった。オルシーニ一族は失脚した。彼らの代わりに、シャルルは自分を支持する元老院議員として三人のプロヴァンス人、ラヴェーナのフィリップ、ギョーム・レスタンダール、ドラギニャンのジョフロワを任命した。シャルルは他の教皇領に軍と役人を送るよう求められた。教皇の政策変更によって、皇帝派が行動を起こしたので、その必要があった。彼らはモンテフェルトロのグィードに率いられ、フォルリを拠点に反乱を組織した。教皇は彼らに対抗するため、教皇代理でプロヴァンスの教会法学者ギョーム・デュランの指揮の下、シャルルのもっとも有能な兵の一人であるエップのジャンを総監とするアンジュー軍を送り込んだ。彼らはフォルリを包囲したが、大成功を収めるわけにはいかなかった。それでも、その反乱を牽制することはできた。(35)

トスカーナ地方では、亡き教皇の甥、枢機卿マラブランカが解任され、彼がまとめた教皇派と皇帝派の和平が崩壊した。王ルードルフは直ちに新しい皇帝代理を任命し、その行動に勇気づけられて皇帝派が決起した。ピサ、サンミニアート、サンジミニアーノ、ペッシアがルードルフに臣下の誓いを行なったが、一二八一年六月のシエーナ皇帝派の革命は失敗した。皇帝代理は、いかなる教皇派の町にも入ることが許されなかった。(36)教皇の励ましで、トスカーナの教皇派同盟は翌年早々に組織を再編した。しかしマルティヌスは、トスカーナにそれ以上の公然たる干渉を行なわなかった。北イタリアでは、シャルルを助力することはほとんどできなかった。一二八一年五月にピエモンテ地方に侵入した小規模のアンジュー軍は、ボルゴ・サン・ダルマッツォでサルッツォ侯に決定的な敗北を喫した。それ以来、この地でアンジュー陣営に残った唯一の領土は、マッダレーナ峠の麓のストゥーラ川上流の谷間だけだった。しかし、シャルルはもはやピエモンテに関心を持たなかった。彼はその地が自分の帝国に特別な価値はないと判断していた。もし彼がなおロンバルディーア地方の支配を望んでいたら、ピエモンテにある峠の支配権はまちがいなく必要不可欠だったろう。しかし、彼はロンバルディーアからすでに手を引いていた。かつてミラーノを支配していたトルリアーニ家の二人の指導者、ローディの領主ガストとラヴェンナの総大司教レイモンドが一二八一年五月にヴァプリオでヴィスコンティ家によって敗走させられると、ロンバルディーアは皇帝派の手に渡り、あいまいな形ながら王ルードルフに忠誠を誓った(37)。

シャルルと教皇はルードルフに好感をもっていなかったが、彼と争うつもりはなかった。というのも、アルル王国を再興し、それをシャルルの一族に与える計画に、彼の協力が必要だったからである。一二八一年五月二四日、マルティヌスは先任者によって作られた協定を記録した教皇勅書を発布した。ハプスブルク家の幼い王女クレメンツィアが、シャルルの孫シャルル・マルテルと結婚するためイタリアに到着する予定だった。二人の結婚後ただちに王国が誕生し、花婿の父親であるサレルノ公シャルルがその統治を引き受ける予定だった。ローヌ川上流の一帯には、新たなアンジュー家の支配を歓迎しない多くの領主がいた。彼らの怒りを、シャルルの不倶戴天の敵であるフランスの皇太后が煽った。一二八一年秋、皇太后マルグリートはトロワで集会を催した。彼女の義理の息子のブルゴーニュ公ロベール、ブルゴーニュおよびフランシュコンテ伯オト、彼の舅である老サヴォイア伯、リヨンの大司教ベレスメのジャン、シャンプリット伯、それに数人の弱小の領主が出席した。彼らは軍を結集して、翌年五月にリヨンで集合する計画を立てた。というのも、そのころにアンジュー軍がアルル王国を引き継ぐため到着すると考えられたからである。ただ、外部の援助が必要だった。皇太后マルグリートは、息子の国王フィリップからの助力はまったく受けられなかった。フィリップは、二番目の妻であるブラバントのマリーと従兄弟アルトワのロベールの影響下にあり、その二人ともが国王シャルルを賞賛していた。フィリップは、母親が甥のイングランド国王エドワードを崇拝していることにも憤慨していた。しかし、国王エドワードも彼女を助けるつもりはなかった。同情的だったが、フランスとの戦争の危険を冒すはずはなかった。彼女の計画には、王国の宗主として王ルードルフの賛成が必要だったが、彼はシャルルとの協定を破ることを拒否した。ルードルフは娘にその王国を与え、望みどおり北イタリアでの活動の自由を手にできるという解決案に満足していた。一二八二年の早春、トロワに熱狂して集まった領主たちは、行動に移れる状況にないことを悟った。一方、アンジュー軍の艦隊がマルセイユに集結し、ローヌ川を遡って新しい政府を樹立する準備を整えつつあった。(38)

シャルルはローマをもう一度掌中に入れて、中部イタリアでの安全を確保していた。彼には、プロヴァンスの領土を統合するローヌ川沿いの豊かな王国の可能性が見えてきた。彼はイェルサレム国王であり、東方ラテンの誰もが認める指導者だった。相対的な平和の時期に、彼の財政状態は回復した。教皇はシャルルの望むことすべてを認めるように思えた。コンスタンティノープルに対する大遠征を挙行すべき時がついに到来した。

教皇マルティヌス四世と東ローマ

シャルルに促されて、教皇マルティヌスは皇帝ミカエルとの教会合同の交渉を躊躇することなく打ち切った。彼には正当な理由があった。教皇ニコラウスの特使たちが持ち帰った報告書で、皇帝が合同を心から支持しておらず、ギリシア人も断固として合同に反対していることが明らかになったからである。それ以後のコンスタンティノープルからの報告も、激しい議論と暴動とを伝えてきた。教皇ニコラウスによって決められた条件は満たされていなかった。ただ、ミカエル自身は依然として教皇庁と友好関係を保つことを望んでいた。彼はマルティヌスの選出を耳にするや否や、合同派の主教の二人、ヘラクレア〔現トルコ黒海沿岸のエレーリ〕とニケーアの府主教に祝辞とローマ教会への献身の誓言を持たせイタリアに派遣した。(39)

一二八一年十一月、使節たちがオルヴィエートに到着すると、冷ややかな侮蔑をもって迎えられた。彼らは、教皇に加えて国王シャルルまでそこに駐在していることを知った。四カ月前の一二八一年七月三日、シャルルと義理の息子の称号だけのラテン皇帝フィリップは、オルヴィエートでヴェネツィア共和国から派遣された代理人たちと会い、教皇の賛同を得て、「パラエオログスに簒奪されたローマ帝国の再興」をめざす条約に署名していた。条約による同盟の遠征隊が一二八二年四月に出発する予定がたてられた。当時の噂によれば、シャルルは二〇隻の重装備の軍艦、一〇〇隻の軽装備のガレー船、八〇〇〇から一万にのぼる騎兵と馬、および数ではそれを上回る歩兵を運ぶ輸送船を準備する予定だった。ヴェネツィアもほぼ同数のガレー船と軍艦を供給することになっていた。さらに、フランク人のアケーア公国からも遠征軍に加わる予定だった。ピサは教皇から船舶を供給するよう命じられ、しぶしぶ数隻送ることに同意した。ジェーノヴァだけが同盟に加わることを拒否した。(40)ビザンティン使節の主教たちにやっと教皇との謁見が認められると、教皇は彼らに向かって皇帝とその人民に対する憤懣やるかたない怒りをぶつけ、十一月十八日に教皇勅書の写しを持たせて退出させた。その勅書は、ミカエルが異端者であり、異端の促進者であると非難していた。また、すべてのキリスト教徒の君主に、皇帝との接触や連絡を禁じ、もし皇帝が翌年の五月一日までに服従せず、帝国を教皇に譲らない場合、地位を追われた追放者とみなすとつけ加えていた(41)。

シャルルとその同盟国は教皇の恩寵を得て、公然と準備に入っていた。ミカエルは前から懸念していたが、このような教皇の政策の完全な転換は予想していなかった。彼は、自分が破門されたことを知ると、教皇の名による式典を神聖な聖餐式から削除し、教会合同を臣下に強いるためにとった措置をすべて停止させた。ミカエルは欠点はあったものの、誠実な人物だった。彼は生涯の残りを教会合同の政策に尽力する義務があるとみなし、教皇も時が経てば理解を示してくれることを、まだ期待していた。一方で彼は、迫り来る嵐に対決する準備を整えた(42)。

苦境に立つミカエル

アルバニアではすでに嵐が発生していた。一二八〇年シャルルはエピロス専制公《デスポーテス》からブトゥリントを奪い、彼の最も信頼できる将軍の一人、赤毛という異名のあるサリーのユーグの指揮下、内陸部を再占領するために遠征軍を派遣した。一二八〇年の秋、アンジュー軍はビザンティン人をベラートの要塞に押し戻した。ベラートの包囲は九月末に始まった。そこの長官はネオパトラス公ヨアンネスの兄弟ミカエル・〔ディミトリウス〕・アンゲルスだったが、彼は皇帝の義理の息子でもあり、皇帝に忠誠を尽くしていた。彼はコンスタンティノープルに援軍を送るよう訴えた。それに応えて皇帝は、準備できる最大規模の軍を、甥の司令官ミカエル・タルカニオテスの指揮の下に送った。しかし、軍は二月までアルバニアに到着しなかった。一方シャルルは、その都市を急襲し攻略せよとの命令を付して、サリーに多くの包囲戦用兵器を含む援軍を送った。ベラートの位置する強大な岩山は、攻撃を難しくしていた。サリーは郊外の地域を占領し、守備隊を兵糧責めで降伏させる戦術をとった。だが、彼はビザンティンの救援軍を遮ることを怠った。救援軍は一二八一年三月に到着し、要塞の麓のリウム川の対岸の絶好の防御地点に陣を張った。そこからは筏で対岸に食料と武器を送ることが可能で、巧みな登り手たちがそれらを山上の町へと運び上げていった。三月末、アルバニアの司令官ポリシに率いられた小規模なアンジュー軍部隊がビザンティン軍の不意打ちに遭い、壊滅的な打撃を受けた。数日後の四月三日、サリー自身がギリシアの陣地に向かって偵察に出た。タルカニオテスは逃走するふりをして、彼を待ち伏せの場所に誘い込んだ。燃えるような赤髪のためすぐにそれとわかる大男のサリーが、小競り合いの際に落馬して捕らえられた。アンジュー軍は川を渡って自軍の指導者を救おうと急いだが、兵が土手をよじ登る際、ビザンティン軍が襲いかかり、大混乱に陥れた。まもなく、アンジュー軍全体が海岸に向かってまっしぐらに逃走し始めた。この勝利によって、ベラートが救われただけでなく、皇帝はアルバニアの内陸部全体と、南はイオアニナまでの北エピロスの支配権を手に入れた。しかしシャルルは、ドゥラッツォ〔現ドゥラス〕からブトゥリントおよびヒマラまでの海岸沿いの町の支配権は維持していた。(43)

赤毛の巨体の捕虜は、鎖につながれてコンスタンティノープルの街路を引き回された。ミカエルはその勝利を大いに喜び、宮殿の壁にそのフレスコ画を描くよう依頼した[44]。彼には、ペロポネソス半島での小さないくつかの成功を別にして、勢力を挽回できるような勝利はほとんどなかった。一二七八年にアケーア公ギョームが死んだ。シャルルとの協定によって、アケーア公国は娘イザベルとその夫であるシャルルの息子フィリップに渡り、シャルルが彼らの名義でその統治を引き継いだ。シャルルは、家令兼司教総代理として、フランス人イヴィのガレランを派遣した。それまでの六年間、ガレランはシチリアの家令だったが、そこでは忌み嫌われていた。彼はペロポネソス半島でも人気を得ることはできなかった。傲慢さの故に、北方のフランク人貴族たちの感情を害したのである。彼は行政府を個人的な友人ばかりにした。彼の軍隊は公国中のギリシア人の村々を勝手に荒らし回った。南部のビザンティンの領土に対する唯一の作戦も、タイエトス山地のスコルタの隘路で手ひどい敗北を喫した。一二八〇年にはアケーアの貴族たちの代表団がナポリに行き、ガレランの更迭を要求した。次の司教総代理はラゴネーゼのフィリップだったが、彼もピエモンテでは不運な司令官だった。彼は今回は地方の貴族たちに対してより慎重だったが、彼らを説得してコンスタンティノープル大遠征に軍隊を派遣させることにかなり苦労した。一方で、その半島のビザンティンの領土は平穏だった[45]。

エーゲ海の海軍司令官ナクソス公マルコ二世サヌードも、シャルルの役に立たなかった。彼は自分の船を海賊艦隊として使ったが、ギリシアの船舶よりラテンの船を拿捕する有様だった。それというのも、ラテン人は自分たちが攻撃されることなど夢想だにしなかったからである。しかし、それでも彼は大遠征に参加する用意があった[46]。

ギリシアでミカエルの政策がもたらした成功も、新たな外交上の紛糾に圧倒された。ブルガリアでは、彼の宗教政策の激しい反対者だった姪の皇妃マリアが、一二七九年に権力の座からすべり落ちた。彼女の最初の夫であるコンスタンティン〔・ティフ〕・アセンは一二七七年の初め、乗馬中の事故で重傷を負っていた。彼女は息子ミハイルの継承を確実にするため、夫の後継者である継子を殺させた。しかし、その年も終わらないうちに、ハヴァリョという名の農民で、ギリシア人がラカナスすなわち菜食主義者と仇名する男が指導者となった大衆の反乱が起き、体の不自由な皇帝は王位から追われて殺された。マリアは躊躇したもののラカナスと結婚し、彼を王位につけて、まもなく自分の影響下においた。皇帝ミカエルは軍隊を送り、コンスタンティノープルに逃げていたコンスタンティンの孫イヴァン・ミトゥセス〔異説あり。二七八ページ系図参照〕とハヴァリョを交代させようとした。彼は、自分の庶子の娘と結婚していたロシア草原地帯のタタール人首長《チーフ》ノガイに援助を頼んだ。ノガイはブルガリアに侵入した。ラカナスは一二七九年早々に捕らえられ、数カ月後にマリアと息子ミハイル・アセンが降伏し、皇帝のもとに送られた。イヴァン・ミトゥセス・アセンが王位《ツアー》につき、ミカエルの娘イレネとの結婚が承諾された。ブルガリアには、強力な貴族ゲオルギー・テルテル・ラコフスキーに指導される不穏な動きが残された。皇帝の助言によって、新ツアーはゲオルギー・テルテルに妹を結婚相手として差し出した。彼は花嫁を受け入れるとたちまち義理の兄弟に対して陰謀を図り始めた。同じ頃、ハヴァリョが再び姿を現わし、タタール軍に支持されて、王位継承権を再び主張した。ツアーのイヴァンは妻とともにコンスタンティノープルに逃れ、義理の父に助けを求めた。しかし、ミカエルは彼の臆病さに呆れ、受け入れようとはしなかった。イヴァンは、ノガイの妻である義理の妹の助力を頼みとして、タタール人の宮廷に行った。彼はそこでハヴァリョに会ったが、ハヴァリョはゲオルギー・テルテルが打倒不可能なほど強力であることを知っていた。ノガイは両方の哀願者をもてあそび、両者とも始末することに決めた。ハヴァリョは殺され、イヴァン・ミトゥセス・アセンは義理の妹の警告を受けた。コンスタンティノープルに戻ってみると、帝国の高位を与えられるほどミカエルは寛大な態度に変わっていた。一方、ゲオルギー・テルテルは全体的な外交情勢を充分に承知していたので、イタリアに使者を送り、シャルルには同盟を結ぶ用意があると伝え、教皇にはブルガリア教会をローマ教会の下においてもよいと示唆した(47)。

ミカエルの行動すべてが、ブルガリアを敵にまわす結果を生んだだけだった。セルビアが友好国となったことはなかった。一二七六年にステファン・ウロシュ一世は、年長の息子ステファン・ウロシュ二世ドゥラグティン〔ステファン・ドゥラグティン〕により、義理の兄弟のハンガリー王の助力と、おそらくは皇帝ミカエルの黙認もあって、退位させられた。しかし、ドゥラグティンは病いを抱えていた。いったん王位から退いて弟に継がせ、再び王位に復帰した後、一二八一年に最終的に退位した。その際、ハンガリー王によってボスニア公国を償われ、残りの生涯をボゴミール派〔バルカン半島に十世紀半ばにおこった中世キリスト教の一派。異端とされた〕を迫害してむなしく過ごした。彼の後を継いだ弟ステファン・ウロシュ三世〔二世〕ミルティンは、ラテン皇帝ボードゥアンの娘である母親エレーヌの影響下にあった。彼は父親の反ビザンティンの政策に戻った。ドゥラグティンの下でセルビアは中立だったが、ミルティンは帝国に対抗する作戦で治世を開始した。そして、一二八一年秋にはスコピエにあるマケドニアの要塞を占領し、皇帝のエピロスの領土につながる道を脅かした。ミルティンは、伯父で称号のみのラテン皇帝フィリップと国王シャルルに、進んで同盟を結ぶ約束をした。(48)エピロス専制公《デスポーテス》は、シャルルにもミカエルにも好感を持っていなかったので、できるだけ中立を保った。しかし、半兄弟のネオパトラス公ヨアンネス・アンゲルスは一二七九年に、東方正教会の擁護者という自分の役割を都合よく忘れ、コンスタンティノープルに対するラテン人の十字軍を支持することを申し出た。(49)

皇帝の当惑を増幅させるかのように、アジアの国境地帯で戦いが勃発した。彼の治世のほとんどの期間、国境の向こうのアナトリアのトルコ人は平静だった。ミカエルの政策は、義理の息子のモンゴル人イル汗国王の阿八哈《アバガ》と同盟を維持することだった。モンゴル人は、つねにアナトリアのセルジューク族のスルタンに圧力を加える用意があった。しかし、モンゴル人の攻撃によって、とくに半島の西部ではセルジューク族の権威の衰退が生じ、多くの地方で野心的なトルコ人首領団が生まれた。最初のモンゴル人の波状的な侵入で西方に追いやられたトルコ人の移住者によって、彼らの仲間は増えていった。マムルーク朝の権力の伸張と、とくに一二六八年のスルタンのバイバルスによるアンティオキア占領によって、イル汗のアナトリア支配は困難になった。一二七七年には、バイバルス自身がアナトリアに侵入したが、モンゴルの大軍が近づくのを見て、撤退してしまった。イル汗の目標は、北シリアの支配権をマムルーク軍から奪回することだった。彼らを放逐する最後の大きな努力にもかかわらず、イル汗は一二八一年秋、ホムス〔現ヒムシュ、シリア西部〕の戦いで壊滅的な敗北を被った。一方で、コンスタンティノープルの再占領問題によって、ビザンティン人の中心的な関心はヨーロッパへと向かった。ニケーアの皇帝たちが慎重に再構築したアジアの国境は無視された。ニケーア人がかつてのビザンティンにならって築いた農民軍の保有地は、封建的な領地にとって代わられた。皇帝のヨーロッパへの約束を果たすため、税は急激に上げられた。トルコの部族が国境を越えて侵入し始めたとき、しかるべき対抗措置はとられなかった。一二八〇年冬、トルコ人の首長《エミール》たちの連合軍がメンデレス川〔トルコ南西部〕の谷に侵入し、メンデレス川の渓谷を眼下に望む町トゥラレス、現在のアイドゥンを包囲した。ミカエルはその対抗に息子アンドロニクスを送ったが、それ以外の部隊を割く余裕はなかった。ミカエルの主力部隊ははるか遠く、アルバニアのベラートを救援すべく進軍していたからだった。アンドロニクスはトゥラレスを救うことができなかった。彼は一二八一年の丸々一年間を費やして、スミルナとリーカスの渓谷〔現デニズリ付近〕を防御するため、メンデレス地方の北に強固な国境を築こうとした。ビザンティン軍の一部がその地方に留まる必要があり、その結果、首都を防御する軍を減らさなければならないことは明らかだった。(50)

一二八〇年末を迎えて、皇帝ミカエルの前途は暗かった。彼はアジアでの戦役に汲々としていた。ヨーロッパでは、敵軍の大同盟が彼を包囲し、冷酷なシチリア国王に支配されていた。そのために臣下の敬愛を失うことになったミカエルの宗教政策は、完全な失敗だったと判明した。自分を守ってくれるものと期待していた教皇庁は、敵をけしかけていた。もし、国王シャルルが準備している大遠征軍が実際にコンスタンティノープルに投入された場合、彼と帝国が生き残れる可能性はほとんどなかった。しかし、ミカエルの策はまだ完全に尽きたわけではなかった。ビザンティンの外交術はいまだに世界で最高だった。

敵がビザンティンの首都を包囲しようとも、そのさらに遠くには、まだ助けてくれる友がいた。アンジュー艦隊がイタリアの港から出発する予定だった一二八二年の春を、ミカエルは動揺を隠しながらも、絶望することもなく待った。

〈原注〉

（1）Potthast, *Regesta Pontificum Romanorum*, vol. II, p. 1704. シャルルはどの教皇のときもローマに滞在した。Durrieu, *Les Archives Angevines de Naples*, vol. II, p. 179.

（2）Potthast, *Regesta*, vol. II, p. 1705.

（3）*Annales Januenses*, p. 283; Caro, *Genua und die Mächte am Mittelmeer*, vol. I, pp. 367–80; de Boüard, *Actes et Lettres de Charles Ier concernant la France*, p. 302; Potthast, *op. cit.* vol. II, p. 1708.

（4）Potthast, *op. cit.* vol. II, pp. 1709–10. Saba Malaspina, *Historia Sicula*, pp. 871–2は、シャルルのハドリアヌス五世選出への病的なまでの介入について記している。

（5）Potthast, *op. cit.* vol. II, pp. 1710–1; Durrieu, *op. cit.* vol. II, p. 180.

（6）John XXI, *Registres*, ed. Cadier.

（7）Léonard, *Les Angevins de Naples*,. pp. 121–3.

（8）*Annales Placentini Cibellini*, pp. 564-5; Villani, vol. II, pp. 224–5.

(9) Hefele-Leclercq, *Histoire des Conciles*, vol. VI, 1, pp. 234–5; Redlich, *Rudolf von Habsburg*, pp. 268–84.
(10) Redlich, *op. cit.* pp. 420–1.
(11) Pachymer, *De Michaele Palaeologo*, pp. 398–402; Chapman, *Michel Paléologue*, pp. 120–1.
(12) Norden, *Das Papsttum und Byzanz*, pp. 563–680; Hefele-Leclercq, *op. cit.* vol. VI, 1, pp. 209–12.
(13) Norden, *op. cit.* pp. 546–8.　トゥーシーのナリヨットはイタリアから援軍を求めるよう強制された。
(14) Pachymer, *op. cit.* pp. 324–36; Sanudo, *Istoria del Regno di Romania*; Hopf, *Chroniques Gréco-Romanes*, pp. 120–1; Miller, *The Latins in the Levant*, pp. 134–6；Longnon, *L'Empire Latin de Constantinople*, pp. 243–4.
(15) Pachymer, *op. cit.* pp. 410–3; Sanudo, *op. cit.* pp. 125–6, 136; Miller, *op. cit.* pp. 136–40; Dölger, *Regesten der Kaiserurkunden des Oströmischen Reiches*, vol. III, pp. 68–9.
(16) Miller, *op. cit.* pp. 141–2.
(17) Runciman, *History of the Crusades*, vol. III, pp. 345–8.
(18) *Ibid.* pp. 346–7, 387.
(19) Hill, *History of Cyprus*, vol. II, pp. 174–5. Nicholas III, *Registres*, ed. Gay, vol. I, pp. 336–7を参照。
(20) Potthast, *op. cit.* vol. II, p. 1718.
(21) ニコラウスの経歴については、Sternfeld, *Der Kardinal Johann Gaetan Orsini*の各所を参照。彼の枢機卿任命については、de Mas Latrie, *Trésor de Chronologie*, col. 1193を参照。Villani, vol. II, pp. 226–7は、カペー朝における彼の婚約作戦のやり方を論述している。彼に対するダンテの厳しい判断は、*Inferno*, XIX, ll. 98–9で見られる。彼の腐敗行為はジョヴァンニ・ダ・プロチダの伝説の一部となっている。第十二章三三二～三三四ページも参照。
(22) *Ibid.* pp. 1719–20.　一二七七年の夏と秋を通してのシャルルの行動はそれまでに比して限定されてお

り（Durrieu, *op. cit.* vol. II, pp. 180–1）、十二月初めのニコラウスの手紙（Potthast, *op. cit.* vol. II, p. 1720）は、シャルルに対して病気の見舞いを述べている。

（23）Nicholas III, *Registres*, p. 332.

（24）Redlich, *op. cit.* pp. 307–20; Fournier, *Le Royaume d'Arles et de Vienne*, p. 230. Rymer, *Foedera*, vol. I, 2, p. 599も参照。

（25）Nicholas III, *Registres*, pp. 369–76; Fournier, *op. cit.* pp. 233–4; Léonard, *op. cit.* pp. 126–7.

（26）Nicholas III, *Registres*, pp. 378–9; Fournier, *loc. cit.*; Léonard, *loc. cit.*

（27）Léonard, *op. cit.* pp. 127–8.

（28）*Ibid.* pp. 128-9.

（29）この時代のシャルルの財源に関する資料によれば、負債となっているが、彼は財政支援について特別抗告をしていない。

（30）Nicholas III, *Registres*, pp. 127–37. Geneakoplos, 'On the Schism of the Greek and Roman Churches,' *Greek Orthodox Theological Review*, vol. I を参照。

（31）Pachymer, *op. cit.* pp. 449–66; Norden, *op. cit.* pp. 589–601; Hefele-Leclercq, *op. cit.* vol. VI, 1, pp. 211–6.

（32）Pachymer, *op. cit.* pp. 462–3; Norden, *op. cit.* pp. 605–6.　金の問題については第十二章三三二～三三七ページを参照。

（33）Potthast, *op. cit.* vol. II, pp. 1754–7; Hefele-Leclercq, *op. cit.* vol. VI, 1, pp. 268–9; Léonard, *op. cit.* pp. 130–1. Villani, *op. cit.* vol. II, p. 237は、シャルルがその選挙で不正をしたと徹底的に告発している。

（34）マルティヌスの経歴については、第六章一三六～一四一ページを参照。

（35）Potthast, *op. cit.* vol. II, p. 1758; Léonard, *op. cit.* p. 131.

(36) Villani, *op. cit.* vol. II, pp. 264-7.

(37) Monti, *La Dominazione Angioina in Piemonte*, pp. 58–60.

(38) Fournier, op. cit. pp. 248–55. 一二八二年一月、マルティヌスはマルグリートとシャルルを仲裁しようとした (Rymer, *Foedera*, vol. I, 2, p. 601)。

(39) Pachymer, *op. cit.* p. 505; Hefele-Leclercq, *op. cit.* vol. VI, 1, p. 216.

(40) シャルルとフィリップおよびヴェネツィアが結んだ条約の本文は、Tafel and Thomas, *Urkunden zur ältern Handels- und Staatsgeschichte der Republik Venedig*, vol. III, pp. 287–97に出ている。Norden, *op. cit.* pp. 625–9も参照。ピサの関与については、Kern, *Acta Imperii, Angliae et Franciae*, pp. 15–7。皇帝ミカエルとアラゴン王ペドロは両者とも、ピサには慎むよう求めた。

(41) Potthast, *op. cit.* vol. II, p. 1763; Pachymer, *loc. cit.* その全文は、*Annales Altahenses* (*M.G.H., Scriptores*, vol. XVII, p. 409) に出ている。

(42) 第十二章三三一～三三六ページを参照。

(43) Pachymer, *op. cit.* pp. 508–19; Sanudo, *op. cit.* pp. 129–30; Norden, *op. cit.* pp. 621–3; Miller, *op. cit.* pp. 171–3; Chapman, *op. cit.* pp. 140–2.

(44) Pachymer, *op. cit.* pp. 518–9.

(45) Miller, *op. cit.* pp. 161–4.

(46) Sanudo, *op. cit.* pp. 130, 132.

(47) Pachymer, *op. cit.* pp. 430–49; Jireček, *Geschichte der Bulgaren*, pp. 275–80.

(48) Jireček, *Geschichte der Serben*, vol. I, pp. 326–31.

(49) Léonard, *op. cit.* p. 134.

(50) Pachymer, *op. cit.* pp. 472–4; Chapman, *op. cit.* pp. 150–1.

第12章　大いなる陰謀

アラゴン王でありシチリア王のペドロ三世の印章。

アラゴン王国〔バルセロナ家　一部〕

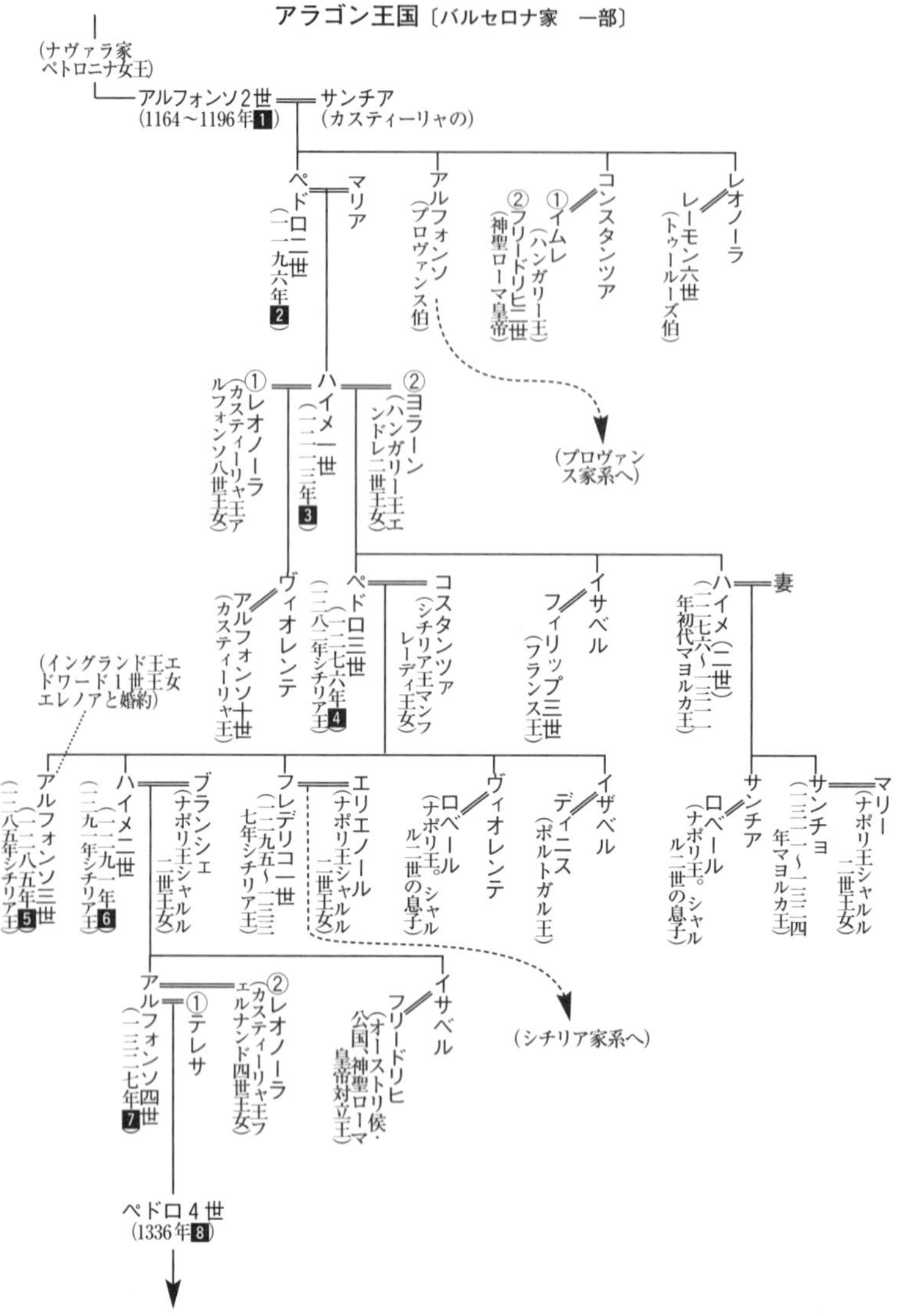
(ナヴァラ家
ペトロニナ女王)
アルフォンソ2世
(1164～1196年1)
サンチア
(カスティーリャの)
ペドロ二世
(一一九六年2)
マリア
アルフォンソ
(プロヴァンス伯)
①イムレ
(ハンガリー王)
②フリードリヒ二世
(神聖ローマ皇帝)
コンスタンツア
レオノーラ
レーモン六世
(トゥールーズ伯)
①レオノーラ
(カスティーリャ王アルフォンソ八世王女)
ハイメ一世
(一二一三年3)
②ヨラーン
(ハンガリー王エンドレ二世王女)
(プロヴァンス家系へ)
ヴィオレンテ
アルフォンソ十世
(カスティーリャ王)
ペドロ三世
(一二七六年
一二八二年シチリア王4)
コスタンツア
(シチリア王マンフレーディ王女)
イサベル
フィリップ三世
(フランス王)
ハイメ(二世)
(一二七六～一三一一年初代マヨルカ王)
妻
(イングランド王エドワード1世王女エレノアと婚約)
アルフォンソ三世
(一二八五年
一二八五年シチリア王5)
ハイメ二世
(一二九一年
一二九一年シチリア王6)
ブランシェ
(ナポリ王シャルル二世王女)
フレデリコ一世
(一二九五～一三三七年シチリア王)
エリエノール
(ナポリ王シャルル二世王女)
ロベール
(ナポリ王。シャルル二世の息子)
ヴィオレンテ
ディニス
(ポルトガル王)
イザベル
サンチア
ロベール
(ナポリ王。シャルル二世の息子)
サンチョ
(一三一一～一三二四年マヨルカ王)
マリー
(ナポリ王シャルル二世王女)
アルフォンソ四世
(一三二七年7)
①テレサ
②レオノーラ
(カスティーリャ王フェルナンド四世王女)
イサベル
フリードリヒ
(オーストリ侯・公国、神聖ローマ皇帝対立王)
(シチリア家系へ)
ペドロ4世
(1336年8)

カスティーリャ王国〔カスティーリャならびにレオン王家　一部〕

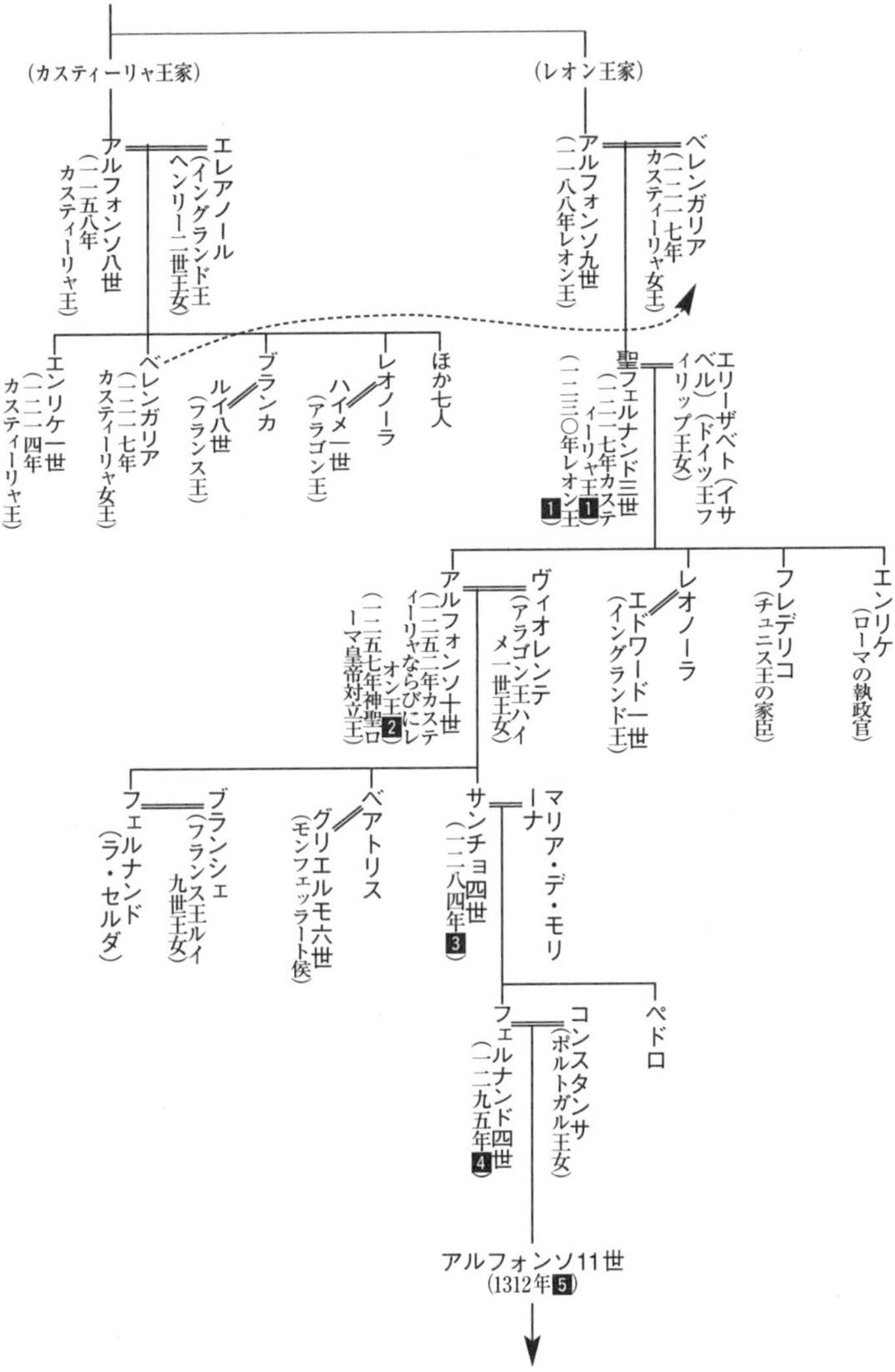

（カスティーリャ王家）
（レオン王家）
アルフォンソ八世（一一五八年カスティーリャ王）
エレアノール（イングランド王ヘンリー二世王女）
アルフォンソ九世（一一八八年レオン王）
ベレンガリア（一二一七年カスティーリャ女王）
エンリケ一世（一二一四年カスティーリャ王）
ベレンガリア（一二一七年カスティーリャ女王）
ブランカ
ルイ八世（フランス王）
レオノーラ
ハイメ一世（アラゴン王）
ほか七人
聖フェルナンド三世（一二一七年カスティーリャ王1）（一二三〇年レオン王1）
エリーザベト（イサベル）（ドイツ王フィリップ王女）
アルフォンソ十世（一二五二年カスティーリャならびにレオン王2）（一二五七年神聖ローマ皇帝対立王）
ヴィオレンテ（アラゴン王ハイメ一世王女）
レオノーラ
エドワード一世（イングランド王）
フレデリコ（チュニス王の家臣）
エンリケ（ローマの執政官）
フェルナンド（ラ・セルダ）
ブランシェ（フランス王ルイ九世王女）
ベアトリス
グリエルモ六世（モンフェッラート侯）
サンチョ四世（一二八四年3）
マリア・デ・モリーナ
フェルナンド四世（一二九五年4）
コンスタンサ（ポルトガル王女）
ペドロ
アルフォンソ11世
（1312年5）

陰謀の着手

一二八二年初頭のシャルルは、シチリア、イェルサレム、アルバニアの各国王であり、プロヴァンス、フォルカルキエ、アンジュー、メーヌの各伯であり、アケーアの摂政であり、チュニスの上級君主であり、ローマの執政官であり、まぎれもなくヨーロッパにおける最大の権力者だった。数週間もすれば、彼の艦隊がローヌ川を遡り、孫にアルル王国を与えることになっていた。また数週間もすれば、はるかに大規模な遠征が開始され、彼はユスティニアヌス帝〔東ローマ皇帝、在位四八三〜五六五年。ローマ帝国の復興をはかり、北アフリカを征服してシチリアからイタリアに侵入し、イタリアを帝国領とした〕時代以来の地中海の支配者、そして並ぶ者のない帝国の統治者となることになっていた。シャルルマーニュ〔別名カール大帝、フランク国王、在位七六八〜八一四年〕の子孫であるフランス王家の流れをくみ、世界の皇帝であり、キリスト教会全体の改革者になるはずのシャルルという人物の古くからの予言について、人びとは噂した。アンジュー家の最終的な勝利の条件はすべて整っていた。(1)

しかし、彼の傲慢さは視野を曇らせていた。彼は自らの力と教皇の支持を過信するあまり、ヨーロッパにまだ力をためしたことのない敵が存在することを忘れていた。統治が効果的に機能していたにもかかわらず、臣下の多くが彼の意志を実行している高慢なフランスの役人たちを憎悪していることに気がまわらなかった。シャルルの打倒を誓ったシチリア王国からの亡命者のことを、彼は忘却していた。

この亡命者は、海の彼方のアラゴン王国の首都バルセロナに避難所を見つけていた。二〇年前の一二六二年、国王マンフレーディは娘コスタンツァをアラゴン王ハイメ一世の年長の息子ペドロ〔三世〕に嫁がせた。あたかも未来を見通すかのごとく、教皇ウルバヌスとフランス王ルイ九世はその結婚に反対した。しかし、マンフレーディはまだ王位にあり、彼との友好関係はアラゴンにとって価値があった。マンフレーディが殺され、コンラーディンが斬首され、マンフレーディの庶子の息子たちが獄中で衰弱していくなかで、ペドロ王子の妃コスタンツァはイタリアにおけるホーエンシュタウフェン家の大義の後継者となった。夫は彼女に献身的であり、また彼女の家系を誇りに思っていた。彼が父親の王位を継承する前の数年間、アラゴンの宮廷は彼女の権利にしたがって女王の称号を与えていた(2)。

義理の父親が生きている限りは、コスタンツァは自分の称号の正当性を認めさせることはできなかった。国王ハイメは並はずれた人物で、大胆で大言壮語を好む変わり者だった。彼は一二一三年に五歳で王位を継承した。若年時代には、行動力と覇気によって、バレアレス諸島とヴァレンシアのムーア人アミール〔イスラム教王族の尊称〕から豊かな領地を獲得した。六〇歳頃には、軍を率い、ムルシアのアミール領を王国に併合した。ルション伯領とセルダーニュ伯領〔現アンドラの東方、フランス領内のスペイン飛地一帯〕は王国の一部となった。また、母親からモンペリエを継承していたので、彼はフランスの政治と関係を持つこととなった。プロヴァンス伯は彼の分家だった。彼は従兄弟のレーモン＝ベレンガール四世の死後、その伯領の相続に当然のこととしてあずかるべきだったと思っていた。その相続と交換に、聖ルイがルションとセルダーニュに対するフランスの宗主権の放棄を申し出た際に、彼はシャルルを伯爵として認めることに同意しただけだった。ハイメは年をとるにつれて、愛人たちとの戯れで時間を過ごすことを好むようになった。とはいえ、シャルルのプロヴァンス所有を決して許してはいなかったし、まだ自らを偉大な十字軍の指導者とみなしていた。彼は、グレゴリウス十世のリヨン公会議への招待を受け入れた唯一の君主で、会議中の彼の良識と大言壮語に、集まった聖職者たちは感動したり怒ったりした。しかし、言葉とはうらはらに、彼は戦いへの関与にあまりにも抜け目がなかったし、また倦きてもいた。しかしながら、彼は息子と義理の娘の野心をくじくことはなかった(3)。

著名な亡命者たちがバルセロナの皇太子妃の宮廷に最初に来たのは、コンラーディンの死後だった。彼らを率いたのはラウリアのルッジェーロで、彼は皇太子妃と養母を同じくしていた。彼らと一緒に、コスタンツァの祖父フリードリヒ二世に仕えた役人たちがやってきたが、そのなかにはリッカルド・フィランジェリがいた。その直後に、法律家イゼルニアのエンリーコと、全員のなかで最も有能な陰謀家である、医者のジョヴァンニ・ダ・プロチダが続いた(4)。

陰謀家プロチダの行動と伝説

ジョヴァンニ・ダ・プロチダは一二一〇年にサレルノで生まれた。故郷の有名な大学で医学を修め、医学教授の地位を得た。彼の才能はフリードリヒ二世〔神聖ローマ皇帝・シチリア王〕に感銘を与え、フリードリヒはナポリ大学に特別な庇護を与えた。ジョヴァンニはまもなく皇帝の侍医となった。彼はその見返りに、プロチダ島を含めたナポリ付近の多くの土地を贈り物として受けた。彼はフリードリヒの死の床にも付き添った。皇帝の死によって一般の医療活動に戻ったが、患者のなかには、枢機卿ジョヴァンニ・オルシーニ（後の教皇ニコラウス三世）や国王コンラード〔コンラート四世〕もいた。マンフレーディが王国を受け継いだ際に、彼はマンフレーディに仕えることになる。マンフレーディは彼の能力を高く評価し、王国の宰相に任命した。マンフレーディの没落にともなって彼は隠退した。教皇クレメンスはシャルル宛の手紙で、彼の医術を賞賛し推薦した。ジョヴァンニはベネヴェントの戦いの後、シャルルから与えられた恩赦によって、領地を保有することが許された。しかし、彼の忠誠心はあくまでもホーエンシュタウフェン家にあった。一二六六年、彼は、娘と教皇庁に仕えていた教皇派のナポリ人バルトロメーオ・カラッチオロの婚約の取り決めにヴィテルボに行く許可を得た。コンラーディンのイタリア侵入を知るや否や、彼はヴィテルボから抜け出し、ホーエンシュタウフェン軍に加わった。タリアコッツォでの惨敗の後、彼はマンフレーディ・マレッタとともに戦場を脱出し、暫時ヴェネツィアに避難した。彼の領地はシャルルに没収された。彼の妻は虐待され、娘の一人は陵辱され、息子の一人は家から退去させるためにやってきた傲慢なフランス人の騎士に殺されたと、一般には信じられた。ジョヴァンニは一二六九年と七〇年を友人イゼルニアのエンリーコとともにドイツで過ごし、フリードリヒ二世の孫であるチューリンゲンのフリードリヒをそそのかして、イタリアに侵入しホーエンシュタウフェン家を再興しようとした。しかし、フリードリヒは行動よりも言葉が巧みで、彼らには不満の残る候補者だった。ジョヴァンニはしばらくの間、南ドイツと北イタリアの皇帝派の都市で過ごしたようである。彼の兄弟のアンドレーアと生き残った息子たちが一緒だった。彼はアンドレーアのためにモンフェッラートの宮廷に役職を確保してやった。それから、一二七五年以前のある時期に、彼は息子のフランチェスコおよびトムマーゾを伴ってバルセロナへ移住した。彼は、アラゴンのコスタンツァが父親の一族の復讐を果たすものと判断していた。彼はたちまちコスタンツァとその夫の信頼を得て、彼らの野心を実現する仕事に着手した。(5)

アラゴン王国の介入

アラゴン国王ハイメは六〇年間に及ぶ輝かしい治世の後、一二七六年六月に世を去った。最後まで統治力を失わず、晩年の不義密通による教皇の破門もほとんど苦にしなかった。新国王ペドロ〔三世〕と王妃コスタンツァは、自分たちの政策を自由に行なうことができるようになった。最初は彼らも慎重に活動せざるを得なかった。前国王ハイメはバレアレス諸島とルションを下の息子ハイメ王子に残していたので、王子はマヨルカ国王の称号を名乗り、ほぼ三年間にわたって兄を宗主と認めることを拒絶した。一二七九年一月、マヨルカのハイメが承伏し封臣の誓いをたてると、兄弟殺しの戦いの危険は去った。ペドロはこの他に、ムルシアを奪回しようと企むアンダルシアのムーア人との問題も抱えていた。この南の国境が安全になったのは一二七九年末だった。彼は新たな冒険に乗り出す前に、カスティーリャの西の国境も同様に安全を確保しようと決心した。幸運が彼に味方した。〔カスティーリャ〕王アルフォンソ十世の長男でラ・セルダ〔豚〕と呼ばれた王子フェルナンドが一二七五年に若くして他界し、フランス国王フィリップ三世の妹である未亡人ブランシェと二人の幼い子供が残された。アルフォンソは次男サンチョ〔四世〕を未成年のまま危険にさらすのではなく、カスティーリャの王位を委ねる決心をした。フィリップ三世は甥の権利を守るためカスティーリャに進軍の準備をする一方、未亡人となった妃は、サンチョが息子たちの命をねらうことを恐れて、アラゴンへと避難した。国王ペドロは彼女たちを歓迎し、自分の保護下に置いた。彼女たちが掌中にある限り、ペドロは国王フィリップに対して使える人質を握り、また国王アルフォンソに対して使える道具を手に入れたからである。そして、アルフォンソはまもなく自らの決定を悔やむことになった。サンチョが相続の確保を待ちきれず、一二八一年に父親に公然と反逆するからである。したがって一二八〇年という年には、アラゴンのペドロはスペインの面倒事に悩まされることはなく、イタリアに全関心を向けることができたと思われる(6)。

伝説によれば、ジョヴァンニ・ダ・プロチダは大陰謀家で、変装してヨーロッパの宮廷を旅し、君主や女王の支持を獲得したとされている。彼の冒険譚は存命中すでに広く流布していた。それはシチリアの庶民的年代記に生き続け、ヴィラーニやペトラルカ、ボッカチオの作品にもその影響を見ることができる。実際は、ジョヴァンニの役割は、彼の讃美者や敵が想像したような波瀾万丈のものではなかったが、といって、生気に乏しいものでもなかった。彼は確かに、巨大な政治的陰謀の中心にいたのである(7)。

ペドロは国王即位の直後にジョヴァンニ・ダ・プロチダをアラゴンの宰相に任命し、彼の知識と周知のホーエンシュタウフェン家への忠誠心を賞賛した(8)。その地位のおかげで、ジョヴァンニは国王の外交政策を掌握し、ペドロの全面的な支持によりその権限をアンジュー家の崩壊計画のために用いた。しかし一二七九年までの彼は、国王シャルルの潜在的な敵、すなわちフランスの皇太后、ハプスブルク家のルードルフ、カスティーリャのアルフォンソ、なかんずくイタリアの皇帝派との接触以外には、ほとんど何もできなかった。活発な活動を開始できるようになるのは、ペドロがスペインでの地位を確立してからだった。ジョヴァンニは現実主義者だった。王ルードルフや国王アルフォンソといった同盟者を当てにしていなかった。彼らの関心と野心があまりに多様だったからである。彼が全面的に頼りにできるのは、二つの外国の勢力だけだった。コンスタンティノープルの皇帝ミカエルは、アンジュー軍の侵入の脅威にたえず直面していて、それを阻止するためにローマに平伏するまでに至っていた。もっとも、その屈服も無駄だった。ミカエルは、シャルルの破滅をめざす同盟なら歓迎するとみられたが、アンジュー家領侵入のための海軍や陸軍の援助はできなかった。彼は自らの領土を守るために兵と船が必要だったからである。しかし、国庫は潤沢だった。彼は自らの目的には惜しみなく金を使える余裕があった。もう一つ、コンスタンティノープルとの同盟に熱心だったのが、ジェーノヴァ共和国だった。ジェーノヴァ人は、特別な交易の排他的権利を帝国内で享受していた。彼らは、シャルル・ダンジューとは長い間険悪な関係にあった。もしヴェネツィアと同盟関係にあるシャルルがビザンティンを蹂躙したら、それはジェーノヴァの黒海における商業支配の終わりを意味した。彼らは裕福で、また優れた艦隊を所有していた。

陰謀の網

陰謀家たちは一二七九年に本格的な活動を開始した。シチリアの伝説によれば、ジョヴァンニ・ダ・プロチダが密かにコンスタンティノープルに行ったのは、その年のことである。この地に住んでいた二人のシチリア人亡命者が、彼の到着を皇帝に報告した。ミカエルは到着を喜び、私的に彼と謁見した。彼は三カ月間皇帝の宮廷に滞在した。そして帰国の途につくとき、アラゴン国王とシチリア人宛ての皇帝の書簡と、多額の黄金を託された。彼はフランチェスコ会修道士を装ってシチリアへ行き、そこでパルミエーロ・アッバーテ、レンティーニのアラーイモ、カルタジローネのグアルティエーロを指導者とするシチリアの主要な貴族たちと会った。彼らは、アンジュー家の支配に対する不満と、なんとかしてその支配を終焉に導くことをジョヴァンニに伝えた。ジョヴァンニは彼らを元気づけ、皇帝からの書簡を渡して、彼らの正統な女王の夫であるアラゴン国王に自分たちの救済を訴える手紙を書くよう提案した。この文書を得た後、彼はなおフランチェスコ会修道士のいでたちで旅を続け、ヴィテルボの教皇ニコラウス三世を訪ねた。彼らの会談はヴィテルボ近くのソリアーノ城で行なわれた。ジョヴァンニは若い頃、ニコラウスの重い病気を治したことがあったので、古くからの信頼できる友として教皇と話ができた。ビザンティンの黄金の贈り物を携えていたので、彼の主張は強欲な教皇にいっそう訴えかける効果があった。ニコラウスはシャルルに対する不満、とくに国王が教皇の姪とフランス王家の王子との結婚を考慮しなかったことを思い出した。彼はかつての侍医の説得を容易に聞き入れ、ジョヴァンニの要求に応じて、国王ペドロ宛にシチリアをアンジュー家の束縛から救う権限を与える旨の書状を書いた。ジョヴァンニはバルセロナに戻り、自らの活動について国王ペドロに報告した。当初ペドロは半信半疑だったが、皇帝、シチリアの貴族、そして教皇からの書状を見て、熱狂的にジョヴァンニを賞賛し、その仕事を続けるよう彼に命じた。(9)

一二八〇年春、ジョヴァンニは再び旅立った。最初に訪れたのは、ヴィテルボにいる教皇だった。その地で彼は、シチリア人に国王ペドロを信頼するよう命じる明確な権限をニコラウスから得た。ジョヴァンニはヴィテルボから海岸沿いに南下し、ピサの船を見つけ、シチリアのトラーパニへと航海した。そこで、貴族の友人たちと会った。ジョヴァンニはこれまでの活動状況をすべて伝え、コンスタンティノープルからの帰途に彼らと再会する約束をした。彼はまた変装してヴェネツィアの船でネグロポント〔現カルキス、ギリシアのエウボイア島〕まで行き、そこでギリシア船に乗り換えて首都に向かった。皇帝ミカエルは再び彼に密かに謁見し、その報告に喜んだ。また、その仕事を続行させるため黄金三万オンスを提供した。数日後、皇帝に仕えていたロンバルディーア人ラティーノ・アラルデをビザンティン大使として伴い、彼はジェーノヴァのガレー船に乗ってコンスタンティノープルを離れた。彼らはトラーパニへと向かったが、途中でピサの船に出会うと、乗組員が教皇ニコラウスが亡くなったとジョヴァンニに伝えた。彼はその報せを自分だけに留めておくことにした。トラーパニでは、シチリアの友人たちが彼を待ちかねていた。ジョヴァンニは彼らに、自分やアラルデとともにマルタ島に行くよう説得した。マルタ島では、国王シャルルの守備隊巡回があまり効果的には行なわれていなかったふしがある。協議は順調に進んだが、シチリア人にも教皇の死が伝わった。レンティーニのアラーイモはすべての計画を中止するよう勧めた。ジョヴァンニは、それには遅すぎるときっぱりと応じた。次の教皇もニコラウスと同様に自分たちの主張を支援してくれるかもしれない。また、たとえシャルルの手先の一人が新教皇になったとしても、過去にシチリア人はシャルルより強力な人物に抵抗したことがあったではないか、と主張した。彼らは、ジョヴァンニの言葉を聞き、ビザンティンの黄金を見て納得し、国王ペドロがなお陰謀を支持する意志があれば、協力することに同意した。ジョヴァンニと大使は旅を続け、バルセロナへと向かった。ペドロは大使を丁重に迎え、黄金を感謝して受け取り、ジョヴァンニの仕事に承認を与えた。シチリア征服の遠征は準備が整い次第、一二八二年の春に開始されることが取り決められた(10)。

プロチダ伝説

伝説上の物語にどの程度の真実が含まれているのかを知ることは難しい。一二七九年から一二八〇年にかけて、つまりジョヴァンニが旅に出て陰謀をめぐらしていたと思われる時期に、宰相としての彼の署名がアラゴンで作成された文書に定期的に現れている。彼が、不在を隠しておくために、わざわざ自らの署名を偽造する手はずを整えたとは考えにくい。彼は七〇歳に手が届こうという老人だった。変装してヨーロッパのあちこちを歩き回ったことは、あり得ない。教皇ニコラウスの役割もあまり説得力がない。彼がシャルルに好意を抱いていなかったこと、強欲で皇帝からの黄金の贈り物を喜んでいたことは確かである。しかし、彼の政策は平和および教会国家の独立、オルシーニ家の繁栄を求めるものだった。現存している当時の多くの教皇文書のどこにも、彼がシャルルをシチリアの王位から退け、代わりにアラゴンのペドロを据えることを考えていた形跡はまったくない。総力戦とそれに伴う出費の危険を冒すことは、彼の気質とは相容れないものだった。彼のビザンティンに対する態度は、先任者たちより厳しいものだった。ビザンティンの黄金のせいで、彼がミカエルとの交渉を全面的にうち切ることをせず、シャルルに帝国攻撃の許可を与えるかどうか、ためらった可能性はある。また、彼が旧知のジョヴァンニ・ダ・プロチダの密使を個人的に歓迎したことを、アラゴン一派が自らの政策を正当化するために誇張したこともあり得る。そうしたいくつかのエピソードから教皇の連座の噂が生まれ、ダンテは、国王シャルルを欺いて得た金銭の罪で教皇を叱責できたのだった(11)。

ジョヴァンニの精力的な活動と教皇の共謀についての伝説は誤っている。しかし、その細部の多くは納得できるものである。ジョヴァンニはスペインに留まったかもしれないが、彼の名を借りて誰かが旅をしたというのもあり得ることである。旅の過程と彼が乗った船の細かい描写はあまりに正確なので、まったくの作りごととは思えない。同時代のシチリアの記録は、ジョヴァンニの名前を、伝説上共犯者とされる三人のシチリアの貴族に結びつけている。一二八〇年までに、確かにビザンティンの宮廷とアラゴンの宮廷の間で、何らかの外交的な接触があったことはまちがいない。そして、その後の経過が示すように、ある時点で皇帝ミカエルはシチリアの陰謀家と接触をしたようである。ジョヴァンニの息子の一人が、父親がたどったとされる旅を引き受けたのかもしれない。モンフェッラート侯に仕えていたジョヴァンニの兄弟アンドレーアが、アラゴンと北イタリアの皇帝派の間の連絡係として行動していたことはわかっている。彼の息子フランチェスコがこれらの長い旅をしたのかもしれない。いまではその旅をした密偵の名を特定することはできないが、こうした旅が行なわれたことは、動かしようのない事実である(12)。

アラゴン王ペドロの暗躍

一二八〇年末には、国王ペドロはシチリア攻撃に深く関与していたので、自分の意図を故意に隠すこともしなかった。十月に彼がミラーノ政府宛てに出した書簡には、モンフェッラートの同盟軍の敗北を残念に思っていることとともに、みなが歓喜する待望の日「最後の審判の日」が近いことが書かれていた。十二月には、彼は弟のマヨルカ王とともに、カスティーリャの問題とラ・セルダ王子の行く末について、フランス国王フィリップと会見するためにトゥールーズへ行った。フィリップには、従兄弟で国王シャルルの長男サレルノ公シャルルが付き添っていた。ペドロがサレルノ公を故意に冷たく侮蔑的な扱いをしたので、フランス側は深く傷ついた。マヨルカのハイメは、公然たる争いを避けるために、その若者に特別な礼を示さざるを得ないと感じたほどだった(13)。

一二八一年初頭のフランス人教皇マルティヌス四世の選出も、ペドロを思いとどまらせることはできなかった。その年、イタリアのシャルル・ダンジューはコンスタンティノープル攻撃のための艦隊を準備していたが、バルセロナのアラゴン人たちはほぼ同程度の艦隊を用意していた。シャルルの遠征は表向きは異教徒に対する十字軍であるといわれた。そして、その口実に沿って教皇は、シャルルとピサ人が争い、ペドロが自領として主張していたサルデーニャ島にローマ教会の十分の一税を課する権利をシャルルに許していた。しかしシャルルは、第一目標がビザンティンの首都であるという事実を隠さなかった。七月、教皇の赦しを得て、彼が称号だけの〔ラテン帝国〕皇帝フィリップおよびヴェネツィア人と結んだ同盟では、その主張が公然と述べられていた。[14] ペドロはむしろもっと注意深かった。彼も自分の遠征は十字軍であると表明した。そして、彼はその明確な証拠を示すことができた。二年前の一二七九年、彼は聖ルイの古くからの敵、国王ムスタンシルの死後のチュニジアの王位継承にまつわる紛争を利用して、候補者イブラーヒーム・アブ・イシャクの継承を実現しようとした。コンラード・ランチア指揮の遠征軍が国王イブラーヒーム〔二世、ハフス朝〕を据え、その見返りに、ペドロは多額の年貢とチュニスとブージ〔現ベジャイア〕に領事館を開く権利を得た。同時にペドロは、コンスタンティーヌ〔チュニスの西方でブージの東方内陸部〕の領主イヴン・ハサンを保護下においた。一二八一年に領主はチュニジア国王と争い、国王は領主に対して進攻する構えをみせた。領主は国王ペドロに訴え、もし自分を援助してくれたらキリスト教を採用すると示唆した。そのため、改宗可能な者とその領土を異教徒のチュニジア人から救うことは、ペドロの義務となった。そして、伯父シャルルの繁栄に敏感になっていたフランス国王フィリップが、ペドロに人を送って、集結している軍と艦隊について問い質したとき、ペドロは即答ができた。[15]

ペドロは同盟国には隠し立てをしなかった。一二八一年末に、名高いジェーノヴァの提督ベニート・ザッカリーアがペドロの宮廷に到着した。ベニートの兄マルティーノは皇帝ミカエルの友人で皇帝に融資したことがあり、また皇帝からフォカエア〔トルコのイズミル北西方、イズミル湾口〕と豊かな明礬《みょうばん》鉱山の所有権を与えられていた。ベニートとマルティーノはしばしばペドロを訪ね、コンスタンティノープルにも出かけていた。ミカエルはマルティーノを、ジェーノヴァとアラゴンへの大使に任命したのだった。マルティーノは国王ペドロに、皇帝およびジェーノヴァ人の双方ともペドロを積極的に支援する予定だとの保証を与えたが、それは黄金の贈り物によって裏打ちされたものだった[16]。ほぼ同時期、ジョヴァンニ・ダ・プロチダは、カスティーリャのアルフォンソと息子のアンジュー家嫌いを知っていたので、彼らに手紙を送り、モンフェッラート侯すなわちアルフォンソの義理の息子とフィレンツェの皇帝派の首領グィード・ノヴェルロが自分の主人の同盟に加わったことを伝えた。彼の手紙は、北イタリアから皇帝派の使者に同行していたアンドレーア・ダ・プロチダによって、カスティーリャの宮廷に届けられた。ジョヴァンニはシチリア王国を正当な世襲の所有者に帰す計画について公然と語り、カスティーリャ人にその同盟に加わるよう書面で述べていた。だが、国王アルフォンソと息子サンチョの争いのため、彼らはその勧めを受け入れられなかった[17]。

こうした外交活動によって、国王ペドロの影響力は強まった。しかし、陰謀の主たる目的は国王シャルルの領土内で紛争を引き起こすことだった。ここでジョヴァンニ・ダ・プロチダがその政治的手腕を発揮した。彼自身はイタリア本土の出身だったので、本土の住民はシャルルの統治に不満を募らせてはいないことを知っていた。シャルルは有能で緻密な人物だった。彼はナポリかその周辺、もしくはプーリア地方で過ごすことが多かった。彼は行政府を監督し、役人たちが圧政を行なわないよう注意を払うことができた。ナポリ人とプーリア人は、重税とその苛酷な徴収に憤っていたかもしれない。自分たちの国の統治にほとんど関与できなかったことに不満を抱いていたかもしれない。しかし、シャルルはすすんで港や道を整備し、市を開くことを奨励した。また、忠実なイタリア人は、シャルルの他の領土、すなわちプロヴァンス、アルバニア、パレスチナで、重要な仕事につくことができた。シチリア島の状況は異なっていた。シャルルはシチリア人を信頼していなかったし、特にコンラーディンの侵入時の大規模な反乱の後ではそうだった。彼は、シチリア経済を振興する政策をまったく行なわなかった。チュニジアへの十字軍の途中に立ち寄った以外、その島を訪れたことはなかった。また、彼自らそこの行政を監督することもなかった。行政はフランス人の裁判官たちで運営され、本土からきたイタリア人がその下で働いていた。これらの行政官たちが高慢で非情で強欲で、腐敗していたことを疑う余地はない。税は重く、しかも役人の友人だけが苛酷な徴税から免れた。シチリア人は、フリードリヒ二世とマンフレーディの治世下においても、ナポリを中心とした統治に憤っていた。彼らの本土嫌いに、さらにフランス人に対する嫌悪が重なった。というのも、フランス人は決してシチリア人の言葉を覚えようともせず、彼らの習慣を尊重しようともしなかったからである。シチリア人に利益をもたらさない支配を外国の圧制者に続けさせていることをいまや彼らは悟った。島にギリシア的要素はまだ強く残っており、ビザンティンのギリシア人にいくばくかの共感を保っていた。コンスタンティノープル征服を目的にシャルルの艦隊に強制的に編入されることなど、シチリア人には絶対に認められないことだった(18)。

シャルルの誤算

シャルルはシチリア人を軽視していた点で間違っており、ジョヴァンニ・ダ・プロチダが彼らの支持を求めた点で正しかった。ヨーロッパのなかで、シチリア人が最も陰謀に長けていた。彼らの秘密結社への忠誠心は、家族の名誉に匹敵するほど強いものだった。彼らはジョヴァンニとその仲間の陰謀家に利用できる完璧な活躍の場を提供した。アンジュー家支配に対するシチリア人の不満はきわめて強かった。彼らは解放者として期待された。しかし、優れた陰謀家は密かに活動するものである。ジョヴァンニの旅の伝説的な物語は別にして、島の陰謀が組織された方法についての記録はない。すべてが密かに行なわれた。アラゴンから来た密偵が島で活動していたことは確かである。武器が秘かに持ち込まれていたことも確かである。陰謀家たちがコンスタンティノープルと密な連絡をとり、もしすべてが計画通りに進めばさらに資金を受け取る約束を取りつけていたことも、同様に確かである。

一二八二年の春、地中海世界全体は刻一刻と危機に近づいていた。国王シャルルは大艦隊を結集していた。三月中旬、ナポリとプロヴァンスの小艦隊が続々とメッシーナの港に集合し、命令があり次第出帆できる態勢にあった。他の小艦隊も、あちこちの港でヴェネツィアの船が加わるのを待っていた。国王シャルルはナポリでその戦いの最終的な作戦計画をたてていた。彼は時がくればプーリアへと急行し、そこで乗船する計画だったようである[19]。もはや一刻の猶予もなかった。すでに三度、彼は遠征を阻まれていた。すなわち、国王ルイが彼を十字軍に参加させたとき、その十字軍から帰還する際に嵐で艦隊が破壊されたとき、教皇が教会合同の長びく交渉でシャルルに遠征を禁じていたとき、である。いまや彼を阻止するものはなかった。ヴェネツィア人とギリシアのラテン人がそれに参加しようとしていた。バルカン諸国のスラヴ人君主たちや、エピロスとテッサリアのギリシア人君主たちは、ビザンツ帝国の崩壊に参加する機会を虎視眈々とうかがっていた。皇帝ミカエルは四面楚歌の状況にあった。いったんアンジューの大艦隊が自国の沿岸に到達したら、もはや自分を救えるのは奇跡だけだと思っていたし、大艦隊がイタリアから出帆するのを防ぐために、奇跡がぜひ必要だった。だが、ミカエルには友好国があった。

自信満々のシャルルは、敵の友好国を無視していた。彼には、ジョヴァンニ・ダ・プロチダがすべての皇帝派をアラゴン支持の下に結集させているとの警告が、イタリア中の密偵たちから寄せられていた。彼の甥のフランス王も、アラゴンの巨大な艦隊がエブロ川河口のファンゴスの湾に集められていることを、彼に伝えた。この艦隊は、表向きはアフリカの異教徒と戦う予定だとされていた。しかし、国王フィリップは他の目的があることを知っていた。シャルルはそうした噂を軽視した。彼はあまりに強力だったので、あえて彼を攻撃する者は皆無に思えた。彼は、自分の最大の危険がどこに潜んでいるのか、認識していなかった[20]。

未来の運命はシチリアに隠されていた。不満を募らせていたシチリア人は、アラゴンの密偵に扇動され、コンスタンティノープルから財政的援助を得て、秘かに反乱の企てを進めていた。皇帝ミカエルが頼りにしていたのは彼らだった。アラゴンのペドロが、あえてアンジュー家の領土に侵入せず、シャルルが東方の戦いに全面的に専念するのを待とうと考えたのは当然だった。ミカエルはそれほど長く待つ余裕はなかった。アンジュー家の艦隊は〔一二八二年〕四月の第一週に出帆する予定だった。その日の前に、何かをなさねばならなかった。

〈原注〉

（1）この予言は、Jordan of Osnabruck, *De Prerogativa Romani Imperii*, ed. Waitz, p. 79に出ている。Sanudo, *Istoria del Regno di Romania*, p. 138は、シャルルのことを「世界君主国を熱望していた」といっており、Nicephorus Gregoras, *Historia Byzantina*, vol. I, p. 123は、彼がユリウス・カエサルとアウグストゥスの時代の帝国を再建すると予想したという。シャルルは、祖母エノーのイザベルを通して、シャルルマーニュ〔カール大帝〕の子孫だった。

（2）シチリア王位とその女王の称号の使用に関するコスタンツァの要求については、Wieruszowski, 'La Corte di Pietro d'Aragona,' pt. I, pp. 142–6を参照。彼女は、マンフレーディが死んだ時からその称号を使ったようだが、それは宮廷の影響力の範囲内でだったようである。

（3）*The Chronicle of James I of Aragon*（アラゴンのハイメ一世の年代記）は、ほぼ確かに彼自身の著書であるとされており、このうぬぼれの強いが活発な王を実に生き生きと描写している。

（4）Wieruszowski, *op. cit.* pt. I, pp. 147–52; Cartellieri, *Peter von Aragon und die Sizilianische Vesper*, pp. 23–6. マンフレーディの宮廷からの亡命者には、コスタンツァの伯母で前の東ローマ皇帝（ニケー

ア皇帝ヨアンネス三世）の妃コスタンツァ・アンナがいた（彼女については、第二章四六ページ、第三章七五、七九ページと、第三章原注7、15を参照）。彼女はアンジュー征服の時はナポリにいたが、シャルルは彼女が一二六九年にスペインへ退くのを許した。

（5）ジョヴァンニの若年時代については、*Due Cronache del Vespro* (Muratori, *R.I.S.* new series, vol. XXXIV) を参照。彼はフリードリヒ二世の遺言（第二章原注2を参照）に署名した証人のうちの一人であった。彼の青年時代の歴史は、Renziの*Il Secolo decimo terzo e Giovanni da Procida*に詳細に描かれている。彼が国王コンラードに毒をもったとする告発については、第二章原注9を参照。枢機卿オルシーニから国王シャルルへの推薦状は、Martène and Durand, *Thesaurus*, vol. II, p. 298に出ている。Villani, vol. II, pp. 234-5は、妻の娘に対する彼の虐待があったことを述べている。マイセン辺境伯フリードリヒと彼の交渉については、Busson, 'Friedrich der Friedige als Prätendant der Sizilianischen Krone und Johann von Procida,' *Historische Aufsätze dem Andenken an Georg Weitz gewidmet*を参照。シッカルディが*Due Cronache del Vespro*の序文に記したジョヴァンニの全生涯に対する詳細な論述は、かなり参照事項をつけてはいるものの、ジョヴァンニへの英雄視に対する批判にシッカルディが耳を貸さなかったように、かなり無批判な参照となっている。

（6）Cartellieri, *op. cit.* pp. 28–53.

（7）本章三三一〜三三七ページおよび補遺を参照。

（8）Carini, *Gli Archivi e le Biblioteche di Spagna*, pt. II, pp. 2-4, 190.

（9）*Lu Rebellamentu di Sichilia*, in *Due Cronache del Vespro*, pp. 5–11; *Liber Jani de Procida et Palialoco*, *ibid.* pp. 49–52; *Leggenda di Messer Gianni di Procida*, *ibid.* pp. 65–8. *Rebellamentu*はシチリア方言で書かれており、ジョヴァンニを英雄扱いしている一方、イタリア人の*Liber Jani*と*Leggenda*を、とくに後者はおそらくモーデナの教皇派だとして、悪人扱いしている。Ricordano Malespiri, *Storia*

Fiorentina, ed. Follini, pp. 180–1, Brunetto Latini, *Tesoro*, ed. Amari, in *Altre Narrazioni del Vespro Siciliano*, pp. 60–89, and Villani, *Cronica*, vol. II, pp. 233–7, 239–42の以上は、伝説を要領よく記している。

(10) *Rebellamentu*, pp. 14–7; *Liber Jani*, pp. 52–5; *Leggenda*, pp. 68–71.

(11) Wieruszowski, 'Der Anteil Johanns von Procida an der Verschwörung gegen Karl von Anjou', pp. 230 ff は、ジョヴァンニの署名がある用船契約書を載せて彼の旅程を示しているが、彼がローマのような遠方まで旅するのは不可能だったろうとしている。ニコラウスの賄賂については、第十一章二九五、三〇五ページを参照。

(12) シチリアの貴族については、*Due Cronache del Vespro*, introduction, p. xxxvii, n. 1を参照。プロチダのアンドレーアについては、Cartellieri, *op. cit.* p. 90を参照。

(13) D'Esclot, *Cronica del Rey en Pere*, in Buchon, *Chroniques Etrangères relatives aux Expéditions Françaises*, p. 624; Muntaner, *Cronica*, ed. Coroleu, pp. 86–8; William of Nangis, *Gesta Philippi III*, p. 514; Cartellieri, *op. cit.* pp. 63–4の以上は、ムンタネールによって記されたサレルノ公シャルルに対するペドロの無礼の話を、否定している。しかし、この話は納得のいくように詳細に記されており、フランスとマヨルカの王は、シャルルが最初はペドロの従兄弟と結婚したことを、ペドロに思い出させている。さらに、ナンギのギョームは、なんらかの不愉快なことがあったのだと示唆している。ミラーノへのペドロの手紙は、その写しがロンバルディーア地方の主な皇帝派の自治都市にも送られたことが、Carini, *op. cit.* vol. ii, p. 41に出ている。

(14) 第十一章三二〇ページ参照。サルデーニャ島の十分の一税については、Martin IV, *Registres*, no. 116を参照。

(15) D'Esclot, *op. cit.* pp. 626; Muntaner, *op. cit.* pp. 100–1; Cartellieri, *op. cit.* pp. 80–1, 149.

(16) Ptolemaeus of Lucca, *Historia Ecclesiastica* (Muratori, *R.I.S.*, vol. XI, pp. 1186–7); Martin IV,

Registres, p. 112; Sanudo, *Istoria del Regno di Romania*, p. 133; Cartellieri, *op. cit.* pp. 87–9; Dölger, *Regesten der Kaiserurkunden*, vol. III, pp. 74–5. 皇帝は息子と相続人アンドロニクスについて、アラゴン王妃の助力を求めた。

(17) Carini, *op. cit.* vol. II, p. 45.

(18) Bartholomew of Neocastro, *Historia Sicula* (Muratori, *R.I.S.* new series, vol. XIII, iii, p. 10), a chapter entitled 'How King Charles oppressed the people'; Nicholas Specialis, *Historia Sicula* (Muratori, *R.I.S.*, vol. X, pp. 924, 930). また、Libertini and Paladino, *Storia della Sicilia*, p. 442; Pontieri, *Ricerche sulla Crisi della Monarchia Siciliana nel sec. XIII*, *passim*; Léonard, *Les Angevins de Naples*, pp. 143–4なども参照。

(19) Norden, *Das Papsttum und Byzanz*, pp. 626–9. シャルルは一月をローマとオルヴィエートで過ごしたが、二月はカープアとナポリで、三月はずっとナポリに滞在していた。彼が実際にその遠征を指揮するつもりだったかどうかはわからない。Durrieu, *Les Archives Angevines de Naples*, vol. II, p. 187.

(20) Villani, *op. cit.* vol. II, p. 242は、シャルルは国王フィリップから警告されたものの、注意をはらうにはあまりに尊大だったという。さらにヴィラーニはコメントとして、通俗的な諺を加えている――「誰かが、あなたの鼻がないと言うなら、すぐに手をあててみなさい」。シャルルはそのような用心を怠ったのである。

第13章 シチリアの晩禱

シチリア、パレルモのノルマン王宮内にある王室礼拝堂、後陣から見た内部。

シチリアのパレルモ市街

＊太波線は、16世紀まで存在した市壁の位置。

反乱の勃発

一二八二年の復活祭は三月二九日と早かった。神聖な一週間、シチリア島は表面上は平穏だった。アンジュー家の大艦隊がメッシーナの港に錨をおろしていた。国王の役人たちが島を廻り、農民の無言の憤りを無視して、遠征隊に食料を供給するために食料貯蔵所の穀物をすべて徴発し、家畜と豚の群を、また騎士が乗る馬を狩り集めていた。国王代理で島の総督エルベ・ドルレアンは、一世紀前にリチャード獅子心王〔イングランド王、在位一一五七〜九九年。一一八九年に第三回十字軍に参加。国内統治能力には欠けていたが、勇敢な武将として西洋中世騎士道の典型的人物と称えられた〕が建てたメッシーナの「ギリシア人の恐怖」という名をもつマテグリフォン城〔現在は市内の名所「クリストリ」にごく一部の跡を残すのみ〕に住んでいた。パレルモでは、大法務官ジャン・ド・サンレミがノルマン王たちの宮殿で復活祭を祝っていた。住民を監視する四二の城を支配するフランス人役人や兵の誰ひとりとして、統治下にある住民のいつもの非友好的態度以上のものには気づかなかった。シチリア人の間では、街中で伝統的な歌と踊りでキリストの復活を祝いながらも、空気は張りつめ今にも爆発しそうだった。(1)

サント・スピリト教会はパレルモの古い城壁から南東に約半マイルの所、オレート川の小さな谷を望む崖の縁に建っている。内部も外部も簡素な作りである。その礎石は、イングランド生まれのパレルモ大司教ウォルター・オファミル〔グアルティエーロ・オッファミーリオ〕、別名「粉挽き屋」によって、一一七七年、不吉とされた日蝕の日に置かれた。復活祭の月曜日に祭りをするのがこの教会の習慣で、その年の月曜日も近隣の村や町から晩禱の礼拝に出席するため、人びとが群をなしてやってきた(2)。礼拝が始まるのを待つ間、人びとは広場で踊りやおしゃべりで時間つぶしをしていた。そこに突然、一団のフランス人役人が現われ、祝祭に加わろうとした。彼らには冷たく敵意に満ちた視線が投げかけられたが、執拗に輪に加わろうとした。酔っぱらって乱暴狼藉をはたらくようになっていた。まもなく若い娘たちに対して、シチリア人を憤激させるなれなれしい行動に出始めた。ドローエという下士官が、群衆のなかから若い既婚の女性を引きずり出し、からみ始めた。それは彼女の夫にとって耐え難いことだった。夫はナイフを抜いてドローエに襲いかかり、刺し殺した。フランス人が仲間の復讐をするために突進したが、たちまち短剣や剣で武装した怒り狂った大勢のシチリア人に囲まれてしまった。フランス人で生き残ったものはいなかった。その時、サント・スピリト教会と町のすべての教会の晩禱をしらせる鐘が鳴り始めた(3)。

　鐘を合図に、圧制者に対する蜂起を呼びかける使者がパレルモの町を走り抜けた。街頭は怒りに燃えて武器を持った人びとであふれ、シチリアの方言で「フランス人に死を」と口々に叫んでいた(4)。出会ったフランス人は一人残らず殺された。人びとはフランス人の出入りする宿や住宅に殺到し、男も女も子供も容赦しなかった。フランス人と結婚していたシチリア人の女性も夫と一緒に死んだ。暴徒はドミニコ会とフランチェスコ会の修道院にも押し入り、外国人の修道士を引きずり出して、「チチリ」という言葉を発音するよう命令した。フランス人はその音を正確に発音できなかったからである。その試問に合格しなかった者はすべて殺された。大法務官ジャン・ド・サンレミは古い王宮に閉じこもっていたが、守備隊の兵のほとんどは休暇をとって町に出かけていた。残っていた少数の兵では彼を守ることはできなかった。彼は入口での小競り合いで顔を負傷したが、二人の従者と窓から厩へと逃れ、馬を見つけて、内陸へ向かう道を全速力でヴィカーリの城へ向かった。そこで、大虐殺を免れた人たちに合流した。(5)

翌朝までに約二〇〇〇人のフランス人男女が死に、反乱者がパレルモの町を完全に掌握した。彼らの怒りも和らぎ、今後のことを考えるまでに落ち着きをとり戻した。地域と職業の代表者が集まり、町を自治都市とすると宣言し、ルッジェーロ・マストランジェロという人望のある騎士を指導者に選出した。三人の副官に、エンリーコ・バヴェーリオ、ニコーラ・ディ・オルトレーヴァ、ニコーラ・ディ・エブデモーニアが任命された。いたる所でアンジュー家の旗が破かれ、フリードリヒ二世が幼少期を過ごした町に紋章として与えた帝国の鷲の旗に換えられた。使節たちとともに教皇に送られた書簡では、新しい自治都市を彼の庇護下に置くように求めていた。(6)

蜂起の情報はすでに島中に拡がっていた。荒れ狂った月曜日の夜、パレルモから使者が町や村に急派され、圧制者が反撃に出る前に攻撃に移るよう伝えた。火曜日になると、パレルモの人びとが、大法務官と彼の友人たちが避難しているヴィカーリの城の攻撃のために進軍した。守備隊は長時間の抵抗にはあまりに数が少なかった。大法務官は、海岸におもむき故郷のプロヴァンスに向かうための乗船を許してくれるなら、降伏してもよいと申し出た。交渉が始まったとき、包囲側の一人が彼めがけて矢を放ち、射殺した。それを合図に、城内にいた全員の大虐殺が始まった(7)。

その一週間中、さらなる蜂起とフランス人殺戮の報せが届いた。パレルモに続いた最初の町は、二〇マイル南にあるコルレオーネだった。フランス人を殺した後、コルレオーネも自治都市を宣言した。四月三日、指導者ボニファーチェは三人の使者をパレルモに送り、その報せを伝えるとともに、共同で行動するよう提案した。二つの自治都市は、島の他の地域を鼓舞し共同行動をとるために、西のトラーパニ、南のカルタニセッタ、東のメッシーナの三方面に向けて、各々の町に部隊を送ることを決めた。反乱軍がそれぞれの地域に近づくと、フランス人は逃げるか殺された。フランス人が助かったのは二つの町だけだった。西シチリアの副大法務官ギョーム・ポルセレーはカラータフィーミに住んでいたが、その慈悲心と正義感でシチリア人に愛されていた。彼と家族はパレルモまで丁重に案内されて乗船し、プロヴァンスに向かうことが許された。島の中央にある自主独立の精神を尊ぶ町スペルリンガでは、フランス人守備隊がメッシーナに無事に退却することができた(8)。

メッシーナの攻防

メッシーナでは蜂起は起きなかった。国王代理の総督エルベ・ドルレアンは強力な守備隊を有していたし、港にはアンジュー家の大艦隊が停泊していた。メッシーナはシャルルの政府が恩恵を与えた島で唯一の都市で、地元の名家リーゾ家が彼の統治を支持していた。晩禱の日から二週間たった四月十三日、島の西部と中部全域が反乱軍の手に落ちると、パレルモはメッシーナの住民に手紙を送り、反乱に加わるよう求めた。しかし、メッシーナの住民は慎重だった。エルベと彼の守備隊がマテグリフォン城からメッシーナ市民を見下ろし、国王の船舶が沖に停泊している中、彼らは態度を鮮明にしないことを選んだ。それどころか四月十五日には、メッシーナ人部隊が地元の騎士グリエルモ・キリオーロの指揮下、南の隣町タオルミーナを反乱軍の猛威から守るために移動した。同時に、エルベはメッシーナの貴族リッカルド・リーゾに地元のガレー船七隻を指揮させ、パレルモ港を封鎖させて、もし可能ならそこの要塞を攻撃するよう命じた。パレルモの住民たちは城壁の自分たちの旗の隣に十字架を記したメッシーナの旗を大急ぎで並べて、メッシーナの人びとを兄弟とみなしていることを知らせた。するとリッカルドの水兵たちは、彼らと戦うことを拒否した。ガレー船は港の沖に停泊したまま封鎖は行なったものの、形ばかりの実効の伴わないものだった(9)。

メッシーナでは世論がゆれ動き、反乱支持へと傾いていった。メッシーナ市民の多くは、メッシーナがシチリア行政の中心になったとき、移住したパレルモ人でもあった。彼らは生まれ故郷の町に共感を持っていた。エルベは自信を失い始めた。彼はタオルミーナの確保を決意し、メッシーナの守備隊に代わって、ナポリ人のミケレット・ガッタ指揮下のフランス人部隊をそこに送った。グリエルモ・キリオーロと部下はその背信行為に激怒し、フランス人を急襲して全員捕虜にした。その数日後の四月二八日、メッシーナで反乱が勃発した。ほとんどのフランス人はすでにマテグリフォン城に退いていたため、虐殺の規模はパレルモよりも小さかった。エルベは城に籠もったが、艦隊を捨てざるを得なくなり、艦隊は火を放たれてすべて破壊された。メッシーナ市民はサント・スピリト教会の庇護下の自治都市と宣言した。彼らは、反乱を組織する際に重要な役割を果たしたバルトロメーオ・マニスカルコを指導者に選出した。

同じ日に、三人のメッシーナの要人がナポリのシャルル王の宮廷から戻ってきた。前任の裁判官のバルドヴィーノ・ムッソーネ、バルダ・リーゾ、マッテーオ・リーゾだった。ムッソーネはすぐに自治都市と運命を共にし、マニスカルコは次の日の朝、指導者の地位をムッソーネに譲った。リーゾ家の若者の一人で医者のパルメニオが伯父バルダとマッテーオに反乱に加わるよう説得したが、彼らと一族の者たちはシャルルに忠誠を示したまま、エルベの城へと避難した。彼らはエルベがすでに戦いを放棄していることを知った。城に対する前哨戦があった後、エルベはムッソーネと交渉して、自分と参謀たちの身の安全の約束をとりつけた。彼らはフランスのエグモルトに直接向かい、二度とシチリアに戻ってこないことを条件に、二隻のガレー船を手に入れた。エルベは約束はしたものの、港を出るや否やガレー船に海峡の対岸にあるカートナに向かうよう命じた。そこで彼は、カラーブリア地方で最も豊かな貴族でありシャルルに忠実なカタンザーロ伯ピエトロ・ルッフォに会った。彼らは部隊を集めて、メッシーナに反撃する準備を始めた。

マテグリフォン城主メッシーナのテオバールは、七〇人のフランスの下士官およびその妻や子どもたちとともに、エルベたちと同様の条件で許された。一同はエグモルトへ航行する命令を受け、別の船に乗せられた。リーゾ家の国王派の者は、自治都市によってマテグリフォン城に捕虜としてとどめ置かれ、そこにタオルミーナから護衛付きで連行されてきたミケレット・ガッタとフランス人の部下も加えられた。使者がすでにパレルモに送られて、メッシーナの経過と姉妹自治都市の樹立が報告された。また、パレルモの港の沖に待機していたメッシーナの船隊は、帰港するよう命令された。その司令官リッカルド・リーゾはどうにかカラーブリア地方へ脱出することができた。副司令官のニコーラ・パンチアが船隊をメッシーナ港へと回航中、城主メッシーの一団を載せた船と出会った。パンチアはすでにエルベ・ドルレアンがフランスに退却する約束を破ったことを聞いていたので、メッシーもその後を追うのだろうと疑った。メッシーの船は止められ、全員が海に投げ込まれて溺れ死んだ。(10)

メッシーナの秩序が回復すると、自治都市は指導者を補佐する四人の顧問を選出した。すべてが地元の裁判官で、リナルド・ディ・リモージア、ニコーラ・サポリート、ピエトロ・アンサルノと、のちにこの大事件の歴史を執筆したネオカストロのバルトロメーオの四人だった。(11)次に、重要な意味をもつことだが、皇帝ミカエルに彼の重要な敵が打撃を受けたことを知らせるため、コンスタンティノープルへの使者派遣が決定された。そうすれば、彼は喜んで島民にさらに財宝を送ってくれるのはまちがいないと思われた。その危険な旅に出る使者をみつけることは難しかったが、ジェーノヴァの商人アラフランコ・カッサーノがその任をかって出た。もしシャルルの船によって止められても、その国籍によって安全だろうと考えられた。数週間後、彼はコンスタンティノープルに到着し、即座に皇帝の謁見を受けた。ミカエルはその報せを聞くと、神に感謝し、息子のために執筆中だった自伝に、「私は自らがシチリアに自由をもたらす神の使者であるとたとえ声高に主張しても、それは真理を表明しているだけに過ぎない」との意味深い言葉を付け加えた。実際のところ、彼の密偵と財宝が蜂起計画で役に立ち、蜂起はシチリアを解放しただけでなく、彼の帝国も救った。シャルルのコンスタンティノープル大遠征は、いまや永遠に延期されることになった(12)。

シャルルの対応

四月初旬、モンレアーレ大司教の使者がパレルモの大虐殺をシャルルに伝えたとき、彼はナポリにいた。彼は激怒した。そのために東方遠征をしばらく延期しなければならなかったからである。当初、彼は反乱を深刻なものと考えていなかった。それは、代理のエルベ・ドルレアンで処理できる一地域の事件だと考えていた。副提督サレルノのマッテーオに四隻のガレー船でパレルモを攻撃させただけだった。その命令は四月八日に下された。しかし、マッテーオはパレルモ沖に着くと、メッシーナの小艦隊が港の外を航行しているだけなのを見て、あえて攻撃しなかった。メッシーナが反乱に加わったとき、メッシーナの艦船は彼を攻撃し、ガレー船二隻を捕獲してしまった。彼は残りのガレー船を率いてナポリへ退却した(13)。

シャルルが反乱の重大さを認識したのは、メッシーナの蜂起と彼の艦隊の破壊によるものだった。彼は叫んだ――「わが主である神よ。私の運命を崩壊させることをお考えでも、私への打撃はせめて小さなものでありますように」。彼は、損害が小規模となるよう考え始めた。東方への遠征は撤回された。その代わり、イタリアの港に集められた船舶と兵は、メッシーナ海峡に結集され、謀反を起こした島を攻略する軍の指揮を彼自身がとった⒁。

シャルルには教皇の全面的な支持があった。四月にパレルモの使者がオルヴィエートに到着し、教皇庁に新たに樹立された自治都市をその保護下に受け入れるよう頼んだが、教皇マルティヌスは謁見を拒んだ。島はなおマルティヌスが寛大になることを望んだ。五月初旬、メッシーナはパレルモおよび他の都市と共同で、三人の使者を教皇の宮廷に送った。彼らは教皇の面前に厳粛に進み出ると、教皇枢密会議の前で次の言葉を三度唱いあげた――「世界の罪を贖う神の子羊が我われに慈悲を与えたもうように」。しかし教皇は、キリスト受難の物語の言葉を三回辛辣にくり返した――「万歳、ユダヤ人の王よ、そして彼らはイエスを打った」。使節団は教皇から他の回答を得られなかった⒂。キリスト昇天の日、五月七日に教皇は、反乱を起こしたシチリア人と彼らを援助する者すべてに破門の勅書を発布した。二番目に出された勅書では、「自らをギリシア人の皇帝と呼ぶ」ミカエル・パラエオログスとモンテフェルトロのグィード三世および北イタリアの皇帝派を破門した⒃。

シャルルにはもう一人、甥のフランス国王フィリップという味方がいた。シャルルは四月に、反乱が重大な結果を招くのを防ぐため積極的な対応が必要であると書面で報せた。メッシーナが謀反に加わったとき彼は再び手紙を書いて、反乱軍を討つための援助を乞うた。それに応えて、彼の甥の二人、フィリップの弟のアランソン伯ピエールとアルトワ伯ロベールが、フランス貴族の一団をイタリアに派遣する準備をした。当時プロヴァンスにいたシャルルの息子サレルノ公シャルルは、パリに向かいフランス宮廷との提携をさらに進める手はずをとるよう命じられた⒄。国王フィリップは、最大の危険はアラゴンによってもたらされると思っていた。彼はシャルルにアラゴン王に用心するようすでに警告していたが、シャルルは耳を貸さなかった。国王ペドロは、ファンゴス〔現スペインのエブロ川河口〕の港に結集したアラゴンの大艦隊をアフリカへの十字軍派遣のためであると弁明し抗議していたが、フィリップは彼らがシチリア攻撃を決めていると確信していた。シャルルがメッシーナを失ったと聞く前に、フィリップはすでに、アラゴンの艦隊に同行していた国王ペドロに使節を送っていた。使節は五月二〇日にファンゴス港に到着し、ペドロに手紙を渡し、その艦隊がシャルルを攻撃しない保証を要求した。もし攻撃したら、それを敵対行為とみなし、アラゴンに対して軍を送るとフィリップは警告した(18)。

ペドロの策略

フィリップの警告は効果がなかった。ペドロはいつもの主張と同じく、アフリカ遠征の準備をしていると答えただけだった。実際、シチリアの反乱にペドロは驚いた。彼の代理人《エージェント》がその計画を立てたのだが、彼はシャルルのコンスタンティノープル遠征が行なわれることを当てにしていた。シチリア王国に精鋭の兵が不在となるその時期に、シチリアが反乱を起こし、彼が介入する予定だった。ビザンティンの皇帝にそそのかされたシチリア人は、ペドロを出し抜いてしまった。パレルモでの大虐殺の知らせが届いたとき、彼は何もしなかった。行動にうつる決意をしたのは、メッシーナの反乱とシャルルの船団の一つが崩壊してからだった。とはいえ、彼は用心深く行動した。ペドロは実際にアフリカに向けて航行し、そこでムーア人と戦いながら、シチリアの推移を見守るつもりだった。六月三日、彼は軍艦と輸送船から成る大艦隊の先頭に立ち、アルジェリアの海岸めざしてファンゴスの港を出帆した。(19)

　ペドロは偽装工作として、教皇に特使を送り、彼の十字軍に教皇の祝福と通常の免償を求めた。マルティヌスはだまされなかった。彼は特使に形式的な返事をした。イングランドのエドワードの密偵としてオルヴィエートで活動していたスイスの騎士グランソンのオットーは六月十一日、教皇庁ではこぞってアラゴン国王のシチリア干渉を予測していると主人に報告した。(20)ところが、ペドロは急がなかった。彼の艦隊は、アラゴン王への進貢国でありながらイスラム教徒の王族の領地だったメノルカ島のマオン港に入った。この地の首長《エミール》は艦隊に大量の糧食を提供したが、チュニスに密使を送り、チュニジア国王にその遠征について警告した。艦隊がアルジェリア沿岸のコロに着くと、ペドロは同盟者であるコンスタンティーヌの領主がメノルカからの報告によってチュニスから急襲され、殺されたことを知った。彼をチュニジア王国から離反させ改宗させることがこの遠征で達成されるべき目標であった。彼の死によって、十字軍の目的は失われた。しかしペドロは、この機を生かしてシチリアの推移を近くで見守るため、兵とともにコロに留まった。(21)

　一方、シチリア人は国王シャルルの反撃を迎え撃つ備えに入った。シャルルは準備を急がなかった。彼は、攻撃を激しく徹底的に行なうつもりだった。東方作戦をめざしていた船と兵士は、メッシーナ海峡のカラーブリア側沿岸のカートナに集められた。アランソン伯ピエールとアルトワ伯ロベールが彼らの騎士たちとともにアンジュー軍に加わるために召集された。プロヴァンスからは、分遣隊がローヌ川を遡りアルル王国を再建する予定の遠征を取り止めて、派遣された。フィレンツェの教皇派は、バッティフォーレ伯グィード指揮下の部隊を、市の旗と国王シャルルが騎士の称号を約束した五〇人の若い従者とともに送った。ヴェネツィア、ピサ、ジェーノヴァから船が貸与され、メッシーナ人が破壊した船舶の代わりとなった。それは侮りがたい規模の軍勢で、七月六日には国王シャルル自らが総司令官としてそれに加わった。十九日後、彼はその軍を率いて海峡を渡り、メッシーナのちょうど北方のブドウ畑に陣を張った。(22)

シャルル軍の攻撃開始

教皇マルティヌスはシチリア人が恐れをなして戦わずに屈服することを望んでいた。シチリア人は彼らの自治都市がまだ教皇の庇護下にあることを主張していた。六月五日、マルティヌスはもっとも有能な聖職者の一人パルマのジェラルド枢機卿を教皇特使に任命し、島の無条件降伏を獲得するよう命じた。(23)五日後、彼の奮闘を後押しするため、国王シャルルは島の行政改革にかかわる長い布告を発した。それは、王国の役人はいかなる財物強要も禁止するというものだった。彼らは、弁済なしに物品や家畜を押収したり船を徴用することはできず、町や村に贈り物を強要したり不当な理由で市民を投獄し彼らの土地を没収してはならないとされた。すなわち、蜂起の前に行なわれていたことがこの布告により犯罪とみなされることになった。(24)しかし、こうした改革の約束もシチリア人を動かすものではなかった。彼らはアンジュー家にあまりにも苦しめられたため自分たちの誇りに目覚めたのだった。彼らは不平等に対して戦う決意をしていた。すでに六月二日、メッシーナ人は島の北東沿岸のミラッツォに兵を上陸させようとしたアンジュー軍を撃退した。三週間後、アンジュー軍の分遣隊が再上陸を果たし、彼らを押し戻そうとしたメッシーナの市民軍を破ったときも、重大な損害を受けながらも市民軍の士気は衰えなかった。敗北によってもたらされた唯一のことといえば、メッシーナの人びとが、リーゾ家の一族が投獄されているマテグリフォン城に突入し、彼らを引きずり出して殺したことと、裁判官のバルドヴィーノ・ムッソーネを無能で役立たずとして指導者の職から追放したことだった。その代わりに、ジョヴァンニ・ダ・プロチダの陰謀で主導的役割を果たした三人のシチリア貴族の一人、レンティーニのアラーイモを選出した。彼は司令官としての能力を示したが、唯一の欠点は、身分の低い家系出身で野心漫々の女相続人である妻スカレッタのマカルダに追従しがちな点であった。[25] 当時、彼女はアラーイモのもとにはいなかった。彼女は臣下数人とともにカターニアに行き、恐れおののくフランス人守備隊を策略により降伏させて殺し、その町を掌握していた。[26]

アラーイモはメッシーナの防衛を強固にするため懸命に努力した。兵力増強のために外国の志願兵が投入された。そのなかには数隻のジェーノヴァのガレー船と乗組員がいたが、彼らは同胞の多くが国王シャルルに雇われていたことなど意に介さなかった。また、アンコーナからの十二隻のガレー船や、予想外だったことにはヴェネツィアからの十二隻のガレー船もあり、それらの船団には国王シャルルとその政策を嫌う者が乗り組んでいた。シチリア人はピサから助力の約束をとりつけていたが、ピサ人はジェーノヴァとの戦いを始めたばかりで、派遣していたガレー船を引き上げてしまった。シチリアの戦いに参加したピサ人は、国王シャルルに雇われた四隻のガレー船の乗組員だけだった。彼らはシャルル軍の最前線に立ち、メッシーナの人びとにとりわけ無礼な態度をとった。八月初旬、五〇〇人のアラゴンの貴族とその従者が防衛側に加わったが、彼らはシチリア人側で支援する志願兵として、アフリカにいた王の軍を離れてやってきたのだった(27)。

八月六日シャルルは、メッシーナに対する最初の本格的な攻撃を開始した。それはメッシーナ港を囲む半島の端にある兵営の急襲だった。シャルル軍の兵は押し戻され、守備側の損害はほとんどなかった。二日後、シャルル軍の兵は海からもっとも離れた市の北西端にあるカッペリーナの要塞化した高地を急襲しようとした。昼間の攻撃に失敗した後、シャルル軍は退き、暗くなってからの攻撃に備えたが発見され、地元の二人の女性の機転ある行動によって、敗北した。ディーナとクラレンティアという名前の二人の女性は、年代記に敬意をこめて記録されている。シチリア人はこの成功に勇気づけられた。その月は異常に雨が多く、ぬかるみは守備側よりも攻撃側にとって障害となった。市民は男も女も交替で守りの位置についた。彼らは敵の野営地に密偵を送り込んだ。フランチェスコ会修道士ピアッツァのバルトロメーオは有名で、アンジュー軍が海峡を渡る前から完全な監視活動を行なっていた。聖母マリアが防衛軍に祝福を与えている光景が見られたとの知らせに、市はさらに勇気づけられた。しかし、シャルルはあわてなかった。彼の軍勢は巨大で強力だったし、彼の艦隊は数のうえでシチリアのそれを大きく上回っており、それに加えて軍にも艦隊にも援軍がくる予定だった。彼はメッシーナの封鎖を強化して、最終的な攻撃の時を待った。

シャルルは、最初の攻撃後の小康状態の間に、教皇特使の枢機卿ジェラルドをメッシーナに送った。メッシーナ人は自分たちの上級君主と宣言した教皇の代理を丁重に迎えた。指導者のアラーイモは、教皇が自治都市の庇護者と宣言してくれれば、メッシーナを教皇の手に委ねると正式に申し出た。これに対して枢機卿は、ローマ教会は島全体が法的に帰属している忠実な息子シャルルにメッシーナを戻してやるつもりだと返答した。アラーイモはジェラルドに手渡したばかりのメッシーナの町の鍵〔教皇権を表す〕を素早く取り戻し、そうと知りながら憎むべき敵に降伏するくらいなら戦って死ぬほうがましだと、大声で宣言した。枢機卿は国王の野営地へ送り返された。

特使派遣の失敗のあと、シャルルは攻撃に移った。八月十五日、カッペリーナの城壁を急襲する新たな試みがなされたが、またも失敗に終わった。封鎖は強化された。市民は目的達成のために艱難辛苦をいとわない心構えはできていた。城壁内の農園で例年になく果物と野菜が豊作であったことと、港でも異例の大漁だったことで、飢餓を免れることができた。九月二日の北の城壁への攻撃も同じく失敗に終わった。九月十四日、シャルルは総攻撃の命令を下した。その日の戦闘は、それまでに比べ激しかった。しかし、またも前進を阻まれ、シャルル側の二人の貴族が城壁から飛んできた石が命中して死ぬと、彼は攻撃を中止して野営地へと退いた。彼はアラーイモに、もし降伏してシャルルを市に受け入れるなら、世襲制の領地としてどこでも手に入れることができ、さらに戦費を報酬として与えるとの書状を送った。シャルルの要求は、自分の選んだメッシーナの六人の市民を処罰するため引き渡してもらうことだけだった。メッシーナの他のすべての市民は赦される予定だった。

アラーイモはその申し出を嘲笑し拒絶した。彼と政府は危機を認識していたが、いまや救済者が期待できた。シチリアをローマ教皇管区の管轄下にある自治都市に組み入れるというシチリア人の提案を教皇が特使を通じて拒絶すると、彼らは島の未来のために別の解決手段を見つけねばならないと悟った。一つは手近かにあった。(28)

アラゴン軍の介入

アラゴン国王ペドロは教皇マルティヌスに使節を送って自らの十字軍に教皇の祝福を求めたが、好意的な返答はほとんど期待していなかった。彼の主任大使のカタロニア人カステルヌオのグェルモは、帰路の途中パレルモに立ち寄り、反乱軍の指導者たちと接触するようにとの指示を受け取った。パレルモ人はいまやいかなる方法でも国王シャルルの主張を教皇に放棄させることはできないとわかっていた。シチリア人は当初は、単なる外国人支配者の取り替えには不賛成だった。しかし、彼らは孤立するわけにはいかなかった。アラゴン王妃コスタンツァは結局のところホーエンシュタウフェン家の代表者で、国王を輩出した大王朝の最終的な女相続人だった。彼女の夫はすぐ近くにいて、申し分のない軍を維持していた。ペドロとコスタンツァを自分たちの国王および女王として受け入れることが賢明で適切と思われた。カステルヌオのグェルモがアルジェリアのコロにいる主人のもとに向かう船上にあったとき、シチリアの三人の使節を伴っていた。一人はメッシーナの貴族で名前をグリエルモといい、パレルモに住んでいた。他の二人はパレルモ出身の裁判官だったが、名前は不明である。

シチリアの使節団はコロの野営地にいる国王ペドロの前に進み出て敬意を表し、孤立した島の状況を語った。コスタンツァは王位を与えられるべき正統な女王で、彼女の次にはその息子たち、すなわちアラゴンの王子たちが王位を継ぐべきだと、彼らは述べた。ペドロに対しては、自分たちを救いにやってきて、妃がその権利を享受できるよう図ってほしいと懇願した。ペドロは彼らを丁重に迎えたが、態度を表明することはためらった。四日後、シャルルの封鎖網をかいくぐったメッシーナの二人の貴族と市民を乗せた船が到着した。また同時に、他の三人のメッシーナの市民が、国王ペドロへの要請に加わるために、パレルモへと向かった。ペドロはまだためらっているふりをした。しかし、すでに軍の指揮官と相談し、彼らがシチリアへ同行する意志のあることを知っていた。それ相応の慎重さを示したあと、ペドロはシチリア人の要求に応じることを恩着せがましい口調で宣言した。彼は、シチリアに船を向かわせ、妻を先祖の王位に就かせると発表した。島民には、自由を尊重すること、また、すべてが善王グリエルモ時代と同じく行なわれることを約束した。それから彼は、再びカステルヌオのグェルモを教皇の宮廷に送り、自分の動機についての慎重で敬虔な書簡を持参させた。(29)

八月末頃、コロのアラゴンの野営地は引き払われた。軍の当局者は待機しているガレー船と輸送船に、兵員、馬、武器、糧食を三日間かけて積み込んだ。シチリアの船は急いで帰国し、国王ペドロが乗船するのを見たと島民に告げた。二日後の一二八二年八月三〇日、アラゴンの大軍は国王を先頭にトラーパニに上陸した。シチリアの反乱はいまやヨーロッパを揺るがす戦いとなっていた。(30)

〈原注〉

（1）Amari, *La Guerra del Vespro Siciliano* (9th ed.), vol. I, pp. 193-4.

（2）*Ibid.* p. 193, n. 1. 三〇日の月曜日という日付は、ネオカストロのバルトロメーオおよび当時のシチリア人が記している。教会そのものは今日では失われ、広いシチリア人墓地となっている。

（3）実際の大虐殺の詳細は以下の文献に出ている。Bartholomew of Neocastro, *Historia Sicula*, pp. 11-2; Nicholas Specialis, *Historia Sicula* (Muratori, *R.I.S.*, vol. X, pp. 924-5) ; continuation of Saba Malaspina, *Rerum Sicularum Historia* (Muratori, vol. VIII); *Annales Januenses*, p. 576; Ricordano Malespini, *Storia Fiorentina*, pp. 182-3; Villani, *Cronica*, vol. II, pp. 242-3; *Rebellamentu*, pp. 19-20; *Leggenda*, pp. 72-3; D'Esclot, *Cronica del Rey en Pere*, pp. 628-9; Muntaner, *Cronica*, pp. 94-5; William of Nangis, *Gesta Philippi III*, p. 516. かんたんな説明や引用なら当時のほとんどの年代記に出ている。Amari, *op. cit.* vol. I, pp. 193-200の説明はとくに優れた要約である。

（4）「フランス人に死を」の叫びは、全ての文献の説明で採用されている。ダンテでさえも後に*Paradiso*, VIII, ll. 73-5でそれを参照している。

（5）Amari, *op. cit.* vol. I, p. 301は、それらの出典を統合している。

（6）Nicholas Specialis, *Historia Sicula*, pp. 924-5. Egidi, 'La "Communitas Siciliae" del 1282', in *Annuario dell' Università de Messina*, 1914-15も参照。

（7）*Ibid.* pp. 201-2.

（8）*Ibid.* pp. 203-20.

（9）Bartholomew of Neocastro, *op. cit.* pp. 12-5. バルトロメーオはメッシーナで暮らし、公官としての人生において顕著な業績をあげた。メッシーナで起こったことに関する彼の説明は完璧で説得力がある。

（10）*Ibid.* pp. 18-22.

(11) *Ibid.* pp. 21-2.
(12) *Ibid.* pp. 36-7; Michael Palaeologus, *De Vita Sua Opusculum*, ed. Troitsky, *Christianskoe Chtenie*, vol. II, pp. 537-8. Bartholomew, pp. 10-1では、シチリア人シャルルの苦悩の種の一つが、「我が隣人たるギリシア人」に対する「盗っ人の試練」であるとして、引用している。
(13) Bartholomew of Neocastro, *op. cit.* p. 22.
(14) *Ibid.*; Villani, *op. cit.* vol. II, p. 244は、シャルルが実際に話したとされることを引用している。
(15) Bartholomew of Neocastro, *op. cit.* p. 15; Villani, *op. cit.* vol. II, pp. 245-6. Amari, *op. cit.* vol. I, pp. 228-31, and Cartellieri, *op. cit.* pp. 162-4も参照。
(16) Potthast, *Regesta*, vol. II, pp. 1769-70.
(17) Villani, *op. cit.* vol. II, pp. 244-5.
(18) Champollion-Figeac, *Lettres des Rois, Reines et autres Personnages*, vol. I, p. 285. Cartellieri, *op. cit.* pp. 169, 187を参照。そのニュースをイングランド王エドワードに知らせるために、クラオンのモーリスは五月十九日付で、またアラゴン・マヨルカのフェルナンドは五月二六日付で手紙を書いた。Rymer, *Foedera*, vol. I, 2, p. 609. そのことはおそらく五月前半までにはフランスに知られていた。
(19) D'Esclot, *op. cit.* pp. 626-7; Muntaner, *op. cit.* pp. 103-8; Cartellieri, *op. cit.* pp. 192-3.
(20) D'Esclot, *op. cit.* pp. 631-2; Cartellieri, *op. cit.* p. 199.
(21) D'Esclot, *op. cit.* pp. 628, 630-1; Muntaner, *op. cit.* pp. 108-11.
(22) Bartholomew of Neocastro, *op. cit.* pp. 23-5; Amari, *op. cit.* vol. I, pp. 232 ff.; Léonard, *Les Angevins de Naples*, p. 147.
(23) Potthast, *op. cit.* vol. II, p. 1771; Bartholomew of Neocastro, *op. cit.* p. 27.
(24) Trifone, *Legislazione Angioina*, no. LVIII, pp. 92-3.

(25) Bartholomew of Neocastro, *op. cit.* pp. 24–5.
(26) *Ibid.* pp. 29, 67.
(27) *Ibid.* pp. 33–6.
(28) *Ibid.* pp. 26–9.
(29) *Ibid.* p. 29; D'Esclot, *op. cit.* pp. 632–4; Muntaner, *op. cit.* pp. 112–3, 116–8では、ペドロもイングランド王エドワード宛に弁明の手紙を書いたとしている。Rymer, *Foedera*, vol. I, 2, p. 612.
(30) Bartholomew of Neocastro, *op. cit.* p. 30; D'Esclot, *op. cit.* pp. 635–6; Muntaner, *op. cit.* pp. 119–20.

第14章　王たちの争い

ヴィテルボにある教皇クレメンス４世の墓。

イェルサレム王国とキプロス王国〔イザベル１世女王の系譜　一部〕

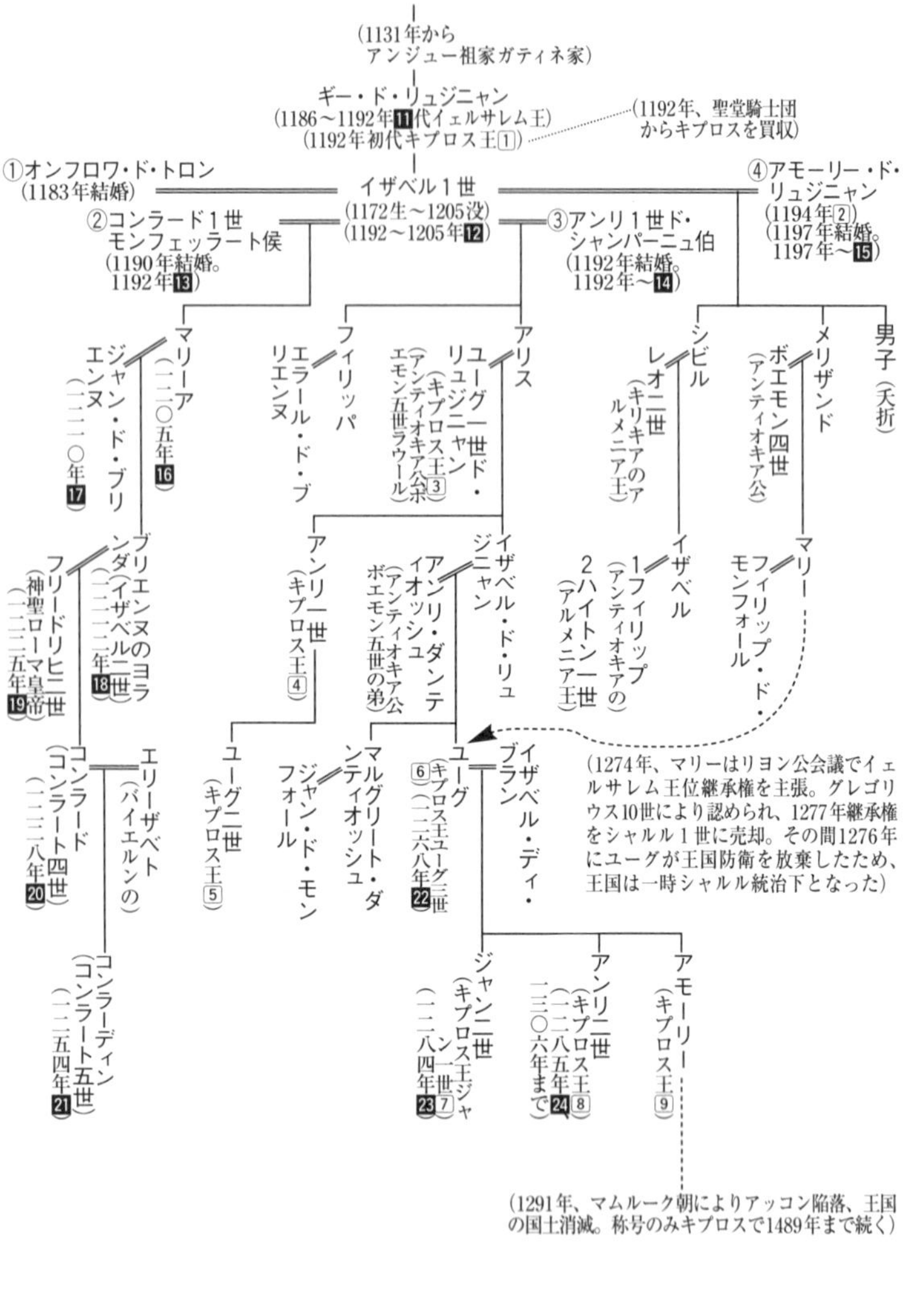

(1131年から
アンジュー祖家ガティネ家)
ギー・ド・リュジニャン
(1186～1192年11代イェルサレム王)
(1192年初代キプロス王1)
(1192年、聖堂騎士団
からキプロスを買収)
①オンフロワ・ド・トロン
(1183年結婚)
イザベル１世
(1172生～1205没)
(1192～1205年12)
②コンラード１世
モンフェッラート侯
(1190年結婚。
1192年13)
③アンリ１世ド・
シャンパーニュ伯
(1192年結婚。
1192年～14)
④アモーリー・ド・
リュジニャン
(1194年2)
(1197年結婚。
1197年～15)
マリーア
(一二〇五年16)
ジャン・ド・ブリエンヌ
(一二一〇年17)
フィリッパ
エラール・ド・ブリエンヌ
アリス
ユーグ一世ド・リュジニャン
(キプロス王3)
(アンティオキア公ボエモン五世ラウール)
シビル
レオ二世
(キリキアのアルメニア王)
メリザンド
ボエモン四世
(アンティオキア公)
男子
(夭折)
ブリエンヌのヨランダ
(イザベル二世)
(一二一二年18)
フリードリヒ二世
(神聖ローマ皇帝)
(一二二五年19)
アンリ一世
(キプロス王4)
イザベル・ド・リュジニャン
アンリ・ダンティオッシュ
(アンティオキア公ボエモン五世の弟)
イザベル
1フィリップ
(アンティオキアの)
2ハイトン一世
(アルメニア王)
マリー
フィリップ・ド・モンフォール
コンラード
(コンラート四世)
(一二二八年20)
エリーザベト
(バイエルンの)
ユーグ二世
(キプロス王5)
マルグリート・ダンティオッシュ
ジャン・ド・モンフォール
ユーグ
(キプロス王ユーグ三世6)
(一二六八年22)
イザベル・ディ・ブラン
(1274年、マリーはリヨン公会議でイェルサレム王位継承権を主張。グレゴリウス10世により認められ、1277年継承権をシャルル１世に売却。その間1276年にユーグが王国防衛を放棄したため、王国は一時シャルル統治下となった)
コンラーディン
(コンラート五世)
(一二五四年21)
ジャン一世
(キプロス王ジャン一世7)
(一二八四年23)
アンリ二世
(キプロス王8)
(一二八五年24、一三〇六年まで)
アモーリー
(キプロス王9)
(1291年、マムルーク朝によりアッコン陥落、王国の国土消滅。称号のみキプロスで1489年まで続く)

ペドロ勢の進軍

パレルモでの大虐殺とメッシーナの勇猛果敢な防衛は、シチリア人の手によって成された。蜂起の成功は周到に準備された陰謀の結果だった。彼らはジェーノヴァとアラゴンから武器を受け取ったかもしれないし、また確かにビザンティンからは黄金が送られていたが、彼らは援軍なしに戦った。圧制者に対する激しい憎悪が、彼らにそれだけの充分な強さを与えたのだった。しかし、展望が開けたわけではなかった。国王シャルルをメッシーナで阻止したものの、敗北させてはいなかった。シャルルは増援を期待できた。ヴェネツィアからさらに船が到着する予定だった。アランソン伯が率いるフランス人騎士団がイタリアをめざして結集していた。一方、教皇は反乱を認めることを拒否した。もしアンジュー軍による再征服を阻止しようとするなら、外国の援助が必要だった。反乱者を助ける人物、それは、妻にこの国の相続権があり、軍をほど遠くない所に待機させていたアラゴンの国王だった。しかし、国王ペドロは国王シャルルと同じく野心に満ちていた。両者とも同盟体制を築いていた。もし彼らが衝突したときには戦いはきわめて大規模なものとなり、シチリアの利益はほとんど顧みられないことになる。

トラーパニに上陸後、国王ペドロと軍はパレルモに向かい、艦隊は海岸沿いに彼らを追った。ペドロは九月二日にパレルモに到着した。彼は直ちにシチリア王位の授与を望んだだろうが、パレルモの大司教は死んでいたし、フランス派のモンレアーレの大司教は逃走していた。そのため、ペドロは九月四日に自治都市の前で国王を宣言しただけだった。彼は善王グリエルモの時代と同様に、シチリア人の権利と自由を尊重することを厳粛に約束した。それから、パレルモと西シチリアの身体屈強なすべての男たちに、軍に参加し共にメッシーナの救援に向かうよう呼びかけた。数日後、彼は島の中央部のニコシアとトロイーナを通ってゆっくり東方へ向かい、彼の艦隊は北の沿岸沖を彼に従っていった。彼はすでに二人の大使、クエラールのピエールとルーナのローデリックを国王シャルルのもとに送り、島から退却するよう伝えていた。(1)

退却するシャルル軍

シャルルは、ペドロの上陸について、数日間は知らなかった。二人のカルメル会修道士がパレルモからメッシーナへ通じるニコシアでアラゴンの大使を見かけ、彼らの任務を察知した。彼らはその報せをもって急いでシャルルの所へ戻った。メッシーナの町の人びともそれまで何も知らなかった。九月十四日にシャルルが命じた総攻撃は、メッシーナ市民が同盟軍の接近に気づく前に、町を制圧しようとする試みだった。その攻撃の失敗の後、ただちにアラーイモに提示された和平の条件も、アラゴン軍の侵入が知らされる前に問題を解決しようという試みだった。(2)

国王ペドロの大使たちは九月十六日に国王シャルルと面会した。シャルルは彼らを不本意ながら迎えたが、即答をひかえた。彼らは、翌日再度来るよう命じられた。彼らはこの時間を利用して、メッシーナの城壁にできるだけ接近し、彼らの王がすでにパレルモにいると大声で叫んだ。彼らは密偵と疑われ、解任された指導者バルドヴィーノ・ムッソーネを除いて誰もその言葉を信用しなかった。ムッソーネは、ライバルのアラーイモよりいち早く国王ペドロの軍に加わって面識を得ようと、包囲網をくぐり抜けた。しかし農民たちに捕まり、町へと送り返された。市民の怒りは高まった。彼を逃亡者として制裁を加えようとしたため、アラーイモは、敗北主義的な言質を弄するフェデリーコ・ファルコーニオなる人物とともに、彼を保護監禁下に置かねばならなかった。裁判官のパリージのエンリーコと彼の三人の友人はさらに運が悪かった。彼らは裏切りにつながる敵との接触を疑われ、即決裁判で処刑された(3)。

シャルルは使節団に返答する前に、顧問たちと議論した。彼は、ペドロ軍の中でもとくに艦隊が恐るべきものであることを知っていた。彼は自分の艦隊を全面的には信頼できなかった。雇われ船員は信用できなかったし、ジェーノヴァ人はシチリア人と公然と親しくしていた。彼は、征服していない町メッシーナを目前にして、敵に襲われ、メッシーナ海峡を渡る退路が脅かされることを望まなかった。また、フランスの同盟軍が到着するまでは、あえて決戦を挑むことも望まなかった。彼の顧問のなかで、アチェーラのトムマーゾが全軍を主導した。トムマーゾはフリードリヒ二世の庶子の娘の息子だったので、アンジュー軍には疑いの目で見られていた。しかし、シャルルはいまや彼を信頼するつもりだった。彼は軍事状勢を強調した。本土の海峡に面した沿岸の有利な地点で援軍を待つことがはるかに良策だと、彼は進言した。シチリア人はすぐにアラゴン軍に愛想を尽かすだろう。そうなっ

たら、メッシーナより守りの手薄な地点に、新たに急襲をしかけることができるだろうと指摘した。(4)

シャルルは九月十七日に再びアラゴンの使節団に会い、長い返答をした。国王ペドロのシチリアの権利を否定するとともに、今後警告なく戻ってこないという確証はないが、島から軍隊を引き上げる用意のあることを示唆した。一週間後、あいまいな返事ではペドロのメッシーナへの緩慢な進軍を止められなかったことを知って、シャルルは軍と武器をカラーブリア側に移し始めた。いまやメッシーナ人はアラゴン軍の侵入のことを知っていた。国王ペドロを島で目撃したジェーノヴァの商人がメッシーナに行き、アラーイモにそのことを伝えた。市民の間に大歓声があがった。彼らは敵が陣をたたみ乗船の準備をするのを見て、門から出撃した。最初のアラゴンの部隊が到着しても、アンジュー軍はまだ全軍が退去していなかった。混乱のなかで、アンジュー軍の司令官たちは兵のほとんどを何とか輸送船に乗船させたが、取り残された者は虐殺され、膨大な量の軍事装備と荷物が放置された。(5)

ペドロのメッシーナ入城

十月二日、国王ペドロはメッシーナに凱旋入城した。パレルモからの旅を急いだわけではなかった。国王シャルル同様に、彼は決戦を誘発させるつもりはなく、攻撃なしに島全体を獲得できるように、アンジュー軍がカラーブリアへ戻る時間を与えようと思った。彼は島の雰囲気を確実に掌握したわけではなかったが、島民の目に映った自分の強みは軍と艦隊であることは充分に知っていた。それまでのところ、彼は陸軍と艦隊のどちらを犠牲にするか決めかねていた。彼はいくつかの不安をさそう個人的な経験をしていた。ミラッツォに留まっていたある夜、ペドロのところにボロをまとった老人がやってきた。彼はメッシーナのヴィターリス・ディ・ジュディチと名乗った。かつてマンフレーディの腹心だったが、彼の没落ですべてを失った。それ以来、ほとんどのシチリアの領主とは異なり、乞食として生きてきた彼は、シチリア人の無節操さに充分に留意するよう国王に警告しておきたいと付け加えた。とくに、国王マンフーレディと国王シャルルを次々裏切ったメッシーナの勇敢な指導者レンティーニのアラーイモには注意するようにと、ペドロに告げた。そして、さらに悪質なのが彼の妻マカルダとその父親スカレッタのジャーコモだとも指摘した。国王ペドロは当然のことながら、自分の任務はシチリアに友人をつくることで、過去の疑念や非難の応酬でシチリア人を怒らせることではないと答えた。その執念深い老人の警告を耳にしても、彼は翌朝すべての政治犯に恩赦を宣告した。

次の日の夕暮れ、ペドロはその老人のことを思い出した。彼はその夜、ミラッツォから二マイル南のサンタルチーア村で過ごすつもりだった。彼はそこで、マカルダが自分を待っているのを知った。すでに二日前に、彼はエトナ山の北の麓のランダッツォで彼女に会っていた。国王シャルルが島を去ったことを伝えるメッシーナからの使節団を迎えるため、小休止した時のことだった。彼女はカターニアから町の鍵を持って到着したところだった。彼女は王妃の地位が自分にふさわしいという計画を実行しようとしたのだった。ペドロ王にはまったく当惑させられる宵であった。彼は、王妃コスタンツァへの忠誠心を延々と語ることによって、やっと逃げることができた。それはマカルダにとって楽しい話ではなかった。それ以後、彼女の王妃コスタンツァに対する嫉妬心は露骨になった。彼女は夫

のアラーイモに影響力を及ぼし、アラゴン家に対する陰謀へと引き込んでいった。(6)

しばらくの間はアラーイモは動かされなかった。彼はペドロをメッシーナに迎え、市民軍を国王の配下においた。シチリア人とアラゴン軍は親しく交わり、カラーブリア沿岸の襲撃に熱中した。シャルルの退却は慌ただしかったので、彼の艦隊は再装備する余裕がなかった。シャルルはレッジョに陣を設営し軍を再編成し、フランスの同盟軍を待った。彼がアラゴン軍を攻撃する前の十月九日、アラゴン艦隊の最後の小艦隊がメッシーナに入港した。二日後、数隻のアンジュー軍の船がレッジョを抜け出てナポリに航行しようとした。アラゴン軍が追跡すると、シャルルは主力艦隊に攻撃を命じた。ところが、シャルルの艦隊はピサから賃貸したガレー船二隻を含む重大な損害を被り、レッジョに撃退された。十月十四日、メッシーナ海峡から約三〇マイル北のニコーテラ沖で、二回目の海戦が行なわれた。アラゴン軍は数のうえでは劣勢だったが、ナポリから武器を積んで航行してきた二一隻のガレー船を首尾よく捕獲した。(7)

イタリア本土に入ったペドロ軍

国王ペドロはこの成功に勢いづいて、本土に上陸することを計画した。彼はシチリアを完全に支配していたし、少なくともしばらくは制海権を保っていた。十月末、彼はカラーブリアのニカストロ付近に部隊を上陸させ、ティレニア海とターラント湾の間の地域を占領することによって、国王シャルルの軍をレッジョと本土の他の地域から分断した。だが、それはあまり効果的な封鎖ではなかった。

サレルノ公シャルルはフランスからの六〇〇人の騎士とともに十一月初旬にレッジョへと通り抜けられたし、アランソン伯とアルトワ伯も一カ月後に彼のあとに続いた。シャルルはその地域の防衛をフランス人司令官の二人、ベルトラン・アルトゥスとブランクフォルトのポンスに任せ、その地の指導的なイタリア人貴族カタンザーロ伯ピエトロ・ルッフォに支援をさせた。彼らの行動は効果的で、フランスの援軍と協同して、アラゴン軍支配の増強を防ぐことができた。(8)

初冬まで、戦いは膠着状態に陥いり、局地的なものに限られていた。行き詰まりの状態を打破するには、別の勢力の介入が必要だと思われた。しかし、国王ペドロはとくにそのような錯綜した状態は極力避けたかった。彼は、シチリア人の支援によって初戦に勝利していた。彼はまた、北イタリアと中部イタリアの皇帝派の支持を当てにすることができた。実際、晩禱事件の報せを聞いて、ペルージアでは短命ながら皇帝派による革命が起こったし、ウンブリア地方のほとんどはいまや皇帝派が支配していた。村々では憎むべきフランス人教皇の人形が焼かれた。五月一日、モンテフェルトゥロのグィードはトスカーナ地方とエミーリア地方の多くの皇帝派とともに、ロマーニア地方の教皇領長官のフランス人エップのジャンをフォルリで待ち伏せし、その軍を壊滅した。ローマではオルシーニ家が起ちあがったが、郊外に所有する城へと退却を強いられた。フリードリヒ二世の孫アンティオキアのコンラードは、軍を率いてティヴォリの裏手の丘陵地帯に姿を現した。(9) しかし、これらの皇帝派は敵の動きを制限し混乱させたものの、ペドロ側をより積極的に支援することはできなかった。他の友好国のなかで、ジェーノヴァはアンジュー軍にガレー船を賃貸する用意はあったものの、国王シャルルに対する敵意をペドロと共有していた。しかし、ジェーノヴァは東方の海域でのヴェネツィアとの競争やピサとの戦いといった、多くの問題を抱えていた。[10] ペドロはコンスタンティノープルの皇帝ミカエルとひそかな同盟関係にあった。しかし、国王シャルルがコンスタンティノープル遠征を率いる危険性が消えた今となっては、ビザンティン人は西欧を無視する余裕ができた。彼らはバルカン半島とアナトリアに専念しており、手一杯だった。ミカエル自身が病気で、終わりを迎えつつあった。一二八二年十二月十一日、彼は自らの功績に満足してこの世を去った。彼はコンスタンティノープルに帝国を復活させ、西欧の反撃を防いだ。息子の後継者アンドロニクス〔二世〕は、平和志向でどちらかといえば能力に欠ける人物であり、その主たる関心は神学だった。彼の外交官たちは、イタリアの状勢を注意深く観察し続けたし、二番目の妻として、北イタリアの重要な皇帝派モンフェッラート侯グリエルモ〔六世〕の娘と結婚させた。しかし、たとえ国王ペドロが望もうとも、帝国は西欧の戦いに関与するつもりはなかった。[11] ペドロには当てにならない同盟国しかなかった。彼は、カスティーリャ王国に対して亡きラ・セルダ王子の幼い息子たちを手元におくことで一定の支配力を有していたが、国王アルフォンソ〔十世〕と息子サンチョ〔四世〕の間の内紛に悩まされていた。ドイツ王ルードルフは皇帝派にとっては期待はずれだった。彼はいまだに皇帝の戴冠を望んでおり、教皇と争う気はなかった。また国王シャルルとは、その最年長の孫が娘の夫であったことで、シャルルとの取り決めに拘束されているとルードルフは考えていた。イングランド国王エドワードは、ペドロと敵対していなかったし、フランスの宮廷とは冷淡な関係にあった。しかし、彼には手に余るほどの懸案事項があった。

彼は厳密に中立を保ちつつ、ヨーロッパの平和を維持することならば、いかなることでも実行する用意もあった[12]。

シャルルの同盟軍

国王シャルルにはもっと確実な同盟国がいた。確かにイタリアの教皇派は敵対者にとっての皇帝派ほど役に立ちそうになかったし、またヴェネツィアはコンスタンティノープルへの作戦行動と比べて、イタリアの戦いに参加する意欲ははるかに薄かった。しかしフランス国王フィリップは、シチリアの蜂起を、私的には名誉を損なうもので、フランス国民への侮辱であるとみなしていた。彼は伯父を全面支援した。プロヴァンスからパリに急遽駆けつけて晩禱事件を国王フィリップに伝えたサレルノ公を、思いやりをもって接見した。フィリップはアランソンとアルトワの従兄弟たちがアンジュー軍に加わることを認可し激励したのみならず、戦費を賄うためにツール貨で一万五〇〇〇ポンドの貸与を申し出た。またサレルノ公は、皇太后マルグリートにプロヴァンスの権利にかかわる寛大な新和解案を提示して彼女を懐柔するよう、父親に命じられていた。フィリップの好意のためか、未亡人は当面はシャルルに積極的な敵対行動をとらないことに同意した[13]。

フランス宮廷の好意はシャルルにとって願ってもないことだった。しかし、戦いがイタリアに限定されている間は、フランス人は彼に補充の兵を送り金を貸すことしかできなかった。国王フィリップは晩禱事件前に国王ペドロに警告を発してはいたが、フランスがアラゴンと戦いを交えるかどうかにシャルルは確信があったわけではない。しかし、もし教皇が説得すれば、彼らは行動を起こしたかもしれなかった。教皇マルティヌスはためらうことなくシャルルの考えに同意した。教皇は領土の内外で皇帝派の攻勢が激化していることに怒りを強め、決意をいっそう固めた。彼は、自分とシャルルの敵、すなわち国王ペドロ、皇帝ミカエル、モンテフェルトゥロのグィード、それにペルージア、スポレート、アッシジといった皇帝派の都市に対して、高らかに破門を宣言した。さらに実際的な対策として、シャルルにローマ教会の収入から金を貸し出した。もっともこれに対する見返りとして、自分の領土防衛のためにシャルルからの軍事的援助を求めた。教皇にとっては、道義的問題も軍事的問題も同様に明確であるように思えた。自分の権威が、アラゴンのペドロとシチリアの謀反者によって侮辱されたのだった。力を結集してこの両者を粉砕することが、すべての良きキリスト教徒の義務であった。(14)

シャルルが教皇と全面的に一致していないとしたら、それは財政のためだった。戦いは出費を増していった。王は意のままに戦備を整えるために、封建的徴用を当てにすることはもはやできなかった。ほとんどの兵がいまや給料をもらい、武器を供給してもらうことを期待していた。戦備には金がかかった。船も海軍用に造られようと賃貸であろうと、同様に高価だった。さらに戦いそのものが貿易を妨害し、国家の歳入で大きな割合を占める通行税や関税を減少させた。ペドロもシャルルも、長期戦で出費がかさむことを望まなかった。比較するまでもなく、ペドロのほうが貧しかった。アラゴンは豊かな国ではなかったし、貴族たちは、国王が徴収する税金の範囲を規制する法で定められた特権を有していた。ペドロの領土は、バルセロナやナルボンヌといった裕福な商業都市を含んでいた。しかし、商人たちも権利を持っていて、外国貿易への成果が予測できない戦争に熱心に資金援助するつもりはなかった。ペドロは、課すことのできるすべての税を値上げし、南スペインやアフリカのイスラム教徒領主たちが払う年貢で収入を補っていた。彼は戦いが長引き拡大することによる出費増を恐れていた。シャルルにはもっと多額の収入があった。彼は自分の領土の財政的な支配権を持っていて、重税をかけていた。しかし、過剰な課税が不安定な情勢を生み出していることは確かだった。シチリアの喪失によって、チュニジア国王がそれまで送っていた年貢をもはや当てにできなくなった。彼の壮大な外交政策はいつも高くつき、主として借金でその出費をまかなっていた。彼は多大な債務を負っていた。コンスタンティノープル大遠征の準備に使われた金は、すべて無益に終わった。帝国建設の早期の成果は、財政的には期待を裏切るものだった。アケーア公国領は自国の財政をまかなうに充分なくらいは豊かだったが、余分な金はなかったし、シャルルの権力全体が脅かされている今となってはなおさらそうだった。アルバニアとイェルサレムの王国領という遺物も、彼には出費以外の何ものもたらさなかった。そこの歳入は微々たるものだったし、彼は守備隊と武器のみならず食料までも供給しなければならなかった(15)。

シャルルによる決闘の提案

この長い戦いのための出費の不安こそ、シャルルが戦いを回避するため行なった奇妙な提案の説明になるだろう。彼がまだレッジョにいて、ペドロが海の彼方のメッシーナにいた一二八二年末、シャルルはドミニコ会修道士レンティーニのシモーネをアラゴン陣営に派遣して、シチリア領有を二人の国王の決闘で決めようとの提案を行なった。ペドロは、決闘の寸前まで戦争を続けるとの条件で、同意した。何回かの協議の後、個人的な決闘は適切でないとの判断がなされた。シャルルはすでに五六歳で、中世の基準では老人だったが、ペドロは十五歳若かった。代わりに、各々の国王に一〇〇人の騎士がそれぞれつきそい、一緒に戦うこととなった。決闘は一二八三年六月に、イングランド国王エドワードのフランス領〔ギエンヌ〕の首都ボルドーで行なわれることとなった。(16)

シャルルとペドロがその決闘を計画した際、どの程度本気だったかは定かではない。人間の生来の性質として、上訴人が不利な判決を甘んじて受ける意志がなければ、道義的権威が認められる何らかの裁きの場に上訴したいと考えるものである。近代人は国際的機関に上訴する。中世では、上訴はより高潔な神の判定に委ねられた。十三世紀頃には、戦いによる神盟裁判は廃れていた。しかし人びとはそれを主張の正当性を図る一つの手段と信じていた。もし公平な条件が与えられるなら、神は正しい者に勝利を与えるとみなされていた。シャルルとペドロは共に、一見すると、その提案が大戦争の苦労と出費なしにシチリア問題に解決をもたらすものと考えた。両者とも、紛争を神の判定に委ねることの宣伝効果を認識していた。ペドロは、戦争が総力戦になった場合、展望がシャルルより暗かったので、決闘のほうに前向きだった。彼は人生の絶頂期にあった。彼は冒険を好む仲間とともに、勇敢で騎士道精神に富む宮廷で育った。一方シャルルは、そうした危険に身をさらすことで失うものがより大きかった。彼は粗野で野心に満ちてはいたものの、敬虔な人間だった。ローマ教会によって認められたシチリア領有は神によって保証されるだろうと、彼が心から信じていたこともあり得る話である。少し冷静に考えると、各々の国王は決闘が賢明なことであるかどうかに疑念を抱いていたかもしれない。しかし、いったん同意したからには、撤回によって自分の名声が傷つくことに、両者とも我慢できなかった。

彼らの疑念は、決闘の知らせをきいた他の支配者たちの反応によって、当然のことながら、増幅されることになっただろう。教皇は心底恐れおののいた。神への訴えが望まれるときに、彼こそ現世での神の意志の代表者として存在していたからである。神の直接の裁定〔すなわち決闘の勝敗〕を信じることにはほとんど触れずに、彼はシャルルに、はるかに弱い敵と対等の条件で接することが賢明かどうかを手紙で尋ねた。シャルルが不機嫌におちいるのは無理からぬことだったが、そのせいで彼はばかげた提案をする気になっただけだと、教皇は考えた。彼はシャルルに決闘を禁じた。そして、イングランド国王には、その領土内で決闘が行なわれることを許可するのを禁じた。国王エドワードは決闘をばかげたこととみなしていた(17)。シチリア人は、自分たちのあずかり知らぬ出来事でアンジュー家の支配下に戻る危険に直面して、エドワードと同じ意見を持ったに違いない。しかし、国王シャルルは表面的には心を変えなかった。いずれにせよ、彼はフランス宮廷とフランスの所有地を訪れたかったようである。そして、王国を不在にしている間、息子のサレルノ公シャルルが自身の判断で宥和政策を行なったことを喜んだ。国王ペドロは、カラーブリア地方における軍事的立場が好転するまでその地を離れるつもりはなかったが、アラゴンにしばらく帰る機会ができたことを喜んだ(18)。

一二八三年一月十二日、シャルルは帰還するまで王国の統治権を息子のサレルノ公シャルルに付与する布告を出した。五日後、彼はレッジョを発ち、王国を北へ向かってゆっくり進み、二月の初旬ナポリに数日間留まって、月末にローマに到着した。三月九日、彼はヴィテルボで教皇マルティヌスに会い、摂政として息子の後盾になってほしいと頼んだ。三月十四日にフィレンツェを通過してヴィアレッジョに着くと、プロヴァンス人のガレー船が彼をマルセイユへと運んだ。四月、彼はパリへと旅をし、甥の国王フィリップから歓迎を受けた(19)。

国王ペドロはそれほど急がなかった。彼は、軍事的成功に乗じて次の行動に出ようと考えた。一月初旬に国王シャルルがレッジョを発つ前、アラゴンの遊撃隊の一団がカートナの軍港を急襲し、アランソン伯が滞在している宿舎に侵入して彼を殺害した。海軍の兵器庫は破壊された。その急襲によってアンジュー軍の士気は衰え、司令官たちは可能な限り地元の部隊とフランスやプロヴァンスの兵を入れ替えようとした。これとは逆に、国王ペドロは、捕らえた二〇〇〇人のイタリア人の解放という宣伝行為を行なった(20)。

シャルルの改革の実施

一二八三年二月十三日、サレルノ公はレッジョからアンジュー軍を移動させ、約三〇マイル北方のサンマルティーノ平野の防衛に適した地点へと退却させた。翌日、国王ペドロはメッシーナ海峡を渡り、抵抗も受けずにレッジョに入った。彼は行動を共にするカラーブリア人には報酬を与えるという声明を出した。まずまずの反応があったが、彼の部隊はアンジュー軍をサンマルティーノの陣地から駆逐することはできなかったし、前線の北側にいる反乱部隊を支援することもできなかった[21]。アラゴンに対抗して、サレルノ公シャルルはサンマルティーノの陣営で議会を召集し、父親が前年の六月に約束していた改革を成文化した一連の法令を、陣営で賛成を得て布告した。シチリアの教皇特使パルマのジェラルド枢機卿は、上級君主であり保護者である教皇の代理としてサレルノ公シャルルにつきそい、その法令の幾つかが聖職者の国王支配からの独立に関わるものとなるよう、かつ大衆的支持を得られない政策となるよう、注意を払った。続く一連の法令は、アンジュー家の宮廷がその臣下に配慮したことを示していた。家臣は、希望する婚姻関係を結べる自由の権利、彼らの臣下に対するより大きな権力、彼らと同等の地位の者による裁判の特権、彼らの地位にふさわしくない仕事を遂行することは要求されないという約束が、与えられた。さらにさまざまの改革が続いた。犯罪人や裏切り者の一族の婦人が無罪の場合はその自由と財産を保証する法令。一人の構成員の不正行為で村落共同体が罰金を課せられる負担を制限する法令。艦隊の修理のために課せられていた税を廃止する条項。地方で城の維持のために支払われていた税を軽減する条項。警察や監獄の役人によるささいな告発を防ぐ条項。上級役人がわずかな額で運搬用の家畜を獲得する行為を禁じる条項。また、王室が生活必需品をただ同然に得る行為を防ぐ条項などであった。猟場、市場、それに全般的な通貨制度の管理行政を再編する法令もあった。さらに、国王の臣下には善王グリエルモの時代に享受していた自由も約束

された。(22)

もしこのように多くの改革が必要だとしたら、王国の全般的な施政は、シャルルの不経済で成功の見込みのない政策のひずみで悪化していたのに違いなかった。それらのうちのいくつが実行されたのかは明らかでない。王国の法律家の何人かは、善王グリエルモ時代の自由とは正確にはいかなるものであったのかを、教皇マルティヌスに尋ねに行ったほどだった。「自分は知らない。その頃、まだ生まれてはいなかったから」という怒気を含んだ返答を、彼らは得ただけだった。サンマルティーノの法令は、宣伝としてはほとんど効果をあげなかった。国王シャルルのイタリア人臣下は、時機が到来したと見れば、即座にシャルルから離れることを以前から考えていた。アンジュー軍は、シチリア人とアラゴンの救援軍との間で生じ始めた不和によって、助けられた面があった。(23)

二人とも勝利を宣言した決闘

一二八三年早春、国王ペドロは王妃を呼び寄せるために使者を出した。彼は自分の成果に満足していた。彼は、北部の皇帝派の同盟者たちであるモンテフェルトゥロのグィード、アンティオキアのコンラード、グィード・ノヴェルロに書簡を送り、カラーブリアの敵軍は餓死寸前であると報せた。ヴェネツィアにも書簡を送り、勝利しつつある運動に加わるよう元首《ドージェ》〔ヴェネツィアの領主・代表者〕を説得した。ペドロは四月四日にメッシーナに帰った。王妃コスタンツァは四月十六日に二人の年少の息子ハイメ王子とフレデリコ王子、ヴィオレンテ王女、そして信頼厚い顧問のジョヴァンニ・ダ・プロチダを伴い、メッシーナに到着した。[24] 四月十九日、メッシーナで議会が開催され、国王ペドロの死後はハイメ王子がシチリアの王位を継ぎ、兄アルフォンソ〔三世〕がアラゴンを継承することが宣言された。一方、王妃コスタンツァは摂政に、レンティーニのアラーイモは大司法官に、ジョヴァンニ・ダ・プロチダは尚書長に、ラウリアのルッジェーロは大提督に、それぞれ任命された。次の日、ペドロはメッシーナを発ち、島を横断してトラーパニに向かった。五月六日、トラーパニからヴァレンシアに向けて航海した。二週間後、彼はヴァレンシアを発ち、ボルドーの決闘の場へと向かった。[25]

いまやペドロもシャルルも決闘する意志はなかったが、その喜劇を演じざるを得なくなっていた。国王エドワードは教皇の命令に従って、決闘に関していかなる個人的関わりも拒絶した。彼はイングランドに残り、参加者に安全通行権を保障しようとはしなかった。しかし、彼はギエンヌ〔イングランド王のフランス領〕の家令グレーリュのジャンが来客たちの歓迎の手はずを整え、馬上槍試合《ティルティング》の場を準備することを認めた。国王シャルルは、フランス国王と、戦士として選んだ一〇〇人のフランス人騎士の華麗な護衛隊につきそわれ、物々しくボルドーに到着した。彼がまだ偉大な王であることを世界が知るはずだった。一方、ペドロは異なる手法を用いた。彼は、自分の忠誠心をただ神にのみ捧げているかのごとく、慎重にあらゆる虚飾を廃し、戦士とともにめだたぬように到着した。

決闘の日時は六月一日に定められていたが、残念なことに誰も時間を指定しなかった。早朝、国王ペドロとその一行が試合場に馬で乗りつけると、そこには自分たちしかいないことがわかった。彼の伝令官が、正式に国王ペドロの到着を宣言した。その後、彼は宿へ戻り、敵がしかるべき場所で相対峙することを怠った旨の声明を発表した。それゆえ、勝利は彼のものとされた。数時間後、甲冑に身を固めたシャルルが到着し、まったく同じ手続きを踏んだ。彼もまた勝利したことになった。敵対する二人の国王は数日後にボルドーを発ち、各々を神の審判を直視する勇気のない臆病者だと宣言した。(26)
実際の決闘は、もっと広い試合場で戦われることとなった。国王ペドロと国王シャルルは、その戦いをイタリアに限定したかったかもしれない。教皇マルティヌスは、別の方法を望んでいた。彼はすでにアラゴンに対する十字軍を説いており、そうすることで、中世の教皇政治の崩落に備えていた。

〈原注〉

(1) D'Esclot, *Cronica*, pp. 636–7; Muntaner, *Cronica*, pp. 112–3では、このときにペドロが王位についたと誤って記している。Bartholomew of Neocastro, *Historia Sicula*, p. 30.
(2) Bartholomew of Neocastro, *loc. cit.*
(3) *Ibid.* pp. 30–2.
(4) *Ibid.*; D'Esclot, *op. cit.* p. 638.
(5) Bartholomew of Neocastro, *op. cit.* pp. 33, 37; D'Esclot, *op. cit.* pp. 638–9; Muntaner, *op. cit.* pp. 125–6.
(6) Bartholomew of Neocastro, *op. cit.* pp. 38–42.
(7) *Ibid.* pp. 42–3; D'Esclot, *op. cit.* pp. 639–42; Muntaner, *op. cit.* pp. 130–2. ペドロの勝利について記した本人からモンテフェルトロのグィードへの手紙は、Carucci, *La Guerra del Vespro Siciliano*, p. 114から引用した。

(8) Bartholomew of Neocastro, *op. cit.* pp. 45–6; Villani, Cronica, vol. II, pp. 260–1. 王国の南部を防衛するシャルルのさまざまな命令は、de Boüard, *Les Comptes des Trésoriers*, pp. 204 ffに出ている。

(9) Villani, *op. cit.* vol. I, pp. 267–70; *Gregorovius, Geschichte der Stadt Rom im Mittelalter*, vol. II, pp. 86–8.

(10) Caro, *Genua und die Mächte am Mittelmeer*, vol. II, pp. 1–31を参照。ジェーノヴァは、アラゴンの勢力下にあるカタルーニャがやがて、シチリアで恵まれた立場にあるアラゴンを駆逐するものと予想していたようである。Heyd, *Histoire du Commerce du Levant*, vol. I, p. 475を参照。ネオカストロのバルトロメーオは、個々のジェーノヴァ人の親しみやすい態度に賛辞を贈っている（*op. cit.* pp. 36–7）。

(11) Pachymer, *De Michaele Palaeologo*, pp. 531–2, *De Andronico Palaeologo*, pp. 87–8.（モンフェッラート侯の娘イレーネの結婚は一二八四年）。パティミアは、彼女が王家の一員ではなかったもののカスティーリャ王の孫娘であったとしているが、結婚の核心は、一二〇五年にモンフェッラート侯ボニファーチェ二世によって確立されたものの一二二二年にアンジュー家に奪われたテッサロニカの王権を、モンフェッラート家が主張することにあった。当時、モンフェッラート侯グリエルモ七世は彼の要求した権利を義理の息子に譲渡していた。イレーネは、モンフェッラート家の偶発的な女相続人となり、その侯爵領を息子に譲渡したが、それによってこの息子は、北イタリアでパラエログス王朝を確立したのだった。アンドロニクス二世の海外政策については、Vasiliev, *History of the Byzantine Empire*, pp. 603 ffを参照。

(12) ルードルフと教皇庁やイタリアとの関係については、Hefele-Leclercq, *Histoire des Conciles*, vol. VI, 1, pp. 268–70を参照。教皇マルティヌスはエドワード王がまったくの中立であるとはみなさなかったが、それは、エドワード王が娘エレノアとペドロの長男アルフォンソ〔三世〕との婚約を破棄しなかったからだった。Rymer, *Foedera*, vol. I, 1, pp. 613–4を参照。

(13) Léonard, *Les Angevins de Naples*, pp. 149–50.

(14) Potthast, *Regesta*, vol. II, pp. 1773–4.

(15) Léonard, *op. cit.* p. 153を参照。

(16) D'Esclot, *op. cit.* pp. 642–4; Muntaner, *op. cit.* pp. 138–41; Villani (*op. cit.* vol. II, pp. 274–5) の文献などは、その協定が教皇を前にして署名されたと誤って記しているが、当事者の双方の王の動機については、鋭い分析をしている。Amari, *La Guerra del Vespro Siciliano*, vol. II, pp. 19–21を参照。

(17) Potthast, *Regesta*, vol. II, pp. 1774–8; Rymer, *Foedera*, vol. I, 2, pp. 621–8.

(18) Léonard, *op. cit.* p. 150を参照。ペドロの兄はこの時、ペドロに対してアラゴンに戻るよう説得した。Bartholomew of Neocastro, *op. cit.* pp. 47–8.

(19) Durrieu, *Les Archives Angevines de Naples*, vol. II, p. 188. Villani, *op. cit* vol. II, pp. 275–6 は、フィレンツェを通過した際の彼について触れているほか、フィレンツェでは年代記作者のパオリーノ・ディ・ピエーロも彼を目撃していた（Léonard, *op. cit.* p. 533を参照）。

(20) Bartholomew of Neocastro, *op. cit.* p. 44; D'Esclot, *op. cit.* p. 645; Muntaner, *op. cit.* pp. 133–6. 彼は、アランソン伯がこの急襲で殺されたと述べている唯一の証言者である。

(21) Bartholomew of Neocastro, *op. cit.* pp. 45–6; D'Esclot, *op. cit.* pp. 645–7; Muntaner, *op. cit.* pp. 145–7. Carucci, *op. cit.* pp. 117–9も参照。

(22) 改革の法令内容は、Trifone, *La Legislazione Angioina*, pp. 93–105に出ている。

(23) Potthast, *Regesta*, vol. II, p. 1780.

(24) Bartholomew of Neocastro, *op. cit.* pp. 46–7; D'Esclot, *op. cit.* pp. 647–8.

(25) Bartholomew of Neocastro, *op. cit.* pp. 47–51; D'Esclot, *op. cit.* pp. 648–9; Muntaner, *op. cit.* pp. 147–50.

(26) D'Esclot, pp. 649–52はアラゴン側の意見を、またWilliam of Nangis, *Gesta Philippi III*, pp. 522–4はア

ンジュー側の意見を表したものであり、Muntaner, *op. cit.* pp. 170–185はd'Esclotを底本にしている。Villani, vol. II, pp. 276–80（ヴィラーニは、シャルルをペドロより先に登場させている）。Amari, *op. cit.* vol. II, pp. 24–6.

第15章　シャルル王の終焉

ローマのアラコエリ教会にある教皇ホノリウス四世の墓。

ボヘミア（ベーメン）王国〔ボヘミア王家ほか　一部〕

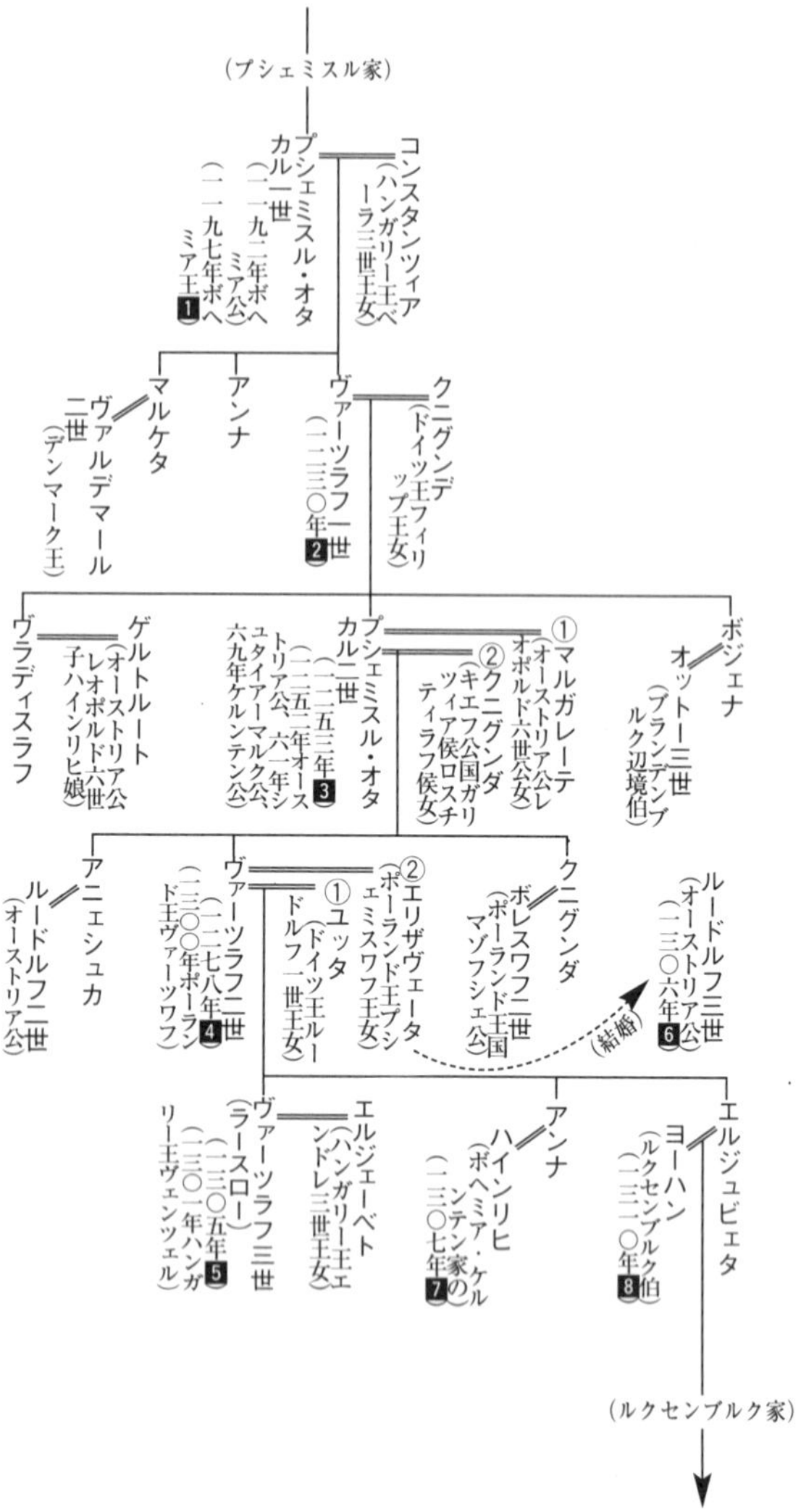
（プシェミスル家）
プシェミスル・オタカル一世（一一九二年ボヘミア公）（一一九七年ボヘミア王1）
コンスタンツィア（ハンガリー王ベーラ三世王女）
マルケタ
ヴァルデマール二世（デンマーク王）
アンナ
ヴァーツラフ一世（一二三〇年2）
クニグンデ（ドイツ王フィリップ王女）
ヴラディスラフ
ゲルトルート（オーストリア公レオポルド六世子ハインリヒ娘）
プシェミスル・オタカル二世（一二五三年3）（一二五一年オーストリア公、六一年シュタイアーマルク公、六九年ケルンテン公）
①マルガレーテ（オーストリア公レオポルド六世公女）
②クニグンダ（キエフ公国ガリツィア侯ロスチィスラフ侯女）
ボジェナ
オットー三世（ブランデンブルク辺境伯）
アニェシュカ
ルードルフ二世（オーストリア公）
ヴァーツラフ二世（一二七八年4）（一三〇〇年ポーランド王ヴァーツワフ）
①ユッタ（ドイツ王ルードルフ一世王女）
②エリザヴェータ（ポーランド王プシェミスワフ王女）
クニグンダ
ボレスワフ二世（ポーランド王国マゾフシェ公）
（結婚）
ルードルフ三世（オーストリア公）（一三〇六年6）
ヴァーツラフ三世（ラースロー）（一三〇五年5）（一三〇一年ハンガリー王ヴェンツェル）
エルジェーベト（ハンガリー王エンドレ三世王女）
アンナ
ハインリヒ（ボヘミア・ケルンテン家の）（一三〇七年7）
エルジュビェタ
ヨーハン（ルクセンブルク伯）（一三一〇年8）
（ルクセンブルク家）

アラゴンに対する十字軍

歴史の決定的瞬間に、愛国的フランス人によって運命が主導されていたことは教皇庁にとって悲劇だった。教皇マルティヌスはシチリアの蜂起を最初から自分に対する反乱と受け止めていた。賢明な教皇だったら、蜂起の要因と教皇の庇護を要求するシチリア人の心からの願望を、理解していただろう。フランス王子シャルルをシチリア王位に据えたのは教皇庁だったことだけを、マルティヌスは覚えていた。反乱を認めることは、ローマ教会とフランスに対する裏切りになると思われた。彼の非妥協的態度が、シチリアをアラゴンの掌中へと追い込んでいった。彼の答えは、アラゴンに対してローマ教会の権威を行使することだった。

アラゴンのペドロは一二八二年十一月以来、破門されたままだった。一二八三年一月十三日、マルティヌスは、ペドロとシチリアの謀反者、および彼らを援助する人びとに対する戦いを十字軍と位置づけ、その参加者は聖地で異教徒と戦う者に授与される特権を享受することになると宣言した。このような激怒だけで終ったわけではなかった。シャルルは、今や無意味だと思っていた決闘におもむく途中、ヴィテルボで教皇に会い、さらに大規模な処置を計画した。そのために、彼はフランス国王の協力をあてにした。シャルルが教皇のもとを発って数日後の三月二一日、マルティヌスはペドロから領土を没収し、それをローマ教会が選んだ良きカトリック教徒に与えると宣言した。中立派の君主たちは、破門された国王と関わりを持たないよう警告された。イングランドのエドワードは娘がペドロの長男アルフォンソ〔三世〕と婚約中だったが、婚約を破棄するよう求められた。しかしエドワードは従わなかった。アンジュー軍へのガレー船の貸与を拒んでいたヴェネツィアの元首《ドージェ》には、国王ペドロに従うのではないかとの疑いがかけられていたため、サンマルコ広場で教皇特使からペドロとその同盟者の処罰についての公開朗読が行なわれ、警告が与えられた⑴。

一方、国王シャルルは、パリ滞在中とボルドーへの無駄な往復の旅のあいだ、甥の国王フィリップとともに、アラゴンに対する十字軍の作戦について計画を練った。彼は可能な限り全面的にフランスの宮廷を巻き込みたかった。一二八三年八月、教皇はサンタチェチーリアの枢機卿ジャン・コレを教皇特使としてパリに送り、国王フィリップの若い息子ヴァロワ伯シャルル〔後のフィリップ六世〕にアラゴン王位を提供した。それが国王シャルルの提案だったことはほぼ確かである。フィリップはその申し出を予期し、すでにマヨルカ王ハイメの支持を獲得していた。ハイメは兄の国王ペドロに激しい嫉妬心を抱いており、自分がペドロの封臣の身分であることに我慢ならなかった。マヨルカ王ハイメには、フランスの王子がアラゴン王位に就いた場合、完全な独立が提示されたようである。加えて、特使の枢機卿は、十分の一税が三年間フランスの聖職者から国王に支払われると保証した。フランス人の多くは賛意を示さなかった。聖ルイ時代を知っている年長の顧問たちは、彼らの敬愛する主人は教皇の世俗君主に対する攻撃を決して支持しなかったと、率直に指摘した。王位継承者である後のフィリップ〔四世〕端麗王は、母親がアラゴンの王女だったことから、伯父ペドロに対する共感を表明した。国王フィリップはさらに長期の十分の一税の約束を引き出そうと、そうした疑問の声を利用した。教皇はいらだちのあまり、計画されているアラゴンに対するフランスの遠征は、実際には十字軍になると公式宣言をするはめになった。一二八四年二月二日、ついに国王フィリップは、アラゴンとヴァレンシアの王領を息子ヴァロワ伯シャルルのために受け入れると公に宣言した。(2)

継続するイタリアでの戦い

イタリアでは戦いが続いていた。皇帝派は中部イタリアで抑制されていた。行動的な教皇特使、ポルトの枢機卿ベルナルドが各地を巡り、教皇派を激励していた。ジェーノヴァとピサは交戦中で、どちらも皇帝派を援助することができなかった。ロマーニア地方の教皇領長官エップのジャンは援軍と資金を提供され、その金でロマーニア地方とマルケ地方のいくつかの町の忠誠を買い戻し、フォルリをはじめとする都市を急襲した。そのためフォルリの城壁は完全に破壊された。しかし、ウンブリア地方の都市は皇帝派の支配下に置かれたままだった。アペニン山脈にあるメンドーラの城にいるモンテフェルトロのグィードとアブルッツォ地方のサラチネスコにいるアンティオキアのコンラードは、彼らの敵には十字軍の権利が与えられていたにもかかわらず、両者とも征服されなかった。(3)

さらに南でも、教皇にとって満足のいく結果ではなかった。サレルノ公シャルル〔国王シャルルの息子〕は、決定的に資金を欠いていた。一二八二年二月を通じて、教皇庁は彼に九万オンスもの金を提供した。メルフィの教会会議で教皇特使の枢機卿ジェラルドは、サレルノ公に王国の教会歳入から譲与を行なうと申し出た。それでもサレルノ公は、フランスとイングランドの国王から、ルッカとフィレンツェの銀行から、チュニジア王から、そして王国の地方都市から、借金せざるを得なかった。(4)こうした苦労によって、彼はプロヴァンスの艦隊に装備を施し、ナポリへ向けて南下させることができた。そこで艦隊は地元の小艦隊と合流し、サレルノ公がすでに四月の末頃に陣を移動させていたカラーブリア地方のニコーテラまで航行した。一方アラゴン軍は、レッジョを越えてあまり進軍していなかった。しかし艦隊の一部は、マンフレーディ・ランチアの指揮の下でマルタ島を封鎖し、アンジュー守備隊に強い圧力を加えた。サレルノ公シャルルはマルタ島救援のために新たに艦隊を派遣した。もし彼がチュニジアや東方との連絡を堅持するつもりなら、そこの維持は重要だった。プロヴァンスの提督バルトロメ・ボンヴァンの指揮するアンジューの艦船がメッシーナ海峡をひそかに通過したが、アラゴンの主力艦隊を率いるラウリアのルッジェーロが追跡し、マルタ島沖で追いついた。彼はバルトロメをたちまち罠にはめ、その艦船のほとんどを破壊した。ルッジェーロは勝ち誇って帰航し、ナポリ沖で示威行動を行ない、さらに近隣の海岸を急襲し、カプリ島とイスキア島を占領して守備隊を配置した。(5)

この屈辱的な敗北のあとでは、敵方の摂政である王妃コスタンツァも同様に資金不足で困っていると知っても、サレルノ公シャルルの心は癒されなかった。王妃とイタリア生まれの閣僚たちは、シチリアでの新しい家臣の権利に注意をはらっていた。しかし、アラゴンの貴族と兵は貧しく強欲で、彼らを抑えることは容易ではなかった。抑制するのが最も難しかったのはアルモアデ人〔イスラム教徒のムワッヒド帝国人。カスティーリャでの呼称〕傭兵隊で、その遊撃戦術は国王ペドロの勝利に大いに貢献した。しかし、すべての優秀な傭兵隊と同様に、彼らは他人の財産にほとんど敬意を払わなかった。シチリアは豊かではなかった。そして、多くのシチリア人が、支配者の交替が良い交替なのかを疑い始めた。国王ペドロがその島を離れる前、ジョヴァンニ・ダ・プロチダが共に陰謀を計画した最初からの仲間の一人とされる大貴族のカルタジローネのグアルティエーロについて、不穏な噂が流れた。五月末、アンジュー軍と彼の接触の証拠が、レンティーニのアラーイモによって王子ハイメに提出された。ハイメは父の代理として行動し、彼に死の判決を下した。(6)

シチリア人とアラゴンの対立

アラゴン支配がシチリアに財政的圧迫しかもたらさないということになると、さらなる離反が予想された。ラウリアのルッジェーロの勝利はすべての士気を高めた。国王ペドロはアラゴンから祝福の言葉を送ったが、水兵に払う金は送らなかった。ジョヴァンニ・ダ・プロチダが、アラゴンの傭兵隊が服従しないことについて書面で不満を述べると、ペドロはジョヴァンニこそシチリアにおけるアラゴンの役人の職務遂行を妨げていると答えた。〔それならとして〕ジョヴァンニは、シチリアの聖職者が反乱という重大局面で俗人に与えた委任を撤回させない旨の書簡を返した。王妃コスタンツァは、夫が実際に迫りくる侵攻のため資金を集めておく必要をわかっていたので、アラゴンからの援助がないと知ると、ジョヴァンニ・ダ・プロチダの助言でコンスタンティノープルに支援の金を求める決意をした。その皇帝は、晩禱事件を引き起こした陰謀に資金を提供していた。彼なら、戦争継続のための資金を確実に提供すると思われた。一二八一年に皇帝ミカエルは、寡夫となっていた息子アンドロニクスの花嫁として、アラゴンのヴィオレンテ王女を迎えたいと提案したことがあった。そのとき、アラゴンの宮廷は返答を避けた。しかし、アンドロニクスはいまや皇帝であり、彼の助力が必要だった。愚かにもコスタンツァは、使節団をコンスタンティノープルに送る前に、夫に相談してしまった。ペドロは激怒し、ジョヴァンニ・ダ・プロチダに、その計画を禁じる書状を送った。ギリシア人は資金を提供する前に結婚の実行を主張するだろうし、もし娘に教会分離派の君主との結婚を許したら一族の恥になると、彼は記した。また、王妃が意見を異にしていることを知って残念に思うと伝えた。(7)

すでに破門された国王側のこうした殊勝な反省心にも教皇は感銘を受けず、シチリアの政府も必要としていた資金を提供してもらえなかった。イタリアでは戦いが続いていたが、それもラウリアのルッジェーロの急襲によって、乗組員を満足させるに充分な戦利品を獲得できたからに他ならなかった。陸上では、戦況は行き詰まっていた。ペドロにとって幸いなことには、フランスのアラゴン進攻の実行は容易ではなかった。国王エドワードは、フランスがアラゴンの王位を受け入れると表明したとき、一年以内に作戦行動が始まると思っている者は皆無だとの報告を密偵から受けていた。一二八四年五月になってやっと、盛り上がりに欠けていたし、教皇庁尚書院では先延ばしになっていた。フランスでは、ヴァロア伯シャルルに新しい王国を授ける教皇勅書が発布され、六月に十字軍が正式に宣言された。しかし、十字軍が出発したのは一二八五年五月になってからだった。一方、ペドロはスペインの領土をあえて離れようとはしなかった。シチリアへの関心は二次的なものとなっていた(8)。

サレルノ公シャルルの敗北

アンジュー家はペドロの困惑を察知していた。国王シャルルはプロヴァンスで新しい軍隊と艦隊の補充を計画し、ナポリにいる息子には、イタリアで集められるだけの部隊を集めるとともに、自分が到着するまでは断固として防衛に徹するよう命じた。サレルノ公シャルルは命じられた通り、封建制にもとづく召集軍、ルチェーラのサラセン人部隊、トスカーナの教皇派部隊を集め、アルトワ伯の指揮の下、カラーブリア地方の国境へと送った。地方役人は、沿岸の町と城の防衛に注意を払い、敵が橋頭堡を築いているスカレアのような地点にのみ攻撃命令を受けた。国王シャルルがフランスから戻り次第開始されるであろう大遠征に備えて、ナポリのドックでは新しい船が大急ぎで建造された(9)。

シチリアは提督ラウリアのルッジェーロの抜群の才能に救われた。彼は当時、制海権を握っていて、それを充分に活用した。アルモアデ人遊撃隊がカラーブリア地方やバジリカータ地方の海岸にしばしば上陸し、アルトワ伯部隊に発見される前に退いた。五月、ルッジェーロはまた主力艦隊を率いてナポリ湾に入った。アンジュー軍はカプリ島とイスキア島を奪回できないままで、ルッジェーロはその島々をナポリ湾急襲の基地として使った。さらに、ポジリポ沖の小島ニシダ〔現在は陸続き〕を占領して小艦隊を停泊させて隠し、それを使ってナポリ港を封鎖した。港を出ようとしたナポリの船舶は直ちに拿捕されるか沈められた。この封鎖にナポリ人は激怒した。市民は政府が行動を起こすよう要求し、それが遅れると、反乱を口にし始めた。サレルノ公シャルルは取るべき対応に確信が持てなかった。畏怖する父親は敵を攻撃するのを禁じていた。教皇特使の枢機卿ジェラルドが常に側にいて、くり返し父の忠告を伝えた。彼は自信のない若者だった。幼少の頃の事故で足が不自由で、自分の弱点を意識していた。彼は封鎖の影響を深く憂慮していた。父親もいつ到着するのかわからなかった。彼は、足が不自由であるにもかかわらず、自らが勇敢で立派に戦うことができることを世界と自分自身に証明したかったのかもしれない。

国王シャルルと艦隊は一二八四年五月末にプロヴァンスを発ったのに、息子はそのことを知らなかった。六月初旬、教皇特使の反対を押し切って、サレルノ公シャルルは造船所で完成したばかりのガレー船を武装させた。六月五日の月曜日、彼は大規模な騎士団とともに乗船して、港の外へと出ていった。ラウリアのルッジェーロの主力艦隊は沿岸の急襲に出払っており、ニシダに基地をおく小艦隊を破壊できると信じていたようである。しかし、ルッジェーロは国王シャルルの接近を知って、それに備えるために軍を集結させていた。サレルノ公は、数でも装備でもはるかに優る敵のなかへ艦隊を率いていった。戦闘は短く、勝敗は明白だった。サレルノ公と兵は勇敢に戦い、最初の攻撃はある程度の成功を収めたが、たちまち包囲された。アンジュー軍のガレー船が一、二隻沈められ、大多数の船はその乗組員ともども拿捕された。そのなかにサレルノ公自身もいた。

敗北と拿捕の報せがナポリに届くと、暴動が勃発した。街にいたフランス人は虐殺され、彼らの家は略奪され焼き打ちにあった。教皇特使と政府の役人は要塞へと避難した。他の沿岸の都市もナポリの後を追った。ラウリアのルッジェーロは、王妃コスタンツァが、マンフレーディとギリシア人の妻との間にできた異母姉妹ベアトリーチェの釈放を切願しているのを知っていた。彼はサレルノ公妃に、もしベアトリーチェを引き渡さなければサレルノ公の命には責任をもてないと文書で伝えた。公妃は応じざるを得なかった。ベアトリーチェは十八年間の投獄生活を終え、自由を楽しむため船に乗せられた。提督はおもだった捕虜を旗艦へと移し、次の日ソレントに寄港した。そこに市民の代表団がやって来て、花とそれ以上に役に立つ資金を彼に差し出した。旗艦に乗船した代表団は、捕虜のサレルノ公をルッジェーロと間違えた。「どうか神の思し召しで息子を捕らえたのと同じように、その父親をも捕らえられますように」と彼らは叫び、自分たちが最初に寝返った者であると宣言した。王子シャルルは笑いながら提督のほうを向いて、述べた。「まことにこやつらは、私の主人である国王の立派で忠実な臣下であることよ」。その後アラゴンの艦隊は、名のある捕虜を連れてメッシーナに航行した。(10)

国王シャルルの敗退

国王シャルルは王国最北の港ガエータに艦隊とともに到着した。六月六日のことで、ナポリ沖の敗北の翌日だった。彼は直ちにその報せを聞いたが、最初の反応は息子に対する怒りだった。「愚か者を失くしたところで、何ひとつ失くしたことにはならない」と言い、「我われに従わなかった者が、なぜまだ死んでいないのか」と苦々しく付け加えた。彼はナポリに急行した。そこで彼は、教皇特使が近隣の大貴族たちの援助を得て暴動をとりあえず鎮圧したことを知った。シャルルの到着によって秩序は完全に回復した。彼は一五〇人にのぼる蜂起の首謀者を絞首刑に処するよう命じた。他の者は全員赦免された。六月九日、彼は教皇に書状を送り、事件の経緯を詳細に説明した。それは誇りに満ちた手紙で、惨敗によっても意志は微塵も弱まっていないことを示していた。息子を失ったことは残念だが、自分には多くの孫がいると記した。実際、サレルノ公シャルルはいまや唯一生き残っている息子であった。兄弟にはだれも子供はなかったが、サレルノ公シャルルは十三人の子があり、そのうち八人が息子だった。国王はさらに手紙を続けて、まだ充分な軍隊が残っていると伝え、三四隻の装備の整ったガレー船とプロヴァンスから率いてきた四隻の小型快速ガレー船を列挙した。そのほかに、ほとんどが建造されたばかりの二三隻からなる小艦隊がナポリ湾に停泊していた。ブリンディジではもっと大きな分遣艦隊が彼の命令を待っていた。必要なだけの兵も水夫もいた。予想される作戦行動よりもはるかに困難な戦いにも勝利できると、彼は記した[11]。

国王シャルルには船も兵もあった。しかし、船は立派な装備を有していたが、兵はそうではなかった。王国が召集した兵は、外国の王と貴族から強要された戦いに疲れていた。フランスとプロヴァンスの兵は優秀な戦士だったが、イタリア人を軽蔑し、友好関係が要求される地域で暴力と略奪を働き、司令官たちに絶え間なく面倒をかけていた。軍隊の大部分は傭兵で、充分な給料が支払われていれば、立派に戦う職業意識を持っていた。シャルルは自分の強さを教皇に自慢したが、さらなる資金援助を頼まざるを得なかった。今回の遠征にあたっても、ローマとトスカーナの銀行からすでに五万スクードの借金をしていたのだった。王室の金庫には、長い戦役の費用をまかなうに充分な資金はなかった。[12]

それでも、六月二四日にナポリを発った遠征隊は壮観だった。国王は軍隊とともに沿岸の道を進軍した。その大軍の壮観に畏怖した年代記作家たちは、例によって誇張した記述を行なった。一万の騎兵と四〇〇〇の歩兵と記したが、それは桁外れの大軍であることを示唆したかったのだろう。ピサから召集された小艦隊で補強された艦隊は、国王と速度を同じくして沿岸沖を進んだ。進軍は遅かった。シャルルは、自分の背後に敵の巣窟を一つとして残さない決意をしていた。七月末、遠征隊はカラーブリア地方の先端に到着し、陸からも海からもレッジョを包囲した。レッジョはシャルルに抵抗した。しかし、シャルルは近くのカートナに腰を落ち着け、ブリンディジの艦隊の援軍を受けてシチリアへの上陸を試みた。彼は撃退されたが、それは時期が適切でなかったと判断した。一方で彼は、艦隊の優位を利用して、ラウリアのルッジェーロとシチリア・アラゴン連合艦隊をメッシーナ港に封じ込めようとした。

再びラウリアのルッジェーロは、アンジュー軍よりも優秀な海軍軍人であることを示した。彼は、嵐のために敵艦隊が散開するまで待ち、それから強風を突いて港から抜け出て、シャルルの背後の沿岸を荒らし始めた。また、バルセロナのライモンド・マルケットの指揮の下、アラゴンから送られた十四隻のガレー船の小艦隊が海峡に到着し、レッジョに入港しようと向かってきたが、それに対してシャルルはなぜかレッジョ封鎖の態勢を解こうとはしなかった。彼はルッジェーロ相手には小規模の戦力しか送れず、そのためルッジェーロはさらに敵を出し抜き破壊することができた。[13]

シャルルがレッジョを眼前にしていたのは二週間にも満たなかった。彼は、シチリアへは直接海を越えて侵入できると兵に信じさせ、勇気づけていた。レッジョを迅速に奪取し損なったため、彼らの士気は衰えた。ルッジェーロがシャルルたちの背後に遊撃兵を上陸させ始めると、シャルルは退却を余儀なくされた。八月三日、彼は軍とともにカートナを撤退した。ルッジェーロがティレニア海沿岸を急襲し成果をあげていたので、シャルルはカラーブリア地方の東海岸沿いに進路をとった。八月十七日から二一日まで彼はクロトーネに滞在し、一週間後ブリンディジに移った。彼はカラーブリア地方全土の放棄を決断し、ポリカストロ湾からターラント湾までバジリカータ地方の南を横切る形で直線的に軍勢を配置した。(14)

シャルルは、次の年の春まで遠征を延期すると同盟者に表明した。春になれば、フランスのアラゴン侵入と同時に行動できるからだった。しかし、彼は自信を失い始めていたにちがいない。彼の軍では広範囲に脱走が見られ、処罰の脅しもそれを防ぐことができなかった。船舶と資金を提供する商人にはアッコン〔イェルサレム王国〕の貿易特権を与えるという申し分のない契約も、ほとんど実を結ばなかった。それ以上の改革も提案された。教皇は特使に、善王グリエルモ時代に歓迎された自由の数々が実際何だったのかを調査するよう命じさえした。(15)住民は不満を抱き、非協力的だった。アラゴンとシチリアの奇襲部隊はナポリ湾の輸送網を分断するため、いまだにカプリ島とイスキア島から出航していた。北の国境では、アンティオキアのコンラードがサラチネスコの城からアブルッツォ地方への襲撃を指揮していた。国王の嫡男サレルノ公シャルルはシチリアの牢につながれていたが、シチリア人の多くが、父シャルルが殺したコンラーディンの復讐として、彼の死を要求した。王妃コスタンツァは生来の優しい性格もあって、彼は殺すより生かしておくほうが役に立つと考えていたが、ついにメッシーナの怒りに満ちた群衆から彼を守ることが困難になった。彼女は、安全のためチェファルの城に彼を移した。国王シャルルは軽蔑する息子の死をあきらめをもって甘受したであろうが、自分の威厳に対する侮辱は耐えられないものだっただろう(16)。

シチリア人の分裂

再びシチリアの情勢において、ささやかな慰みとなる事態が生じた。シチリアにおけるアラゴン政府の頼みの綱はレンティーニのアラーイモであった。彼は、伝説でジョヴァンニ・ダ・プロチダの仲間として名前を挙げられた三人の陰謀家のうちの一人だった。メッシーナの指導者であり、勇敢な防衛の責任者だった。彼はいまや王国の大法務官となっていた。その彼が突然、疑惑の的となったのだった。当時の噂では、非はその妻マカルダにあるとされた。彼女は国王ペドロが自分の誘惑を拒否したことを決して許さなかった。また、王妃コスタンツァに激しい嫉妬心を抱いていた。王妃は通常馬で移動していたが、一度モンレアーレの聖堂へ行った際、健康上の理由から御輿台でパレルモに戻らねばならなくなった。マカルダは時を移さず、すこぶる健康だったにもかかわらず深紅の布で飾られた豪華な御輿台に乗って、パレルモの街をねり歩いた。不本意にもその御輿台をかつぐことになった夫の従者たちは、ニコシアまで彼女を運ばざるを得なかった。幼いハイメ王子が島の視察を行なった際も、彼女は彼と一緒に馬に乗り王室の一員として扱われるよう主張した。その後彼女は、コスタンツァに彼ら夫妻の末子の名付け親になってもらうというアラーイモの提案を、明らかに不適切な理由で拒絶することによって、王妃を侮辱した。彼女はシチリアの女王になりたがっているのだと、一般には信じられていた。

アラーイモは彼女に影響されたのかもしれない。しかし彼はまた、実のところシチリアのアラゴンとの同盟の意義に疑問を持ったのかもしれない。彼の大陰謀は島の解放をめざしたものだったし、解放された島民の最初の行動はアラゴンではなく教皇に忠誠を誓うことだった。アラーイモがメッシーナで指揮をとったとき、彼はバルセロナではなくコンスタンティノープルに第一報を送った。緊迫した状況のため、彼はアラゴンの侵入を認めざるを得なかったのであった。しかし、アラゴン国王とその強欲な軍隊は、シチリア島が満足することをほとんど行なわなかった。また、アラーイモは政府にいる同僚を嫉妬していたのかもしれない。ジョヴァンニ・ダ・プロチダとラウリアのルッジェーロは本土出身のイタリア人で、島民ではなかった。二人の忠誠はシチリアではなく王妃コスタンツァ、すなわちジョヴァンニの古い主人の娘に向けられていたし、彼女はルッジェーロの乳姉妹だった。彼ら二人はシチリアの繁栄を望んではいた。ただ、王妃コスタンツァとその子供たちがシチリアを統治していけるかどうか懸念していた。

マカルダがどんなにそそのかそうとも、アラーイモの裏切りが具体化することはなかった。彼はおそらく軽い気持ちで、アルモアデ人部隊の無法行為と強欲について、またアラゴンに支配されないより良い政府について、気のおけない者と議論したにすぎなかったであろう。しかし、王妃の政府は危険を見過ごすつもりはなかった。アラーイモは王子ハイメが主宰する議会に召喚された。王子は彼に、バルセロナを訪れて国王ペドロに会うのが有益であると提案した。アラーイモは拒否できなかった。彼は一二八四年十一月に島を発った。国王ペドロは彼を丁重に迎えたが、厳しい監視を怠らなかった。彼の留守中にシチリアで不穏な動きが生じ、それによって政府は敵が誰であるかを調べることができた。まもなく、マカルダとその友人数人が逮捕された。アラーイモについては次の年早々に、シチリアの法律家ニコシアのガルチアの探索によって、フランス国王と連絡をとっていたことが判明した。彼の甥たちはガルチアを殺害して証拠を隠蔽しようとしたが、無駄だった。アラーイモは余生をカタロニアの牢獄で送ることになる。(17)

三人の主要なシチリアの指導者のうち、カルタジローネのグアルティエーロはいまや処刑されていたし、アラーイモは終身刑に服しており、残るパルミエーロ・アッバーテは不興を買って世を憚るようになっていた。シチリアではすべてがうまくいっていなかった。しかしながら当時、軍隊に支払うための資金は充分にあった。というのも、ラウリアのルッジェーロが、国王シャルルの退却と彼の艦隊の分散を利用して、アフリカのジャルバ島〔現チュニジアの中部〕を急襲し、膨大な戦利品と莫大な利益をもたらしたからだった。そこの族長マルガム・イブン・セビールはチュニスへ逃亡しようとして捕まり、メッシーナのマテグリフォン城に投獄されたが、まもなくそこでマカルダと交友することとなる。彼女が彼とチェスをさしたときの派手で下品な服装は、看守たちを驚かせた。(18)

シャルルの死

こうしたシチリアの不穏な動きとアラゴンに対する十字軍の準備の報せに勇気づけられて、国王シャルルは、きたるべき春に作戦行動をとるよう計画した。彼はその冬はプーリアで過ごすことを決めた。そこはまだ戦いの影響を受けていない豊かな地方だった。カプリ島とイスキア島の敵の守備隊によって封鎖されているナポリとは異なり、ブリンディジの大きな港は開かれていて、東方の領土と連絡を保つことができた。もっとも、東方の領土はあまり残っていなかった。アケーア公国は、地元の有力者を副王に任命している限り、当座は平穏で充分に忠実だった。しかし、彼らはシャルルを援助するための人員も資金も公国から送ることを許さなかった。北方では、彼はまだコルフ島と本土に一、二の要塞を有していた。しかし、それらを守る費用は嵩んだ。アルバニアの王国領ではドゥラッツォの町だけが残っていたが、強力な守備隊を必要としていた。イェルサレム王国では彼の権威はアッコンの町に限られていた。シャルルは晩禱事件の直後、家令サンセヴェリーノのルッジェーロに、割くことのできる部隊を連れてイタリアに戻るよう命じていた。残された代理家令のオード・ポイレキエンは気弱な性格で、一二八三年にマムルーク朝スルタンのカラーウーン〔アル＝マンスール・カラーウーン〕と停戦協定を結んだとき、自らその調停に出向くことなく、自治都市アッコンと地元のテンプル騎士団に調印させた。アンジュー家の地中海帝国は今や名ばかりのものになろうとしていた。(19)

シャルルは絶望はしなかった。彼がブリンディジで過ごした間に尚書院から命令が次々と発せられた。行政の強化措置を告知された司法官たちは、次の年の戦いに備えて広く上納金を課税する手はずを整えるよう命ぜられた。たとえ彼が個人的には最近の戦いの大失敗とベネヴェントおよびタリアコッツォの輝かしい日々を比べていたにしても、公的には彼の毅然たる積極的な決意は揺るがなかった。[20]

十二月、彼はクリスマスを過ごすためメルフィに移った。そして十二月三〇日にはフォッジアへと移った。彼の健康は衰えつつあったが、なお仕事を続けていた。役人の何人かが課税を逃れるためローマ教会にわざわざ自分たちの財産を譲渡していることを知って、彼は驚いた。一二八五年一月二日、彼はその行為を禁じる厳しい法令を発した。それが、シャルルの最後の公的な行動だった。[21]

一月十七日、プーリア地方先端近くのターラント湾にある町ガリーポリから、使節団がメッシーナに到着した。使節団は、同志の市民がシチリア政府の庇護を望んでいると表明した。彼らはまた、国王シャルルが死亡し、その遺体は埋葬のためにナポリに運ばれたと明らかにした。他のプーリアの町々からの使節団がこれに続き、同じ要求をし、またその報せを確認した。[22]

シャルルは十日前に他界していた。一月六日、彼は危篤状態にあることを自覚し、遺言状を作成した。もし息子のサレルノ公シャルルが捕虜から解放されなければ、王国と伯領は年長の孫シャルル・マルテルに渡ること。その少年が大人になるまで、あるいはサレルノ公シャルルが戻るまで、摂政はアルトワ伯ロベールが、総司令官は侍従で友人のジャン・ド・モンフォールが就任すること。彼らが相続者たちに忠誠を誓うという条件で、総額一万オンスの黄金を寄贈し、それをアルトワ伯ロベールがシャルルの一族に分配すること。そして教皇は、これらの措置すべてに承認を与え、王国の政府を監視し保護するよう懇願された。

シャルルはローマ教会の儀式に勇気づけられ、自分の救済を信じて、その晩はなんとか持ちこたえた。臨終のまぎわに次のように祈ったとされている。「わが主たる神よ。私はあなたが私の救済者だと心から信じています。あなたが私の魂に慈悲をかけてくれるよう祈ります。私が自身の利益や得のためでなくローマ教会のためにシチリアの王国を引き受けたことを、あなたはご承知のはずです。ですから、私の罪をどうぞお許しください」。次の朝、一二八五年一月七日の日曜日、シャルルは五八歳でこの世を去った。遺体はフォッジアからナポリに送られ、大理石の墓に埋葬された(23)。

シャルルの長所と短所

アンジュー家のシャルルは二〇年にわたって地中海世界を支配してきた。彼は当時の偉大な政治家の一人であることを証明した。彼なら、広大で永久不変の帝国を築くと思われたこともあった。しかし、失敗者として死んだ。彼の個人的な長所は多々あった。剛胆で意志が強く、ものに動じず、精力的で自らに厳しく、壮大な計画をたて、的確な指図を与えるのにも長けていた。有能な兵士であり、かつ行政官だった。信心は偽りのないものだった。聖ルイと王妃ブランシェ〔カスティーリャのブランカ〕の優れた宮廷で育てられ、立派な王がどのように統治するのかを見ていた。しかし、こうした長所も、彼があえて演じた役割には決して充分ではなかった。彼は人間として失敗した。気質に優しさが見られなかったし、哀れみも他の人びとへの思いやりも欠けていた。個人的な野心はあまりに粗野で露骨だった。信心深さはその野心の下僕となってしまった。というのも、彼は自らを神の道具、ローマ教会の擁護者とみなしていたからである。ただ、のちにマキアヴェリ〔フィレンツェ出身の外交家・政治家、『君主論』の著者。一四六九〜一五二七年〕が賞賛することになるタイプの、無節操な策士ではなかった。彼は彼なりに信義を重んじる人物だった。しかし、その基盤となる彼の知力が狭量で自己中心的だったのである。人びとは彼を賞賛することはできた。廷臣や閣僚たちは全身全霊をかたむけて彼のために働き、彼の業績を賞賛した。しかし、彼を愛する者はほとんどいなかったし、また彼も、臣下の多くに愛情を抱かせることができなかった。彼の破滅の原因は人間理解の欠如だった。彼の計画は注意深く正確にたてられた。しかし、人びとの心にそれらが引き起こす反感を斟酌することができなかった。彼がコンラーディンを処刑したのは、慎重な政治的計算の結果だった。しかし彼自身、哀れみの情に欠けていたので、その処刑が世界中に引き起こす同情と恐怖心を認識することができなかった。彼の人間としての弱点は、イェルサレム国王といった価値のない肩書きに向かわせたある種の虚栄心と、年月がたつにつれ彼が敵を過小評価するに至ったある種の自信過剰だった。彼は警告を受けていたにもかかわらず、アラゴンの貧弱な宮廷があえて自分に挑むなどということは、つゆほども考えなかった。コンスタンティノープルで恐怖に打ち震える皇帝が、よもや、自分の領土内にまさに陰謀の網を張り巡らすとは、信じられなかった。最後に、そして致命的なことに、シチリア人が自由を熱心に求めるあまり、当代の最も強力な君主に刃向かって蜂起するなどということは、彼の理解を超えていた。彼はフランスの人びとのことは承知していた。そこでは貴族たちは国王にとって厄介な存在だったが、地位の低い人びとは国王の役人を歓迎していた。彼の経験も、また想像力も、充分ではなかったため、全人民が自由を求めて決起することなど、心に描くことができなかったのである。

陰謀がどのように計画され準備されようとも、国王シャルルの帝国を崩壊させたのは、パレルモでのあの三月の晩禱の夜だった。しかし、彼は神が徐々に自分を衰退させることを祈り、事実彼の祈りは聞きとどけられた。彼の権力は緩慢に崩れていき、死後まもなく衰退は止められた。国王シャルルを敗走させたシチリア人が得たものは少なかった。次の数百年の間の、シチリアの複雑で不幸な歴史は、彼らの勇気に対する報酬としてはあまりに貧弱なものであった。

〈原注〉

（1）Martin IV, *Registres*, nos. 220, 221.

（2）*Ibid.* nos. 292–9; Rymer, Foedera, vol. I, 2, pp. 634–9; *Grandes Chroniques de France*, ed. Viard, vol. VIII, pp. 93–4, 97; Petit, *Charles de Valois*, pp. 5–6; Léonard, *Les Angevins de Naples*, pp. 155–6.

（3）Villani, *Cronica*, vol. II, pp. 270–2.

（4）Léonard, *op. cit.* p. 153を参照。

（5）Bartholomew of Neocastro, *Historia Sicula*, pp. 55–6; D'Esclot, *Cronica*, pp. 658–9; Muntaner, *Cronica*, pp. 158–9.

（6）Bartholomew of Neocastro, *op. cit.* pp; 49–50.

（7）国王ペドロの手紙は、Carucci, *op. cit.* p. 122に出ている。

(8) Martin IV, *Registres*, no. 304.　本章原注2も参照。
(9) Carucci, *La Guerra del Vespro Siciliano*, pp. 127–69は、アンジュー家の記録から抽出・引用している。
(10) Bartholomew of Neocastro, *op. cit.* pp. 57–8; D'Esclot, *op. cit.* pp. 663–8; Muntaner, pp. 227–34; Villani, *op. cit.* vol. II, pp. 286–8は、ソレントの民衆のことに触れている。
(11) Villani, *op. cit.* vol. II, pp. 268–70; Bartholomew of Neocastro, *op. cit.* pp. 58–9は、シャルルの妃によって提供された奇抜な空しい説明である。
(12) Léonard, *op. cit.* p. 158を参照。
(13) Bartholomew of Neocastro, *op. cit.* pp. 60–1.
(14) *Ibid.*
(15) *Ibid.* pp. 61–2.　この日付については、Durrieu, *Les Archives Angevines de Naples*, vol. II, p. 189を参照。
(16) Bartholomew of Neocastro, *op. cit.* p. 59では、サレルノ公シャルルの命は王妃コスタンツァによって救われたと記しており、Muntaner, *op. cit.* pp. 234–6では、彼の命はまだ幼かったハイメによって救われたと記している。明白なのは、ナポリの貴族アクィーノのアドノルフォの仲介で助けられたことである。Léonard, *op. cit.* p. 158, n. 2を参照。Villani, *op. cit.* vol. II, pp. 292–3では、コスタンツァの手柄だとしている。
(17) Bartholomew of Neocastro, *op. cit.* pp. 67–9.
(18) *Ibid.* pp. 62–3, 66, 70.
(19) Miller, *The Latins in the Levant*, pp. 174–5; Runciman, *History of the Crusades*, vol. III, pp. 392–4.
(20) Durrieu, *op. cit.* vol. II, p. 160.　ブリンディジでそれらの徴税命令が発せられたのは、一二八四年十月五日と推定される。

(21) Léonard, *op. cit.* p. 159を参照。

(22) Bartholomew of Neocastro, *op. cit.* p. 70.

(23) Villani, *op. cit.* vol. II, pp. 290–1およびSalimbene de Adam, *Cronica*, pp. 564–5は、もしシャルルが死んだらとして、あり得ることを述べている。彼の遺志については、Léonard, *op. cit.* pp. 159–60を参照。

第16章　晩禱とシチリアの運命

アラゴン王（前シチリア王）のハイメ2世。

ハンガリー王国〔アールパード家ほか　一部〕

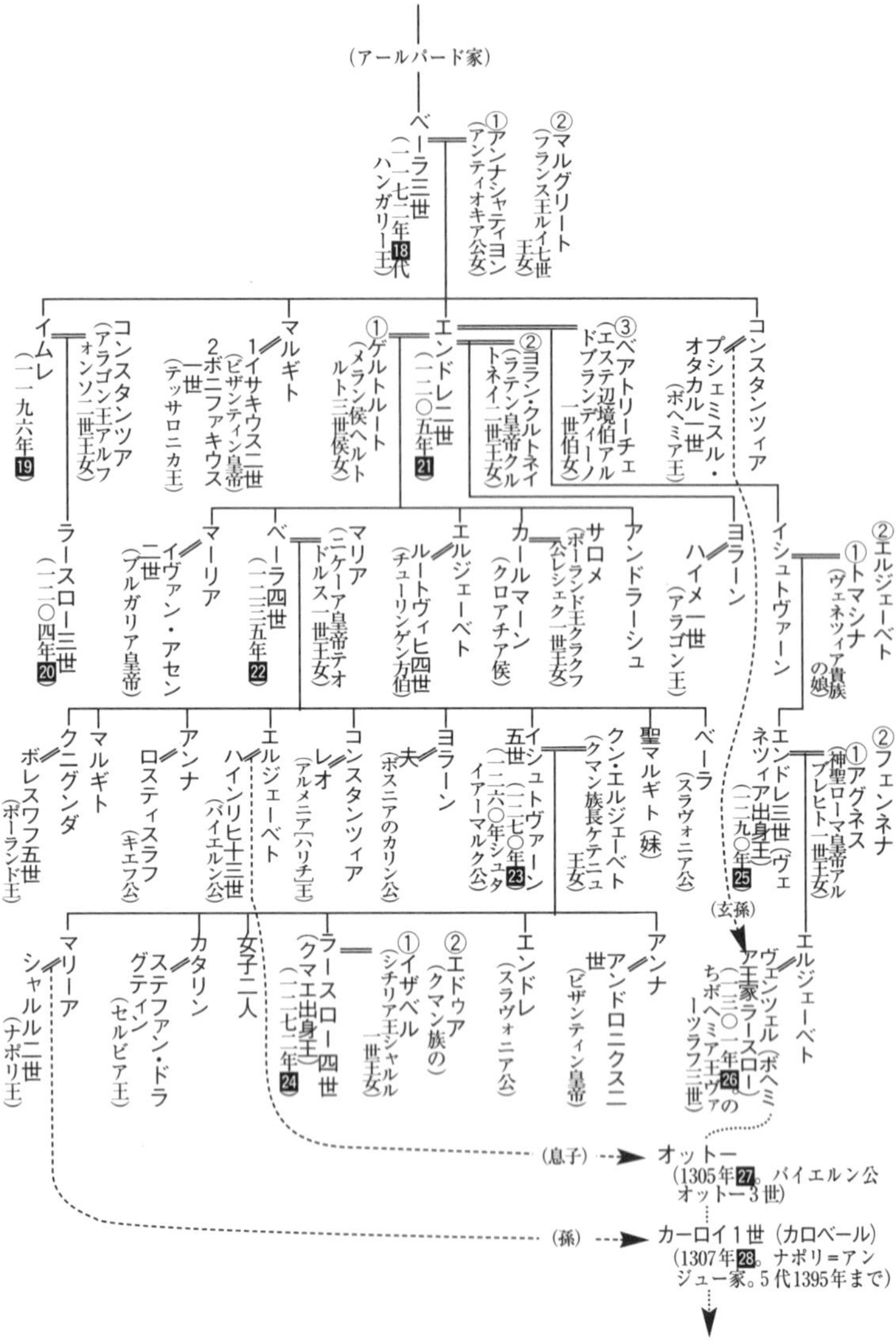

（アールパード家）
ベーラ三世（一一七二年18代 ハンガリー王）
①アンナ・シャティヨン（アンティオキア公女）
②マルグリート（フランス王ルイ七世王女）
イムレ（一一九六年19）
コンスタンツア（アラゴン王アルフォンソ二世王女）
マルギト
1イサキウス二世（ビザンティン皇帝）
2ボニファキウス一世（テッサロニカ王）
①ゲルトルート（メラン侯ベルトルト三世侯女）
エンドレ二世（一二〇五年21）
②ヨラン・クルトネイ（ラテン皇帝クルトネイ二世皇女）
③ベアトリーチェ（エステ辺境伯アルドブランディーノ一世伯女）
コンスタンツィア
プシェミスル・オタカル一世（ボヘミア王）
ラースロー三世（一二〇四年20）
マーリア
イヴァン・アセン二世（ブルガリア皇帝）
ベーラ四世（一二三五年22）
マリア（ニケーア皇帝テオドルス一世王女）
エルジェーベト
ルートヴィヒ四世（チューリンゲン方伯）
カールマーン（クロアチア侯）
サロメ（ポーランド王クラクフ公レシェク一世王女）
アンドラーシュ
ヨラーン
ハイメ一世（アラゴン王）
イシュトヴァーン
①トマシナ（ヴェネツィア貴族の娘）
②エルジェーベト
クニグンダ
ボレスワフ五世（ポーランド王）
マルギト
アンナ
ロスティスラフ（キエフ公）
エルジェーベト
ハインリヒ十三世（バイエルン公）
コンスタンツィア
レオ（アルメニア〔ハリチ〕王）
ヨラーン
夫（ボスニアのカリン公）
イシュトヴァーン五世（一二七〇年23）（一二六〇年シュタイアーマルク公）
クン・エルジェーベト（クマン族長ケテニュ王女）
聖マルギト（妹）
ベーラ（スラヴォニア公）
エンドレ三世（ヴェネツィア出身王）（一二九〇年25）
①アグネス（神聖ローマ皇帝アルブレヒト一世王女）
②フェンネナ
マーリア
シャルル二世（ナポリ王）
カタリン
ステファン・ドラグティン（セルビア王）
女子二人
ラースロー四世（クマエ出身王）（一二七二年24）
①イザベル（シチリア王シャルル一世王女）
②エドゥア（クマン族の）
エンドレ（スラヴォニア公）
アンナ
アンドロニクス二世（ビザンティン皇帝）
エルジェーベト
ヴェンツェル（ボヘミア王家ラースロー（一三〇一年26。のちボヘミア王ヴァーツラフ三世）
（玄孫）
（息子）
オットー（1305年27。バイエルン公オットー3世）
（孫）
カーロイ1世（カロベール）（1307年28。ナポリ＝アンジュー家。5代1395年まで）

アラゴン十字軍の敗走

国王シャルルの死後の数カ月間、王国を救済する手立ては見い出せなかった。新しい国王は敵の掌中にあった。カラーブリア地方は失われ、プーリア地方の町も一つまた一つと敵の手に渡っていった。ナポリでも反乱が勃発しそうだった。教皇マルティヌスもまた、亡き国王の遺言をそのまま承認することを拒否して事態を悪化させた。捕虜となっているサレルノ公シャルルを新国王と認めず、彼を単に亡き国王の息子としてしか言及しなかった。数日後、教皇はアルトワ伯ロベールを摂政として承認したが、その後、教皇特使の枢機卿ジェラルドを同じ地位に就けた。両者ともローマ教会の摂政であり、不在の君主や幼少の王子の摂政ではなかった。マルティヌスは王位の空位を宣言する一方、宗主として教皇が合法的に支配することを明らかにした。これにはある目的があった。空位であれば、人質として、あるいは身代金の対象として、その王室の捕虜の価値は減少するからだった。ただそのためには、教皇の宮廷の有能な行政官や教皇庁に忠実な者たちを王国で働かせる必要があった。(1)

フランスの宮廷はアラゴンに対する十字軍に全力を傾注していたが、イタリアからの報せに驚愕した。国王シャルルが死に、王国が混沌とした状態にあって、十字軍とそれに呼応するシチリア遠征の可能性がなくなった一方で、国王ペドロは戦力すべてをアラゴン防衛に集中させることができた。しかし、フィリップ三世は集めた大軍を何の成果もなく再び故郷に送り返せるはずはなかった。一二八五年五月の末、マヨルカ国王ハイメはフランス同盟軍のために戦端を開き、ルション地方に部隊を上陸させ、ペルピニャンからピレネー山脈に通じる途中のエルンを攻略した。驚嘆した同時代人の推定によれば、進路が切り開かれたため、国王フィリップは十万を越える兵力の十字軍を率いてピレネー山脈の峠を越えた。六月二五日、彼はヘロナを包囲した。アラゴン軍は数で圧倒され、見通しは暗かった。国王ペドロは貴族からの助力をほとんど望めなかった。彼らの多くは、フランス側やマヨルカと接触していた。ペドロはスペインの伝統的な遊撃戦術を駆使し、動きの鈍いフランス軍を苦しめることに大いに成功したため、フィリップは軍を分散させた。ヘロナは果敢に守り抜かれ、九月五日まで持ちこたえた。その年の夏は酷暑で、ヘロナの平原にはマラリアが蔓延していた。要塞が奪取された頃、十字軍兵士の半数が病気にかかり、年長の兵士たちは十五年前のチュニジア十字軍の惨禍を思い出し始めた。そこに、カタルーニャの沿岸沿いに航行してきたフランス艦隊が、九月四日にパラモース近くのフォルミガス島沖で殲滅されたとの報せが届いた。ラウリアのルッジェーロがシチリアの海域から呼び戻され、まんまとフランスの提督の裏をかいたのだった。その勝利の後、ルッジェーロは部隊をロサスに上陸させ、国王フィリップの主要な供給ルートであるピレネー山脈に迫る海岸沿いの道を遮断した。九月の中旬、フィリップは軍に退却命令を出した。彼自身も熱病に苦しんでおり、部下の多くは戦える身ではなく、その破滅的な作戦を終えたがっていた。アルモアデ人遊撃隊〔イスラム教徒のムワッヒド帝国人。カスティーリャでの呼称〕が四方八方から急襲したため、退却はまもなくパニック状態の逃走となった。十字軍全体が屈辱的な失敗となった。(2)

アンジュー家支配のゆらぎ

アンジュー家の遠く離れた支配地域でも、状況は望ましいものではなかった。アケーアでは騒ぎが起こりそうだったが、ナポリの摂政は賢明にも、近隣の有力者で最も裕福かつ有能なアテネ公ギョームを支配者に任命した。一二八七年に死ぬまで彼はその公国を完全に支配し、上級君主たちに対しては名目上の服従に徹した(3)。アッコンでは代理家令オード・ポイレキエンが、誰の代理であるかを自覚できず、衰えつつある権力に必死に固執していた。正当な権利をもつイェルサレム国王、キプロスのアンリ・リュジニャンが一二八六年六月にアッコンに上陸すると、忠実なオードにさえ海外属領《ウートルメール》におけるアンジュー家支配の終焉が明らかになった。その若い国王の戴冠とオード一行の交代をしるす祝祭行事は、そのいずれの支配もいかに歓迎されなかったかを表していた。それからわずか五年後、アッコンはエジプトのマムルーク朝スルタンに占領され、イェルサレム王の肩書きはアンジュー家にとってと同様、リュジニャン家にとっても空虚な飾りとなった(4)。

アンジュー家は幸運な一連の死によって救われた。一二八五年は多くの領主にとって運命的な年となった。一月にシャルルがこの世を去った。彼に続いて、シャルルが教皇にしたマルティヌス四世が三月二九日に鬼籍に入った。マルティヌスの在位期間はアンジュー家にとってもローマ教会にとっても悲惨なものであった。彼は自己の見識に従う立派な人物だった。品行には非の打ちどころがなかったし清廉であった。しかし、偏狭で執念深く、理解力に欠けていた。熱狂的なフランスへの愛国主義とカペー朝への傾倒によって、高い地位の者が持つべき全キリスト教会的判断を失った。先任者ニコラウス三世ははるかに劣る人物だったが、ローマ教会が果たすべき役割を理解していた。ニコラウスは力の及ぶ限り平和の調停者であろうとし、君主たちの仲介者だった。しかし、マルティヌスはローマ教会の忠実な信徒の正当な祈願を排撃する政策にローマ教会を巻き込もうとした、党派心の強い人物だった。彼には柔軟性が欠けていたため、政策は失敗し、自分と友人とローマ教会を悪評の淵へと引きずり落としたのだった。(5)

消えた晩禱の主役たち

十月五日、フランス国王フィリップ三世は、ダンテが嘲笑的に書いたように、「逃げまどい百合の花〔フランス王家の紋章〕を汚しながら」ペルピニャンで死んだ。その死によって、アラゴン十字軍は瓦解した。彼は脆弱で愚かな人物だった。瀕死の状態でピレネー山脈から北方へ担架で運ばれる際、彼は伯父シャルルへの賞賛が自分を陥れた屈辱に思いを巡らさずにはいられなかった。(6)

五週間後の十一月十日、こんどはアラゴン国王ペドロの番だった。彼は勝利の絶頂でこの世を去った。その業績にもかかわらず、歴史上傑出した人物になったわけではない。慈悲深く魅力に富んでいたし、シチリアの住民によい印象を与えていた。彼には、十字軍に対する防衛で示されたように、勇気と冒険心があった。しかしまた、彼は用心深くて、十分に時を待ってからシチリアへの介入に踏み切った。思慮深い政治家でもなく、また熟練した行政家でもなかった。シチリアを発ってアラゴンに戻ると、シチリアの要求を忘れ、妻や閣僚にそれらを催促された際にはいらだちを露わにした。彼にはいささか軽薄なところがあった。しかし、経験をつみ、名声は高まっていた。彼の喪失は、人びとにとって大きな打撃だった。(7)

舞台に立った新たな役者は、前任者たちとは大きく異なっていた。サレルノ公シャルルは肉体的欠陥のせいで「不具のシャルル」と呼ばれていたが、愛情に欠ける独断的な父親をもつ息子に見られる性質を備えていた。内気だった彼は、囚われの身となって自らの愚行を悟り、囚われの身の屈辱を味わうことで、さらに内向的になった。しかし、口が堅く我慢強かった彼には、父親にまったく欠けていた情愛があった。十三人の子供を心から愛する父親にふさわしく、強い心の持ち主だった。のちに彼は、公正で思慮深い支配者であり鋭敏な外交家であることを証明した。しかしこの時点では、世界から隔絶されたカタルーニャの居心地のいい牢のなかで、彼にできることはほとんどなかった。(8)

教皇ホノリウス四世の政策

新しい教皇ホノリウス四世はローマ人で、サヴェリ家の出身であり、大オルシーニ家と血縁関係にあった。(9) 客観的に見て高い資質を持った人物ではなかったが、イタリアに平和をもたらすことを決意した先見の明をもった政治家だった。彼は前任者の政策に賛同できるものはほとんどなかったが、もしそれを全面的に否定すると、修正した形で追求するよりも教皇庁は大きく威信を失うことになろうと判断した。彼は、アンジュー家のためにシチリア王国の保全を決意した。教皇庁はシチリア島の保持のためにアラゴン側にあまりにも妥協しすぎた。彼はまた、王国の行政を改革することも決意した。

彼は宗主権を用いて一二八五年に二つの教皇勅書を発布した。それらは一二八二年にシャルル一世によって、また次の年にサンマルティーノでサレルノ公シャルルによって約束された改革を、実行に移すものだった。加えて、彼は善王グリエルモの時代に享受された自由を重税からの解放と解釈した。前文ではフリードリヒ二世時代以来の歴史を述べ、国王シャルルの下で見られた悪弊の数々を率直に語った。シャルルがあらゆる機会をとらえて課税し、一二八二年には十万七八九二オンスに定められた〔臣下から領主への〕献金は、最大五万オンスに減額された。そして、課税は封建的慣習法によって伝統的に容認されてきた四つの理由によってのみ上げることができるようにした。彼は、多くの税や賦役の廃止を認めたサンマルティーノの議会よりも、さらに多くの個人的自由が保障されるよう配慮した。行政が全体的に徹底して見直された。それは実にみごとな制度で、もし実施されていたら、当時どこにも享受されていなかった自由を王国の臣下に与えていただろう。ホノリウスは、かつて誤った統治が行なわれたことを認め、よりよい未来を保証することで、シチリア人とカラーブリア人から謀反継続の唯一の理由を取り除けると確信していた。[10] 一方で彼は、マルティヌスが争っていた中部および北部のイタリア人と、可能な場合はいつでも和平を結んだ。モンテフェルトロのグィードは雅量のある合意で服従した。マルティヌスと関係が悪化していたボローニャは和解した。アラゴンとの同盟を考えていたヴェネツィア人は甘言で言いくるめられ、友好的な態度へと変わった。教皇は、コンラーディンの敗北の時から牢獄で悲惨な生活をおくっていたカスティーリャのエンリケを解放することさえ提案した。[11]

しかしながら、シチリア人は教皇の改革に心を動かされなかった。たとえ教皇が改善を保証しようとも、彼らは再びアンジュー家の支配に服するつもりはなかった。実際のところ、その改革の一部は実行不可能だったし、また他の改革も容易に無視できるものだった。さらに、反乱側は国王ペドロの死によって意気消沈することもなかった。ペドロが約束したとおり、シチリアは彼の次男ハイメに渡り、長男アルフォンソ〔三世〕がアラゴンを継承した。新たなアラゴン国王は二一歳だった。知的で勇敢な若者であり、母親と兄弟に対して献身的だった。彼は自分を高く評価していたイングランド国王エドワードの娘と婚約していた。シチリア国王は彼よりも二歳若かった。彼もまた有能だったが、その性格は兄ほど開放的でなく、利己的だった。さしあたっては彼は、母親の王妃コスタンツァと彼女の経験豊かな顧問ジョヴァンニ・ダ・プロチダの良き影響下にあった。(12)

フランスの新国王フィリップ四世

フランスの新国王は、一二八五年に権力の座についた君主たちのなかで最も有能だった。「端麗王」と呼ばれたフィリップ四世は弱冠十七歳だったが、すでに独立した人格を示していた。母親は、アラゴンのペドロの姉妹だった。彼は、シャルル・ダンジューに対する父親の卑屈な態度に不満を示していたが、それはおそらく彼を嫌う義理の母親に影響されたからだろう。彼はアラゴン十字軍に反対しようとした。ところが、国王になるや態度を変え始めた。アラゴンの従兄弟たちに対して、彼らの父親、国王ペドロに抱いた敬意を感じられなかったのだろう。彼はいまやフランスと自分の王朝の栄光を求めた。弟のシャルル・ド・ヴァロワ〔ヴァロワ伯シャルル〕がアラゴンの王座に就くことを望んでいた。しかし、十字軍失敗の後、当座は実行不可能だった。彼は教皇の承認を得てイングランド国王エドワードに、アラゴンのアルフォンソとの仲介と休戦協定の締結を頼んだ(13)。

教皇ホノリウスはアラゴン十字軍を解散する用意があった。それは、アラゴン国王がとくにシチリア国王を主張しなかったからだった。しかし、シチリアの分離を受け入れるつもりはなかった。一二八六年二月、国王ハイメはパレルモで王位に就き、その機会を利用して臣下たちに、ホノリウスが本土の住民に提示したのと同じ自由を約束した。教皇は地元の聖職者の助力を得てシチリアで反乱を起こさせようと、二人のドミニコ会修道士を送り込んだと思われていた。ハイメは彼らを発見し、傷つけることなく丁重にイタリアへと送り返した。戴冠の直後に、彼はホノリウスに使節団を送り、教皇に敬意を表するとともに、自らの称号の承認を求めた。ホノリウスは彼と母親の王妃コスタンツァおよびシチリアの全住民を破門することで応えた。その戴冠式を執行した二人の聖職者、チェファルとニカストロの司教は召喚され、教皇の法廷の前で自らの誤った行動の釈明をするよう求められた(14)。

続く数年間の歴史は、和平協定の失敗の歴史だった。囚われの身のサレルノ公シャルルは、自由を得るために犠牲を払うつもりだった。彼を捕らえている側は、シチリアとカラーブリア地方に対する権利の承認と引き替えだったら、彼を解放しただろう。しかし教皇庁は、シャルルがシチリアを割譲することを決然と拒絶した。フランスの宮廷はアラゴンの力が増大することに不安を抱いていた。一二八六年七月にパリで調印された条約によって、フランスとアラゴンの間には休戦が成立した。その条約は十四カ月後、明確な平和条約に取って代わられることとなった。[15] しかし同時に、サレルノ公シャルルは、カタルーニャの牢で敵側との条約に調印した。その条約で彼は、シチリア島、マルタ島およびレッジョとその近隣を含む周辺領土と、チュニジア国王が彼に支払っていた進貢の権利のすべてを、譲渡することを約束した。彼は、釈放されると考えており、教皇庁がアラゴンの君主とその臣下に対する破門および聖務停止の処置を撤回することを考慮したつもりだった。その条約が、シチリア国王とシャルルの娘との結婚、ならびにヴィオレンテ王女と自分の息子との結婚によって、補強されるものと彼はみなしていた。もし実現していたら、それは適切で穏当な解決となっていたであろう。それには教皇の承認が必要だったが、ホノリウスはそれに一切関与するつもりはなかった。代わりに彼は、シチリアに対する新たな攻勢を命じた。[16]

シチリアへの再攻撃

南イタリアでは戦いが続いており、西海岸沿いでは遊撃隊の急襲が損害を与えていた。教皇はシチリア侵攻を計画し、一二八七年の春と決定した。それは破滅をもたらす行動であった。大規模な遠征隊がブリンディジから出航し、五月一日、カターニアとシラクーサの間のアウグスタに上陸し、その町を包囲した。六月末頃に武器食料が不足するようになったが、アウグスタはまだ持ちこたえていた。その軍の支援のため、フランドル伯指揮の下、艦隊がナポリで準備を整えていた。六月二三日、ラウリアのルッジェーロがナポリ湾に秘かに入り込み、フランドル伯をおびき出して戦いを仕向けた。またもルッジェーロの完勝だった。彼は四八隻のガレー船を捕獲したが、それには約五〇〇〇人が乗船していた。そのなかにはフランドル伯、総司令官ジャン・ド・モンフォール、ジョアンヴィル伯、およびプロヴァンスとフランスの多くの貴族が含まれていた。その戦いを、ペルシアのモンゴル人イル汗の大使であるネストリウス派〔異端とされたキリスト教の一派。ササン朝から中国に伝わり景教〕司教ラバン・サウマが海岸から見守っていた。彼は、キリスト教世界が東方のイスラム教徒に対抗して大同団結の用意があるかどうか見定めようと、ヨーロッパにやってきていた。シチリアにいた遠征軍はナポリでの戦いの報せを聞いて、戦いを放棄し降伏した。しかし、ルッジェーロは勝利だけで甘んじることはなかった。捕虜の解放と引き替えに、莫大な身代金を受け取ることで満足した。その金で、長い間支払いが遅れていた水夫たちに報いることができ、また将来に備えて資金を手元に確保できたのだった。(17)

教皇ホノリウスは、強情な言行の結果を生きて目にすることはなかった。彼は一二八七年四月三日にローマで亡くなった。十カ月の間、空位が続いた。枢機卿会では反フランス派が優勢で、アンジュー家寄りの新たな教皇の選出を防いでいたが、結局フランチェスコ修道会の総会長アスコリのジェロラモという人物で妥協した。彼は一二八八年二月、ニコラウス四世として教皇に就任した。(18)その空白期間に、イングランドのエドワードはアラゴンのアルフォンソとサレルノ公シャルルの間を再調停した。彼はウェールズとスコットランドで問題を抱えており、そのうえスペインで戦いの可能性があると、自分自身とフランスの自領に支障をきたすことになると考えたからだった。一二八七年七月にべアルヌ地方のオロロン〔現フランス南西端のオロロンシュルマリー〕で調印された条約で、シャルルは銀五万マルクの支払いと三人の息子および六〇人のプロヴァンスの貴族を身代わりとすることで、自由を得ることとなった。一方で彼は、アラゴンのアルフォンソとシチリアのハイメを満足させ、他方で、自分とフランス国王ならびにその弟〔ヴァロワ伯〕シャルルと、さらにはローマ教会を満足させるような講和の努力をしていた。もしその講和が三年以内に達成されないなら、シャルルは捕囚の身に戻されるか、もしくはアラゴン家が継承権を有するプロヴァンス伯領を没収されることとなった。枢機卿会の代表団はその条約の調印に立ち会い、不本意ながらそれを承認した。[19]

妥協を求めて

協力を拒んだのはフランス国王だった。彼はプロヴァンスにかかわる条項に動揺していたし、アラゴン国王になる弟に対する適切な償いを確実にすることを望んでいた。シャルルは牢につながれたままだった。まもなく、新教皇は前任者に劣らず御しがたい人物だと判明した。彼は、国王アルフォンソとその弟ハイメの完全な服従を要求した。シチリアの蜂起は圧政に対する正当な抗議であったし、フランス人に対して犯した過剰行動はシチリア人の大多数に衝撃を与え悲嘆にくれさせたとアラゴンの大使たちが説明しようとしたが、教皇はそれに耳を傾けなかった。[20] 教皇ニコラウスは、中部イタリアでの皇帝派の復活を心配していた。モンテフェルトロのグィードは再び戦う姿勢を見せていたし、ローマも皇帝派への共感を示していた。さらには、ごくわずかとなっていた海外属領《ウートルメール》に対して、マムルーク朝が新たな作戦行動を計画中であるとの報せが東方から入ってきた。(21) 教皇はイングランドのエドワードに再度調停の労をとるように促した。

一二八八年十月に調印されたカンフラン〔オロロンの南方、現スペイン領内〕の条約で、シャルルはオロロンの条約と同じ条件で解放されることとなった。エドワード自身はいかなる方法にせよ解決を図りたいと望んだので、万一シャルルの長男シャルル・マルテルを人質としての兄弟に加えて送ることが不可能とわかった場合は、エドワードのギエンヌ公領から人質を送り、加えて巨額の金を国王アルフォンソに与えることを申し出た。エドワードの保証を受け入れてアルフォンソはシャルルを解放し、国王フィリップが条約を確実に守るようにと彼をフランスの宮廷に送った。ただアルフォンソは、弟ハイメを侮辱することになるという理由で、シチリア国王を名乗らないようシャルルに命じた。(22)

シャルルはフランスの宮廷での出迎えに当惑した。フィリップ四世は未だにアラゴンと和平を結ぶ意図はなかった。彼はシャルルに同行したアラゴンの大使たちを拘束した。そして、シャルルが数週間後にイタリアに向かって出発する際には、不必要な重装備の騎士を随行させた。シャルルがイタリアに到着すると、彼の扱いはもはや平和の調停者としてのそれではなかった。教皇派が至るところで彼を華やかに歓迎した。教皇は彼を帰還した英雄として出迎えた。ニコラウスは、皇帝派であふれるローマを安穏な居住地ではないと考えて、シャルルの王国の国境近くのリエーティに邸を移していた。一二八九年の聖霊降臨祭〔キリストの復活後五〇日目に聖霊が教徒たちの上に降臨したことを記念する祝日〕に教皇は〔サレルノ公〕シャルルを新しいシチリア国王に就け、アラゴンとシチリアに対する戦いを続行するため、イタリアのすべての教会財産に対する十分の一税を受け取るよう彼に命じた。シャルルは信義を重んじる人物だったので、厳しい心の呵責を感じた。教皇は、シャルルが望みどおりに行動するように、枢機卿使節カーリのベラルドに見張らせた。(23)

シャルルも名誉にかけて和平を求め努力した。予期せぬ好機が訪れた。欺かれたことに激怒したアラゴンのアルフォンソは、ガエータ〔ガリリャーノ川河口の西方〕がアンジュー家に対して蜂起を企てると思いこみ、ラウリアのルッジェーロとともに王国の海岸を急襲する計画をたてた。彼は誤った情報に踊らされたのだった。彼はガエータ近くに上陸したが、町は彼の入城を拒絶した。彼が町を包囲している時に、シャルル・マルテルとアルトワ伯に率いられたアンジューの大軍が現れ、町の城壁の前でアルフォンソを陥れた。相互の封鎖が約二カ月間続いた後、国王シャルル自らが姿を現した。彼は人質となっている息子たちが気がかりだった。イングランドのエドワードは、シャルルに義務を果たすよう求めて使節団を送っていた。エジプト人〔マムルーク朝〕がシリアのトリポリ〔伯国。十字軍国家の一つ〕を占領したとの報せが届き、エドワードはその懲罰遠征を強く望んだ。一方、教皇はイングランド使節団のことを耳にするや否や二人の枢機卿を送り、シャルルに和平工作らしいことを一切させないよう監視させた。シャルルは彼らを無視した。彼の軍にいた騎士たちは、アルフォンソの陣地の陽気な騎士団と対照的に、自分たちの軍が司祭と神のお告げ一色であることに不満をもつほどだった。しかし、そうした彼の信心深さも教皇を満足させなかった。二人の枢機卿の一人ベネデット・カエターニ、のちの教皇ボニファティウス八世は、決してシャルルを許すことがなかった。(24)

教皇の不満にもかかわらず、シャルルの政策が賢明だったことが判明した。ガエータの和平条約はシチリアのハイメが戦いを続けているカラーブリア地方とシチリアには適用されないことになり、そのためアルフォンソは弟から距離をおき始めた。アラゴン国王は、シチリアがいま自立できなければ、戦利品をもって撤退しスペインでの権力確立に集中すべきか否かを、思案し始めた。

国王シャルルの次の和平工作の行動は、フランスに行ってフランス宮廷を懐柔し、ヴァロワ伯シャルルを納得させることだった。アラゴンに誠意を示すため、彼は一二八九年十一月一日に国境のパニカール峠〔ピレネー山中〕へと旅し、正式に再拘留を申し出た。彼を拘引するアラゴンの役人は誰も現れなかった。そこで面目は立ち、彼はパリに向かった。パリで数カ月間協議を重ねた後、彼は一二九〇年五月十九日にサンリス〔パリ北方〕で条約に調印した。その前日に、ヴァロワ伯シャルルは国王シャルルの娘マルグリートと結婚し、彼女の嫁資として豊かなアンジューとメーヌの伯領を得ていた。その返礼として、彼は教皇が望んだ場合、アラゴンに対するいかなる権利も放棄することを約束した。さらに、教皇庁にシチリア再征服のための資金二〇万ポンドを申し出た。翌年の冬、和平会議がまずペルピニャンで開かれ、その後タラスコン〔プロヴァンス地方〕に場所を移して行なわれた。イングランドの仲介者が、教皇、国王シャルル、国王フィリップ、ヴァロワ伯シャルル、マヨルカ国王ハイメから送られた各代表たち、そしてアラゴン王国から送られたアラゴン国王と同等の貴族たちを代表する使節団の会議を主宰した。一二九一年二月十九日、ブリニョール〔プロヴァンス地方〕で予備条約が調印された。フランスとアラゴンの間で、そしていまだに正式にシチリアと呼ばれているシャルルの王国とアラゴンの間で、和平が調印された。ヴァロワ伯シャルルは、アラゴンの王位にかかわる権利をすべて放棄したが、アンジューとメーヌの所有が再確認された。それを償う形で、国王フィリップは国王シャルルに、アヴィニョンの領土のうちトゥールーズ伯領の一部だった地域を与えた。国王アルフォンソはローマ教会との和解のために急遽ローマに行き、教皇の面前で最終的な条約に調印することとなった。マヨルカはアラゴン十字軍の失敗によってアルフォンソのものになっており、アルフォンソがそこを伯父ハイメに返すことを拒否したとき障害が生じたが、アルフォンソはその問題を教皇の調停に任せることで同意した。これらの結果は全員の意を満たしたが、シチリア国王ハイメとシチリア人は違った。彼らは単独で戦わざるを得なくなった(25)。

またもや死が介入した。六月十八日、国王アルフォンソがローマに旅立った直後、突然の熱病にかかり二七歳でこの世を去った。人生の最後の数カ月間にシチリアを見棄てたことは、彼の名声に汚点を残した。彼が全面的に非難されたというわけではなかった。彼は制度的にも財政的にも貴族たちに大きく依存していたし、貴族たちは戦いとシチリアの反乱組織に嫌気がさしていた。シチリアへの忠節によって、彼が王座を犠牲にすることもあり得た。しかし、シチリアにいる妻と弟にとっては、アルフォンソは許し難い存在であった。イングランドのエレノアとの結婚は、彼が長い間破門されていたために行なえなかった。そのためアルフォンソの相続人は、弟のシチリア国王ハイメだった。しかし、もし父親の意志に従ってハイメがアラゴン国王になる場合は、シチリアを弟フェデリーコに譲らなければならなかった。アラゴン人は混乱を恐れて、メッシーナにいたハイメを呼び戻すために急遽船を派遣した。ハイメは島を急ぎ横断して、七月二三日にトラーパニから出帆した[26]。

ハイメは兄が結んだ条約や彼の意向に拘束されるのを拒んだ。彼に言わせれば、自分がアラゴンの正統な継承者であり、シチリアの王位を放棄しなければならない謂はなかった。彼はマヨルカで旅を中断し、教皇の意向とかかわりなく、バレアレス諸島をアラゴンから奪うことはできないと宣言した。こうしてブリニョールの条約は否定された。教皇ニコラウスはもう一度、シチリア人に加えてハイメを破門し、再び戦いの準備をした[27]。しかしハイメは直ちに、アラゴン国王として、亡くなった兄と同じ立場にあることに気づいた。彼の臣下は戦いとシチリアにすっかり嫌悪感を抱いていた。ハイメは、もし自分が相応な償いを受けるならば、シチリアをアンジュー家に返すつもりがあると示唆し始めた。アラゴンの大使が派遣され、国王の教皇庁への服従を申し出た。数日後の一二九二年四月四日、教皇ニコラウスはこの世を去った[28]。

教皇の空位を利用して

その後、教皇の空位が二年間続いた。この間、シャルルはアラゴンとの和平と、シチリアをアラゴンから切り離すために尽力した。ジェーノヴァ人のようなシチリア人の有力な同盟国は、金を贈られたり脅されたりして、中立の立場におかれた。国王ハイメには、イングランドのエドワードがフランスと交戦中のため、カスティーリャ国王サンチョの調停を通じて働きかけが行なわれた[29]。シャルルはいまや自分の王朝について新たな考えを持っていたので、地中海の安定を特に強く望んでいた。ハンガリーのラースロー四世は一二九〇年に子供のないまま亡くなり、姉妹であるシャルルの王妃マリーアが相続人となった。ハンガリー人は不在の女君主の支配を望まず、由緒あるアールパード家の最後の男性で母親がヴェネツィア人であったことから「ヴェネツィア出身王」ともよばれるエンドレ三世に王位を与えた。王妃マリーアは、自分自身あるいは数多い息子の一人に相続権を確保しようと決心し、国王エンドレが万一子供のないまま死んだら、少なくとも自分の夫が自由に介入できることを望んだ。[30] 一二九三年末、シャルルとハイメの間の休戦協定の手続きがフィゲラス〔ルション地方、現スペイン領〕で行なわれ、ハイメは相応の償いと交換にシチリアを放棄することに同意した。[31] 六カ月後、シャルルは紛糾を続けている教皇選出会議に対し、その黙示的な精神性に自分が共感を抱いた高徳な隠者士モローネのピエトロを押しつけて、空位に終止符を打たせた。ケレスティヌス五世を名乗った新教皇は、政治生活にまったく不慣れだった。彼はシャルルの意のままに操られた。シャルルがシチリアに対する戦役のためにイタリア、フランス、イングランドの教皇庁の財源から資金を調達するのを許し、あらゆる策を用いてアラゴンのハイメを懐柔するようシャルルを励ました。[32] 一方で、シャルルとフランスのフィリップは、若いフレデリコ王子とその主要な側近であるジョヴァンニ・ダ・プロチダと提督ラウリアのルッジェーロに対し賄賂で抱き込みを始めた。ジョヴァンニもルッジェーロもシチリア人ではなかった。ルッジェーロがその貧しい国に仕えた見返りとして得たものは、名声と乗組員に右から左に支払わなければならなかった戦利品以外に何もなかった。ジョヴァンニは八〇歳近くになっていて、国王マンフレーディから寄贈されたイタリアの領地へと帰ることを望んでいた。彼らはシャルル・ダンジューに屈辱を味あわせたことで、マンフレーディの仇は討っていた。危険を顧みない行動を、いまや終わりにすることもできた[33]。フィリップ四世は、フレデリコ王子が飛びつきそうな解決策を思いついた。称号だけのコンスタンティノープル〔ラテン帝国〕皇帝であるクルトネイのフィリップがこの世を去った。彼は妻であるシャルル・ダンジューの娘ベアトリスとの間に一人娘カトリーヌをもうけていた。彼女はいまや二〇歳になり、フランスの宮廷で暮らしていた。フレデリコを彼女と結婚させ、シチリア喪失の代価として「ローマニア」皇帝の座を要求させることで納得させるという案だった[34]。

一二九四年十二月、教皇ケレスティヌスはその重責に耐えきれず、教皇の地位を退いた。翌日、教皇選出会議は枢機卿カエターニを選出し、彼はボニファティウス八世を名乗った。彼は長い間シャルル二世と険悪な関係にあったが、一説によれば、ケレスティヌスの退位の前日に行なわれた秘密会談の結果、アラゴン問題について進んでシャルルと一緒に努力することで同意した[35]。彼はこの数カ月間にたてられた計画を追認する用意をしていたため、一二九五年六月十二日にアナーニのカエターニ家宮殿で教皇自身の出席の下、和平の調印が行なわれた。ハイメは、シチリア島とイタリア本土の征服地をローマ教会に譲渡することとなった。また、それまで所有者があいまいだったサルデーニャ島とマヨルカ島を伯父ハイメに返すこととなった。そのほか、ハイメはシャルル二世の息子たちを解放し、その娘ブランシェと結婚して、教皇が用立てた膨大な持参金を手に入れること。ハイメの妹ヴィオレンテはシャルルの息子の一人と結婚すること。弟フレデリコは、クルトネイのカトリーヌと婚約し、コンスタンティノープル再征服のための法外な補助金で償いを受けること。フランスのフィリップとヴァロワ伯シャルルはアラゴンに対するいかなる権利も永遠に放棄すること。そして、ハイメ、彼の母親、彼の兄弟たち、それにシチリアの全住民は、宗教上の罰なしに再びローマ教会に受け入れられることとなった。(36)

シチリアを無視した解決

またしてもシチリア人以外の者を喜ばせる形での解決がはかられた。フィゲラスの講和条約の報せを聞いたシチリア人は、シチリア島は決してフランスの支配に屈することはないと国王ハイメに伝えるため、バルセロナに使節団を送った。フレデリコ王子はためらった。バルセロナとナポリの宮廷に加えて、ラウリアのルッジェーロとジョヴァンニ・ダ・プロチダも、フレデリコが条約を受け入れるよう説得した。母親の王妃コスタンツァだけが彼らと意見を異にした。フレデリコはシチリア人を見捨てたくなかった。自分がカトリーヌと結婚するとしても、コンスタンティノープル遠征は実行可能なのか、また妥当なのかの判断に迷っていた。アナーニの講和条件がシチリアに知れ渡ると、シチリア人はフレデリコに、自分たちはフレデリコを国王として迎えたいと伝えた。しかしその一方、誰にせよフランス人を再び連れてきたらそれに対して自分たちの島を防衛するつもりだとも伝えた。フレデリコは時間稼ぎのために、クルトネイのカトリーヌが一二九五年九月までに結婚を受け入れる用意のあることを表明すれば、その条約の条件に従うと宣言した。カトリーヌの返事によって、彼の問題は解決した。彼女は賢い女性だった。領土を持たない王女は領土を持たない王子とは結婚すべきではないと言って、拒絶した。フレデリコはその後まもなくイタリアの皇帝派に将来の皇帝フレデリコと歓呼をもって迎えられ、一二九五年十二月十二日にパレルモでシチリアの王位に就いた。次の年には、彼はナポリに対する戦いを続け、バジリカータ地方に侵入したが、その戦果はめざましいものではなかった。(37)

一二九七年初頭、すでにアンジュー家の花嫁を迎えていたアラゴンのハイメは、教皇ボニファティウス八世からローマに召喚された。彼はシチリアに使節団を送り、フレデリコにイスキア島で会って和解しようと提案した。フレデリコは議会と相談した後、その誘いを拒絶した。しかし彼は、ジョヴァンニ・ダ・プロチダとラウリアのルッジェーロがその使節団の帰路に随行してローマへ行くことを阻止できなかったうえ、王妃コスタンツァとヴィオレンテ王女にも彼らと同行するよう命じた彼の兄の命に背くこともなかった。王妃は不本意だったが、二人の息子を和解させられるかもしれないと期待して同意した。一二九八年三月、ローマでヴィオレンテはロベールと結婚した。ロベールはいまやシャルル二世の後継者となっていた。というのも、シャルル・マルテルは死去し、次の弟ルイはローマ教会の聖職についていたからである。彼女はロベールの妻として非のうちどころがない存在となり、教皇ボニファティウスさえ彼女を悪しざまに言うことはできなかった。しかし、彼女は一三〇二年に一人息子を残し若くして亡くなった。ハイメはローマに滞在中に、ローマ教会の行政長官に任命され、サルデーニャ島に加えてコルシカ島を授与され、バレアレス諸島割譲の延期が認められ、さらに教会収入から十分の一税が約束された。ハイメとの友好は、彼がアンジュー軍の陣営に部下の偉大な提督ラウリアのルッジェーロを伴っていたという理由だけでも、教皇にとって価値のある買い物であった。教皇はラウリアのルッジェーロに、アフリカのジャルバ島〔現チュニジア中部〕とケルケーナ島〔ジャルバ島の北方〕の領主の地位で報いた。(38)

戦うシチリア

シチリアは孤立していた。しかし国王ハイメ、国王シャルル二世、教皇からなる新同盟はなぜか成果を上げなかった。一二九八年秋と冬の一連の作戦行動において、彼らはカラーブリア地方から敵を一掃した。シチリアに侵攻しようとしたが、シャルルの後継者ロベールがメッシーナ近くの町と村をいくつか占領するのに成功しただけで、メッシーナの奪取は成らなかった。一方、国王ハイメは不首尾に終わったシラクーサ包囲のあと、その近くで弟フレデリコから厳しい敗北を喫した。さらに、ラウリアのルッジェーロの甥が指揮していたアンジュー・アラゴン合同艦隊は、メッシーナ沖で多大な損害を被った。その結果、ハイメは島から離れることとなった。(39) 一二九九年夏、新たな作戦行動が開始された。そのために、国王シャルルと教皇の両者はトスカーナの商人とローマのユダヤ人から多額の借財をした。当初、戦況は同盟軍に有利に進んだ。ラウリアのルッジェーロは七月四日にオルランド岬沖で、フレデリコ指揮下のシチリア艦隊を実質的に壊滅させた。(40) しかし、その勝利に続くいくつかの散漫な襲撃は、フレデリコにかんたんに駆逐された。九月に国王ハイメは、息子たちが争い合うのを見かねた母親のコスタンツァとともに、イタリアを出発した。スペインでハイメの存在が必要となったのが理由だった(41)。ラウリアのルッジェーロは戦いの続行のためアラゴンの大艦隊とともに残されたが、アラゴンの軍隊は国王に随行した。ほぼ同じ頃、王子ロベールはルッジェーロの助力を得てカターニアに上陸し、その町と近隣を占領した。十月、フレデリコを二つの侵攻軍で挟み撃ちするため、シャルルは四番目の息子ターラントのフィリップを送って、島の西端に上陸させた。情報収集が優れていたフレデリコは西方に急ぎ、十一月一日、ファルコナリア〔トラーパニとマルサーラの間の一帯〕の平原でフィリップ軍の上陸直後に襲いかかった。侵入軍は敗走し、フィリップは参謀とともに捕らえられた(42)。

この勝利に、イタリアの皇帝派は沸き立った。多くのジェーノヴァ人が、共和国の著名な提督コンラード・ドーリアを始めとして、シチリア国王に仕えていた。いまやジェーノヴァ共和国が正式に戦いに参加する用意があるとの噂が流れた。プロヴァンスの家臣は不安を隠しきれずに、ジェーノヴァ領に侵入し始めた。国王シャルルは当惑し、急遽ジェーノヴァに謝罪の使節団を送り、ジェーノヴァ人が戦いに介入しないことを条件に、領土の割譲を約束した。シャルルの交渉以上に効果的だったのが、ラウリアのルッジェーロの行動だった。彼は六月十四日、ナポリを襲撃しようとしていたコンラード・ドーリアとジェーノヴァ・シチリア混成艦隊をポンツァ島近くで迎撃し、破壊した。ジェーノヴァ人は戦いから撤退し、共和国の中立を宣言した(43)。

こうした勝利にもかかわらず、アンジュー軍のシチリア侵攻は進展しなかった。ラウリアのルッジエーロは新たな上陸地点を見出すことができなかった。ロベールはメッシーナを包囲するためカターニアから前進したが、その町は一二八二年のロベールの祖父に対した時と同じくらい、堅固に持ちこたえた。彼の部隊は内陸部の城をいくつか攻略したが、シチリア人遊撃隊の襲撃にさらされ、それらの城の保持に苦戦を強いられた。シチリア征服は明らかに長く苦労の多い作戦になると思われた。一三〇一年七月、アンジュー艦隊がパッセーロ岬沖で嵐に会い大損害を受けた後、王子ロベールは妻ヴィオレンテの訴えを聞き入れ、彼女の兄のフレデリコ王との間で一年間の停戦の仲介をすることを認めた。ロベールはカターニアとその一帯を占領したままだったが、島の他の地域からは部隊を引き上げた(44)。

ナポリの宮廷は停戦を受け入れた。教皇ボニファティウスは不満を示したが、彼には他にあまりに多くの懸案事項があったので抵抗できなかった。北イタリアでは、フェッラーラの領主、エステ家のアッツォ〔八世〕に指導されて皇帝派が復活していた。ロマーニア地方とマルケ地方では皇帝派の蜂起が見られた。ペルージアを除くウンブリア地方の諸都市は、皇帝派の立場を再確認した。教皇派が支配的なフィレンツェのような都市で、教皇派が黒派と白派という二つの党派に分裂し始めたことが、事態を複雑にしていた。教皇ボニファティウスは自分の足場が崩れ去っていくのを感じた。彼は、ローマ教会の新たな擁護者として、ヴァロワ伯シャルルを選んで呼び寄せた。ナポリ人の妻を亡くしたヴァロワ伯シャルルは、称号だけのコンスタンティノープルの皇妃クルトネイのカトリーヌと結婚したばかりだった。ヴァロワ伯シャルルは、イタリアに影響力を確立できた暁には征服をもくろんでいるコンスタンティノープルに対する将来の作戦行動にとって、その婚姻が役に立つと考えた。しかし彼は、教皇の目的にはあまり役に立たない、無責任な冒険家だった。シチリアでの停戦が終わったとき、アンジュー軍の総司令官としてそこに送られた。王子ロベールはシチリアの父親の代理だったが、ボニファティウスは彼を信頼していなかった。教皇代理である枢機卿パルマのジェラルドが私的な報告書のなかで、彼はアラゴン人の妻の影響下にあると述べていたためで、その年の後半に彼女が出産の際に亡くなったときも、教皇は哀悼の意を表さなかった(45)。

一三〇二年五月末、ヴァロワ伯シャルルはシチリアの北海岸のテルミニ近くに上陸し、町を奪取した。同時にラウリアのルッジェーロはパレルモも攻撃したが、城外の砦を奪取することに成功しただけだった。その後シャルルは、島を横断して南海岸のシアッカに向かい、そこを包囲した。暑い夏の最中だった。八月末頃にはアンジュー軍は疲弊し病気が拡がり、町は奪取できないままだった。ヴァロワ伯シャルルは兄の国王フィリップから、フランスに帰国するようにとの手紙を受け取った。フィリップは当時教皇と争っており、またコルトレイク〔現ベルギー領〕でフランドル人に手ひどい敗北を喫して、兄弟の助力を必要としていた。シャルル二世はヴァロワ伯シャルルに、必要な場合には敵と取引をする権限を与えていた。八月末の数日間、彼と王子ロベールはシアッカの後背地の丘陵にある町カルタベロッタでフレデリコ王と会った。八月三一日、その町で和平が調印された。

シチリア（トリナクリナ）の独立

カルタベロッタの条約によって、シチリアは独立を獲得した。アンジューの全部隊がこの豊かな島から撤退することとなった。シチリア王国が公的にはアンジュー家のものとして存続するために、フレデリコはシチリア島の国王の称号を持つこととなった。彼は国王シャルルの末娘エリエノールと結婚することとなり、また一代限りの国王となることになった。フレデリコの死去の際には、王位はアンジュー家に戻ることになり、フレデリコの相続人たちは、サルデーニャ島かキプロス島の王領――このどちらもアンジュー家に贈与の権限はなかったが――のどちらか、あるいは総額十万オンス相当の黄金の償いを受けることとなった。また、すべての捕虜は帰還が認められることとされた。[46]

条約は安堵のため息をもって多くの場所で歓迎された。国王シャルルはシチリア再征服を諦めたが、万一フレデリコが死んだときは、そこを平和裡に取り戻す可能性ができた。しかもフレデリコは、兄のアルフォンソ同様に、若くして死ぬかもしれなかった。さらに、最終的には自分の一族にそれが戻るという条項で、シャルルは面目を保つことができた。教皇ボニファティウスは、破門した一族の破門した一員にシチリアを渡すことを望まなかったが、やはりその条項に慰めを見出すことができた。彼はシチリアという言葉を避けるために、フレデリコの称号を「トリナクリナ〔シチリアの古名〕国王」とし、その統治は正式には条約成立の日に始まるよう主張しただけで、条約に祝福を与え、フレデリコとシチリア人のローマ教会への復帰を許した。教皇はヴァロワ伯シャルルに対する怒りを控え、冷静に彼を迎えた。[47] その直後の一三〇三年五月、フレデリコとエリエノールの壮麗な結婚式がメッシーナで執り行なわれた。[48]

シチリアからハンガリーへ

実際、ボニファティウスとシャルルの両者にとって、シチリア問題は二義的な重要性しか持たなくなっていた。前者は、フランスのフィリップとの論争に忙殺されていた。その論争は、教皇がアナーニの宮殿からフィリップの兵士たちによって誘拐されるという屈辱的な事件〔一三〇三年のアナーニ事件〕で頂点に達した(49)。後者のシャルル二世は、いまやハンガリーに自分の王朝を確立することが主目的だった。ハンガリーの相続人だった彼の妃は、長男で将来を大いに嘱望された若者シャルル・マルテルにその権利を移譲していたが、彼は一二九六年に熱病で死去し、アンジュー家の大義に大打撃となっていた。シャルル・マルテルの権利の要求は父親の支配地以外では承認されなかったし、シチリアでの戦いのために、シャルル二世は、ハンガリー人が受け入れた国王エンドレ三世に反対する行動をハンガリーで起こすことができないままだった(50)。

シャルル・マルテルと、後を追うように死んだ妻のハプスブルク家のクレメンツィアの間には、三人の幼い子供がいた。一人は息子で、二人が娘だった。教皇ボニファティウスは就任時に、国王シャルル二世のイタリアとプロヴァンスの領土は三男ロベールと、すでにローマ教会の聖職についている次男ルイに渡ること、シャルル・マルテルの二番目の子供である息子シャルル・ロベール、幼少名カロベールはハンガリーの王位に就くことで、シャルル二世と合意していた。一三〇一年早々のエンドレ三世の死の際、カロベールはダルマツィア地方にあったハンガリーの領土に送られ、そこで国王に就任した。しかしハンガリーの有力者たちは、祖母がハンガリー王女だったボヘミア王家のヴァーツラフ二世に王位を提示した。彼は息子ラースローのためにそれを受け入れた。ラースローは一三〇一年八月、セーケシュフェールバール〔現ブダペストの南西方〕で、ハンガリー国王の戴冠には不可欠な聖イシュトヴァーン王冠を戴き王位に就いた〔ハンガリー王ヴェンツェル〕。教皇は調停のために両国王を召喚したが、カロベールしか現われなかった。そのためカロベールの権利はローマによって承認された。その後の数年間、教皇特使はハンガリーでアンジューの大義のために働き、一方、カロベールのもう一方の祖父である神聖ローマ帝国の王〔ドイツ王〕ルードルフは、ボヘミア国王に圧力を加えた。ラースローはハンガリー王位があまりに居心地が悪かったので、一三〇五年に父親が死んだとき、それを放棄してボヘミア国王の地位に就いた〔ボヘミア王ヴァーツラフ三世〕。しかし、彼は聖宝の王冠を、アンジュー家ではなく、母親がアールパード家の王女だったバイエルン公オットー〔三世〕に譲渡した。オットーの治世は不運だった。一三〇七年に彼は、最も強力な臣下でありトランシルヴァニア地方の君主《ヴォイヴォド》であるラースロー・カンと娘を結婚させることを考え、彼を訪問した。しかし、ラースローはオットーを支持するに値しないと判断して拘束し、彼が聖宝の王冠を移譲することでやっと釈放した。オットーは嬉々としてバイエルンへと戻っていった。ハンガリーの大多数の有力者たちは一三〇七年十月に会合し、カロベールを自分たちの国王〔カーロイ一世〕と宣言した。しかし、まだそれに加わらない侮りがたい勢力が存在した。一三〇八年十一月になってやっと、カロベールはペシュト〔現ブダペスト〕にやって来て、王国を統治することができた。彼は翌年六月に王位に就いたが、君主《ヴォイヴォド》ラースローが聖宝の王冠を引き渡すことを拒否していたので、その際に新しく作った王冠で戴冠するしかなかった。翌年の夏、破門の脅かしでやっと君主《ヴォイヴォド》は服従し、一三一〇年八月カロベールは聖イシュトヴァーン王冠によって再び戴冠した(51)。

ナポリの宮廷は心配しながらも関心をもって若い国王の行動を見守り、シチリアに対する関心を弱めていった。ハンガリーの王位は地中海の島の領有よりもはるかに大きな機会を提供するものだった。結果的に、アンジュー家が最盛期を迎えたのはハンガリーにおいてだった。シャルル・ダンジューは息子をハンガリー国王の娘と結婚させたが、それがアンジュー家に大きな栄光をもたらすことになるとは夢想だにしなかったはずである。だが、長い目で見ると、それは彼のすべての行動のなかで、最も成功したものだった。

それゆえに、シャルル二世はシチリアの喪失を冷静に直視することができた。アラゴンのフレデリコにとって、カルタベロッタの講和条約は、自分の努力に応える報酬だった。シチリアの一代限りの王位の条件について、彼は懸念を抱いていなかった。そのことについてまた取引きが可能だと考えていた。それどころか彼は、教皇の条約批准の瞬間から治世を開始することに同意せず、教皇に逆らった。彼の成功は、結果的に兄のアラゴン国王ハイメとの和解をもたらした。ハイメは、敵との同盟から可能な限りの利益を引き出し、一族の結束が再び凱歌をあげられるようにした(52)。

スペイン支配のシチリア

こうした決着はシチリアの人びとに予想をうわまわる償いをもたらした。実のところその戦いは、シチリア人の自由への渇望と決意によって勝ち取られたのだった。晩禱事件から二〇年間、彼らは君主や政治家たちの変節を無視し、自分たちが憎むべきフランス人に再び委ねられるようないかなる和平も、受け入れないことを明らかにしてきた。彼らは、新しい国王がイタリア本土に領土を持たないことを嘆くこともなかった。国王はシチリアの繁栄のために全力を傾注することができた。その後の一世紀、シチリアはあまり豊かではなく世界の政治で大きな役割も果たすこともなかったが、自由で独立した王国として存在し、しばらくは充足感に浸ることができた(53)。

アンジュー家は再征服の希望を棄てたわけではなかった。一三一四年、ナポリで父親シャルル二世を継承していたロベールは、敵の神聖ローマ皇帝ハインリヒ七世に援助していた国王フレデリコを懲らしめようと、シチリアに侵攻を試みた。侵攻は失敗だった。その事件の結末は、王朝の王位在位期間を一代に限定したカルタベロッタ条約の条項をフレデリコが破棄したことだった。シチリアの議会は息子ペドロを継承者として承認した。一三二八年には、さらなる疑惑を生まないように、フレデリコは自分とペドロで共同君主となった。また国王ロベールは治世の末期に、自己の大義のために数回にわたってシチリアの回復を企てた。彼はシチリアに六回にわたる遠征隊を送ったが、はかない成功にすぎなかった。継承者である孫娘ジャンヌの治世の間にもかなりの回数の襲撃が行なわれた果てに、一三七二年に教皇の指導を受けて、アヴェルサ〔ナポリの北方近郊〕で恒久的な平和条約が調印された。これによって、シチリアはアラゴン家のフレデリコ分家に明確に託されることとなった。しかしトリナクリアの国王は、教皇庁のみならずナポリにいる「シチリア王国」の支配者を宗主として認めざるを得なかった。ただそれは、シチリアにとって過重な宗主権ではなかったし、本土からの攻撃と脅威に終止符を打つことを意味した。多情で無能な女王ジョヴァンナ〔一世〕の下でのアンジュー王国の衰退と、彼女の殺害に続く紛争の後、宗主権は名ばかりのものへと後退した。[54] 十五世紀初頭にシチリアは王位継承権によりアラゴン国王へと渡った。そして、封臣の身分であることはまもなく忘れ去られた。[55]

一四三五年、アラゴンとシチリアの国王であるアルフォンソ三世〔五世〕が、シャルル一世の家系の最後の支配者である女王ジョヴァンナ二世の傍系の相続人たちから、イタリア本土の王国自体を獲得した。こうして、アラゴンが最終的に勝利した。しかし、過去が奇妙に逆転して、シチリア島はアラゴン王位と結びついたままで、ナポリはその後半世紀の間、その家系の庶子の血統の下で独立を享受したのであった。[56]

一四〇九年以降、シチリアが再び独立することはなかった。シチリアは、アラゴンの国王から彼らの相続人である統一スペインの国王に渡った。十八世紀には、オーストリアとピエモンテの短い支配の後、シチリアはナポリとともに、スペインの王位に就いていたフランスのブルボン王朝の分家に譲渡された。その王国は両シチリア王国と呼ばれた。ナポレオンの軍隊によって王家が駆逐され、パレルモに避難所を求めた数年間を除いて、二つの王国のうちでシチリアは格下のパートナーであった。シチリアは、ガリバルディによってブルボン家から解放され、統一イタリアに加えられたが、長い間無視され、怒りに満ちた地方となった。最終的にシチリアは自らの議会を再び持った。シチリアを愛する人びとは、その住民が歴史を通して示した勇猛果敢な精神が報われることを望んでいるだろう。

〈原注〉

（1）Cadier, *Essai sur l'Administration du Royaume de Sicile*, pp. 112 ff.; Léonard, *Les Angevins de Naples*, pp. 161-3.

（2）アラゴンの十字軍については、アラゴン側ではD'Esclot, *Cronica*, pp. 677-727とMuntaner, *Cronica*, pp. 246-86が記しており、フランス側ではWilliam of Nangis, *Gesta Philippi III*, pp. 528-34が記している。Lavisse, *Histoire de France*, vol. III, 2 (by Langlois), pp. 113-7を参照。

（3）Miller, *The Latins in the Levant*, pp. 164-5; Longnon, *L'Empire Latin de Constantinople*, pp. 264-5.

（4）Runciman, *History of the Crusades*, vol. III, pp. 396-7.

（5）Potthast, *Regesta Pontificum Romanorum*, vol. II, p. 1794; Villani, *Cronica*, vol. II, p. 306. 彼は消化不良で死んだ。Dante, *Purgatorio*, XXIV, ll. 20-4では、断食の間の彼は、ボルセーナ湖産のうなぎとヴェルナッキア産のマスカット白ワインを口にするのが楽しみだったとしている。

（6）William of Nangis, *op. cit.* pp. 534-5; D'Esclot, *op. cit.* pp. 727-32; Villani, *op. cit.* vol. II, pp. 298-305. Dante, *Purgatorio*, VII, l. 105などは、彼のことを「ユリの花〔フランス王家の紋章〕の名誉を汚して敗死した」と記している。

（7）Bartholomew of Neocastro, *Historia Sicula*, p. 80; D'Esclot, *op. cit.* pp. 732-6; Muntaner, *op. cit.* pp. 296-300. Dante, *Purgatorio*, VII, ll. 112-4は彼のことを、「壮健で」、そして「美徳の」人としている。

（8）シャルルの性格については、Léonard, *op. cit.* pp. 172-4 の優れた要約を参照。シチリア副総督府の願いに反して、国王ペドロの死のほぼ直前に、シャルルがシチリアからカタルーニャに移されていたことについては、Bartholomew of Neocastro, *op. cit.* pp. 78–9 を参照。

(9) Potthast, *op. cit.* vol. II, pp. 1795–6. ホノリウス四世の経歴と性格については、Honorius IV, *Registres*, ed. Prou, introductionを参照。彼は、兄弟のパンドルフォ・サヴェリをローマの執政官に指名した。Gregorovius, *Geschichte der Stadt Rom im Mittelalter*, vol. II, pp. 90–1を参照。

(10) Honorius IV, *Registres*, pp. 72–86, and introduction, pp. xxii–xxxv.

(11) *Ibid.* introduction, *loc. cit.*

(12) Bartholomew of Neocastro, *op. cit.* p. 81; Muntaner, *op. cit.* pp. 300–1. D'Esclotの年代記は、国王ペドロの死で終わっている。

(13) Rymer, *Foedera*, vol. I, 2, pp. 662–7. 教皇ホノリウス四世が交渉事をすることに用心深かったことについては、Honorius IV, *Registres*, pp. 938–9 を参照。

(14) Bartholomew of Neocastro, *op. cit.* pp. 78, 81; Honorius IV, *Registres*, pp. 348–9, 548.

(15) Rymer, *Foedera*, vol. I, 2, pp. 670–1.

(16) Honorius IV, *Registres*, p. 572.

(17) Bartholomew of Neocastro, *op. cit.* pp. 81, 86–8, 93–101; Budge, *The Monks of Kublai Khan*, p. 171 (a translation of Rabban Sauma's narrative). ラバン・サウマは、その戦争は非戦闘員が巻き込まれないよう、非常に紳士的な手段で行なわれたとみなしている。

(18) Potthast, *op. cit.* vol. II, pp. 1823–6. ニコラウス四世については、the article by Teetaert in Vacant and Mangenot, *Dictionnaire de théologie catholique*, vol. XI, 1 を参照。

(19) Rymer, *Foedera*, vol. I, 2, pp. 677–9.

(20) *Ibid.* pp. 680–1; Digard, *Philippe le Bel et le Saint-Siège*, vol. I, pp. 43 ff.

(21) Nicholas IV, *Registres*, vol. I, p. 114; Runciman, *op. cit.* vol. III, pp. 405–6.

(22) Rymer, *Foedera*, vol. I, 2, pp. 685-97; Muntaner, *op. cit.* pp. 327–9; Digard, *op. cit.* vol. I, pp. 63–6.
(23) Villani, *op. cit.* vol. II, pp. 331–2; Nicholas IV, *Registres*, vol. I, pp. 212–6, 247; Digard, *op. cit.* vol. I, pp. 66–70.
(24) Bartholomew of Neocastro, *op. cit.* pp. 102–11; Villani, *op. cit.* vol. II, pp. 343–4; Carucci, *La Guerra del Vespro Siciliano*, p. 199.
(25) Muntaner, *op. cit.* pp. 337–40; Digard, *op. cit.* vol. I, pp. 100–10, and *Pièces justificatives*, no. XII (for the text of the Senlis agreement), vol. II, pp. 279–80.
(26) Bartholomew of Neocastro, *op. cit.* p. 126; Muntaner, *op. cit.* pp. 340–1; Villani, *op. cit.* vol. III, p. 25.
(27) Nicholas IV, *Registres*, vol. II, p. 892; Carucci, *op. cit.* pp. 252–82; Digard, *op. cit.* vol. I, pp. 136–40.
(28) Potthast, *op. cit.* vol. II, p. 1914.
(29) Digard, *op. cit.* vol. I, pp. 155–60を参照。
(30) ハンガリーの継承については、本章四四四～四四六ページを参照。
(31) Carucci, *op. cit.* pp. 349 ff.
(32) Potthast, *op. cit.* vol. II, pp. 1915–6; Hefele-Leclercq, *Histoire des Conciles*, vol. VI, 1, pp. 333–7. 彼の選出にまつわるゴシップについては、Villani, *op. cit.* vol. III, pp. 11–2を参照。
(33) Digard, *op. cit.* vol. I, pp. 119–20, 190–1; Léonard, *op. cit.* p. 186; Carucci, *op. cit.* pp. 81 ff. カルッチもシカルディも、*Rebellamentu*に関する序文ではジョヴァンニ・ダ・プロチダについての長い弁明をしており、彼の不評を何か耳にしていたのであろう。Bartholomew of Neocastro, *op. cit.* p. 120では、ジョヴァンニ自身が交渉を開始するためにローマに行ったとしている。
(34) Digard, *op. cit.* pp. 190–1.
(35) Potthast, *op. cit.* vol II pp. 1921–4; Hefele-Leclercq, op. cit. vol. VI, 1, pp. 338–9, 348–51; Boase,

Boniface VIII, pp. 49–51. そのゴシップについては、Villani, *op. cit.* vol. III, pp. 13–6を参照。

（36）Boniface VIII, *Registres*, ed. Digard, vol. I, pp. 68–70; Nicholas Specialis, *Historia Sicula*, p. 961（以上は、ジョヴァンニ・ダ・プロチダとラウリアのルッジェーロが国王ハイメとともにやってきたとしている）; Digard, *op. cit.* vol. I, pp. 222–4.

（37）*Acta Aragonensia*, ed. Finke, vol. III, pp. 49 ff.; Digard, *op. cit.* vol. I, pp. 217–8, 258, 263; Carucci, *op. cit.* pp. 427–9; Léonard, *op. cit.* pp. 184–6. カトリーヌの返答については、Boniface, *Registres*, vol. I, p. 290を参照。

（38）Boniface VIII, *Registres*, vol. I, pp. 68–70, 272–3, 925–35; *Acta Aragonensia*, vol. I, pp. 33, 40; Nicholas Specialis, *op. cit.* pp. 985–6; Carucci, *op. cit.* pp. 546 ff.; Digard, *op. cit.* pp. 290–2. ヴィオレンテの地位については、Finke, *Aus den Tagen Bonifaz VIII, Quellen*, p. xxxviにおける逸話を参照。ボニファティウスはこのとき、彼女を賞賛するシャルル二世にいやいやながら同意したという。彼女の影響力については、本章四四一ページを参照。

（39）Nicholas Specialis, *op. cit.* pp. 962–5, 995–6.

（40）*Ibid.* pp. 999–1001.

（41）*Acta Aragonensia*, vol. I, pp. 55, 70; Finke, *op. cit.* p. xiv.

（42）Nicholas Specialis, *op. cit.* pp. 1015–9; Boniface VIII, *Registres*, vol. II, pp. 913–25.

（43）Nicholas Specialis, *op. cit.* p. 1027. ジェーノヴァとの関係についてはLéonard, *op. cit.* p. 189を参照。

（44）Nicholas Specialis, *op. cit.* p. 1035; *Acta Aragonensia*, vol. III, pp. 107, 113; Finke, *op. cit.* pp. xx, lv. メッシーナの防衛は、シチリアの主張に忠実だったカタルーニャの提督アラゴーナのブラスコが指揮した。

（45）Petit, *Charles de Valois*, pp. 52 ff.; Léonard, *op. cit.* pp. 190–3; Finke, *op. cit.* p. xx.

(46) Nicholas Specialis, *op. cit.* pp. 1037–43; Finke, *op. cit.* pp. xxxv, xlvi, lii, liii, lvi; *Acta Aragonensia*, vol. I, pp. 106, 108, 111; Léonard, *op. cit.* pp. 194–6; Boase, *op. cit.* pp. 289–92.
(47) Boniface VIII, *Registres*, vol. III, pp. 847–64; Villani, *op. cit.* vol. III, pp. 75.
(48) Nicholas Specialis, *op. cit.* pp. 1048–50.
(49) Digard, *op. cit.* vol. II, pp. 175–85; Boase, *op. cit.* pp. 341–51.
(50) Léonard, *op. cit.* pp. 196–7. Schipa, *Carlo-Martello Angioino* の各所も参照。
(51) Léonard, *op. cit.* pp. 197–9.
(52) Caggese, *Roberto d'Angiò e i suoi Tempi*, vol. I, p. 20. 教皇ベネディクトゥス十一世は一三〇三年に、フレデリコを彼の統治開始の日付の件で叱責した（Potthast, *op. cit.* vol. II, p. 2027）。
(53) 次の世紀の間、島内の政治体制は概して、ナポリとの小競り合いをくり返した以外の妨害はなしで遂行されたようである。
(54) Léonard, *op. cit.* pp. 224, 243–5, 252–5, 326–9, 433–6.
(55) 国王フレデリコ〔イタリア名／フェデリーコ二世〕の曾孫で最後の女相続人マリア〔マリーア〕が一四〇二年に死んだことにより、シチリアは彼女の夫マルティーノ一世（アラゴン国王マルティンの息子）が、次いで息子マルティーノ二世が相続した。彼の死により、シチリア王位は、カスティーリャ国王フアン一世と、母親がシチリア王女だったアラゴンの王女レオノーラとのあいだの年下の息子、〔アラゴンのトラスタマラ家〕フェルナンド〔一世〕に渡った。彼の息子アルフォンソ〔五世〕は、シチリアと同様にアラゴンも相続し、一四二〇年にはシチリア（ナポリ）女王であるアンジューのジョヴァンナ二世の養子となったことにより、「両シチリア王国」は統合されることになった。本書文献リストを参照。
(56) アラゴンはしばらくの間ギリシアを征服していたが、そこでは、カタルーニャ人の一団が海賊活動をしていたため、そのシチリア支部がアテネの公爵家系を支援した。

第17章　晩禱とヨーロッパの運命

教皇ボニファティウス8世の像。

シチリアの晩禱事件がヨーロッパの歴史に刻印したもの

シチリアの晩禱事件の物語は二つの主題から成り立っている。一つは、シチリアの歴史に激しく重要な転換点を記したこと、もう一つは、ヨーロッパ全体に一つの教訓を与えたことである。

皇帝フリードリヒ二世の死とホーエンシュタウフェン帝国の瓦解によって、教皇庁はヨーロッパの全キリスト教世界統治の主たる敵に勝利を治めたように見えた。その勝利を維持するには、誰にせよ一人の権力者の手中へ過剰に権力が集中することを防ぐ政策が必要だった。一二五〇年のフリードリヒの死から一三一一年のハインリヒ七世の戴冠まで、西欧で戴冠した皇帝はいなかった。偶然による場合もあったがほとんどは教皇の政策によって、選出皇帝としての神聖ローマ帝国の王はドイツ王を越える存在ではなかったし、イタリアへの権力伸張をはかるたびに、教皇の周到な行動によって阻まれた。とはいえ、教皇庁といえども世俗の助けなしには、キリスト教世界の統治者となることはできなかった。信徒たちがその高邁な主張を受け入れようとも、教皇庁はまず物質的な力を必要としていた。教皇庁が法的・財政的中枢としていかに効果的に組織されようとも、その布告が守られ、要求する税や十分の一税が支払われることを保証する物理的な強制力が必要だった。理想的な解決策は、教皇の命に従う補助的な権力としての皇帝だっただろう。インノケンティウス三世は、被後見人のフリードリヒ二世が皇帝になるのを承認したとき、こうしたことを期待したのだった。しかし、インノケンティウス三世と後継者たちは、自分たちが常に利益を得られるような構造の政策を、誇り高く野心に満ちた皇帝に期待してはならないということが理解できなかった。教皇は皇帝と衝突して、その時代の唯一の求心的な力を分割してしまった。その一方で教皇は、当時の主要な分離主義的勢力、すなわちナショナリズムの萌芽的精神に活力を与えることになり、それは後に全キリスト教会的教皇権という理念に対する最悪の脅威になった。教皇は、分離した世俗的編成の発展を促したが、その力はナショナリズムにあることを認識していなかった。フランスの国王ルイ九世ほど信心深く誠実なローマ教会の信奉者はいなかった。しかし、その聖王ルイでさえ、神の下での第一の義務は、神が自分に統治を命令した国民に対するものであると信じていた。彼は、教皇権にもとづく帝国の建設者を満足させるためにフランスの利益を犠牲にしようとはしなかった。もし、同時代の君主たちが彼と同様に高い能力を有していたら、ヨーロッパの統治は衝突も少なく、教皇庁もその専制的権力の限界を理解していただろう。しかし、ルイは例外的存在だった。当時の混乱のなかで、教皇たちは立ち止まって熟考することを決してしなかった。

フリードリヒの死去の際、教皇の主眼はホーエンシュタウフェン家の勢力の復活を阻止することだった。それは容易ではなかった。家系には臣下の忠誠を集める有能で魅力的な人物が輩出した。彼らの長期にわたる闘争は、イタリア人の間に、攻略にあけくれる二つの敵対する党派、教皇派と皇帝派を生み出し、この両派が党派のためにあらゆる局面を利用した。イタリアに平和をもたらすためには他を圧倒する力が必要だった。その間の教皇は、ローマ管区のなかでさえ安全に暮らせる確信が持てなかった。マンフレーディがイタリアでのホーエンシュタウフェン家の相続権を獲得したとき、ドイツそのものに懸念を抱いていた父親のような不利な条件はなかったが、イタリアの政治状況は父親のときと同じくらい危険だと思っただろう。その彼を鎮圧してイタリアに忠実な統治をもたらすため、教皇は、必要な軍事費用を賄うに十分な資金を持った海外の君主を導入しようと決心した。もし、適当なイングランドの王子がいて、イングランドにもっと賢明な国王がいたのなら、イングランドの王子こそがそれにふさわしかっただろう。しかし、王子エドマンドは若かったし、国王ヘンリー三世は無能で、さらにこれに教皇の過剰な財政的要求が加わり、イングランドの候補は実現不可能となった。それに代わって、フランスに救済の道を探すことになった。

この時点で、フランス人が教皇の座についていたのは不幸なことだった。イタリア人の枢機卿たちの内紛が絶えない中で、かつてイェルサレムの大司教をつとめ、国際経験の豊かな人物である教皇ウルバヌス四世の選出は、疑問の余地のない選択と思われた。一五〇年前の、同じフランス人ウルバヌス二世は、中世の教皇のなかで他にひけをとらない広い見識と心を持つ人物であった。しかし、時とともにフランスは国家として発展し、その子孫たちはフランス人としての視点を持つようになった。特に卓越した能力を持つフランス人の王子がいたことにより、ドイツ系イタリア王朝からローマ教会を救うためフランス人の君主を呼び入れることは、ウルバヌス四世にとって当然だった。

教皇庁のシャルル・ダンジューとの同盟は、害しかもたらさなかった。シャルルは大いなる野心も抱いており、イタリアに招かれると、その野心を徹底して追求することになった。彼は、ローマ教会の独立にとって、ホーエンシュタウフェン家と同様危険な存在となった。むしろその危険性はより大きいといえた。彼は教皇に代わってイタリアの教皇派の指導者になっただけでなく、教皇の精神的な支持よりもはるかに役に立つ物質的な援助を、教皇派にもたらした。彼はまた、一世紀以上にわたってほとんどの皇帝が行使できなかった圧力を、教皇選挙に加えることができた。フランス人教皇の誕生は数多くのフランス人枢機卿の輩出を意味した。彼らは教皇派の同盟者とともに、特にシャルルが軍を率いて近くにいる場合、フランス人かフランス人に好意を持つ人物で教皇庁の空位を埋めるようにし向けた。彼をイタリアに招いたウルバヌス四世はフランス人だったし、またイタリアで彼を迎えたクレメンス四世もそうだった。クレメンスの死後、教皇選出会議で反発が生じ、それが約三年間続く教皇の空位を生み出した。その空位は、フランス人教皇の存在と並んでシャルルには好都合だった。彼にとってグレゴリウス十世の選出は敗北だったし、グレゴリウスは彼の計画のいくつかを妨害した。その後に続く三人の短命の教皇すなわちサヴォワ人、教皇派のイタリア人、それにポルトガル人の三人は皆、彼に友好的だった。その後、シャルルが病気のため退いていた際、ニコラウス三世が選出され、彼は新たな拒絶に会った。ニコラウスはグレゴリウスと同様に、教皇の義務についてより広い考えを持っていた。ニコラウスの死後、シャルルは危険を犯すことなく、すべてのフランス人教皇のうちでも最も非妥協的な人物マルティヌス四世を選出させた。一二八二年頃のシャルルは、たとえ何が自分に起ころうとも教皇の支持を確信することができた。シャルルが教皇庁の支持を強く求めたのは、その時代ではよくあることだった。彼の信心は真正のものだったし、そのために彼は教皇の意志の表明に逆らうことはできなかった。しかし、だからこそ、彼が敬う教皇が自分の思いどおりに動くようあらゆる策を弄した。

彼自身優れた能力を持ち、教皇庁もフランスもイタリアの教皇派も彼を支持していたことを考えれば、シャルルの生涯が失敗に終わったことは、一見驚くべきことのように思える。彼は、冷酷さのためと、支配する人びとへの対応を理解できなかったために失敗した。フランス人が中世ヨーロッパで最も活力があり意欲的であることは証明されていたし、彼ら自身もそのことに気づいていた。彼らは自らを支配民族とみなし始めていた。十字軍を組織し、人的資源のほとんどを供給し、指揮を執った。彼らは、パレスチナとギリシアに自分たちの生活様式を確立した。キリスト教世界を支配することが彼らの運命となった。シャルルはフランス人だった。さらに、彼はフランスの君主だったし、その国家統合と国家意識をもたらしたのが、なかんずくフランス王家だった。国民に秩序と正義をもたらし、自由奔放で分裂した貴族の勢力を掌握していたのは、カペー朝の国王たちだった。シャルルの幼年期、母親と兄弟はフランスの不穏な貴族たちを鎮圧することに忙しかった。若い頃、彼はプロヴァンスの貴族たちを鎮圧する任務にあたった。彼は、民衆の共感は中央集権的権力によって得られると思いこんで育った。

こうした民族と地位から生まれた自尊心によって、彼は二つの重大な過ち、すなわち外交における過ちと国内政治における過ちを犯した。彼は自分を、とくに東欧における十字軍君主たちの後継者とみなしていた。フランス人は、第四回十字軍とコンスタンティノープルにおけるラテン帝国の確立に誇りを持っていた。その崩壊は彼らにとって侮辱だった。彼らはその崩壊をまったく理解できなかった。というのも、東方のアラブ人と同様ビザンティン人にとっても、フランス人が文明の精髄の代表者ではなく、宗教的迫害を好む野蛮な侵入者であるということは、夢想だにしなかったからである。シャルルは、コンスタンティノープル遠征軍を派遣する許可さえ得られれば、ラテン帝国の再興は容易な仕事と思っていた。軍事的観点からは、彼は正しかった。しかし彼は、ビザンティン人が西欧に対して抱いていた燃えるような敵愾心も防衛の規模も考慮にいれていなかったし、さらに彼らが数世紀にわたって会得した外交手腕を十分に認識してもいなかった。彼はアラゴンの宮廷を軽蔑しており、その権利が自分に抗していかに効果的に使われるのかも理解していなかった。彼は海外のすべての敵を過小評価して、彼らが結束したら危険な存在になり得ることを、理解していなかった。

フランス国家の台頭と教皇権の衰退

彼らの連繫は、シャルルの内政における過ちのためもあって成功した。彼はナショナリズムの力に疎かった。同国人であるフランス人が信頼に足ることを知っていたが、他の民族は信頼しなかった。彼の各地の領土では、可能な限り他の領土から役人を連れてきて採用することを慣行としていた。しかし、そうした政策によって生じがちな恨みに、気がつかなかった。彼はフランスと同様、君主政治に危険な要素は貴族であり、下層の民衆は自動的に国王の下に結集するものと考えていたようである。彼はイタリアの領土で地元の貴族の力を削ぎ、導入したフランス人の貴族や騎士に頼った。もっとも、シャルルは彼らにも過剰な領域的権力を与えはしなかった。しかも、導入したフランス人貴族たちは、古くからの世襲領土から切り離されたとたんに有能でもなく清廉潔白でもない役人になり下がること、そして、たとえ彼らが有能だとしても地元の住民は外国人の役人を嫌うことに、シャルルは思い至らなかった。シャルルは優れた行政家だったが、すべてを監督することはできなかった。状況が悪化したときに急遽導入した改革によって、彼の行政に多くの欠点があったことは明らかである。とくに行政は、シチリア人を満足させていなかった。

シチリア問題がヨーロッパの問題と交錯するのはこの点においてである。シャルルはシチリアを無視した。彼はそこを他の領土よりも貧しく、役に立たないと思っていた。彼の治世の初期にシチリア人は長期にわたる反乱を起こして、彼を悩ませたことがあった。彼は島への本格的な訪問を行なったことはなかったし、そこの統治機構を自ら視察したこともなかった。役人たちは、シャルルが直接支配権を行使できる本土よりも、腐敗し、抑圧的だった。シチリア人の初期の反抗にもかかわらず、シャルルは彼らが面倒を起こすことは予想していなかったようである。彼らは民族的に混淆していた。半世紀ほど前には、ギリシア的要素、アラブ的要素はラテン的要素と明確に区別することができた。シャルルは当然ながら、そうした多様な血統をもった人びとが、自分の権力を長い間にわたって脅かすほど堅固に結束するなどあり得ないと考えたのだろう。しかし実際、島全体の逆境、不満、意志が島民を結束させた。それは、国民的感情が民族の純粋性にはほとんど依存していないことを示す、とりわけ際だった例となっていた。シャルルの帝国の崩壊は、敵によって外部から計画され促進され組織されたとはいえ、シチリア人の怒りに満ちた勇気によって実行され持続された反乱によるものだった。シチリアの指導者たちの数人は動揺したかもしれない。アラゴンの介入とラウリアのルッジェーロの海戦の能力は、その勝利に貢献したかもしれない。しかし、シチリア人をアンジュー家の支配から解放したのは、後の同盟者の離脱にも後退しなかった、シチリア人のゆるぎない決意だった。

帝国の建設者としてのシャルルの失敗は、彼が当時の地中海世界を理解できなかったことにあった。もし彼がシチリア国王の役割に徹していたら、そこの臣下をいかに統治すべきかを学ぶ時間を持てたかもしれない。しかし彼は、ローマ教会によって擁護者に選ばれた神の戦士と自認していた。西方の帝国は、ローマ教会と敵対したため崩壊した。彼は、ローマ教会の保護の下、世俗の権力として新たな帝国を建設するつもりだった。彼は遅すぎた。キリスト教世界は地域的利害を内包するあまりに多くの単位へと分裂してしまっていた。ナショナリズムが急速に成長しつつあった。シャルル自身がその影響を受けた。彼の役割が何であったにせよ、彼は行動において、時には教皇の領土拡張主義の代理人となり、時にはフランス帝国主義の代理人となり、また時には自分自身の個人的な王家の野心の代理人となり、その役割は混乱していった。後にハンガリーの王位に就いたとき、アンジュー家は輝きを見出すことになるが、それも、利害を中部ヨーロッパに限定した限りにおいてだった。もし、アンジュー家がイタリアの領土と中部ヨーロッパの領土とを結びつけようとしたら、その仕事は、アンジュー家の力を越えるものだった。アンジュー家の国王たちのほとんどは、ヨーロッパにその足跡を記した卓越した能力の人物だった。しかし、それは束の間の足跡であって、ヨーロッパにはほとんど利益をもたらさなかった。

晩禱事件の大虐殺によって、国王シャルルの帝国建設の試みは破滅した。その血の海に消え失せたものは、それだけではなかった。すなわち、グレゴリウス七世的な教皇庁の破滅である。教皇庁はシャルルに信を託していた。グレゴリウス十世やニコラウス三世のような少数の賢明な教皇は、その傾倒の度合いを低くしようとしたが無駄だった。シチリア人は教皇庁に逃げ道を提供しようと最善を尽くした。マルティヌス四世よりも優れた教皇だったら、時期を待って教皇庁の損害を最小限にくい止めたかもしれない。しかし、そうであってもやはり損害は生じていただろう。シャルルの支援が不首尾に終わったことは、教皇庁が間違っていたことの証しとなっただろう。しかし、敬虔な人びとの希望やヨーロッパの多くの良心に背いてシャルルを無定見に支え、さらに彼に引きずられて敗北に至ることは、はるかに悲惨な屈辱を意味した。教皇庁はその闘いに全力を投じた。能力以上の資金を投入し、聖戦という武器を投入した。そして、すべてが役に立たなかった。教皇庁は財政的に逼迫し、その財政を回復させるため、世俗の権力が支払える額以上の金を引き出そうとせざるを得なくなった。教皇庁は宗教的な武器を損なうこととなった。というのも、フランスとイタリアの教皇派の都市のほかには、シチリア人の鎮圧を宗教的な目的とみなすヨーロッパ人はほとんどいなかったからである。聖戦という考え方は、ホーエンシュタウフェン家に対して使われたとき、すでに軽んじられていた。いまやそれはまったく崩壊していた。教皇庁の権威は、自らの道義的正当性の確信も持てないまま、勝ち目のない運動に浪費された。中世にあって、キリスト教世界を神の代理の公平な知者が治める一つの偉大な神権政治に統合するという、普遍教会の理念ほど優れた理念はなかった。しかし、この罪深い世においては、神の代理といえども、その神聖な意志を強制するための物質的な強さが必要だった。中世の教皇庁には、キリスト教世界全体が信頼できる世俗の支持者を見つけることは不可能だと判明した。そうした支持を提供していたかもしれない唯一の普遍的帝国を打倒することによって、教皇たちは困難な課題を自らに課したのだった。彼らがシャルル・ダンジューを選択したことは容易に理解できる。しかし、それは致命的だった。シャルルの権力がパレルモの晩禱事件によって倒されたとき、彼らはあまりにも深く事態に関わりすぎた。物語は、アナーニにおいて教皇に加えられた侮辱〔一三〇三年、フランス王フィリップ四世が教皇ボニファティウス八世をローマ近郊のアナーニに一時捕囚し、教皇は憤死した事件。教皇権威の没落の端緒となった〕、アヴィニョンでのバビロン捕囚〔一三〇九年、フィリップ四世が教皇クレメンス五世と教皇庁を南仏のアヴィニョンに強制移転させ、教皇はフランス王の監視下におかれた。ユダヤ教徒のバビロン捕囚の故事にならって、教皇のバビロン捕囚と呼ばれる〕、さらに分裂と幻滅を通じて宗教改革の紛争へとつながっていった。

あの荒れ狂った晩にナイフを抜いてパレルモの街に殺到したシチリア人は、自由と名誉のために反抗したのだった。彼らには、それが自分たちを、またヨーロッパ全体をどのような結果に導くのかはわからなかった。しかし、その晩に流された血は、勇敢な人びとを抑圧から救っただけではなかった。それは、キリスト教世界の歴史をも根本的に変えたのである。

その教訓が忘れ去られるということはなかった。三世紀以上も後に、フランス国王アンリ四世〔在位一五八九〜一六一〇年〉はスペイン大使に対して、もしスペイン国王が自分を怒らせるようなことをしたら、イタリア内のスペイン領土に対して損害を与えることもできると、大言壮語した。アンリは言った——「余はミラーノで朝食をとって、正餐をローマでとることができるのだ」。「それでは」と大使は応えた。「陛下は晩禱の鳴る時刻には必ずシチリアにいるわけですね」。

補遺　ジョヴァンニ・ダ・プロチダと晩禱

シチリア、チェファルの聖堂の後陣にある、救世主キリストの十三世紀のモザイク画。

晩禱事件の大虐殺がシチリア外でどの程度計画されたかについては、激しい論争があった。大陰謀は、ナポリ人の亡命者でアラゴンの宮廷で働いていたジョヴァンニ・ダ・プロチダによって計画され、結果として大虐殺事件が起こったというのが、これまでの歴史の大多数の見方だった。これは、ボルテールやギボンのような十八世紀の作家の見解である。彼らによれば、「反乱はジョヴァンニ・ダ・プロチダの存在あるいは彼の情熱に鼓舞されたもの」としている[1]。イタリアの歴史家オリアーニにとって、ジョヴァンニは大陰謀家であった[2]。ジョヴァンニは、カシミール・ドラヴィーニュの『シチリアの晩禱』やフェリシア・ヒーマンズ夫人の悲劇『パレルモの虐殺』におけるドラマティックな筋立ての主人公として登場するし、ヴェルディのオペラ『シチリアの夕べの祈り』のためにスクリーブが書き下ろした滑稽な台本においても、主要な役まわりで現れる[3]。

これらの見方は、十九世紀の著名なシチリア人歴史家ミケーレ・アマーリによって激しい批判を受けた。彼の著書『「シチリアの晩禱」の戦史』は一八四二年に初版が発表されたが、大虐殺とそれに続く争いについての、学者による最初の成果だった。しかしアマーリは学者であるとともに政治家でもあった。彼の生地であるシチリア島がナポリのブルボン王家の統治下にあって混乱していたときに、彼はそれを書いた。彼はシチリア人に自由を求めて立ち上がらせようとしたのだった。シチリア人は一二八二年に法律を掌握し圧制者に対抗して決起したことを想起すべきだと考えた。しかし、その反乱が単に外国勢の陰謀による結果にすぎなかったというのなら、そのメッセージは意味のないものになる。アマーリは誠実な人物であり、自分の書いたテーマを確信していた。そのテーマには、ジョヴァンニ・ダ・プロチダが陰謀のすべての動きに密接に関与していたわけではないということも含まれていた。その蜂起はまったくの自然発生だった。その後で、ジョヴァンニから助言されたアラゴン人がシチリア島に自分たちの権力を確立するのに利用しただけだった。ジョヴァンニ・ダ・プロチダは、大陰謀家としてではなく、むしろ卑劣なキャラクターをもつ卑小な政治家として捉えられているのである。(4)

アマーリの解釈はその後、真摯な議論によって補強された。アマーリは、多くの信頼できる文献でもジョヴァンニが言及されていないこと、また、他の文献でも陰謀におけるジョヴァンニの主導を否定していること、そしていずれにせよ、晩禱事件とシチリアにアラゴン人が到着したときの時間のずれが、陰謀に対する反論になるとした。彼が触れなかった他の文献も、彼の主張の一部を裏付けている。しかしながら、同時代の政治的な関心を喚起しようというアマーリの願望ゆえにジョヴァンニの役割がいささか誇張される結果になったことは、明白である。しかも彼は、利用した文献自体が往々にして政治的動機を内包していることを、理解していなかった。

とくに、アマーリは二つのアラゴン人の文献がいずれも陰謀に言及していないことに影響を受けた。一二八五年で記述を終えているカタルーニャの年代記作者ベルナール・デスクロとその約四〇年後に記されたラモン・ムンタネールの年代記は、晩禱事件と同時期に国王ペドロがアフリカでムーア人との戦いに入ったこと、その直後にシチリア人から助けを求められたという構成になっている。(5) これは明らかに、アラゴンの宮廷が唱えた公式の筋書きであり、自らの責任を最小にしなければならない政治宣伝を目的としている。これは陰謀の存在を反証する論拠とはなりえない。アラゴン十字軍を正当化するために、できるだけアラゴンを巻き込もうとしたフランスの公式記録でも、陰謀の事実が消されている。フィリップ三世の生涯について記したナンギのギョームによれば、国王ペドロがシチリア人と共謀した妻に動かされたためとしている。さらにギョームは、シチリアの使節団がアラゴンへ行ったこと、その使節団が帰った直後に蜂起が起きたことを記している。国王シャルルを賛辞するある作者も、そのことをくり返し述べている。それによると、ペドロは、シチリア人と妻の提案でシャルルに対抗する艦隊を用意したこと、そして、ペドロのアフリカ遠征は教皇への弁解のためであったという。この筋書きは、作者不詳の『誇り高いフランスの偉業』と、『サン・ベルタン年代記』〔現フランス北端のサントメール市にあるサン・ベルタン修道院の年代記〕でもくり返される。つまりフランスの文献のどれも、ジョヴァンニ・ダ・プロチダには言及していない。(6)

詳細はイタリアとシチリアの文献にあるが、それらは一貫していない。そのうちで最も信頼できるのは、ネオカストロのバルトロメーオの文書である。彼は同時代をメッシーナで生き、行政府にも関わっていた人物である。彼の文書は美文調に流れ、時にラテン語の文法の誤りや偏見が見られるにもかかわらず、内容については確信をもって記述されている。彼は陰謀の準備については言及していないが、パレルモの蜂起はアンジュー家の圧政の直接的結果であったことを暗示している。しかし彼は話の一部として、王妃コスタンツァの主張について次のように言及している。すなわち、教皇と国王シャルルは、アフリカへのアラゴン人の遠征が、本来はシチリアへの侵入を目的としていたのではなかったかと疑っていると述べている。[7] 半世紀後に『シチリアの歴史』を書いたニコラス・スペチャーレは、その反抗は「意志の疎通がまったく図られなかったこと」によって噴出したものだったと述べている。彼はたぶん、アラゴン王朝の立場を出したかったのであろう。[8] その他に、八二〇年から一三二八年までのシチリアの歴史を記した作者不詳の多くの年代記は、ほぼ同じ漠然とした記述になっている。[9]

ジョヴァンニ・ダ・プロチダの陰謀の話は、主に、シチリアの方言で記された十三世紀のメッシーナについての作者不詳の年代記『シチリアの反乱、シャルル王に対するプロチダのジョヴァンニ氏の反抗』と、事件の概要を記したモデーナ人とされる作者不詳の二つの文書『崇拝されるジョヴァンニ・ディ・プロチダとパリオロコ』『ジョヴァンニ・ディ・プロチダ氏の伝説』によっている。[10]『シチリアの反乱』では、ジョヴァンニは英雄として扱われているが、他の二つの文書では悪者として現れる。これらの作品が書かれた時期については議論の余地がある。最近の文献考証によれば、『シチリアの反乱』を晩禱事件と同時代のものと結論づけることはできない。その理由は、文中の一つの単語にある。[11] その文書のどこを検討しても、一二九八年以降に書かれたということは、ほとんどあり得ない。一二九八年とは、ジョヴァンニがシチリア人を見捨て、教会と和解した年である。その年以降、彼はシチリア人にとって英雄でもなく、また教皇派にとって悪者でもなくなったのだった。したがって、大陰謀を組織したとするジョヴァンニの個人的な活動の物語は、彼の生きているあいだだけ人びとに通用していたようである。次の世紀の初期になると、それが真実として歴史家に受け入れられてしまった。フィレンツェ人の年代記作者リコルダーノ・マーレスピーニとジャケット・マーレスピーニは、たぶん十年後には完成されたであろう一二八六年で筆をとめた年代記に、ジョヴァンニの活動を再三述べて、彼をアラゴンのペドロからシチリアに遣わされた大使としている。それはまた、教皇ニコラウスの買収にも何度も言及している。(12) 十四世紀前半、ブルネット・ラティーニとヴィラーニがそのすべての筋書きを絵空事とゴシップに満ちた話で事細かに書き直し、ボローニャのフランチェスコ・ピッピーノや、ボッカチオ、ペトラルカなどがそれをそっくりそのまま踏襲した。(13) ダンテは、ジョヴァンニ・ダ・プロチダの名前に言及してはいないが、国王シャルルに対抗するために金を受け取った教皇ニコラウスを非難して、地獄に落としている。(14)

名高く見識あるこのような作家たちの多くは話の主人公たちが存命中に生まれており、彼らが堅く信じてきた話を否定するのは実に難しい。だが、そうした伝説の一部が真実であり得ないことは周知のことである。ジョヴァンニ・ダ・プロチダが変装して地中海世界を旅していたとされたとき、実際には彼がアラゴンを離れられなかったことは、確かなようである。教皇ニコラウス三世時代の報告書のなかにも、また現存する数多くの文書のなかにも、国王シャルルに対する教皇の政策が明白に論理の展開から逸脱したことを示唆しているものは存在しない。(15) 晩禱事件とアラゴン国王が干渉し始めたときの時間にずれがあることは、その事件のすべてがアラゴンに住んでいた政治家によって組織され操作されたとするのに無理があることを示唆してくれる。他方、アマーリは確かに誇張した。伝説は確信に満ちた詳細な叙述からこそ生まれる。ましてジョヴァンニ・ダ・プロチダは、反乱に関与したとする正当な理由がないかぎり、教皇派の見解による筋書きで大いなる悪役になるはずはなかった。誇り高く過激なシチリア人は、彼が自分たちを指導したと信じない限り、ナポリ生まれの男を自分たちの指導者の位置に引き上げるような伝説を許すはずはないだろう。大虐殺の時に生きていた多くの人びとは、彼らが死ぬ前に物語を聞いたにちがいないが、誰もそれを否定しはしなかった。しかも、反乱には必ず何らかの組織を必要とするものだ。シチリア人のような閉ざされた社会にある人びとにとっては、生き残るための陰謀組織を記した文書の存在は望めない。だからこそ、口碑が長く伝えられている島では、それをそのまま信じるしかない。もちろん、ジョヴァンニ・ダ・プロチダという代理人によって計画された陰謀そのものがなかったと信じるのも難しい。おそらく、彼の息子の一人は、伝説中で父がしたとされる旅に出ただろう。

歴史家が、ビザンティンの演じた役割を過小評価したことは大いにあり得る。伝説においては、ビザンティンの黄金が大きな役割を担っており、コンスタンティノープルへのジョヴァンニの訪問が強調されている。実際、ある伝説の表題は、彼とミカエル・パラエオログスとの関係に言及している。このように、教会分離派の王と結びつけても彼を貶めることにはならない。というのも、『シチリアの反乱』が同じ筋書きだからである。他のさまざまな文献も、おそらくジョヴァンニの密偵であるアラゴン人に渡ったとする黄金に言及している[16]。このことは重要である。信憑性の高いミカエルの自叙伝風の断章があり、そこで彼は、アンジュー家の侵入から帝国を救ったのはまぎれもない自分自身だと誇らかに記している[17]。

一連の出来事がアマーリの主張を裏付けている。シャルルの艦隊と軍の大部分が東方に釘付けになるまで、シチリアでの戦争を引き延ばしたいとアラゴン人が望んだのは明らかである。蜂起が実際に起きたことは、国王ペドロを多少驚かせたようである。彼がアフリカに向けて航行していたことは、何が起こっているのかについて、また何が起きようとしているのかについて、彼が理解していなかったことを示している。一方、シチリア人は土壇場まで彼の援助を求めなかった。シチリア人はむしろ、ゆるやかな教皇の宗主権の下での自治を明確に望んでいただろう。しかし、ビザンティンにとっては、シャルルが東方に向けて出帆する前に蜂起が起きることが不可欠だった。実際、ビザンティンを救える間一髪のところで蜂起は起こった。蜂起直後にメッシーナ人がとった行動の一つが、コンスタンティノープルにメッセージを送ったことであるのは注目すべきである。メッシーナ人はそれまで長い間、アラゴンのペドロとの連絡を取り次いできていた[18]。国王ペドロとシチリアの反逆者を破門した強気の教皇マルティヌスは、ミカエルの共謀に気づいていなかった[19]。

完全な真実を確かめることは不可能である。しかし、シチリア人がさまざまな抑圧と蔑視によって追いつめられたという筋書き、さらには、ジョヴァンニ・ダ・プロチダが組織したアラゴンの代理人がシチリア人の恨みをさらにかき立てたこと、ビザンティンの黄金の魅力とビザンティンの代理人の助力によって明確な反乱が組織されていったという筋書きは、あり得るだろう。再びジョヴァンニが関係する話になるが、国王シャルルに対抗して結ばれた外交同盟は、主にビザンティンの黄金によって賄われた。教皇ニコラウスは、ジョヴァンニの密偵と思われる人物から、ビザンティンとの関係を断絶しないように、またシャルルに再度帝国を攻撃する許可を与えないように勧告されたが、この時さえもビザンティンの黄金が使われた。ニコラウスが没し、新教皇がシャルルの傀儡だとわかると、より直接的な行動が必要になった。決起の日時は偶然だったのかもしれない。しかし、皇帝ミカエル自身の言葉やメッシーナから彼に送られた手紙が示唆しているように、ミカエルが明らかにこの決起に関与していたことは、ビザンティン側にとって幸いした。アラゴン側にとっては少し早かっただろう。シチリア人にとってアラゴン人との同盟は当初は必ずしも歓迎されたわけではなかったし、その後の展開で明らかなように、その同盟がもし自分たちの独立を脅すものならば、シチリア人はそれを維持するつもりはなかった。

もし大虐殺の意義を認めるとしたら、その主たる誉れは原動力を提供したシチリア人自身に帰すべきである。陰謀とそれを成功させた同盟の組織化は主にジョヴァンニ・ダ・プロチダに帰するものだったが、しかし、金銭面でそれを支え、決起の日時を決定することについては、コンスタンティノープルにいる皇帝の仕事だった。

〈原注〉

（1）しかし、ギボンは次のようにも述べている――「パレルモの突然の暴動が偶発的なものなのか意図されたものなのかどうかはわからない」（*Decline and Fall*, ch. LXII, ed. Bury, vol. VI, pp. 476-8）。

（2）Oriani, *La Lotta Politica in Italia*, in *Opere Complete*, vol. I, p. 77.

（3）晩禱事件について早い時期に記した歴史家の中には、F. Mugnos（一六六九年）やJ. C. Meyer（一六九〇年）がいる。

（4）アマーリ批判については、Carucci, *La Guerra del Vespro Siciliano*, pp. 67 ffを参照。カルッチはおそらく、ジョヴァンニの名誉をアマーリの攻撃から回復させたいがために、余りに熱心になり過ぎている。

（5）第十三章三六四～三六五ページを参照。

（6）William of Nangis, *Vita Philippi III*, p. 514では、ペドロが助言したと記している。ナンギのギョームが引用（*M.G.H. Scriptores*, vol. XXVI, p. 687）しているシャルルの賛辞者の弁は、ペドロが自分の艦隊に'Siculorum monitu et uxoris'を備えたとしている。極端な教皇派の見解として、Salimbene de Adamは*Cronica*, p. 545で、王妃コスタンツァのことを、ワシ（シャルル）に対してコッコッと鳴いている東洋の雌鶏だと、象徴的な言い方をしている。*Praeclara Francorum Facinora*, Duchesne, *Historiae Francorum Scriptores*, vol. V, p. 7, and the *Chronicon Sancti Bertini*も参照。

（7）Bartholomew of Neocastro, *Historia Sicula*, p. 13では、コスタンツァは常に夫に、マンフレーディの死に復讐するように頼んでいたとしている。

（8）Nicholas Specialis, *Historia Sicula*, p. 925.

（9）*Anonymi Chronicon Siciliae* (Muratori, *R.I.S.*, vol. X, p. 830).

（10）Edited by Sicardi (Muratori, *R.I.S.* new ed., vol. XXXIV).

(11) *Rebellamentu*, introduction, pp. xlvii-xlix. この著者は当時のメッシーナについて記す際、場合によって、より古い写本において現在時制の一人称複数形 'putirini' を使っている。のちの新しい版においては、それは非人称 'putirisi' に変えられている。

(12) Ricordano Malespini, *Storia Fiorentina*, pp. 180-1.

(13) Villani, Cronica, vol. II, pp. 233-42; Pipino, *Chronicon* (Muratori, *R.I.S.*, vol. IX, pp. 686-7); Boccaccio, *De Casibus Illustrium Virorum*, bk. IX (Berne ed. 1539), p. cx; Petrarch, *Itinerarium Syriacum* (Basle ed. 1554), vol. I, p. 620.

(14) ダンテの文献については、*Rebellamentu*, introduction, p. xxxiを参照。

(15) 第十一章二九四～二九八ページ、およびLéonard, *Les Angevins de Naples*, pp. 124-5 を参照。

(16) 第十二章三三九ページを参照。

(17) 第十三章三五四～三五五ページを参照。ネオカストロのバルトロメーオの文「我れらの友ダナオス」(第十三章原注12を参照) は、シチリア人がギリシア人としばしば連絡をとっていたと示唆している。

(18) 第十三章三五四～三五五ページを参照。

(19) 第十三章原注16で引用の勅書を参照。教皇派の作者はいずれも、アラゴンと関係していた皇帝のことに言及している。ルッカのプトレミィ(第十二章原注16を参照) は、この筋書きの主要な扇動者として「知られていない支配者のなかのある偉大な人物」と記しているが、それはおそらく教皇ニコラウスを意味したいのであろう。

訳者あとがき

本書は、Steven Runciman, *The Sicilian Vespers*, Cambridge University Press 1958の全訳である。ランシマンの著書は、すでに『コンスタンティノープル陥落す』(護雅夫訳、みすず書房、一九六九年)、『十字軍の歴史』(和田廣訳、河出書房新社、一九八九年)が邦訳されている。著者は、周知のように、世界的に高名なビザンツ史家である。かれの経歴は、前掲の訳書の「訳者あとがき」での紹介に従えば、ケンブリッジ大学で歴史学を学び、ブルガリアとカイロで外交官を勤めたのち、イスタンブール大学、オックスフォード大学などでビザンツ史の教鞭をとっている。ランシマンは本書が出版された一九五八年にはナイト爵位が授与されている。二〇〇〇年十一月一日に九七歳で世を去った。

本書は、一二八二年三月三〇日の復活祭にシチリア島のパレルモでおこった、いわゆる「シチリアの晩禱」をあつかったものである。十一世紀にノルマン人が支配したシチリア島では、その後ドイツのホーエンシュタウフェン家、フランスのアンジュー家と支配が変わった。フランス人の苛酷な支配下におかれたシチリア人は、復活祭の晩鐘を合図に、数千人のフランス人を殺害し、アンジュー家を島から放逐した。

本書の最大の特徴は、この「晩禱」事件を中心におきながらも、それをシチリアの「叙事詩」に終わらせず、十三世紀後半の地中海世界の「事件」として描いていることである。その事件には、アラゴン国王ペドロ、ビザンツ帝国のミカエル・パラエオログス皇帝が深く関与しており、それを取り持ったのが陰謀家ジョヴァンニ・ダ・プロチダであった。物語の舞台はイタリアはもちろん、フランス、ドイツ、コンスタンティノープル、バルカン半島諸国、イングランド、アラゴン、パレスチナ、チュニスなどに大きく広がり、多様な人物が登場している。その一つ一つを「晩禱」事件と関連づけながら、まさに巨大なタピストリーを織りなすように、十三世紀の地中海世界を描きあげている。

本書には、ランシマンの博覧強記の学識、卓越した歴史記述がいかんなく発揮されている。とりわけ、歴史的な人物描写は、その心理まで踏み込んだものとなっており、本書のもう一つの特徴となっている。本書でしばしば引用されているダンテの『神曲』では晩禱事件に関連する人物が地獄で、また煉獄で描かれており、格好の『神曲』の手引き書ともなっている。アンジュー家シャルルとホーエンシュタウフェン家マンフレーディとのベネヴェントの戦いやコンラーディンとのタリアコッツォの戦い、またシャルルとペドロの決闘については、あたかも三国志を彷彿させる叙述となっている。ホーエンシュタウフェン家に忠誠を尽くす老医師のジョヴァンニ・ダ・プロチダの陰謀活動も興味をかきたてる。

本書に対して、「歴史家の学識と想像力が創り出した最高のものである」(The Times Literary Supplement)、「最高だ! 強烈なドラマチックな物語であり、ランシマンはそれを見事に語っている」

(The Tribune)、「ランシマン卿は新たな手本を産み出した。歴史家が読めば得るところが多く、一般読者には楽しみとなろう」(The Listener)、と書評は絶賛している。それだけに、初版から半世紀が経とうとしている今でも、本書は多くの歴史愛好者に広く読まれている。

名著の誉れ高い本書の前半は、シャルル・ダンジューがシチリア王となるまでの、中世ヨーロッパにおける教皇権と皇帝権をめぐる争い、西方と東方の教会合同問題などが中心となっている。このように複雑な十三世紀の国際政治の中に「シチリアの晩禱」事件を位置付けようとしたランシマンの意に反することではあるが、「シチリアの晩禱」事件に早くたどり着きたい方は、まず第十二章の「大いなる陰謀」から読み始め、その後で序章なり第一章から読まれることをお勧めしたい。

本書に出てくる地名・人名・官職名などは、きわめて多岐にわたっており、それらを正確に把握し統一することは、ある意味で至難の作業である。くわえて、ランシマンの深くて広い教養に裏付けされた、明快で格調高い美文をいかに洗練された日本語にするかということも大きな問題であった。この時代の専門家でもない者が翻訳に挑戦しえたのは、今思うに、「怖いもの知らず」であったことを痛感している。

❖

ここで、私的なことであるが、翻訳・出版にいたる経過を述べておきたい。訳者の一人である義弟の榊原勝は、一九九八年一月に肺ガンの宣告をうけ、余命幾ばくもないことが判明した。埼玉大学などの非常勤講師もやめ、治療に専念することになった。入退院を繰り返しながら、かれは次第に「生きる」意志を失っていった。そのとき、藤澤の先輩にあたるロシア史研究者で蔵書家の白石治郎氏から頂戴し、いつの日か翻訳をと思いつつ、書架で埃にまみれていた本書の翻訳を勧めたのである。

二〇〇〇年春、榊原勝は終末医療を受けるために、埼玉がんセンターから武蔵小金井の桜町病院聖ヨハネ ホスピスに移った。すでに全身にがん細胞が転移していた勝は、姉美枝子と特別の車で桜町病院に到着した。道路が混んでいたこともあり遠回りして、三時間以上をかけて病院についた。横臥したまま、車の窓から眺めた都心の風景が、見納めであった。

桜町病院のホスピスに移ってから、山崎章郎先生をはじめとするスタッフの皆さんの本当に献身的な医療によって、勝は「終末の迎え方」を真剣に考えるようになった。その時に、翻訳がすべて終わっていることがわかった。そこから、国際基督教大学の先輩である渡辺芙時雄氏、そして原信田実氏の、「かれが生きているうちに出版しよう」と、「友情」などの言葉では言い尽くせないご協力ご努力が始まった。愛媛県在住の渡辺氏は、手書き原稿をパソコンに打ち込み、温かい励ましの言葉を添えて、ゲラとして次々と送って下さった。渡辺氏の心と愛にあふれる言葉に勝がどれだけ励まされたかは、生命の火が消えるまでの勝の「生」との格闘が雄弁に物語っている。勝は、横臥したまま、やせ細った白い手で初校ゲラに弱々しく朱を入れていった。痛みを緩和するモルヒネの影響で朦朧とした意識のなかでも、最後の最後まで、治療の合間の一定時間を校正にあてる規則的な生活をおくることができた。そのことを、主治医の山崎先生はのちに『聖ヨハネ ホスピス通信』(No. 32、二〇〇一・二・二〇)のなかで、次のように記されている。

「ある男性の患者さんは、がん専門病院に入院していましたが、進行したがんのために下半身が麻痺し、自分では排泄すら困難になっていました。もはや治療法もないがんであることを知らされた彼は、一時、生きる希望や意味を見失ってしまい、うつ状態のまま入院生活を続けていたようでした。(…中略…)ホスピスチームは、彼の思いをそのまま受け止めつつ日々のケアを丁寧に積み重ねていきました。そんなある日、彼が自分の取り組んでいたライフワークでもあった翻訳の仕事を再開し始めたのです。体調もあって午後の僅かな時間でしたが、それでも時間を惜しむかのように翻訳に専念したのです。それ以外の時間も実に穏やかな表情で過ごすようになりました。ある日の回診時、彼は自分の葬儀が病院に隣接する敷地にある教会で可能かと質問してきました。彼は、その日が遠くないことを感じていたのです。その後も体調が許す限り淡々と翻訳を続けていました。それが未完に終わることは、彼が一番知っていたのかもしれません。それでも、その状態の中で再び生きる意味を見出し、その意味を支える翻訳の仕事に最後の情熱を注いだのだと思います。ここでは、それが完成するかどうかは彼にとって大きな問題ではなくなっていたようにも思えます。周囲からの愛を感じた彼は、どんな状態の中にあっても生きる意味はあるのだと感じていたのだと思います」

二〇〇〇年八月二九日、勝の命は完全に燃焼しきった。山崎先生の文章にあるように、勝はカトリック教徒ではなかったが、「永遠の別れ」が桜町病院の敷地内にある聖ヨハネ教会で執り行なわれた。シスター・サヴィーナには、最後の祝福まで授けていただいた。声高く歌った賛美歌は私たちに多くのことを教えて逝った勝への感謝であった。参列者全員で最後に唱えたサン・フランチェスコの「平和の祈り」は、勝が私たちに託した言葉であった。残された者は、それらの言葉を心に深く刻み、実践しなければならないであろう。

❖

勝が生きている間には出版できなかった。一周忌には間に合わせようと努力してみた。しかし、翻訳のチェックに時間がかかり、三周忌にやっと間に合わせることができた。榊原勝の仕事が世に出るにあたって、原稿のコンピュータへの入力から地名のチェック、地図・系図・索引づくりまで、すべてにお世話になった渡辺芙時雄氏に万感の謝辞を表したい。毎週かならず、「榊原、元気か」とお見舞いに来ていただき、渡辺氏と緊密な連絡をとってさまざまな励ましをいただいた原信田実氏に心からの感謝を申しあげます。

埼玉大学大学院で教えをいただき最後までご指導をいただいた大久保直幹先生、幼稚園からの友人である浜本清一様ご夫妻、天野正朗様ご夫妻、阿佐文男氏、石山隆一氏、国際基督教大学の友人の細川静雄氏、佐治量氏、中村真由美様、藤田眞理子様、村野良子様、岡部保博氏、岩手勇二氏、伊藤一秀氏、小林康修氏、久能徹氏、石松哲夫氏、仁科弘立氏、宮本明人氏、板波幹夫氏、長谷敏夫氏、そして桜町病院聖ヨハネ ホスピスの山崎章郎先生、小穴正博先生、林裕家先生、チャプレンのシスター・サヴィーナさん、看護婦・職員・ボランティアの皆様に、心からの御礼を申しあげます。勝が短いながらも、最後まで勇気をもって生き、人生を完全燃焼できましたのは、皆様の励ましと愛に支えられたからこそでした。

また、ビザンツ史の権威である大月康弘氏には、膨大な量の原稿を見ていただいたばかりでなく、多くの疑問点を教えていただいた。記して、感謝の意を表したい。

出版事情がきわめて厳しいなかを、事情をご理解いただき、出版を快くお引き受けいただいた、古くからお世話になっている太陽出版社長籠宮良治氏に心からの謝辞を申しあげたい。

最後に、本書は原訳者の榊原勝の名前で出版すべきものであるが、最終的な翻訳の責任を明示するために、私が共訳者として名前を連ねたことをお断りしておきたい。

平成十四(二〇〇二)年　榊原勝の三回忌をまえに

藤澤房俊

シチリアの晩禱

著者：スティーブン・ランシマン（Sir Steven Runciman）
1903年英国生まれ。ケンブリッジ大学などで学んだのちブルガリアの英国公使館とエジプトの英国大使館に勤務。その後、イスタンブール大学、オックスフォード大学、聖アンドルー大学の講師などを務めたほか、英国ギリシア協会会長、アンカラの英国考古学研究所長などを務めた。邦訳『コンスタンティノープル陥落す』（みすず書房）、『十字軍の歴史』ほか著書多数。1958年ナイト爵位授与。2000年11月1日97歳で逝去。

訳者：榊原勝（さかきばら・まさる）
1948年埼玉県に生まれる。国際基督教大学と埼玉大学大学院で政治思想と比較文学を専攻。2000年8月29日がんのため逝去。

訳者：藤澤房俊（ふじさわ・ふさとし）
1943年東京都に生まれる。早稲田大学大学院博士課程修了。文学博士。1970～74年ローマ大学、1973～75年イタリア歴史学研究所に留学。近現代イタリア史専攻。イタリアの国民形成をめぐる諸問題を追究している。現在、東京経済大学教授。
〈著書〉『赤シャツの英雄ガリバルディ――伝説から神話への変容』（洋泉社、第11回マルコ・ポール賞受賞）、『匪賊の反乱――イタリア統一と南部イタリア』（太陽出版）、『シチリア・マフィアの世界』（中公新書）、『クオーレの時代――近代イタリアの子供と国家』（ちくま学芸文庫）、『大理石の祖国――近代イタリアの国民形成』（筑摩書房）、『第三のローマ――イタリア統一からファシズムまで』（新書館）、『ピノッキオとは誰でしょうか』（太陽出版）など。

2002年8月29日　第1刷©
2003年10月10日　第2刷

著　者――スティーブン・ランシマン

訳　者――榊原　勝
　　　　　藤澤房俊

発行者――籠宮良治

発行所――太陽出版

東京都文京区本郷4-1-14 〒113-0033 ☎03(3814)0471

壮光舎印刷／井上製本
DTP＝渡辺芙時雄

Printed in Japan 2002　ISBN4-88469-282-9 C1022

付　録

＊原注：頻繁に登場するフランス，ドイツ，イタリア，シチリア，スペイン，ビザンティンなどにかかわる国名および人名などの項目は載せていない。
＊訳注：訳書として必要と思われる日本語項目を適宜加えた。〔　〕内は訳注。

＊訳注：原著のリストをそのまま載せた。

索　引
INDEX

◆ア——

アーニオ川（の谷）　Anio, river (valley)　145
アーヘン　Aachen　60, 252
アールパード朝〔家〕　Arpad dynasty　435, 445
アーレ川　Aar, river　252
アイドゥン　→トゥラレス　Aydin→Tralles
アイユーブ朝　Ayubite dynasty　39
アインジャールート（戦い）　Ain Jalud, battle　224, 290
アヴィニョン　Avignon　125, 433, 465
アヴェーヌ家　→ジャン　Avesnes→John
アヴェッツァーノ　Avezzano　171, 180–1
アヴェルサ　Aversa　204, 446
アウグスタ　Augusta　204, 427
アウグストゥス　Augustus　343
アウグスブルク　Augsburg　172, 174
アヴローナ〔現ブローラ〕　Avlona　77, 80, 89, 287
アオスタ　→ヴァーレ・ダオスタ　valley of Aosta
アキラウス　Achyraus　84
アクィーノ　Aquino　226（参照）アドノルフォ，トムマーゾ
アクイナス，聖トマス　Aquinas, Saint Thomas　262, 275
アグラビ朝　Aghlabite dynasty　10
アグリジェント　→ジルジェンティ　Agrigento→Girgenti
アクロセラウニア岬　Acroceraunian Cape　236
アクロポリス神殿（アテネ）　Acropolis at Athens　87
アクロポリテス，ゲオルグス（コンスタンティノープルの行政官）　Acropolites, George, Iogothete　265
アケーア公国　Achaea, principality　79, 81, 223–4, 226, 310, 313, 381, 410, 421（参照）ジョフロワ，イザベル，フィリップ，ギョーム
アジャクシオ　Ajaccio　255
アスコリ　→ニコラウス4世　Ascoli→Nicholas IV
アスティ　Asti　148, 255, 269–71
アストラ　Astura　186
アセン家　→コンスタンティヌス，イヴァン・ミトゥセス，ミハイル　Asen→Constantine, Ivan Mytses, Michael
アダーン，リュザルジュの（システロンの司教）　Adam of Luzarches, Bishop of Sisteron　214–5
アチェーラ　→アクィーノのトムマーゾ，シビラ　Acerra→Thomas of Aquino, Sibylla
アッコン（サンジャンダークル）　Acre (St. Jean d'Acre)　244, 272, 290–3, 406, 410, 421
アッシジ　Assisi　140, 380（参照）フランチェスコ
アッツォ7世（エステ侯）　Azzo VII, Marquis of Este　96
アッツォ8世（エステ侯，フェッラーラの領主）　Azzo VIII, Marquis of Este, Lord of Ferrara　441
アッバース朝　Abbasid dynasty　38
アッバーテ，パルミエーロ（シチリアの貴

族） Abbate, Palmieri, Sicilian baron 333, 409
アテネ〔および人〕 Athens, Athenians 6, 87, 237, 421
—公 →ギー，ジャン，ギョーム Dukes of→Guy, John, William
—公国 Duchy of 73, 80, 85, 453
アデラシア（シチリア伯妃） Adelaide, Countess of Sicily 12
アドノルフォ，アクィーノの Adenulf of Aquino 415
アドリアノープル〔現エディルネ〕 Adrianople 303
アドリア海 Adriatic Sea 49, 71, 74, 76, 209, 221, 226, 231, 251
アナーニ Anagni 53, 57, 152, 436–7, 444, 465
アナトリア〔地方〕 Anatolia 72–3, 224, 267, 316, 378
アバカ〔阿八哈〕（ペルシアのモンゴル人国イル汗の王） Abaga, Mongol Ilkhan of Persia 224, 267, 293, 316
アブー・イシャク →イブラーヒム Abu Ishak→Ibrahim
アフガニスタン Afghanistan 293
アフリカ Africa 5–6, 8–10, 12, 19, 71, 209, 358, 362, 381, 470–1, 474
アブルッツォ〔地方〕 Abruzzi 145–6, 397, 406
アペニン山脈 Apennine mountains 151, 177, 283, 397
アマリリス Amaryllis 6
アマルフィ Amalfi 210
アモルゴス〔島〕 Amorgos 223
アラーイモ，レンティーニの Alaimo of Lentini 333–4, 360, 363–4, 372, 374–6, 387, 399, 407–9
アラゴーナ →ブラスコ Alagona→Blasco
アラゴン王 →アルフォンソ，ハイメ，ペドロ，マルティン Aragon, kings of→Alfonso, James, Martin, Peter
アラビア〔および人〕 Arabs 9–10, 14–6
アラフランコ →カッサーノ Alafranco →Cassano
アラホヴァ →グレート・アラホヴァ Arachova→Great Arachova
アラリック（西ゴートの王） Alaric, King of the Visigoths 8
アラルデ，ラティーノ（ビザンティン大使） Allardi, Latino, Byzantine ambassador 334
アリアーノ Ariano 55
アリフェ Alife 153
アリューエ Alluyes 214, 216
アル・マディナ →パレルモ al-Madinah →Palermo
アル・ムスタージム（カリフ） al-Mustasim, Caliph 38
アルザス〔地方〕 Alsace 253
アルジェリア Algeria 359, 364
アルセニウス（コンスタンティノープルの総主教） Arsenius, Patriarch of Constantinople 78, 85, 302
アルソーリ Arsoli 145
アルタ Arta 80
アルタヴィッラ（オートヴィル）朝〔家〕 Hauteville dynasty 11
アルトゥー（教皇書記官） Arlotus, papal notary 105
アルトゥス，ベルトラン Artus, Bertrand 377
アルドブランデスキ，ヒルデブランド Aldobrandeschi, Hildebrand 261
アルトワ →ロベール Artois→Robert
アルノルト（トリールの司教） Arnold, Archbishop of Trier 253
アルノ川 Arno, river 178, 249
アルバ Alba 128, 148
アルバニア〔地域，人〕 Albania 73, 89, 223, 269, 287, 311–2, 317, 340, 381, 410
—王 King of 236
アルビア川 Arbia, river 61
アルビジョアの異端派 Albigensian

heretics *36*
アルフォンス（ポワティエ伯） Alfonso, Count of Poitiers *98, 119, 122, 126, 142, 146*
アルフォンソ3世〔原著：1世〕（アラゴン王） Alfonso I, King of Aragon *387, 389, 396, 425–6, 428–33, 443*
アルフォンソ5世〔原著：3世〕（アラゴン王） Alfonso III, King of Aragon *448, 453*
アルフォンソ10世（カスティーリャ王） Alfonso X, King of Castile *60, 101–2, 114, 127, 167, 195, 198, 202–3, 249–50, 255, 260, 263, 268, 270, 274, 330–2, 339, 378*
アルプス Alps *22, 47, 51, 127. 148, 171–2, 175, 177, 244, 261, 271, 273, 298*
アルベルト，パルマの（教皇の法律顧問） Albert of Parma, papal lawyer *98–100, 115, 118, 120, 158*
アルベルト，マイセンの（チューリンゲンの辺境伯） Albert of Misnia, Margrave of Thuringia *62*
アルメニア王 →レオ3世 Armenia, King of→Leo III
アルモアデ人（アラゴン軍の傭兵） Almogavars, Aragonese regiments *398, 401, 408, 420*
アルヤッニース，ニケフォルス（ビザンティン大使） Alyattes, Nicephorus, Byzantine ambassador *79*
アルル（都市） Arles, city *125*
—王国 Kingdom of *121, 124, 127, 297–300, 308, 326, 360*
—の元執政長官（ポデスタ） ex-Podestà of *140*
アレグザンダー3世（スコットランド王） Alexander III, King of Scotland *262*
アレクサンデル4世（教皇，リナルド・コンティ） Alexander IV, Pope (Rinaldo Conti) *56–7, 59–60, 64, 79, 93–4, 96, 102–5, 108, 114, 170*
アレクシウス →フィランソロペノス，ストゥラテゴプルス Alexius→Philanthropenus, Strategopulus
アレクシウス1世コムネヌス（東ローマ皇帝） Alexius I Comnenus, Eastern Emperor *78*
アレクシウス3世アンゲルス（東ローマ皇帝） Alexius III Angelus, Eastern Emperor *73, 78*
アレッサンドリーア Alessandria *150, 201, 270*
アレッショ〔現レジャ〕 Alessio *236*
アレッツォ Arezzo *178, 273, 280*
アレンソン →ピエール Alençon→Peter
アングローナ →ボレーロ，ガルヴァーノ，ジョルダン Anglona→Borello, Galvano, Jordan
アンゲルス朝 Angelus dynasty *72–3*（参照）アレクシウス，アンナ，ニケフォルス，ヘレネ，ミカエル
アンコーナ Ancona *151*
—辺境区 March of *138, 141, 146, 151, 248*
アンコール Angkor *39*
アンサルノ，ピエトロ（メッシーナの裁判官） Ansalano, Peter, judge in Messina *355*
アンジェ Angers *212–4*
アンジェロ →カポッチ Angelo→Capocci
アンジュー Anjou *115, 119, 212, 215–6, 326, 332, 432–3*
アンジュー朝 →シャルル1世（シチリア王） Angevin dynasty→Charles I, King of Sicily
アンダーロ →ブランカレオーネ Andalò→Brancaleone
アンダルシア〔地方〕 Andalusia *330*
アンチキリスト Antichrist *27, 33, 47*
アンディート →ウベルティーノ Andità→Ubertino
アンティオキア Antioch *13, 16, 292, 316*

—公　→ボエモン　Prince of→
Bohemond（参照）コンラード，フリードリヒ，マリー
アンドレーア，プロチダの　Andrew of Procida　*330, 336, 339, 345*
アンドロニクス　→タルカニオテス　Andronicus→Tarchaniotes
アンドロニクス・パラエオログス（プロートスパターリオス）　Andronicus Palaeologus, Protostrator　*303*
アンドロニクス2世パラエオログス（東ローマ皇帝）　Andronicus II Palaeologus, Eastem Emperor　*86, 226, 259, 266, 285–6, 317, 346, 378, 389*
アンナ　→コスタンツァ　Anna→Constance
アンナ・アンゲリナ（アケーア侯妃）　Anna Angelina, Princess of Achaea　*77, 85, 224*
アンナ・カンタクゼナ（エピロス専制公妃）　Anna Cantacuzena, Despoena of Epirus　*260, 285*
アンニバルディ，テバルド　Annibaldi, Tebaldo　*154, 156*
アンニバルディ，リッカルド（枢機卿）　Annibaldi, Richard, Cardinal　*135–6*
アンハルト　→オットー　Anhalt→Otto
アンリ，クッサンスの（最高司令官）　Henry of Cousances, Marshal　*182–3*
アンリ1世（キプロス王）　Henry I, King of Cyprus　*47*
アンリ2世（キプロス王）　Henry II, King of Cyprus　*421*
アンリ3世（ナヴァラ王）　→エンリケ1世　Henry III, King of Navarre　*262*
アンリ4世（フランス王）　Henry IV, King of France　*465–6*
アンワイラー　→マルクウォルト　Anweiler→Markward

◆イ——

イヴァン・ミトゥセス・アセン〔3世〕（ブルガリア皇帝）　Ivan Mytses Asen, Tsar of Bulgaria　*314–5*
イヴィ　→ガレラン　Ivry→Galeran
イヴレーア　Ivrea　*202*
イヴン・アトゥ・ティムナ（パレルモのエミール〔首長，イスラム人王族〕）　Ibn ath–Thimnah, Emir of Palermo　*11*
イヴン・ジュヴァイール（旅行家）　Ibn Jubayr, traveller　*16*
イヴン・ハサン（コンスタンティーヌの領主）　Ibn Hasan, Governor of Constantine　*338, 359*
イエージ　Jesi　*18*
イェルサレム（都市）　Jerusalem, city　*29, 32, 244*
—王国　kingdom of　*12, 29, 32, 45–7, 52, 170, 195, 221, 263, 272–3, 280, 283, 290–3, 309, 326, 381, 410, 413, 421*（参照）ウートルメール，パレスチナ
—総大司教　→ウルバヌス4世，トマソ　Patriarchs of→Thomas, Urban IV
イオアニナ　Janina　*312*
イグナティウス（主教）　Ignatius, Bishop　*304–5*
イサウリア朝　Isaurian dynasty　*9–10*
イザベラ，イングランドの（神聖ローマ皇帝妃）　Isabella of England, Western Empress　*45, 62*
イザベル　→ヨランダ　Isabella→Yolanda
イザベル（フランス王女，サン・クロード女子修道院院長）　Isabella, Princess of France, abbess of Saint-Cloud　*123*
イサベル，アラゴンの（フランス王妃）　Isabella of Aragon, Queen of France　*233, 425*
イザベル，アンジューの（ハンガリー王妃）　Isabella of Anjou, Queen of Hungary　*225*
イザベル，ヴィレアルドゥアン家の（アケ

ーア公女） Isabella of Villehardouin, Princess of Achaea 226, 237, 313
イザベル，エノーの（フランス王妃） Isabella of Hainault, Queen of France 343
イシュトヴァーン1世（聖イシュトヴァーン，ハンガリー王） Stephen I, Saint, King of Hungary 445–6
イシュトヴァーン5世（ハンガリー王） Stephen V, King of Hungary 225, 259
イスキア〔島〕 Ischia 178, 398, 401, 406, 410
イストリア〔現イストラ半島の地域〕 Istria 16315
イブラーヒーム1世（チュニジア王，アブ・イシャク） Ibrahim Abu Ishak, King of Tunis 338, 359, 409
イベリン →バリアーノ Ibelin→Balian
イル汗（モンゴル人の王国，王） Ilkhan, the Mongols prince 293, 316–7
イレーネ，モンフェッラートの（東ローマ皇帝妃） Irene of Montferrat, Eastern Empress 389
イレネ・ドゥーケナ（ニケーア皇帝妃） Irene Ducaena, Empress of Nicaea 78
イレネ・パラエオロギナ（ブルガリア皇帝妃） Irene Palaeologina, Tsaritsa of Bulgaria 314
イングランド王 →エドワード，ヘンリー，リチャード England, kings of→ Edward, Henry, Richard
インノケンティウス3世（教皇） Innocent III, Pope 19–20, 35–6, 40, 75, 197, 456–7
インノケンティウス4世（教皇） Innocent IV, pope 27–9, 34, 36, 47, 49–53, 55–6, 60–1, 63, 75, 94, 97–8, 100–2, 281–2, 295
インノケンティウス5世（教皇，タレンテーズのピエール） Innocent V, Pope (Peter of Tarentaise) 281–2, 286, 459

◆ウ——

ヴァーツラフ2世（ボヘミア王） Wenceslas II, King of Bohemia 297, 444–5
ヴァーレ・ダオスタ valley of Aosta 146
ヴァイブリンゲン城 Weibeling castle 31
ウァタゼス →ヨアンネス，テオドルス Vatatzes→John, Theodore
ヴァプリオ（戦い） Vaprio, battle 308
ヴァラキア人 Vlachs 27759
ヴァルデマール1世（スウェーデン王） Valdemar I, King of Sweden 262
ヴァレーリア街道 Valeria, Via 179–81, 186, 190
ヴァレンシア Valencia 327, 387, 397
ヴァンダル族 Vandals 8
ヴァンドーム伯 →ボケール Vendôme, Count of→Bocard
ヴィアレッジョ Viareggio 384
ヴィーコ家 Vico family 96（参照）ピエトロ
ウィーン Vienna 224
ヴィエンヌ Vienne 127, 297
ヴィオレンテ，アラゴンの（ナポリ王妃，前カラーブリア公妃） Violante, Infanta of Aragon, Duchess of Calabria 386, 400, 427, 436, 438, 440, 452
ヴィオランテ，ホーエンシュタウフェン家の（カゼルタ伯妃） Violante of Hohenstaufen, Countess of Caserta 62, 159
ヴィカーリ Vicari 351
ヴィコヴァロ Vicovaro 180
ヴィスコンティ家 Visconti family 96, 308（参照）グレゴリウス10世，オットーネ
ヴィスドミノ・ディ・ヴィスドミニ（枢機卿） Visdomino dei Visdomini, Cardinal 248
ヴィターリス・ディ・ジュディチ Vitalis

dei Giudici 375
ヴィチェンツァ Vicenza 260, 289
ヴィテルボ Viterbo 87, 93, 96, 116, 117, 169, 174, 178–9, 196–7, 223, 228, 234, 238, 244, 246, 258, 281–3, 294–5, 305, 329, 333–4, 384, 395
ヴィラーニ，ジョヴァンニ（歴史家） Villani, Giovanni, historian 168, 190, 295, 331, 346
ヴィレアルドゥアン家 Villehardouin family 74（参照）ジョフロワ，ギョーム，イザベル，マルグリート
ウィレム（ホラント伯，ドイツ王） William of Holland, King of the Romans 47–8, 60, 94, 198
ウード，ブルゴーニュの Eudes of Burgundy 216
ウートルメール〔海外属領〕*Outremer* 29, 46, 52, 94, 116, 170, 230, 272, 421, 429（参照）パレスチナ
ウェールズ Wales 428
ヴェクス，ヨアンネス（コンスタンティノープルの総大主教） Veccus, John, Patriarch of Constantinople 257, 285–6, 302–4
ウェストミンスター Westminster 106
ヴェトラーラ Vetralla 282
ヴェネツィア〔および人〕 Venice, Venetians 38, 71–2, 83–4, 94–5, 223, 246, 254–5, 257, 275, 288–92, 310, 321, 329, 332, 334, 338, 341–2, 360–1, 371, 378–9, 386, 396, 424, 435
ヴェラス Verres 7
ヴェルチェッリ Vercelli 150, 167, 270
ヴェルナー（マインツの大司教） Werner, Archbishop of Mainz 253
ヴェルナッキア Vernaccia 449
ヴェルフェン家 Welf family 31
ヴェレグラード Velegrad 89
ヴェローナ Verona 168, 176–7, 200, 203, 248, 252, 270
ヴェンティミーリア Ventimiglia 127–8, 143, 281–2
ヴォイヴォド〔ハンガリーの称号「君主」の意〕*Voivod* 445–6
ヴォークールール →ティエリ Vaucouleurs→Thierry
ヴォーブルク →ディパルト Vohburg→Diepold
ヴォリラ・ロンゴス Vorilla Longhos 81
ウォルター，オファミル（イングランド生まれのパレルモの大司教） Walter Ophamil, Archbishop of Palermo 350
ヴォルテッラ Volterra 174
ヴォルトゥールノ川 Volturno, river 152–3
ヴォロス湾 Volo, Gulf of 288
ヴネッサン〔現ヴナスク。伯領〕 Venaissin 139, 146
ウバルディーニ →オクタヴィアン Ubaldini→Octavian
ウベルティーノ，アンディートの〔パヴィーアの皇帝派指導者〕 Ubertino of Andito 202
ウマイヤ朝 Ommayad dynasty 39
ウルバヌス2世（教皇） Urban II, Pope 36, 256, 458
ウルバヌス4世（教皇，ジャック・パンタレオン） Urban IV, Pope (James Pantaleon) 94–6, 108–9, 114, 116–20, 129–30, 134–6, 138–40, 227, 306, 327, 458–9
ウルビーノ Urbino 186
ウロシュ →ステファン Uroš→Stephen
ウンブリア〔地方〕 Umbria 377, 397, 441

◆エ——

エウフェミウス（シチリアの総督） Euphemius, Governor of Sicily 9
エウボイア〔現エヴィア島〕 Euboea 260, 288–9
エウロギア・パラエオロギナ Eulogia Palaeologina 84, 258, 285, 302–3

エヴロシニ・パラエオロギナ
Euphrosyne Palaeologina *259, 314–5*
エヴロタス川 Eurotas, river *85*
エーゲ海 Aegean Sea *222, 265, 288, 313*
エクス（エクサン・プロヴァンス） Aix-en-Provence *215, 248*
エグモルト Aigues Mortes *125, 230, 354*
エジプト Egypt *8, 39, 47, 224, 229, 231, 292–3, 421, 431*（参照）マムルーク朝
エステ家（侯）→アッツォ，オビッツォ Este, Estensi→Azzo, Obizzo *168*
エッツェリーノ（ヴェローナの暴君） Ezzelino, tyrant of Verona *61–2*
エップ →ジャン Eppe→John
エトナ山 Etna, mount *5, 10, 375*
エドマンド，イングランドの（ランカスター伯） Edmund of England, Earl of Lancaster *99–106, 108, 119, 129, 142, 458*
エドワード1世（イングランド王） Edward I, King of England *102, 106, 232–3, 235, 239, 244, 261, 263, 297–9, 359, 367–8, 378, 382–3, 387, 389, 396, 400, 425–6, 430–1, 434*
エニャティア街道 Egnatia, Via *81*
エノー〔伯国，地方〕 Hainault *126, 146*
エピロス〔専制公国，地方，人〕 Epirus *72–3, 76–82, 85–7, 89, 93, 95, 163, 167, 287, 302, 311–2, 316, 342*
—専制公（デスポーテス）→ミカエル，ニケフォルス Despots of→Michael, Nicephorus
エブデモーナ →ニコーラ Ebdemonia→Nicholas
エミーリア〔地方〕 Emilia *143, 148, 377*
エミーリア街道 Emilia, Via *151*
エミール〔首長，イスラム教徒の王族〕 *emir* *10, 70, 317, 359*
エラール，サンヴァレリーの（フランスの家令） Erard of Saint-Valery, chamberlain of France *182–5, 264*
エリーザベト，バイエルンの（ドイツ王妃） Elizabeth of Bavaria, Queen of the Romans *51, 170, 190*
エリエノール，アンジューの（トリナクリア〔シチリア古称〕王妃） Eleanora of Anjou, Queen of Sicily (Trinacria) *443*
エリエノール，プロヴァンスの（イングランド王妃） Eleanor of Provence, Queen of England *102, 123, 270*
エルベ，オルレアンの（エルベ・ドルレアン。シチリアの総督） Herbert of Orléans, Governor of Sicily *349, 352–6*
エルン Elne *420*
エレーヌ，クルトネイの（セルビア王妃） Helena of Courtenay, Queen of Serbia *236, 238, 258, 315*
エレノア（イングランド王女） Eleanor, Princess of England *389, 396, 433*
エンゲルベルト（ケルンの大司教） Engelbert, Archbishop of Cologne *253*
エンツォ（サルデーニャ王） Enzo, King of Sardinia *46–7, 62*
エンドレ3世ヴェネツィア出身王（ハンガリー王） Andrew III the Venetian, King of Hungary *435, 444*
エンナ →カストロジョヴァンニ Enna →Castrogiovanni
エンリーコ →バヴェーリオ Henry→Baverio
エンリーコ，イゼルニアの Henry of Isernia *328–9*
エンリーコ，パリージの（パレルモの裁判官） Henry of Parisi, judge at Palermo *373*
エンリケ（カスティーリャの王子，ローマの執政官） Henry, Infant of Castile, Senator of Rome *167, 173–4, 176–8, 181–7, 190, 195, 235, 424*
エンリケ1世（ナヴァラ王） Henry I, King of Navarre *262*

◆オ——

オヴィンドリ　Ovindoli　*180–1*
オーストリア〔公国，地方〕 Austria *170, 250, 254, 284*（参照）バーベンベルク
オーセール　Auxerre　*196, 214, 216*
—の司教　→ギー　Bishop of→Guy
オード　→ポイレキエン　Odo→Poilechien
オートヴィル　→アルタヴィッラ　Hauteville
オーリオ川　Oglio, river　*150*
オスティア　Ostia　*144*
—の大司教　→アレクサンデル4世，インノケンティウス5世　archbishops of→Alexander IV, Innocent V
オタカル2世〔プシェミスル〕（ボヘミア王） Ottocar II, King of Bohemia　*60, 170, 225, 250–4, 259, 264, 274–5, 284, 294, 296–7*
オックスフォード　Oxford　*106*
オッターヴィオ・デリィ・ウバルディ（枢機卿） Octavian degli Ubaldini, Cardinal *56–7, 61, 93*
オットー（アンハルト伯） Otto, Count of Anhalt　*252*
オットー，グランソンの〔スイスの騎士〕 Otto of Grandson　*359*
オットー，ホーエンブルクの　Otto of Hohenburg　*54, 57*
オットー2世（バイエルン公） Otto II, Duke of Bavaria　*48*
オットー3世（バイエルン公，ハンガリー王位継承） Otto III, Duke of Bavaria, claimant of Hungary　*445*
オットー5世（ブランデンブルク辺境泊） Otto V, Marquis of Brandenburg　*253*
オットーネ，ヴィスコンティ（ミラーノの大司教） Otto Visconti, Archbishop of Milan　*96, 284, 299*
オットブオーノ・ディ・フィエスキ　→ハドリアヌス5世　Ottobuono dei Fieschi →Adrian V
オト（ブルゴーニュおよびフランシュコンテ伯） Otho, Count of Burgundy and Franche-Comte　*308*
オドアケル〔東ゴートの王〕 Odoacer　*8*
オビッツォ（エステ侯） Obizzo, Marquis of Este　*96*
オファミル（オッファミーリオ） →ウォルター（グアルティエーロ） Ophamil→Walter
オフリト　Ochrida　*80*
オベルト　→ドーリア，パッラヴィチーニ，スピノーラ　Oberto→Doria, Pallavicini, Spinola
オランジュ公　→レーモン　Orange, Prince of→Raymond
オルヴィエート　Orvieto　*96, 120, 140, 261, 305–6, 310, 346, 357, 359*
オルシーニ，ジョルダーノ（枢機卿） Orsini, Jordan, Cardinal　*164, 295, 344*
オルシーニ，ベルトルド（ローマの主任司祭） Orsini, Bertoldo, Rector of Romagna *299*
オルシーニ，マッテーオ（ローマの執政官） Orsini, Matthew, Senator of Rome　*299*
オルシーニ家　Orsini family　*180, 295, 298–9, 305–6, 336, 377, 423*（参照）ニコラウス3世
オルトレーヴァ　→ニコーラ　Ortoleva→Nicholas
オルランド岬　Orlando, Cape　*439*
オルレアン　→エルベ　Orleans→Herbert
オレート川〔パレルモ〕 Oreto, river　*349*
オロモゥツの司教　→ブルーノ　Olmütz, Bishop of→Bruno
オロロン（条約〕〔現オロロンシュルマリー〕 Oloron, Treaty of　*429–30*

◆カ——

カートナ　Catona　354, 359, 384, 404, 406
カープア　Capua　49, 54–5, 152–3, 346
カーリ　→ベラルド　Cagli→Bernard
海外属領　→ウートルメール　*Outremer*
カイロ　Cairo　293
ガエータ　Gaeta　403, 431–2
カエサル，ユリウス　Caesar, Julius　32, 343
カエターニ，ベネデット　→ボニファティウス８世　Caetani, Benedict→Boniface VIII
ガスコーニュ〔地方〕 Gascony　102, 233
カスティーリャ王　→アルフォンソ，サンチョ　Castile, kings of→Alfonso, Sancho
カステラーヌ　Castellane　125（参照）ボニファーチェ
カステルヌオ　→グェルモ　Castelnou→William
カステルノー　→ピエール　Castelnau→Peter
カステロ・フィオレンティーノ　Castel Fiorentino　26
ガスト・デッラ・トーレ（ローディの領主） Gaston della Torre, Lord of Lodi　308
カストリア　Castoria　80
カストロジョヴァンニ〔現エンナ〕 Castrogiovanni (Enna)　10
カゼルタ　→リッカルド　Caserta→Richard
カターニア　Catania　375
カタルーニャ〔伯国〕 Catalonia　423, 427, 449
カタンツァーロ伯　→ルッフォ　Catanzaro, Count of→Ruffo
カッサーノ，アラフランコ（ジェーノヴァの商人） Cassano, Alafranco, Genoese merchant　355
カッシア街道　Cassia, Via　178
カッシーノ，モンテ（修道院） Cassino, Monte, monastery　152–3
—修道院院長　→ベルナルド　Abbot of →Bernard
ガッタ，ミケレット　Gatta, Micheletto　353
ガッツォ　→チナルド　Gazzo→Chinardo
カッペリーナ（メッシーナの郊外，元要塞） Capperrina, suburb of Messina　362–3
カドメア神殿（テーベ） Cadmea, citadel at Thebes　87
カトリーヌ，クルトネイの（ラテン帝国皇妃の称号） Catherine of Courtenay, titular Latin Empress of Constantinople　436–7, 441, 452
カノッサ〔の屈辱〕 Canossa　35
カプリ〔島〕 Capri　398, 401, 406, 410
カペッチェ，コンラード　Capece, Conrad　171, 173, 204–5
カペッチェ，ジャーコモ　Capece, James　171, 205
カペッチェ，マリーノ　Capece, Marino　171, 205
カポッチ，アンジェロ　Capocci, Angelo　167
カラーウーン（マムルーク朝スルタン） Qalawun, Mameluk Sultan　410
カラータフィーミ　Calatafimi　352
カラーブリア〔地方，人〕 Calabria　12, 15, 49, 52, 54, 56–7, 163, 174, 209, 233, 266, 354–5, 359, 374, 376, 383–4, 386, 398, 400, 405–6, 418, 424, 426, 432, 439
カラコルム　Karakorum　39
ガラタ　Galata　298
カラッチオロ，バルトロメーオ　Caracciolo, Bartholomew　329
ガリーポリ　Gallipoli　204, 411
カリストス　Karystos　289
ガリバルディ，ジョゼッペ　Garibaldi, Giuseppe　448
ガリリャーノ川　Garigliano, river　53, 100
カリンティア〔地方〕 Carinthia　284
ガルヴァーノ　→ランチア　Galvano→

Lancia
ガルヴァーノ，アングローナの　Galvano of Anglona　154
ガルガーノ山　Gargano, Monte　54, 58
カルキス　→ネグロポント　Chalkis→Negropont
カルソーリ　Carsoli　180
カルタゴ〔帝国・遺跡〕Carthage　6–8, 230
カルタジローネ　→グァルティエーロ　Caltagirone→Walter
カルタニセッタ　Caltanissetta　352
カルタベロッタ（条約）Caltabellotta, treaty of,　442–3, 446–7
ガルチア（法律家）Garcia, lawyer　409
カルメル（山）Carmel, Mount　292
カルメル会修道士　Carmelite Order　372
ガレーガ　→パンザノ　Galega→Panzano
カレット　→ヤーコボ　Carretto→Jacob
ガレラン，イヴィの（アケーアの司教）Galeran of Ivry, Vicar of Achaea　313
カローレ川　Calore, river　153, 156
カロベール（ハンガリー王カーロイ1世の幼少名）Carobert (Charles Robert), King of Hungary　444–6
カンタクゼナ，カンタクゼヌス　→アンナ，ヨアンネス，マリア　Cantacuzena, Cantacuzenus→Anna, John, Maria
ガンテルム　→ジャック　Gantelme→James
カンパーニア〔地方，人〕Campagna　143, 145, 173, 179, 186, 197
カンパニア〔地方［古称］〕Campania　48, 138（参照）テッラ・ディ・ラヴォーロ
カンピドーリオ（ローマ〔中心部の丘・高台〕）Capitol, at Rome　144, 186, 197

◆キ――

ギー，メローの（オーセールの司教）Guy of Mello, Bishop of Auxerre　148, 155
ギー，モンフォールの〔ギー・ド・モンフォール〕Guy of Montfort　148, 199, 204, 235, 261
ギー・フルケ　→クレメンス4世　Guy Fulquois→Clement IV
ギー1世，ラ・ロシュの（アテネ公）Guy I, of La Roche, Duke of Athens　83
キーブルク（伯領）Kyburg, county of　252
キエーゼ川　Chiese, river　150
ギエンヌ〔公領〕Guieune　430
キオス〔島〕Chios　223
キケロ　Cicero　7
騎士団　Hospitaller Order　290–3
騎士団員　Knights Hospitaller　95
貴族戦争　107, 199, 235
キプロス〔島〕Cyprus　221, 285, 290–1, 294, 421, 443
　―王　→アンリ，ユーグ　kings of→Henry, Hugh
　―王妃　→プレザンス　queen of→Plaisance
ギベリン　→皇帝派　Ghibellines
教皇派（ゲルフ）Guelfs　30–1, 40, 48, 50, 60–1, 63–4, 71, 96, 135–6, 143, 148, 151, 155, 168, 171–2, 176–7, 179, 182, 186–8, 196, 198–200, 203, 227, 245–50, 254, 261, 270, 282–5, 307, 329, 344, 360, 379, 397, 401, 430, 441, 457, 459–60, 464, 472–3, 476–7
ギョーム　→キリオーロ，デュラン，レスタンダール，ポルセレー　William→Chiriolo, Durand, l'Estandart, Porcelet
ギョーム，ヴィレアルドゥアン家の（アケーア公）William of Villehardouin, Prince of Achaea　74, 77–8, 80–2, 84, 86–7, 89, 117, 223–4, 226, 237, 290, 313
ギョーム，ナンギの（年代記作者）William of Nangis, Chronicler　470
ギョーム，ボージョーの（テンプル騎士団団長）William of Beaujeu, Master of the Temple　291

ギョーム，ラ・ロシュの（アテネ公） William of La Roche, Duke of Athens 237, 421
キリオーロ，グリエルモ（メッシーナの騎士） Chiriolo, William, Knight of Messina 353
金角湾〔コンスタンティノープル〕 Golden Horn 84, 301

◆ク——

グアルティエーロ，カルタジローネの Walter of Caltagirone 333, 399, 409
グアルティエーロ，パレアーの（シチリアの尚書長） Walter of Palear, Chancellor of Sicily 20
グイスカルド（ギスカール） →ロベルト（ロベール） Guiscard→Robert
グィード →グエッラ，ノヴェルロ Guy →Guerra, Novello
グィード（バッティフォーレ伯） Guy, Count of Battifolle 360
グィード〔3世〕，モンテフェルトロの Guy of Montefeltro 186, 306, 357, 377, 380, 386, 388, 397, 424
クーネオ Cuneo 128, 148, 271
グエッラ，グィード Guerra, Guy 155
クエラール →ピエール Queralt→Peter
グェルモ，カステルヌオの（アラゴンの大使） William of Castelnou, Aragonese ambassador 364–5
クシー →トマ Coucy→Thomas
クッサンス →アンリ Cousances→Henry
クマン〔族〕 Cumans 259, 287
クメール人 Khmers 39
クラオン →モーリス Craon→Maurice
クラレンティア（メッシーナの女性市民） Clarentia, citizeness of Messina 362
グランソン →オットー Grandson→Otto
グリエルモ（メッシーナ出身パレルモ在住の貴族） William, noble of Palermo 364
グリエルモ・ディ・フィエスキ（枢機卿） William dei Fieschi, Cardinal 54
グリエルモ（プーリア公） William, Duke of Apulia 13
グリエルモ1世（シチリア王，悪王） William I, the Bad, King of Sicily 13–4
グリエルモ2世（シチリア王，善王） William II, the Good, King of Sicily 13–4, 16, 121, 208, 365, 372, 385–6, 406, 424
グリエルモ3世（シチリア王） William III, King of Sicily 18
グリエルモ5世（モンフェッラート侯） William V, Marquis of Montferrat 143, 148, 168, 177
グリエルモ6世（モンフェッラート侯） William VI, Marquis of Montferrat 200, 203, 348, 268, 270, 330, 337, 339, 378, 389
クリスチャン（マインツの大司教） Christian, Archbishop of Mainz 47
クルトネイ →カトリーヌ，フィリップ，ヘレナ，ボードゥアン Courtenay→Baldwin, Catherine, Helena, Philip
クルド人 Kurds 39
グレート・アラホヴァ〔ギリシアの地名。戦い〕 Great Arachova 290
グレーリュ →ジャン Grailly→John
グレゴーリオ，モンテルンツォの（教皇特使） Gregory of Montelunzo, papal legate 27
グレゴリウス7世（教皇） Gregory VII, Pope 35–6, 40
グレゴリウス9世（教皇） Gregory IX, Pope 29, 34, 36
グレゴリウス10世（教皇，テバルド・ヴィスコンティ） Gregory X, Pope (Tebaldo Visconti) 234, 244–6, 248–64, 267, 269–75, 280–1, 284, 286, 300, 304, 328, 459, 464
クレメンス4世（教皇，ギー・フルケ，サビーナの枢機卿） Clement IV, Pope (Guy Fulquois, Cardinal of Sabina) 137,

142, 145–6, 148, 151, 163–7, 172–4, 178–9, 187–8, 196–7, 223, 227–8, 248, 329, 459
クレメンツィア（ハプスブルク家，ハンガリー王妃） Clementia of Habsburg, titular Queen of Hungary 268, 298, 308, 444
クレモーナ Cremona 45, 148, 168, 201
クロアツィア Croatia 224
グロッセートの司教 →バルトロメーオ Grosseto, bishop of→Bartholomew
クロッフ，コンラード Kroff, Conrad 170–1
クロトーネ Crotone 406

◆ケ——

ゲオルギー・テルテル・ラコフスキー（ブルガリア皇帝） George Terteri Rakovski, Tsar of Bulgaria 314–5
ゲオルギウス，アンティオキアの（提督） George of Antioch, Admiral 16
ゲオルグス →アクロポリテス George →Acropolites
ケラスコ Cherasco 128, 271
ケルケーナ〔島〕 Kerkena 439
ゲルフ →教皇派 Guelfs
ゲルマヌス（コンスタンティノープルの総大主教） Germanus, Patriarch of Constantinople 265–6
ケルンの大司教 →コンラート，エンゲルベルト Cologne, archbishops of→ Conrad, Engelbert
ケレスティヌス5世（教皇，モローネのピエトロ） Celestine V, Pope (Peter of Morone) 435–6
元首〔ヴェネツィアの。ドージェ〕 *Doge* 386, 396
皇帝派（ギベリン） Ghibellines 30–1, 40, 47–8, 50, 60–2, 96, 115, 135, 138, 145, 147, 151, 167–9, 171–2, 176–82, 184–7, 196, 198–203, 226, 246–50, 255, 260–1, 268, 270–1, 281, 283, 296, 299–300, 306–8, 330, 332, 337, 339, 342, 345, 357, 377–80, 386, 397, 429–30, 438, 440–1, 457

◆コ——

コーカサス〔地方〕 Caucasus 293
ゴーティエ，ブリエンヌの Walter of Brienne 19–20
ゴーティエ，ラ・ロシュの（ロンバルディーア地方の執事） Walter of La Roche, Seneschal of Lombardy 201
コーレ Colle 199
コーンウォール →リチャード Cornwall →Richard
コクレーリア →ジョヴァンニ Cocleria →John
コスタンツァ，シチリアの（神聖ローマ皇帝妃） Constance of Sicily, Western Empress 17–21, 28
コスタンツァ，ホーエンシュタウフェン家の（結婚によりアラゴンならびにシチリア王妃） Constance of Hohenstaufen, Queen of Aragon and Sicily, marriage 95, 109, 115, 195
—王位継承権の主張 27–8, 330, 343
—シチリア人による承認 364–5
—シチリアの摂政 387, 398–400, 407
—破門 426
—ローマ教皇との和解 437–8
—その他関連事項 326–8, 330, 375, 386, 403, 407–8, 415, 425–6, 470, 479
コスタンツァ（アンナ），ホーエンシュタウフェン家の（東ローマ〔ニケーア〕皇帝妃） Constance (Anna) of Hohenstaufen, Eastern Empress46, 75, 79, 89–90, 344
コセンツァ Cosenza 233
—の大司教 archbishop of 118, 138, 157
ゴゾ〔島〕 Gozo 270
黒海 Black Sea 72, 83–4, 259, 293, 302
コムネヌス朝 Comnenus dynasty 72

（参照）アレクシウス
コモ　Como　143
ゴリツィア伯　→マイナルド　Gorizia, Count of→Mainard
コリュドーン　Corydon　6
コリント湾　Corinth, Gulf of　73, 236–7
コルシカ〔島〕 Corsica　255, 438
コルトレイク　Courtrai　442
コルフ〔島，現ケルキラ島〕Corfu　77, 87, 221–2, 236, 410
コルレオーネ　Corleone　352
コレ，ジャン（サンタチェチーリアの枢機卿） Cholet, John, Cardinal of Saint Cecilia　396
コロ　Collo　359, 364–5
コンスタンツア，アラゴンの（神聖ローマ皇帝妃） Constance of Aragon, Western Empress　22, 45
コンスタンティーヌ（町，現アルジェリア内） Constantine, town　338, 359
　—の領主　→イヴン・ハサン　Governor of→Ibn Hasan
コンスタンティヌス（東ローマ皇帝） Constans, the Emperor　9
コンスタンティヌス大帝（ローマ皇帝） Constantine the Great, Emperor　32, 34, 38
コンスタンティノープル　Constantinople 8–9, 32, 38, 71–5, 77, 81–9, 143, 225–9, 231, 235, 237, 245, 256–7, 260–1, 264–6, 268–9, 276, 280, 284–91, 300–3, 305, 309–18, 332–4, 337, 339–41, 343, 355–6, 358, 378–9, 381, 399–400, 408, 413, 437, 442, 461, 473–5
　—ラテン帝国の　Latin Empire of　92, 116–7, 221–3, 258, 441, 460（参照）ローマニア
　—総大主教　→アルセニウス，ヴェクス，ゲルマヌス，ヨセフス　Patriarchs of →Arsenius, Germanus, Joseph, Veccus
コンスタンティン〔・ティフ〕・アセン（ブルガリア皇帝） Constantine Asen, Tsar of Bulgaria　236, 258, 314
コンティ　→アレクサンデル4世　Conti →Alexander IV
コンラーディン，ホーエンシュタウフェン家の（イェルサレム王位継承） Conradin of Hohenstaufen, King of Jerusalem, hereditary rights　51–4, 57–8, 60–1, 64, 99–100, 102, 114–6, 118–9
　—幼少期　170–1
　—イタリア遠征計画　171–4
　—イタリア進出　175–6
　—ローマへの進軍　177–9
　—シャルル1世への対抗　179–86（参照）タリアコッツォ（戦い）
　—捕虜　186–7
　—死　187–9
　—その他関連事項　129, 131, 190–1, 195–6, 198–201, 204–6, 225–6, 228–9, 246, 252, 271–2, 326, 328–9, 340, 406, 412, 424
コンラート（ケルンの大司教） Conrad, Archbishop of Cologne　48
コンラート4世　→コンラード（ホーエンシュタウフェン家の）
コンラード，アンティオキアの　Conrad of Antioch　152–3, 164, 180, 184–7, 377, 386, 397, 406
コンラード，ホーエンシュタウフェン家の（ドイツ王コンラート4世，イェルサレム王） Conrad of Hohenstaufen, King of the Romans, King of Jerusalem　45–51, 63, 89, 99–100, 108, 124, 170, 198, 206, 329
コンラード　→カペッチェ，クロッフ，ドーリア，ブッサルス，モナルデスキ，ランチア　Conrad→Bussarus, Capece, Doria, Kroff, Lancia, Monaldeschi

◆サ——

サヴィリアーノ　Savigliano　271
サヴェリ家　Savelli family　423

―（参照）ホノリウス４世
―パンドルフォ　Pandolfo　*450*
―ルーカ　Luca　*166*
サヴォイア伯　Savoy, Count of　*143, 308*（参照）ベアトリーチェ
サヴォナ　Savona　*177*
ザクセン　Saxon　*31*（参照）ヴェルフェン家
ザクセン公　→ヨーハン　Saxony, Duke of →John
ザッカリーア，ベニート（ビザンティン大使）　Zaccaria, Benito, Byzantine ambassador　*339*
―マルティーノ（フォカエアの領主）Martin, Lord of Phocaea　*339*
サヌード　→マルコ　Sanudo→Marco
サビーナの枢機卿　→クレメンス４世 Sabina, Cardinal of→Clement IV
サビーナ丘陵　Sabine Hills　*180*
サポリート，ニコーラ（メッシーナの裁判官）　Saporito, Nicholas, judge in Messina *355*
サムニーテ丘陵　Samnite Hills　*153*
サモス〔島〕Samos　*223*
サラセン〔人〕Saracen*22, 49, 51, 53–4, 59, 154–5, 163, 174–6, 180, 204, 211, 236, 264, 401*（参照）ムーア人，ムーア人ヨアンネス
サラチネスコ　Saracinesco　*180, 186–7, 397, 406*
サラディン（アイユーブ朝のエミール〔イスラム教徒の王族〕）Saladin, Ayubite emir　*39*
サリー　→ユーグ　Sully→Hugh
サリムベーネ・ディ・アダモ（歴史家） Salimbene de Adam, chronicler　*63, 476*
サルソ川　Salso, river　*217*
サルッツォ　Saluzzo　*128, 164, 270*
―侯　→マンフレーディ，トムマーゾ Marquises of→Manfred, Thomas
サルデーニャ　Sardinia　*45, 62, 167, 338, 345, 436, 468, 443*
―王　→エンツォ　King of→Enzo
サルト川　Salto, river　*180–2*
サレルノ　Salerno　*18, 20, 178, 328*
―公　Princes of（参照）シャルル２世
―ランチア　Lancia（参照）マッテーオ
サン・クロード　Saint Cloud　*123*
サン・ベルタン年代記　Saint Bertin, chronicle　*470*
サンヴァレリ　→エラール　Saint–Valery →Erard
サンギーユ　Saint-Gilles　*142*
サンサルヴァトーレ修道院　San Salvatore, convent　*186*
サンジェルマーノ　San Germano　*153*
サンジミニアーノ　San Giminiano　*307*
サンシルヴェストロ教会　San Silvestro,Church　*235*
サンセヴェリーノ伯　→ランチア　San Severino, Count of→Lancia（参照）ルッジェーロ
サンタセヴェリーナ（大司教）Santa Severina, Archbishop of　*201*
サンタチェチーリアの枢機卿　→マルティヌス４世　Saint Cecilia, Cardinal of→ Martin IV
サンタドリアーノの枢機卿　→ジェラール Sant' Adriano, Cardinal of→Gerard
サンタマリーア　Sante Marie　*191*
サンタルチーア（村）Santa Lucia, village *375*
サンチア，プロヴァンスの（ドイツ王妃） Sanchia of Provence, Queen of the Romans　*102, 124*
サンチョ４世（カスティーリャ王） Sancho, King of Castile　*331, 339, 378, 434*
サント・スピリト教会（パレルモ）Holy Spirit, church, Palermo　*349–50, 354*
サンピエトロ寺院〔ローマ〕Saint Peter Church　*151*
サンマルコ広場　Saint Mark's, Piazza of *396*

サンマルティーノ　San Martino　*384–6, 424*
サンマルティーノの枢機卿　→パルティニエリ　Saint Martin, Cardinal of→Paltinieri
サンミッシェル教会〔マルセイユ〕 Saint Michae, Church of　*141*
サンミニアート　San Miniato　*168, 306*
サンリス　Senlis　*432*
サンレミ　→ジャン　Saint–Remy→John
サンレモ　San Remo　*128*

◆シ——

シアッカ　Sciacca　*205, 442*
ジークフリート（マインツの大司教） Siegfried, Archbishop of Mainz,　*47*
シエーナ　Siena　*61, 96, 169, 174, 176, 178, 198–200, 248, 307*
ジェーノヴァ〔および人〕 Genoa, Genoese　*20–1, 83, 94–5, 127–8, 143, 186, 199–200, 227, 230, 233, 245–7, 254–5, 257, 260–1, 269–70, 274, 280–2, 290–1, 293, 310, 332, 334, 339, 355, 360–2, 371, 373–4, 377–8, 389, 397, 434, 440, 452*
ジェラール（サンタドリアーノの枢機卿） Gerard, Cardinal of Sant' Adriano　*20*
ジェラルド，パルマの（枢機卿，教皇特使） Gerard of Parma, Cardinal–legate　*360, 363, 385, 397, 402, 419, 442*
ジェロラモ，アスコリの　→ニコラウス4世　Jerome of Ascoli→Nicholas IV
ジェンティーレ（ジルジェンティの司教） Gentile, Bishop of Girgenti　*16, 58*
シカニ族　Sicani　*5*
シクリ人　Siculi　*5, 7*
システロンの司祭　→アダーン　Sisteron, Bishop of→Adam
執政長官（自治都市の）　→ポデスタ　*Podestà*
シビラ，アチェーラの（シチリア王妃） Sibylla of Acerra, Queen of Sicily　*18*
シポント　Siponto　*49*
指名された皇帝　Emperor-designate　*280, 298, 300*（参照）選帝，ドイツ王，ルードルフ〔1世〕
シモーネ，レンティーニの（ドミニコ会修道士） Simon of Lentini, Dominican　*382*
シモーネ，ロベルト（シチリア伯） Simon, Count of Sicily　*112*
シモン　→マルティヌス4世〔ブリーのシモン〕，パルティニエーリ　Simon→Martin IV, Paltinieri
シモン，モンフォールの（レスター伯） Simon of Montfort, Earl of Leicester　*148, 199, 235*
シモン，モンフォールの（レスター伯の息子） Simon of Montfort, son of the Earl of Leicester　*235*
ジャーコモ　→カペッチェ　James→Capece
ジャーコモ，スカレッタの　James of Scaletta　*375*
ジャケット　→マーレスピーニ　Giacchetto→Malespini
ジャック　→パンタレオン（ウルバヌス4世） James→Pantaleon (Urban IV)
ジャック，ガンテルムの　James of Gantelme　*138, 143, 158*
シャティラ〔現アクサヒル〕 Thyatira　*84*
ジャルバ〔島〕 Jerba　*409, 439*
シャルル（ヴァロワ伯，後のフィリップ4世） Charles, Count of Valois　*396–7, 426, 429, 432–3, 435, 441–3*
シャルル・マルテル（ハンガリー王位継承者） Charles Martel, titular King of Hungary　*268, 298, 308, 411, 430–1, 438, 444*
シャルル・ロベール　→カロベール　Charles Robert→Carobert
シャルル1世（シャルル・ダンジュー。アンジューおよびプロヴァンス伯，シチリア王，アルバニア王，イェルサレム王。最初の王位はシチリア） Charles I,

Count of Anjou and Provence, King of Sicily, Albania and Jerusalem, first offered Sicilian throne　98–99
—２回目の王位提案　115, 117–31
—生い立ち，若年時代　122–3
—プロヴァンスで　123–30
—ローマの執政官　135, 166, 196–8, 244, 248, 281–3, 296, 299, 306
—王位継承　135–44
—「フランツォット *Franciots*」〔プロヴァンスのシャルル支持者〕 127–8
—南イタリア侵攻　144–60
—イタリアにおける権力伸長　163–8
—コンラーディンを破る　168–98
—北イタリアの管理　198–202
—王国の行政　202–12
—フランスの領地で　212–6
—東方への関心　221–8
—チュニジア十字軍　228–34
—東方遠征を修正　235–7, 244
—グレゴリウス10世との駆け引き　245–63, 267–73
—インノケンティウス５世およびヨハネス21世と　280–6
—イェルサレム王　290–4
—ニコラウス３世およびルードルフ王との駆け引き　294–300
—イタリアでマルティヌス４世に支持を受ける　305–10
—コンスタンティノープル遠征の準備　310–7
—暗殺計画　332–43
—シチリアの反乱　352–9
—メッシーナ攻略　359–65, 371–4
—カラーブリアで　374–7
—財政と統治の問題　377–81
—ペドロ王と　381–4
—フランスで　384–8, 395–7, 401–2
—最後のシチリア遠征　402–6
—プーリアで　410–1
—死　411–2
—人物像　412–4, 458–63
—その他関連事項　64, 130–1, 190, 195, 216–7, 276, 318–21, 329, 343–4, 346, 367, 389–90, 406–7, 415–6, 419, 422, 424, 435–6, 448, 458–65, 470–2, 474–6
シャルル２世（シチリア王，結婚前はサレルノ公） Charles II, King of Sicily, formerly Prince of Salerno, marriage 225, 298
—ペドロ王による恫喝　337
—フランスで　379
—王国での摂政　383–4, 397–8
—ラウリアのルッジェーロに敗れて捕虜となる　401–3, 406
—能力　418
—人物像　422
—解放交渉　426–30
—和平への努力　430–1
—アラゴンとの和平　436–9
—シチリア遠征の失敗　438–41
—シチリアとの和平　441–2
—対ハンガリー政策　444–6
—その他関連事項　308, 345, 377, 404, 411, 415, 452
シャルルマーニュ，カール大帝（フランク国王，神聖ローマ皇帝） Charlemagne, Charles the Great, Western Emperor　28, 32–3, 326, 343
ジャン　→ブリトゥー　John→Britaud
ジャン，アヴェーヌ家の（フランドル伯） John of Avesnes, Count of Flanders　126
ジャン，エップの（ローマの総監，ロマーニア地方の教皇領長官） John of Eppe, Governor of Romagna　307, 377, 397
ジャン，グレーリュの（ギエンヌの家令） John of Grailly, Seneschal of Guienne 387
ジャン，サンレミの（パレルモの大法務官） John of Saint-Rémy, justiciar of Palermo 349, 351
ジャン，ブレーセルブの（シャルルの副官） John of Brayselve　178, 181, 188
ジャン，ベレスメの（リヨンの大司教）

John of Belesmes, Archbishop of Lyons 308
ジャン，モンフォールの（総司令官） John of Montfort, Captain–General 411, 428
ジャン，ラ・ロシュの（アテネ公） John of La Roche, Duke of Athens 237, 287
ジャン・トリスタン（フランス王子） John–Tristram, Prince of France 230
ジャン3世（スワソン伯） John III, Count of Soissons 148
ジャンヌ，トゥールーズの（ポワティエ伯妃） Joanna of Toulouse, Countess of Poitiers 122
シャンプリット伯 Champlitte, Count of 308
シュヴァーベン公国 Swabia, duchy of 60, 170
十分の一税〔ディーン〕 *dîne* 104, 121, 138, 264, 273, 338, 345, 396–7, 431, 438, 456
シュタイアーマルク〔地方〕 Styria 250–1, 254, 284
ジュディチ →ヴィターリス Giudici→Vitalis
ジョアンヴィル伯 Joinville, Count of 428
—氏（伝記作者） Sieur of, biographer 230
小アジア Asia Minor 38（参照）アナトリア
ジョヴァンナ1世，アンジューの（シチリア〔ナポリ〕女王） Joanna I, of Anjou, Queen of Sicily (Naples) 448
ジョヴァンナ2世，アンジューの（シチリア〔ナポリ〕女王） Joanna II, of Anjou, Queen of Sicily (Naples) 448, 453
ジョヴァンニ →フランジパーネ John →Frangipane
ジョヴァンニ，コクレーリアのJohn of Cocleria 96
ジョヴァンニ，マレーリの John of Mareri 171
ジョヴァンニ・ガエターノ →ニコラウス3世 John–Gaetan→Nicholas III
ジョヴァンニ・ダ・プロチダ（医者），経歴（若い時代） John of Procida, physician, early career 164, 328–30
—アラゴンで 327, 330, 332
—外交活動 332, 334, 339–42
—伝説上の活動 330, 335, 468–75
—シチリアで 386–7, 398–400, 407–8, 425, 435
—和平への働き 437–8
—その他関連事項 62, 344–5, 361, 451–2, 476
ジョーン，イングランドの（シチリア王妃） Joanna of England, Queen of Sicily 17
ジョフロワ，ドラギニャンの（ローマの執政官） Geoffrey of Dragon, pro–senator of Rome 306
ジョフロワ，ブリュエールの Geoffrey of Bruyeres 290
ジョフロワ，ボーモンの（教皇特使） Geoffrey of Beaumont, papal legate 148, 151
ジョフロワ2世，ヴィルアルドゥアン家の（アケーア公） Geoffrey II, of Villehardouin, Prince of Achaea 74
ジョルダーノ →オルシーニ Jordan→Orsini
ジョルダーノ →ランチア Giordano→Lancia
ジョルダーノ（テラチーナの枢機卿） Jordan, Cardinal of Terracina 186
ジョルダン，アングローナの Jordan of Anglona 138
シラクーサ Syracuse 6, 8, 10, 12, 16, 20–1, 204, 427, 439
—の司祭 →パーマー Bishop of→Palmer
シリア Syria 8, 116, 221, 224, 244, 293, 316, 431
ジリア朝 Zirid dynasty 10, 12

ジル　→ル・ブルム　Giles→Le Brun
ジルジェンティ〔現アグリジェント〕
Girgenti　11, 206
—の司教　→ジェンティーレ　Bishop of →Gentile
神聖ローマ帝国　Holy Roman Empire (Empire)　114–5, 127, 215, 250, 298
—の王　King of the Romans（参照）選出皇帝，指名された皇帝，ドイツ王。ハインリヒ，ウィレム，コンラード〔コンラート4世〕，リチャード，ルードルフ〔1世〕
神聖ローマ皇帝　Western Emperor　13, 115, 127, 250, 254, 268, 270, 281, 297–8 →シャルルマーニュ，ハインリヒ4・6・7世，フリードリヒ1・2世（参照）選出皇帝，指名された皇帝，ドイツ王

◆ス——

スウェーデン王　→ヴァルデマール　Sweden, King of→Valdemar
スカリジェーリ家，スカラの　Scaliger, della Scala, family　168
スカレア　Scalea　401
スカレッタ　→ジャーコモ，マカルダ　Scaletta→James, Machalda
スクルコラ　Scurcola　180–1
スコットランド王　→アレグザンダー3世　Scotland, King of→Alexander III
スコピエ　Skoplje　316
スコルタの山中の隘路　Skorta, defiles of　313
ステファン・ウロシュ1世（セルビア王）　Stephen Uroš I, King of Serbia　236–7. 315
ステファン・ウロシュ2世ドゥラグティン（セルビア王）　Stephen Uroš II, Dragutin, King of Serbia　237, 315
ステファン・ウロシュ3世ミルティン（セルビア王）　Stephen Uroš III, Milutin, King of Serbia　315
ストゥーラ川　Stura, river　307
ストゥラテゴプルス，アレクシウス（将軍）　Strategopulus, Alexius, general　83, 86, 90
スパルタ　Sparta　85
スピノーラ家　Spinola, family　246
—オベルト（ジェーノヴァの指導者）　Oberto, Captain of Genoa　247
スフィナリッツァ　Sphinaritza　89
スペチャーレ，ニコラス（年代記作者）　Speciale, Nicholas, Chronicler　471
スペルリンガ　Sperlinga　352
スボティツァ　Suboto　77
スポラデス〔諸島〕Sporades　289
スポレート　Spoleto　146, 151, 380
スミルナ　Smyrna　317
スラブ人　Slav　38
スルタン　Sultans　39, 292–3, 316
スルモーナ　Sulmona　209
スロヴェニア　Slovenia　224
スワッソン伯　→ジャン　Soissons, Count of→John

◆セ・ソ——

聖ペテロ　Saint Peter　28, 34
セーケシュフェールバール　Szekesfehervar　444
セクスタス　→ポンペイウス　Sextus→Pompey
セバストクラトール〔ビザンティン高官の称号，副皇帝〕*Sebastocrator*　80
セルヴァジア，ホーエンシュタウフェン家の（ヴェローナの君主婦人）　Selvaggia of Hohenstaufen, lady of Verona　62
セルジューク族のトルコ人　Seljuk Turks　316（参照）トルコ
セルダーニュ〔地方〕Cerdagne　327–8
セルビア　Serbia　224, 236, 258–9, 315
—王　→イシュトヴァーン　kings of→Stephen
専制公〔デスポーテス〕Despot,

Despotate 78（参考）エピロス，テッサロニカ
選出皇帝 Emperor-elect 255, 456（参考）指名された皇帝，神聖ローマ帝国の王，ドイツ王。ハインリヒ，ウィレム，コンラード〔コンラート4世〕，リチャード，ルードルフ〔1世〕
選帝会議 elections 253, 255
—侯 electors 48, 60, 250–5
善人委員会〔ボニ・ホミネス〕*boni homines* 135
宋王朝 Sung dynasty 39
ソリアーノ Soriano 305, 333
ソレント Sorrento 403, 415
ソンチーノ Soncino 150

◆タ——

ターラント Taranto 47, 53（参照）フィリップ
—湾 Gulf of 376, 406, 411
タイエトス山 Taygetus, Mount 85, 312
大汗〔カラコロムの〕Great Khan 39
大汗〔モンゴルの〕Great Khan 293
対立王 anti-King 198 →ウィレム
タオルミーナ Taormina 10, 353–4
タタール人 Tartars 259, 314–5（参照）モンゴル人
ダニューブ川 Danube river 259
ダフヌジア〔島〕Daphnusia 83
卵城〔ナポリ〕Uovo, Castello dell', at Naples 187, 208
ダミエッタ Damietta 231
タラスコン Tarascon 432
タリアコッツォ（戦い）Tagliacozzo, battle 180–1, 190–1, 196, 203, 329, 411
タルカニオテス，アンドロニクス Tarchaniotes, Andronicus 260
タルカニオテス，ミカエル（司令官）Michael, Grand Domestic 312
タルシノン Thalassinon 80
ダルマツィア〔地方〕Dalmatia 225, 444
タレンテーズ →インノケンティウス5世 Tarentaise→Innocent V
タンクレーディ（レッチェ伯，シチリア王）Tancred, Count of Lecce, King of Sicily 17–8, 20
ダンテ・アリギエーリ Dante Alighieri 13, 150, 152, 159–60, 262, 275, 295, 319, 336, 472, 476

◆チ——

チヴィタヴェッキア Civitavecchia 96
チェーヴァ Ceva 128
チェファル Cefalu 10, 407
—の司教 Bishop of 426
チェプラーノ Ceprano 152
チェントゥリーパ Centuripa 205
チナルド，ガッツォ（コルフ島の総督）Chinardo, Gazzo, Governor of Corfu 222, 236
チナルド，フィリップ（コルフ島の総督）Chinardo, Philip, Governor of Corfu 222
中国 China 39
チューリヒ Zurich 252
チューリンゲン Thuringia 195
—（参照）アルベルト，フリードリヒ
チュニス，チュニジア〔および人〕Tunis, Tunisians 12–3, 71, 84, 167, 172, 210, 228–33, 246–7, 255, 293, 326, 338, 340, 359, 381, 398, 409, 420, 427
—王 →イブラーヒーム，ムスタンシャー kings of→Ibrahim, Mustansir
チロル Tyrol 173, 175
チンギス＝ハン（モンゴル皇帝）Jenghiz Khan, Mongol Emperor 39

◆テ——

テアーノ Teano 54–5
ディーナ（メッシーナの女性市民）Dina, citizeness of Messina 362
ディーン →十分の一税 *dîne*

ティヴォリ　Tivoli　145, 180, 377
ティエリ，ヴォークールールの（伝記作者）Thierry of Vaucouleurs, biographer　109
ディオニシウス（シラクーサの暴君）Dionysius, tyrant of Syracuse　6
低地帯諸国　Low Countries　244
ディパルト，フォーブルク（サレルノの領主）Diepold of Vohburg, lord of Salerno　20
ティルティング　→馬上槍試合　tilting
ティレニア海　Tyrrhenian Sea　376
—沿岸〔地域〕 Tyrrhenian coast　406
テーベ〔現ティーバ〕 Thebes　73, 87
テオクリトゥス　Theocritus　6
テオドリック（東ゴート族の王）Theodoric, King of the Ostrogoths　8
テオドルス１世ラスカリス（ニケーア皇帝）Theodore I, Lascaris, Emperor of Nicaea　73
テオドルス２世ラスカリス・ヴァタゼス（ニケーア皇帝）Theodore II, Lascaris Vatatzes, Emperor of Nicaea　76, 78
テオバール，メッシーの（マテグリフォン城主）Theobald of Messy, chatelain of Mategriffon　354
テオパネス（ニケーアの府主教）Theophanes, metropolitan of Nicaea　265, 310
テオバルド，シャンパーニュの（ナヴァラ王）Tibald of Champagne, King of Navarre　230, 232–3
デスクロ，ベルナール（年代記作者）D'Esclot, Bernard, chronicler　469
デスポーテス　→専制公　Despot, Despotate
テッサリア〔地方〕 Thessaly　73, 76, 80, 236, 342
テッサロニカ〔王国，帝国，地域〕 Thessalonica　72–4, 81, 120, 389
テッラ・ディ・ラヴォーロ　*Terra di Lavoro*　48–9, 53, 57, 152
テバルド　→アンニバルディ，グレゴリウス10世　Tebaldo→Annibaldi, Gregory X
デメトリアス（戦い）Demetrias, battle　288
デュラン，ギョーム（教皇代理，教会法学者）Durand, William, canonist　307
デュルンクルト（戦い）Dürnkrut, battle　297
テラチーナ　→ジョルダーノ　Terracina →Jordan
デルータ　Deruta　140
テルテル　→ゲオルギー　Terteri→ George
テルニ　Terni　151
テルミニ　Termini　442
テレーゼ　Telese　153
テンダ峠　Tenda Pass　128, 148

◆ト——

ドイツ王　King of the Romans　46–8, 114, 121, 249–50, 253–4, 262, 264, 268–9, 280, 297　→ウィレム，コンラート４世，ハインリヒ，リチャード，ルードルフ１世（参照）神聖ローマ帝国の王，選定，指名された皇帝
ドイツ騎士団　Teutonic Knights　250
ドイツ人　→ヘンリー（コーンウォールの）Almain→Henry, of Cornwall
ドヴァーラ　→ボーソ　Dovara→Boso
ドゥーケナ　→イレネ　Ducaena→Irene
トゥーシー　→ナリヨット　Toucy→ Narjot
トゥールーズ（市）Toulouse, city　337
—地方　county of　433
—伯　counts of　142（参照）ジョアンナ，レーモン
ドゥラッツォ〔現ドゥラス〕 Durazzo　76, 81, 89, 90, 236, 287, 312, 410
トゥラレス〔現アイドゥン〕 Tralles (Aydin)　317
ドージェ　→元首〔ヴェネツィアの〕 *Doge*

トーディ　Todi　*140*
ドーリア家　Doria family　*246*
—のオベルト　Oberto　*247*
—のコンラード　Conrad　*440*
トール，レーモン（吟遊詩人）Tors, Raymond, troubadour　*64*
トーレ家　→ガストン，ナポレオーネ，レイモンド　Gaston, Napoleon, Raymond
ドグ川　Dog River　*292*
トスカーナ〔地方，人〕Tuscany, Tuscans　*50, 60, 96, 136, 138, 146, 148, 154, 156, 168–9, 172, 174, 176–8, 182, 198–200, 210, 223, 244, 246–8, 255, 260, 281–3, 296, 298–300, 307, 377, 401, 404, 439*
トネール　Tonnerre　*196, 214, 216*
トマ，クシーの　Thomas of Coucy　*204*
トマス　→アクイナス　Thomas→Aquinas
トマソ，レンティーノの（イェルサレムの総大司教）Thomas of Lentino, Patriarch of Jerusalem　*291*
ドミニコ会修道士〔院〕Dominican Order　*201–2, 229, 281, 286, 350, 382, 426*
トムマーゾ（サルッツォ侯）Thomas, Marquis of Saluzzo　*164, 168, 307*
トムマーゾ，アクィーノの（アチェーラ伯）Thomas of Aquino, Count of Acerra　*62, 154*
トムマーゾ（アチェーラ伯）の息子（伯）Thomas the younger, Count of Acerra　*373*
トムマーゾ，プロチダの　Thomas of Procida　*330*
トラーニ　Trani　*77, 89, 163, 196*
トラーパニ　Trapani　*11, 178, 231, 233, 270, 334, 352, 365, 371, 387, 434, 440*
トラキア〔地方〕Thrace　*83*
ドラギニャン　→ジョフロワ　Dragon→Geoffrey
トランシルヴァニア〔地方〕Transylvania　*224*
—のヴォイヴォド〔君主〕→ラースロー　*voievod* of→Ladislas
トリールの大司教　Trier, archbishops of　*48, 253*（参照）アーノルド，ヒリンフリード
トリスタン　→ジャン　Tristram→John
トリナクリア〔シチリアの古称〕*Trinacria*　*443*
トリニュ　Torigny　*214, 216*
トリポリ（伯国）Tripoli, County of　*292, 431*
トルコ人　Turks　*38–9, 73, 78, 80, 223, 287, 289, 316–7*
トルトーナ　Tortona　*150, 201*
トルリアーニ家，トーレの　Torriani, della Torre, family　*143, 150, 168, 177, 307*
トレヴィーゾ　Treviso　*167*
トレビゾンド帝国　Trebizond, Empire of　*72*
トレフルト伯　Treffurt, Count of　*203*
トレモンティ　Tremonti　*191*
トレント　Trent　*175*
トロイーア　Troia　*55*
トロイーナ　Troina　*372*
ドローエ（フランスの下士官）Drouet, sergeant　*350*
トロワ　Troyes　*94, 308*

◆ナ——

ナヴァラ王　→エンリケ，テオバルト　Navarre, kings of→Henry, Tibald
ナクソス公　→マルコ　Naxos, Duke of→Marco
ナフパクトゥス　Naupactus　*80*
ナポリ〔および人〕Naples, Neapolitans　*18, 49, 55, 58, 118, 152, 157, 180, 187–8, 195, 197, 205, 207–10, 215, 231, 236, 262, 268, 270, 293, 313, 329, 340–1, 344, 346, 353–4, 356, 376, 384, 398, 401–6, 410–2, 415, 419–20, 427–8, 437–8, 440–1, 446–8, 452, 468, 473*
—大学　university of　*22, 58, 329*
—湾　Bay of　*270, 401, 404, 406, 427*

ナポレオーネ・デッラ・トーレ（ミラーノの暴君） Napoleon della Torre, tyrant of Milan *150, 283*
ナポレオン１世 Napoleon I, Emperor of the French *448*
ナリヨット，トゥーシーの（アルバニアの司令長官） Narjot of Toucy, Captain-General of Albania *287, 319*
ナルボンヌ Narbonne *142*
ナンギ →ギョーム Nangis→William

◆ニ——

ニカストロ Nicastro *376*
—の司教 Bishop of *426*
ニクレ Nikli *85*
ニケーア〔地方，人〕 Nicaea *38*
—皇帝 →テオドルス，ヨアンネス emperors of→John, Theodore
—帝国 Empire of *46, 73–7, 79–83, 316*
—の府主教 →テオパネス Metropolitan of→Theophanes
ニケフォルス →アルヤッニース Nicephorus→Alyattes
ニケフォルス，アンゲルス（エピロス専制公［デスポーテス］） Nicephorus Angelus, Despot of Epirus *76, 235, 259, 285, 302, 311, 316*
ニコーテラ Nicotera *376, 398*
ニコーラ →パンチァ，サポリート，スペチャーレ Nicholas→Pancia, Saporito, Speciale
ニコーラ，エブデモーニアの（パレルモの自治副官） Nicholas of Ebdemonia, Vice-Captain of Palermo *351*
ニコーラ，オルトレーヴァ（パレルモの自治副官） Nicholas of Ortoleva, Vice-Captain of Palermo *351*
ニコシア Nicosia *372, 407, 409*
ニコラウス３世（教皇，ジョヴァンニ・ガエターノ・オルシーニ） Nicholas III, Pope (John Gaetan Orsini) *190, 295–302, 305, 309–10, 319–20, 329, 333–5, 344–5, 421, 459, 464*
ニコラウス４世（教皇，アスコリのジェロラモ） Nicholas IV, Pope (Jerome of Ascoli) *428–30, 434, 450*
西ゴート族 Visigoths *8*
ニシダ〔島〕 Nisida *401*
ニュルンベルク Nuremberg *252*
—城伯 →フリードリヒ Burgrave of →Frederick
ニンフェウム Nymphaeum *83, 90, 143*

◆ヌ・ネ・ノ——

ヌーベル Nevers *214, 216*
ネオカストロ →バルトロメーオ Neocastro→Bartholomew
ネオパトラス〔地方〕 Neopatras *235–7, 287–8*（参照）テッサリア
—公 →ヨアンネス Duke of→John
ネグロポント〔現カルキス〕 Negropont *289, 334*
ネストリウス派 Nestorian *428*
ノヴァーラ Novara *270*
ノヴェルロ，グィード〔フィレンツェの皇帝派首領） Novello, Guy *168, 339, 386*
ノート Noto *12*
ノガイ（タタール人の首長） Nogai, Tartar chieftain *259, 314–5*
ノチェーラ Nocera *164, 169*
ノルウェー王 →マグヌス Norway, King of→Magnus
ノルマン朝（シチリアにおける） Norman dynasty in Sicily *12, 16–7, 22–3, 70, 97, 120–1, 232, 349*

◆ハ——

バーゼルの司教 →アンリ Basle, Bishop of→Henry
バーデン →フリードリヒ Baden→Frederick

バーベンベルク家　Babenberg family 170, 248, 284
パーマー，リチャード（シラクーサの司教） Palmer, Richard, Bishop of Syracuse 16
バイエルン　Bavaria 47, 51, 57, 60, 170–2, 174, 177, 445
—公　→ハインリヒ，ルートヴィヒ，オットー　dukes of→Henry, Louis, Otto
バイイ（大法官） *bailli* 212, 214, 291
ハイネ，ハインリヒ〔詩人〕 Heine, Heinrich 188
バイバルス（イスラムエジプトのマムルーク朝スルタン） Baibars, Mameluk Sultan of Egypt 292–3, 316
ハイメ，アラゴンの（マヨルカ王） James of Aragon, King of Majorca 330–1, 337, 396, 420, 432–3, 436
ハイメ1世（アラゴン王） James I, King of Aragon 94, 114–5, 124, 128, 140, 193, 262–4, 275, 327–8, 330, 343
ハイメ2世（アラゴン王，その前はシチリア王） James II, King of Aragon, previously King of Sicily 386–7, 399, 407, 409, 415, 425–6, 429–40, 446, 452
ハインリヒ（バーゼルの司教） Henry, Bishop of Basle 281
ハインリヒ〔13世〕(バイエルン公) Henry, Duke of Bavaria 170, 252
ハインリヒ，ホーエンシュタウフェン家の（フリードリヒ2世の年少の息子） Henry of Hohenstaufen, younger son of Frederick II 45–7, 50, 98–100
ハインリヒ，ホーエンシュタウフェン家の（ドイツ王） Henry of Hohenstaufen, King of the Romans 45
ハインリヒ，ホーエンシュタウフェン家の（ドイツ王ハインリヒの息子） Henry of Hohenstaufen, son of Henry, King of the Romans 45, 48
ハインリヒ4世，ザリアー家の（神聖ローマ皇帝） Henry IV, Western Emperor 36
ハインリヒ6世，ホーエンシュタウフェン家の（神聖ローマ皇帝，シチリア王） Henry VI, Western Emperor 17–21, 28, 31, 220
ハインリヒ7世，ルクセンブルク家の（神聖ローマ皇帝） Henry VII, Western Emperor 447, 456
ハヴァリョ（ブルガリア皇帝，〔「ラカナス」［菜食主義者］〕） Ivailo, Lachanas, Tsar of Bulgaria 314–5
パヴィーア　Pavia 150, 168, 177, 200–3, 248, 255, 270
バヴェーリオ，エンリーコ（パレルモの自治副官） Baverio, Henry, Vice–Captain of Palermo 351
パオリーノ・ディ・ピエーロ（年代記作者） Paolino di Piero, chronicler 390
バグダッド　Baghdad 39
馬上槍試合〔ティルティング〕 tilting 387
バジリカータ〔地方〕 Basilicata 95, 204, 401, 406
パチミール，ジョルジョ（歴史家） Pachymer, George, historian 472–3
パッセーロ岬　Passaro, Cape 441
バッティフォーレ　→グィード　Battifolle →Guy
パッラヴィチーニ，オベルト　Pallavicini, Oberto 61–2, 150, 168, 201
パッラヴィチーニ家　Pallavicini family 96, 150
ハドリアヌス5世（教皇，オットブオーノ・ディ・フィエスキ） Adrian V, Pope (Ottobuone dei Fieschi) 247, 282, 318, 459
パニカール峠〔ピレネー山中〕 Panicar, Pass of 432
パノルムス　→パレルモ　Panormus→ Palermo
バビロン捕囚　→アヴィニョン
ハプスブルク家の　→クレメンツィア，ハルトマン，ルードルフ　Clementia,

Hartmann, Rudolph
ハプスブルク朝　Habsburg dynasty　254
ハフス朝　Hafsid dynasty　71（参照）チュニス
パラエオログス（パラエオロギナ）→アンドロニクス，イレネ，エウロギア，エヴロシニ，マリア，ミカエル，ヨアンネス　Palaeologus, Palaeologina→Andronicus, Eulogia, Euphrosyne, John, Maria, Michael
パラストロン，ヨアンネス（フランシスコ修道会士）　Parastron, John, Franciscan　257, 264
パラモース　Palamos　420
パリ　Paris　102, 105, 114–5, 118–20, 122, 126, 228, 357, 379, 384, 396
—大学　university of　94
バリアン，イベリンの（バリアン・ディブラン）　Balian of Ibelin (Balian d'Ibelin)　291
パリージ　→エンリーコ　Parisi→Henry
バルカン〔諸国，半島，地域〕　Balkans　71, 94, 224, 236, 258–9, 342, 378
バルセロナ　Barcelona　196, 327–8, 330, 334–5, 338, 405, 408–9, 437
バルダ　→リーゾ　Baldo→Riso
パルティニエリ，シモーネ（サンマルティーノの枢機卿）　Paltinieri, Simon, Cardinal of Saint Martin　141
バルドヴィーノ　→ムッソーネ　Baldwin→Mussone
ハルトマン，ハプスブルク家の　Hartmann of Habsburg　297–8
バルトロメ　→ボンヴァン　Bartholomew→Bonvin
バルトロメーオ　→カラッチオロ，マニスカルコ，ランチァ　Bartholomew→Caracciolo, Lancia, Maniscalco
バルトロメーオ（グロッセートの司教）　Bartholomew, Bishop of Grosseto　302
バルトロメーオ，ネオカストロの（メッシーナの裁判官，年代記作者）　Bartholomew of Neocastro, judge at Messina, chronicler　354, 366, 470
バルトロメーオ，ピアッツァの（フランチェスコ会修道士）　Bartholomew of Piazza, Franciscan friar　362
バルト海　Baltic　94, 251
バルバロッサ　→フリードリヒ１世　Barbarossa→Frederick
パルマ　Parma　31, 201, 283（参照）アルベルト，ジェラルド
パルミエーロ　→アッバーテ　Palmieri→Abbate
パルメニオ　→リーゾ　Parmenio→Riso
バルレッタ　Barletta　209
パレア　→グアルティエーロ　Palear→Walter
バレアレス諸島　Balearic Islands　327, 330, 434, 438
パレスチナ　Palestine　75, 244, 293, 340（参照）ウートルメール〔海外属領〕
パレストリーナ　Palestrina　187
バレル，レ・ボーの　Barral of Les Baux　125–6, 128, 143
パレルモ（古称：パノルムス，アルマディナ）　Palermo (Panormus, al-Madinah)　9–11, 13–4, 18, 20–2, 33, 58, 174, 204, 231, 349–54, 356–8, 364–5, 371–4, 407, 414, 426, 438, 442, 448, 465, 468, 471, 476
—の大司教　Archbishop of　371
ハンガリー王　→エンドレ，イシュトヴァーン，カロベール，ベーラ，ラースロー　Hungary, kings of→Andrew, Carobert, Bela, Ladislas, Stephen
パンザノ，ガレーガ（吟遊詩人）　Panzano, Galega, troubadour　217
パンタレオン　→ウルバヌス４世　Pantaleon→Urban IV
パンチア，ニコーラ（メッシーナの副司令官）　Pancia, Nicholas, Vice-Admiral　355
パンドルフォ　→サヴェリ　Pandolfo→Savelli

◆ヒ――

ピアチェンツァ　Piacenza　*150, 168, 201–2, 244*
ピアッツァ　→バルトロメーオ　Piazza→Bartholomew
ビアンカ　→ランチア　Bianca→Lancia
ビアンドラーテ　Biandrate　*128*
ビエーデ　Bieda　*96*
ピエール（アランソン伯）　Peter, Count of Alencon　*357, 359, 371, 377, 379, 384, 390*
ピエール，カステルノーの（吟遊詩人）　Peter of Castelnau, troubadour　*195*
ピエール，クエラールの（アラゴン大使）　Peter of Queralt, Aragonese ambassador　*372*
ピエーロ　→パオリーノ　Piero→Paolino
ピエトロ　→アンサルノ，インノケンティウス５世，ロマーニ，ルッフォ　Peter→Ansalano, Celestine V, Innocent V, Romani, Ruffo
ピエトロ（サヴォイア伯）　Peter, Count of Savoy　*142, 200, 308*
ピエトロ，ヴィーコ家の　Peter of Vico　*138, 143, 145*
ピエトロ，プレッツォの（シチリアの法律家）　Peter of Prezze, Sicilian lawyer　*170, 175*
ピエトロ，モローネの　→ケレスティヌス５世　Peter of Morone→Celestine V
ピエトロ２世（シチリア［トリナクリア］王）　→ペドロ　Peter II, King of Sicily (Trinacria)
ピエモンテ〔地方〕　Piedmont　*128, 143–4, 148, 168, 199–200, 254, 269–71, 282–3, 296, 300, 307, 313*
ヒエロン（シラクーサの暴君）　Hieron, tyrant of Syracuse　*6*
東ゴート族　Ostrogoths　*8*
ピサ〔および人〕　Pisa, Pisans　*20, 96, 127, 169, 174, 176–8, 198–9, 204, 248, 282–3, 307, 310, 321, 334, 338, 360–2, 376, 378, 397, 405*
ビザンティン（ビザンツ帝国＝東ローマ帝国）皇帝　→アレクシウス，アンドロニクス，ミカエル　Byzantine (Eastern) Emperors→Alexius, Andronicus, Michael
ピストイア　Pistoia　*169*
ビチュニア〔地方〕　Bithynia　*84*
ピッピーノ，フランチェスコ（歴史家）　Pipino, Francesco, chronicler　*472*
ピニャテッリ家　Pignatelli family　*118*
ヒマラ　Chimara　*312*
ピュイリカール　→ファルク　Puyricard→Fulk
ヒリンフリード（トリールの大司教）　Hillinfried, Archbishop of Trier　*253*
ヒルデブランド　→アルドブランデスキ　Hildebrand→Aldobrandeschi
ヒルデブランドの神権政治　Hildebrand theocracy　*28, 37*
ピレネー　Pyrenees　*420, 422*

◆フ――

ファーティマ朝　Fatimid dynasty　*10, 39*
ファルク，ピュイリカールの〔アンコーナ辺境区の主任司祭〕　Fulk of Puyricard　*248*
ファルコーニオ，フェデリーコ（メッシーナの市民）　Falconio, Frederick, citizen of Messina　*373*
ファルコナリア（戦い）　Falconaria, battle　*440*
ファルサラ（戦い）　Pharsala, battle　*289*
フアン１世（カスティーリャ王）　John I, King of Castile　*453*
ファンゴス港　Fangos, Port　*342, 358–9*
フィエスキ　→グリエルモ，ハドリアヌス５世　Fieschi→Adrian V, William
フィランジェリ，リッカルド　Filangieri, Richard　*97, 328*

フィランソロペノス，アレクシウス（提督） Philanthropenus, Alexius, Admiral 288
フィリップ →チナルド Philip→Chinardo
フィリップ，アンジューの（アケーア公） Philip of Anjou, Prince of Achaea 226, 237, 313
フィリップ，アンジューの（ターラント公） Philip of Anjou, Prince of Taranto 440
フィリップ，クルトネイの（ラテン皇帝を継承） Philip of Courtenay, titular Latin Emperor of Constantinople 223, 258, 263, 268, 310, 316, 338, 436
フィリップ，モンフォールの Philip of Montfort 148, 155, 163, 205
フィリップ，ラゴネーゼの（アケーアの総代理） Philip of Lagonesse, Vicar-General of Achaea 271, 313
フィリップ3世（フランス王），チュニジア十字軍で Philip III, King of France, on Tunisian Crusade 231–2, 234
—イタリアで 234
—皇帝に立候補 251
—母との不仲 297–8
—ペドロ王の意向に対して 337–8, 342, 357–8
—シャルル王を支援 379–80, 384, 387–8
—アラゴン十字軍の準備 395–6
—アラゴン十字軍 419–20
—死 422
—その他関連事項 115, 130, 239, 312, 331, 337, 346, 397, 470
フィリップ4世（端麗王，フランス王） Philip IV, King of France 396, 423, 425, 430, 432–3
フィリッポ，ラヴェーナの Philip of Lavena, prc–senator of Rome 306
フィレンツェ〔および人〕 Florence, Florentines 56, 60–1, 96, 127, 147, 155, 168–9, 171–2, 174, 199–200, 209, 249, 260, 273, 300, 339, 360, 384, 390, 398, 440, 472
ブージ〔現ベジャイア〕 Bougie 338
プーリア〔地方〕 Apulia 13, 18, 20–2, 49, 51, 54–6, 77, 87, 104, 146–7, 180, 184, 186, 204, 294, 305, 340–1, 410–1, 419
—公 →ロベルト・グイスカルド，グリエルモ Dukes of→Robert Guiscard, William
フェッラーラ Ferrara 143, 168, 441
フェデリーコ →ファルコーニオ，マレッタ，ランチア Frederick→Falconio, Lancia, Maletta
フェニキア〔および人〕 Phoenicians 6–7, 9
フェルナンド（マヨルカ王） Ferdinand, Infant of Majorca 367
フェルナンド（ラ・セルダ王子） Ferdinand, Infant of La Cerda 331
フォカエア Phocaea 339
フォサヌオーヴァ Fossanuova 262
フォッジア Foggia 49, 54, 209, 411–2
フォルカルキエ（伯領） Forcalquier, county of 123, 125, 127, 326
フォルミガス島 Las Formigas islands 420
フォルリ Forli 307, 377, 397
プシェミスル →オタカル2世（ボヘミア王） Přemysl→Ottokar II
フチーノ湖〔現フチーノ平原〕 Fucine Lake 145, 180
ブッサルス，コンラード Bussarus, Conrad 170–1
ブテーラ Butera 12
ブトゥリント Butrinto 287, 302, 311–2
プラート Prato 169
フラグ〔旭烈兀〕（ペルシアのモンゴル人イル汗国） Hulagu, Mongol Ilkhan of Persia 224
ブラケラエ宮殿（コンスタンティノープル） Blachernae, palace at Constantinople 84
ブラスコ，アラゴーナの（カタルーニャの提督） Blasco of Alagona, Admiral 452
ブラバント →マリア Brabant→Maria
ブランカ，カスティーリャの（フランス王

妃ブランシェ） Blanche of Castile, Queen of France 51, 99, 122, 126, 412
ブランカレオーネ・デリィ・アンダーロ（ローマの執政官ないしは執政長官［ポデスタ］） Brancaleone degli Andalo, senator of Rome 50, 61
ブランクフォルト →ポンス Blanquefort→Pons
フランクルフルト・アム・マイン Frankfurt-am-Main 48, 253
ブランシェ，アンジューの（アラゴン王妃） Blanche of Anjou, Queen of Aragon 436
ブランシェ，フランスの（カスティーリャ内親王妃） Blanche of France, Infanta of Castile 331
フランジパーネ，ジョヴァンニ（アストラの領主） Frangipane, John, Lord of Astura 186
フランシュコンテ →オト Franche Comte→Otho
フランス王 →アンリ，フィリップ，ルイ France, kings of→Henry, Louis, Philip
プランタジネット朝 Plantagenet dynasty 235
フランチェスコ，アッシジの Francis of Assisi 35
—修道会 Franciscan Order 257, 333, 350, 362, 428
フランチェスコ，プロチダの Francis of Procida 330, 337
フランチェスコ →ピッピーノ Francesco→Pipino
フランツォット →シャルル *Franciots* →Charles
ブランデンブルク →オットー Brandenburg→Otto
フランドル〔地方，人〕 Flanders, Flemish 126, 129, 148, 155, 442
—伯 →ジャン，ロベール counts of→John, Robert
—伯妃 →マルグルート Countess of →Margaret
ブリー →マルティヌス４世 Brie→Martin IV
フリードリヒ〔３世〕（ホーエンツォレルン家，ニュルンベルク城伯） Frederick of Hohenzollern, burgrave of Nuremberg 251–2
フリードリヒ（ホーエンシュタウフェン家，神聖ローマ皇帝ハインリヒの息子） Frederick of Hohenstaufen, son of Henry, King of the Romans 45, 62
フリードリヒ，アンティオキアの Frederick of Antioch 46–7, 171
フリードリヒ，バーデンの（オーストリア公継承者） Frederick of Baden, titular Duke of Austria 170, 175, 178, 182, 184, 186–8
フリードリヒ，マイセンの（チューリンゲン伯） Frederick of Misnia, Landgrave of Thuringia 62, 195, 201–2, 204, 251, 329, 344
フリードリヒ１世〔バルバロッサ，赤髭王〕（ホーエンシュタウフェン家，神聖ローマ皇帝） Frederick I, Barbarossa, of Hohenstaufen, Western Emperor 12, 16, 28, 46, 144
フリードリヒ２世（ホーエンシュタウフェン家，神聖ローマ皇帝，若年時はシチリア王） Frederick II of Hohenstaufen, Western Emperor, King of Sicily, youth 18–9, 29, 62
—治世 20–3, 26–9, 31, 34–40
—人物像 32–3, 40
—その他関連事項 24, 70, 74, 97–9, 124, 127, 164, 171, 177, 194, 198, 201–3, 206, 208, 326, 328–9, 340, 344, 373, 377, 424, 456–7
ブリエンヌ →ゴーティエ，ヨランダ Brienne→Walter, Yolanda
ブリトー，ジャン（トスカーナの教皇代理） Britaud, John, vicar in Tuscany 198–9
ブリニョール（条約） Brignoles, treaty of 432, 434

ブリュエール　→ジョフロワ　Bruyères→Geoffrey
ブリンディジ　Brindisi　209, 404–6, 410, 415
ブルーノ（オルモゥツの司教）Bruno, Bishop of Olmütz　275
ブルガリア〔および人〕Bulgaria　76, 83, 225, 236, 258–9, 285, 302, 314–5
—皇帝　→コンスタンティン，ハヴァリョ，イヴァン，ミハイル　tsars of→Constantine, Ivailo, Ivan, Michael
ブルグント（王国）Burgundy, Kingdom of　32, 46, 124
フルケ　→クレメンス4世　Fulquois→Clement IV
ブルゴーニュ　Burgundy
—公　→ユーグ，ロベール　dukes of→Hugh, Robert
—伯　→オト　Count of→Otho
（参照）ウード，マルグリート
ブルニュ　Brugny　214, 216
ブルネット　→ラティーニ　Brunetto→Latini
ブルボン朝　Bourbon dynasty　216, 448, 468（参照）マティルド
ブレーセルブ　→ジャン　Brayselve→John
プレザンス（キプロス王妃，イェルサレムの摂政）Plaisance, Queen of Cyprus, regent of Jerusalem　94
ブレシーア　Brescia　31, 148, 150
プレッツォ　→ピエトロ　Prezze→Peter
フレデリコ（カスティーリャの王子）Frederick, Infant of Castile　167, 173, 205
フレデリコ1世（アラゴン家。シチリア［トリナクリア］王）Frederick I, of Aragon, King of Sicily (Trinacria)　386, 435–43, 446, 453
ブレンナー峠　Breuner Pass　173, 175
プロヴァンス〔および人〕Provence, Provençals　102, 115, 121, 124–9, 131, 138–40, 143, 148, 155, 164–5, 168, 182–3, 200, 206, 211, 214–5, 217, 234, 248, 268, 270–1, 297–300, 306–7, 309, 326–8, 340–1, 351–2, 357, 360, 378, 384, 398, 401–2, 404, 428–9, 440, 444, 460
—伯　→レーモン・ベレンガール　Count of→Raymond-Berengar
—伯妃　→ベアトリス　Countess of→Beatrice（参照）ベアトリス，エリエノール，マルグリート，サンチア
プロシア〔および人〕Prussia　250
フロジノーネ　Frosinone　152
プロチダ島　Procida, island　329（参照）アンドレーア，ジョヴァンニ，トムマーゾ，フランチェスコ

◆ヘ——

ベアトリーチェ，サヴォイアの（シチリア王妃）Beatrice of Savoy, Queen of Sicily　77, 90
ベアトリーチェ，サヴォイアの（プロヴァンス伯妃）Beatrice of Savoy, Countess of Provence　102, 124
ベアトリーチェ，ホーエンシュウタウフェン家の（サルッツォ侯妃）Beatrice of Hohenstaufen, Marchioness of Saluzzo　164, 402
ベアトリス，アンジューの（ラテン皇帝の称号）Beatrice of Anjou, titular Latin Empress of Constandnople　223, 258, 436
ベアトリス，プロヴァンスの（シチリア王妃）Beatrice of Provence, Queen of Sicily　102, 121, 123–4, 130, 146, 151, 169, 196, 225
ベアルヌ　Béarn　428
ベイルート　Beirut　292
ベーラ4世（ハンガリー王）Bela IV, King of Hungary　225, 260
ペシュト〔現ブダペスト〕Pest　445
ペッシア　Pescia　306
ペテロ　→聖ペテロ　Peter →Saint Peter

ペトラルカ　Petrarch　*331, 472*
ペドロ（シチリア［トリナクリア］王ピエトロ2世）Peter, King of Sicily (Trinacria)　*447*
ペドロ3世（アラゴン王，ならびにホーエンシュタウフェン家コスタンツァとの結婚によりシチリア王ピエトロ1世）Peter III, King of Aragon and I of Sicily, marries Constance of Hohenstaufen　*95, 115*
—ロンバルディーア地方での陰謀　*202–3*
—妃のシチリア継承権　*327*
—父親からの継承　*330*
—ジョヴァンニ・ダ・プロチダの助けによる外交的陰謀　*332, 334–43*
—アフリカ遠征　*358–9*
—シチリア使節の受け入れ　*364–5*
—シチリアで　*365, 371–81*
—アンジューのシャルルとの決闘に同意　*382–4*
—カラーブリア地方への侵入　*384–5*
—決闘へアラゴンを発つ　*386–8*
—教皇による廃位　*395–6*
—シチリア人の関心事を無視　*399–400*
—アラゴン十字軍を撃退　*419–20*
—死と人物像　*422*
—その他関連事項　*135, 345, 364, 368, 407–8, 414, 425, 449–50, 470, 472, 474, 476*
ベニート　→ザッカリーア　Benito→Zaccaria
ベネヴェント（都市）Benevento, city　*153, 157, 166, 171*
—の戦い　battle　*152–8, 159, 163, 167, 180, 185–6*
ベネディクトゥス11世（教皇）Benedict XI, Pope　*453*
ベネディット　→ボニファティウス8世　Benedict→Boniface VIII
ベラート　Berat　*287, 311–2, 317*
ヘラクレア〔現エレーラ〕の府主教　Heraclea, metropolitan of　*310*
ペラゴニア（戦い，地方）Pelagonia, battle　*77, 81–2, 85–7, 90, 93, 287*
ベラルド，カーリの（枢機卿）Berard of Cagli, Cardinal　*431*
ペリブレプトス修道院（コンスタンティノープル）Peribleptos monastery at Constantinople　*265*
ペルージア　Perugia　*48, 140–2, 151, 209, 377, 380, 441*
ベルガモ　Bergamo　*143*
ペルシア　Persia　*224, 267, 293, 428*
ベルトラン　→アルトゥス　Bertrand→Artus
ベルトルド　→オルシーニ　Bertoldo→Orsini
ベルトルト，ホーエンブルクの（家令）Berthold of Hohenburg, seneschal　*49, 52–5, 57–8*
ベルナール　→デスクロ　Bernard→D'Esclot
ベルナルド（ポルトの枢機卿）Bernard, Cardinal of Porto　*397*
ベルナルド（モンテカッシーノ大修道院院長）Bernard, Abbot of Monte Cassino　*268*
ペルピニャン　Perpignan　*420, 422, 432*
ヘルフォード（司教）Hereford, Bishop of　*103*
ベレスメ　→ジャン　Belesmes→John
ヘレネ・アンゲリナ（シチリア王妃）Helena Angelina, Queen of Sicily　*77, 87, 89, 95, 163, 222–4, 403*
ベレンガリア公女　Berengaria, royal mistress　*263*
ヘロナ　Gerona　*420*
ペロポネソス〔半島，地方〕Peloponnese　*73–4, 85–6, 237, 290, 313*
ヘンリー，コーンウォールの（「ドイツ人」）Henry of Cornwall, 'of Almain'　*233–5, 248, 261*
ヘンリー3世（イングランド王）Henry

III, King of England 45, 60, 98–108, 114, 119, 124, 129, 138, 458

◆ホ——

ホアン・ペドロ・ユリアーノ →ヨハネス21世 John Peter Juliano→John XXI
ポイレキエン，オード（アッコンの家令） Poilechien, Odo, bailli at Acre 410, 421
ボエモン2世（アンティオキア公国王） Bohemond II, Prince of Antioch 13
ボエモン7世（アンティオキア公国王，トリポリ伯国王） Bohemond VII, Prince of Antioch, Count of Tripoli 292
ホーエンシュヴァンガウ Hohenschwangau 174, 190
ホーエンシュタウフェン朝 →コスタンツァ，コンラーディン，コンラード，ハインリヒ，フリードリヒ，マンフレーディ Hohenstaufen dynasty→Conrad, Conradin, Constance, Frederick, Henry, Manfred
ホーエンツォレルン朝〔ブランデンブルク辺境伯・選定侯の家系〕 Hohenzollern dynasty 252
ホーエンブルク →オットー，ベルトルト Hohenburg→Berthold, Otto
ボーケール Beaucaire 268
ボージョー →ギョーム Beaujeu→William
ボーソ，ドヴァーラの（クレモーナの長官） Boso of Dovara, governor of Cremona 150
ボードゥアン1世（イェルサレム王） Baldwin I, King of Jerusalem 12
ボードゥアン2世，クルトネイの（ラテン帝国皇帝） Baldwin II, of Courtenay, Latin Emperor of Constantinople 72, 79, 82, 84, 87–8, 93, 95, 116–20, 130, 222–4, 226, 228, 236, 238, 246, 260, 258, 315
ボーモン →ジョフロワ Beaumont→Geoffrey
ポー川 Po, river 151, 167, 201, 283, 300
ボケール5世（ヴァンドーム伯） Bocard V, Count of Vendome 148, 154
ポジリポ Posilipo 401
ボスニア〔地域，公国〕 Bosnia 225, 315
ボスポラス〔地方〕 Bosphorus 9
北海 North Sea 19
ボッカチオ，ジョヴァンニ Boccaccio, Giovanni 331, 472
ポッジボンシ Poggibonsi 169, 174, 178
ポデスタ〔自治都市の執政長官〕 *Podestà* 50, 140, 143, 169, 199, 202
ポテンツァ Potenza 204
ボニ・ホミニス *boni homines* →善人委員会
ボニファーチェ（コルレオーネの自治指導者） Boniface, Captain of Corleone 352
ボニファーチェ，カステラーヌの Boniface of Castellane 125–6, 128, 140
ボニファーチェ2世（モンフェッラート侯） Boniface II, Marquis of Montferrat 389
ボニファティウス8世（教皇，ベネデット・カエターニ） Boniface VIII, Pope (Benedict Caetani) 431, 436, 438, 441–4, 452
ホノリウス3世（教皇） Honorius III, Pope 29, 34
ホノリウス4世（教皇，ジャコボ・サヴェリ） Honorius IV, Pope (Jacobo Savelli) 423–4, 426–8, 450
ボヘミア Bohemia 249, 274, 284
—王 →オタカル，ヴァーツラフ〔プシェミスル〕 kings of→Ottocar, Wenceslas
ホムス（戦い） Homs, battle 317
ホラント →ウィレム Holland→William
ポリカストロ湾 Policastro, Gulf of 406
ポリシ（アルバニアの司令官） Polisi, Marshal of Albania 312
ボルゴ・サン・ダルマッツォ（戦い） Borgo San Dalmaazo, battle 307
ボルセーナ〔湖〕 Bolsena 449

ポルセレー，ギョーム（西シチリアの副大法務官） Porcelet, William, Vice-Justiciar of Western Sicily *352*
ボルツァーノ　Bolzano *175*
ポルト〔コルシカ島〕の枢機卿　→ベルナルド　Porto, Cardinal of→Bernard
ポルト・ピサーノ〔ピサの外港〕 Porto Pisano *174*
ボルドー　Bordeaux *382, 387–8*
ポルトフィーノ〔ジェーノヴァの南東〕 Portofino *246*
ボレーロ，アングローナの　Borello of Anglona *54*
ポロヴェッツ族　→クマン族　Polovtsians →Cumans
ボローニャ〔および人〕 Bologna *46, 50, 201, 273, 424*
—の司教　bishop of *103*
ポワティエ家　→アルフォンス，ジャンヌ Poitiers→Alfonso, Joanna
ボンヴァン，バルトロメ（プロヴァンスの提督） Bonvin, Bartholomew, Admiral *398*
ポンス，ブランクフォルトの　Pons of Blanquefort *377*
ポンツァ島　Ponza, island *440*
ポンテ・ア・ヴァーレ　Ponte a Valle *178*
ポンティーノ湿原　Pontine Marshes *186*
ポンペウス，セクストゥス（戦い） Pompey, Sextus, war of *7*

◆マ——

マーレスピーニ，リコルダーノ／ジャケット（兄弟，年代記作者） Malespini, Ricordano and Giachetto, chroniclers *472*
マイセン　→アルベルト，フリードリヒ Misnia→Albert, Frederick
マイナ〔現ヴァティア〕 Maina *84*
マイナルド（ゴリツィア伯） Mainard, Count of Gorizia *170*
マインツの大司教　→ヴェルナー，クリスチャン，ジークフリート　Mainz, archbishops of→Christian, Siegfried, Werner
マオン港〔ミノルカ島〕 Port Mahon *359*
マカルダ，スカレッタの（アラーイモの妻） Machalda of Scaletta, lady of Lentini *361, 375, 407–9*
マキアヴェリ，ニコロ　Machiavelli, Niccolo *413*
マグヌス6世（ノルウェー王） Magnus IV, King of Norway *262*
マケドニア〔地方〕 Macedonia *79–80*
マジェンツァ（シャルルの姪の城） Magenza *262*
マストランジェロ，ルッジェーロ（パレルモの自治指導者） Mastrangelo, Roger, Captain of Palermo *351*
マタパン岬〔現テナロ岬〕 Matapan, Cape *85*
マッソン，ロスタンド（教皇使節） Masson, Rostand, papal nuncio *103–5*
マッダレーナ峠〔ラルシュ峠〕 Maddalena Pass *307*
マッテーオ　→オルシーニ，リーゾ Matthew→Orsini, Riso
マッテーオ，サレルノの（副提督） Matthew of Salerno, Vice-Admiral *356*
マティルド，ブルボン家の（オーセール伯妃） Matilda of Bourbon, Countess of Auxerre *216*
マテグリフォン城（メッシーナ） Mategriffon, castle at Messina *349, 353–4, 361, 408*
マニスカルコ，バルトロメーオ（メッシーナの自治指導者） Maniscalco, Bartholomew, Captain of Messina *354*
マムルーク朝　Mameluks *39, 116, 224, 267, 292–3, 316, 410, 421, 429, 431*
—スルタン　Sultans→Baibars, Qalawun →カラーウーン，バイバルス（参照）

エジプト
マヨルカ〔島〕 Majorca 330, 420, 433–4, 436
—王 →ハイメ King of→James
マラブランカ，ラティーノ（枢機卿） Malabranca, Latino, Cardinal 295, 299, 300, 307
マリア・ウァタゼス（エピロス専制公妃） Maria Vatatzes, Princess of Epirus 76
マリア・カンタクゼナ（ブルガリア皇帝妃） Maria Cantacuzena, Tsaritsa of Bulgaria 258, 285, 302, 314
マリア・パラエオロギナ（モンゴルの妃，デスピナ・カーツン） Maria Palaeologina, lady of the Mongols, 'Despina Khatun' 224
マリー（アンティオキア王女，イェルサレム王位継承者） Maria, Princess of Antioch, claimant to Jerusalem 263, 271–3, 276, 283, 290–1
マリー，ブラバントの（フランス王妃） Maria of Brabant, Queen of France 239, 308, 425
マリーア（イェルサレム女王） Maria, Queen of Jerusalem 272
マリーア，アラゴンの（シチリア［トリナクリア］女王） Maria of Aragon, Queen of Sicily (Trinacria) 453
マリーア，ハンガリーの（シチリア王妃，前サレルノ公妃） Maria of Hungary, Queen of Sicily, formerly Princess of Salerno 225, 403, 435, 444
マリーノ →カペッチェ Marino→ Capece
マルガム・イヴン・セビール（ジャルバ島の族長） Margam ibn Sebir, Emir of Jerba 409
マルガレーテ，オーストリアの（ドイツ王妃） Margaret of Austria, Queen of the Romans 45
マルガレーテ，ホーエンシュタウフェン家の（マイセン辺境伯妃） Margaret of Hohenstaufen, Marchioness of Misnia 62
マルギト（ハンガリー王女） Margaret, Princess of Hungary 225
マルクウォルト，アンワイラーの（家令） Markward of Anweiler, seneschal 19–20
マルグリート（フランドル伯爵） Margaret, Countess of Flanders 126
マルグリート，アンジューの（ヴァロワ伯妃） Margaret of Anjou, Countess of Valois 432, 441
マルグリート，ヴィレアルドゥアン家の（アケーア公女） Margaret, Princess of Achaea 226, 238
マルグリート，ブルゴーニュの（シチリア王妃） Margaret of Burgundy, Queen of Sicily 196, 214, 216, 415
マルグリート，プロヴァンスの（フランス王妃） Margaret of Provence, Queen of France 102, 120, 123–4, 130, 138–9, 234, 239, 251, 269, 297–9, 308, 321, 379
マルケ〔地方〕 Marches 96, 152, 268, 397, 441
マルケット，ライモンド（バルセロナの提督） Marquett, Raymond, Admiral 405
マルコ２世サヌード（ナクソス公） Marco II Sanudo, Duke of Naxos 313
マルサーラ Marsala 178
マルシコ →ルッジェーロ Marsico→ Roger
マルス広場（ローマ） Campus Martius, at Rome 178
マルセイユ（および人） Marseilles, Marseillais 125–8, 141, 144, 163, 309, 384
マルタ〔島〕 Malta 12, 178, 270, 335, 398, 427
マルティーノ１世（シチリア［トリナクリア］王） Martin I, King of Sicily (Trinacria) 453
マルティーノ２世（シチリア［トリナクリア］王） Martin I, King of Sicily (Trinacria) 453

マルティヌス4世（教皇，ブリーのシモン，サンタチェチーリアの枢機卿，アンジューのシャルルの特使） Martin IV, Pope (Simon of Brie, Cardinal of Saint Cecilia), as legate negotiates with Charles of Anjou *136–8, 140*
—教皇に選出される *305–6*
—シャルルの政策を支持 *306–8*
—コンスタンティノープルとの交渉決裂 *309–11*
—シチリアの反乱軍からの要請を拒否 *357, 359–60*
—対アラゴンの戦いを助長 *380*
—決闘を承認せず *383*
—シチリアの改革を支える *384, 386*
—アラゴン十字軍の主張 *395–7*
—死 *421*
—その他関連事項 *320, 337, 364, 380, 384, 386, 388–9, 400–4, 406–8, 411, 419, 459, 464, 470, 474*
マルティン1世（アラゴン王） Martin I, King of Aragon *453*
マルマラ海 Marmora, Sea *84*
マレーア岬 Malea, Cape *265*
マレーリ →ジョヴァンニ Mareri→John
マレッタ，フェデリーコ Maletta, Frederick *97*
マレッタ，マンフレーディ（シチリアの家令） Maletta, Manfred, chamberlain of Sicily *154, 164, 171, 329*
マンスーラ（戦い） Mansoura, battle *122*
マントヴァ Mantua *151, 270*
マンフレーディ →ランチア，マレッタ Manfred→Lancia, Maletta
マンフレーディ（サルッツォ侯） Manfred, Marquis of Saluzzo *164*
マンフレーディ，ホーエンシュタウフェン家の（シチリア王を継承） Manfred of Hohenstaufen, King of Sicily, inheritance *46–47*
—シチリアの行政官 *49*
—王国への陰謀 *52–8*
—人物像 *58–9, 64, 95*
—シチリア王 *59–62*
—東方政策 *71, 74–5*
—ヘレネ・アンゲリナとの結婚 *77, 89*
—ミカエル・パラエオログスに対抗〔ペラゴニアの戦い〕 *79–82, 86*
—ボードゥアン2世との友情 *87–8, 93*
—娘のアラゴン人との結婚 *95*
—シチリアでの問題 *96*
—聖ルイに嫌悪される *99, 115, 129*
—教皇との交渉 *100, 105, 114–121*
—北イタリアの継承 *135–9*
—遠征の中止 *141*
—ジェーノヴァとの確執 *143*
—神聖ローマ皇帝への野望 *144*
—プーリアへ引きこもる *145–7*
—シャルルに勝りながら敗れる〔ベネヴェントの戦い〕 *147, 152–6*
—死 *156–7*
—その他関連事項 *107–8, 121, 130, 143, 159–60, 163–5, 167, 169–71, 173, 175, 189, 195, 202, 206, 209, 221–3, 227, 229, 327, 329, 340, 343, 375, 398, 403, 435–6, 458, 476*
マンフレドニア Manfredonia *52, 209*

◆ミ——

ミカエル →タルカニオテス Michael→Tarchaniotes
ミカエル（ディミトリウス）アンゲルス（エピロス専制公の庶子） Michael Angelus, bastard of Epirus *311–2*
ミカエル2世アンゲルス（エピロス専制公［デスポーテス］） Michael II, Angelus, Despot of Epirus *73, 76–82, 86–7, 163, 222, 235, 259*
ミカエル8世パラエオログス（東ローマ皇帝），初期の経歴 Michael VIII, Palaeologus, Eastern Emperor, early career *76, 78*
—帝位奪取 *78–9*

—ペラゴニア遠征〔ペラゴニアの戦い〕 79–82
—コンスタンティノープル復興 83–4
—ペロポネソス半島での地歩を確立 85–6
—教皇ウルバヌスとの接近 118–9
—アンジュー家シャルルによる威嚇 226–8
—教皇グレゴリウスとの交渉 256–60, 264–9
—教義に関する問題 285–6
—ギリシアでの成功 287–9
—教皇ニコラウス3世との交渉 300–5
—教皇との決裂 309–11
—アルバニアでの成功 311
—バルカン政策 314–6
—東方の問題 316–8
—ジョヴァンニ・ダ・プロチダの陰謀に加担 332–4, 336–7, 339, 342–3, 473–5
—シチリアとの関係 355, 358
—破門 357
—死 378
—その他関連事項 89, 117, 143, 236–7, 321, 346, 355, 380, 400
ミケレット →ガッタ Micheletto→Gatta
ミストラ Mistra 85
ミトゥセス →イヴァン Mytses→Ivan
ミハイル・アセン（ブルガリア皇帝〔？〕） Michael Asen, Tsar of Bulgaria 314
ミラーノ〔および人〕 Milan 27, 96, 143, 148, 150–1, 167–8, 177, 201, 270–1, 273, 284, 299, 307, 337, 345, 466（参照）トルリアーニ，ヴィスコンティ
ミラッツォ Milazzo 361, 375
ミルポア →ユーグ Mirepoix→Hugh

◆ム——

ムーア人 Moors 163, 330, 359（参照）サラセン人，ムーア人ヨアンネス
ムーア人ヨアンネス（ルチェーラの司令官） John the Moor, commander at Lucera 49, 52, 54
ムスタンシル（チュニス王） Mustansir, King of Tunis 167, 173, 229–32, 338
ムッソーネ，バルドヴィーノ（メッシーナの自治指導者） Mussone, Baldwin, Captain of Messina 354, 361, 373
ムルシア〔地方〕 Murcia 327, 330
ムンタネール，ラモン（年代記作者） Muntaner, Ramon, chronicler 345, 470

◆メ——

メーヌ（伯領） Maine, county of 123, 125, 212, 215, 326, 432–3
メッシー →テオバール Messy→Theobald
メッシーナ〔および人〕 Messina 7, 9, 11, 19, 56, 104, 174, 204, 341, 349, 352–67, 371–6, 382, 384, 386–7, 398, 403, 405–6, 408–9, 411, 433, 439, 441, 443, 452, 470–1, 474–5, 477
メテオリウム Meteorium 84
メノルカ〔島〕 Minorca 359
メルカート広場〔ナポリ〕 Mercato, Piazza 188
メルフィ Melfi 397, 411
メレティウス（主教） Meletius, Bishop 304
メロー →ギー Mello→Guy
メンデレス川 Meander, river 317
メンドーラ城 Mendola, Castle 397

◆モ——

モーデナ〔および人〕 Modena, Modenese 167, 344
モーリス，クラオンの Maurice of Craon 367
モナスティル〔現ビトラ〕 Monastir 81
モナルデスキ，コンラード・ベルトラム（ローマの共同執政官） Monaldeschi, Conrad Beltram, co-senator of Rome

166
モネムヴァシア　Monemvasia　85
モラヴィア　Moravia　284, 297
モラビット（サラセン人の山賊）Morabit, Saracen brigand　22
モリチーノ広場〔ナポリ〕→メルカート広場　Campo Moricino
モローネ　→ケレスティヌス5世　Morone→Celestine V
モンゴル〔人，帝国〕Mongolia, Mongols　39, 72, 116, 224, 267, 292–3, 316, 428
モンタペルティ（戦い）Montaperti, battle　61, 138, 171
モンテカッシーノ〔修道院〕→ベルナルド　Monte Cassino→Bernard
モンテキアーロ　Montechiaro　150–1
モンテネグロ　Montenegro　236
モンテフェルトロ　→グィード　Montefeltro→Guy
モンテボーヴェ峠　Monte Bove, pass　191
モンテルンツォ　→グレゴーリオ　Montelunzo→Gregory
モンドーヴィ　Mondovi　75
モンフェッラート〔領地〕Montferrat　148, 270（参照）ボニファーチェ，イレーネ，グリエルモ
モンフォール家　Montfort family　235（参照）ギー，シモン，フィリップ，ジャン
モンペリエ　Montpellier　128
モンミラーユ　Montmirail　214, 216
モンレアーレ　Monreale　404
—の大司教　Archbishop of　356, 372

◆ヤ・ユ——

ヤーコボ（カレット侯）Jacob, Marquis of Carretto　62, 177
ヤルニオラ〔地方〕Carniola　284
ユーグ，ミルポアの（フランスの高官）Hugh of Mirepoix, Marshal of France　155
ユーグ，レ・ボー家の　Hugh of Les Baux　128, 140, 160
ユーグ「赤毛」，サリーの　Hugh, 'the Red,' of Sully　311–2
ユーグ3世（キプロス王）Hugh III, King of Cyprus　272, 290–1, 294
ユーグ4世（ブルゴーニュ公）Hugh IV, Duke of Burgundy　120
ユスティニアヌス1世（ローマ皇帝）Justinian I, Emperor　8, 32, 326
ユダヤ人　Jews　15, 210
ユリア　→ヨハネス21世　Juliano→John XXI
ユリウス・カエサル　Julius Caesar　343

◆ヨ——

ヨアンネス　→ヴェクス，パラストロン　John→Parastron, Veccus
ヨアンネス〔1世ドゥーカス・〕アンゲルス（ネオパトラス公［テッサリア支配］）John Angelus, Duke of Neopatras　80–2, 235–6, 260, 287, 289, 302, 311, 316
ヨアンネス・カンタクゼヌス（プロートスパターリオス〔ビザンティンの高官〕）John Cantacuzenus, protostrator　303
ヨアンネス・パラエオログス（セバストクラトールおよびカイサル〔ビザンティンの高官〕）John Palaeologus, Sebastrocrator and Caesar　80–2, 287–8
ヨアンネス3世ウァタゼス（ニケーア皇帝）John III, Vatatzes, Emperor of Nicaea　46, 73–6, 78
ヨアンネス4世〔ラスカリス・〕ウァタゼス（ニケーア皇帝）John IV, Vatatzes, Emperor of Nicaea　76–8, 237, 302
ヨーハン（ザクセン公）John, Duke of Saxony　253
ヨセフス（コンスタンティノープルの総大主教）Joseph, Patriarch of Constantinople　227, 257, 264, 285, 302
ヨハネス21世（教皇，ホアン・ペトロ・

ユリア） John XXI, Pope (John Peter Juliano) 283–4, 286, 290–1, 294, 300–1
ヨランダ（イザベル2世），ブリエンヌの（イェルサレム女王，神聖ローマ皇帝妃） Yolanda (Isabella), Queen of Jerusalem, Western Empress 29, 45

◆ラ——

ラ・セルダ，王子〔カスティーリャの。あだ名〕 La Cerda, Infants of 331, 337, 378（参照）フェルナンド
ラ・ロシュ〔家〕→ギー，ギョーム，ゴーティエ，ジャン La Roche→Guy, John, William
ラースロー，ボヘミアの（ハンガリー王位継承〔ヴェンツェル。のちボヘミア王ヴァーツラフ3世〕） Ladislas of Bohemia, claimant to Hungary 444
ラースロー・カン（トランシルヴァニア地方のヴォイヴォド〔君主〕） Ladislas Kan, voievod of Transylvania 445–6
ラースロー4世（ハンガリー王） Ladislas IV, King of Hungary 224, 259, 262, 315, 435
ライモンド →マルケット Raymond→ Marquett
ライン川 Rhine, river 252
ラヴェーナ →フィリッポ，ロベルト Lavena→Philip, Robert
ラヴェーロ Lavello 51
ラヴェンナの総大司教 →レイモンド Ravenna, Patriarch of→Raymond
ラヴォーロ，テッラ・ディ（地域，テッラ・ディ・ラヴォーロ） Lavoro, Terra di 48–9, 53, 57, 152
ラウリア →ルッジェーロ Lauria→ Roger
ラカナス〔菜食主義者〕→ハヴァリョ Lachanas→Ivailo
ラコニア〔地方〕 Laconia 290
ラゴネーゼ →フィリップ Lagonesse→ Philip
ラコフスキー →ゲオルギー・テルテル Rakovski→George Terteri
ラスカリス →テオドルス Lascaris→ Theodore
ラツィオ〔地方〕 Latium 96
ラティーナ街道 Latina, Via 152
ラティーニ，ブルネット（年代記作者） Latini, Brunetto, chronicler 472
ラティーノ →アラルデ，マラブランカ Latino→Allardi, Malabranca
ラテラーノ宮殿（ローマ教皇庁） Lateran palace at Rome 144, 174, 282
ラテン帝国 Latin Empire 38, 71（参照）ローマニア
ラバン・サウマ（モンゴル大使） Rabban Sauma, Mongol Ambassador 428, 450
ラモン →ムンタネール Ramon→ Muntaner
ラルシュ峠 →マッダレーナ峠 Larche Pass→Maddalena Pass
ランカスター →エドマンド Lancaster →Edmund
ラングドック〔地方〕 Languedoc 142, 154
ランダッツォ Randazzo 375
ランチア家 Lancia family 48, 58–9, 164, 180
ランチア，ガルヴァーノ（サレルノ公） Lancia, Galvano, Prince of Salerno 49, 154–5, 157, 171, 174, 180, 183, 186–7
ランチア，コンラード Lancia, Conrad 338
ランチア，ジョルダーノ（サンセヴェリーノ伯） Lancia, Giordano, Count of San Severino 154, 157
ランチア，バルトロメーオ Lancia, Bartholomew 157
ランチア，ビアンカ Lancia, Bianca 46
ランチア，フェデリーコ Lancia, Frederick 163, 171
ランチア，マンフレーディ Lancia,

Manfred 48, 58, 398

◆リ――

リーカス川〔渓谷〕 Lycus, river 316
リーゾ家 Riso family 352, 354, 361
リーゾ，バルダ〔メッシーナの裁判官〕 Riso, Baldo 354
リーゾ，パルメニオ〔メッシーナの医者〕 Parmenio 354
リーゾ，マッテーオ〔メッシーナの裁判官〕 Matthew 354
リーゾ，リッカルド〔メッシーナの貴族〕 Richard 353, 355
リーミニ Rimini 120
リーリ川 Liri, river 152, 157
リウム川 Lium, river 312
リエージュの助祭長 →グレゴリウス10世 Liège, Archdeacon of→Gregory X
リエーティ Rieti 430
リグリア・アルプス Ligurian Alps 148, 177
—海 Sea 144
—沿岸地方 coast 245
リコルダーノ →マーレスピーニ Ricordano→Malespini
リチャード，コーンウォール伯（ドイツ王） Richard, Earl of Cornwall, King of the Romans 60–1, 75, 89, 98–9, 107, 109, 114, 124, 198, 235, 249–50
リチャード1世（獅子心王，イングランド王） Richard I, Cœur de Lion, King of England 17–8, 349
リッカーリオ（司令官） Licario, Admiral 260, 289–90
リッカルド →アンニバルディ，フィランジェリ，パーマー，リーゾ Richard→Annibali, Filangieri, Palmer, Riso
リッカルド（カゼルタ伯） Richard, Count of Caserta 134, 157, 159
リナルド →アレクサンデル4世 Rinaldo→Alexander IV
リナルド，リモージアの（メッシーナの裁判官） Raynald of Limogia, judge at Messina 354
リモージア →リナルド Limogia→Raynald
リュザルジュ →アダーン Luzarches→Adam
リュジニャン朝 Lusignan dynasty 421
リヨン（都市） Lyons, city 27, 147–8, 254, 261
—の司教 →インノケンティウス5世，ベレスメのジャン archbishops of→Innocent V, John of Belesmes
—公会議（1247年） Council of (1247) 94
—公会議（1274年） Council of (1274) 254, 261–8, 271, 275, 280–2, 285, 287, 293–4, 301–3, 308, 328

◆ル――

ル・ピュイ Le Puy 142
ル・ブルム，ジル（フランスの城代） Le Brun, Giles, Constable of France 155
ルイ，アンジューの（聖職者，トゥールーズの大司教） Louis of Anjou, Saint, Archbishop of Toulouse 438, 444
ルイ8世（フランス王） Louis VIII, King of France 122
ルイ9世（聖ルイ，フランス王，ホーエンシュタウフェン家と縁戚） Louis IX, Saint, King of France, relations with Hohenstaufen 30, 88, 98
—パレスチナで 47, 98
—ヘンリー3世との協定 102–3, 105–6
—シャルルにシチリア王位受け入れを禁じる 99–100
—シャルルにシチリア王位受け入れを認める 114–120
—シャルルとの関係 122–7, 129
—チュニジア遠征と死 229–35
—その他関連事項 60, 72, 109, 130,

136–7, 142, 147, 170, 196, 210, 214, 221, 228, 246, 306, 327–8, 342, 396, 412, 457
ルーカ →サヴェリ Luca→Savelli
ルートヴィヒ（バイエルン公，プファルツ伯） Louis, Duke of Bavaria, Count Palatine *57, 60–1, 170–2, 177, 252*
ルードルフ〔1世〕（ハプルブルク家，ドイツ王） Rudolph of Habsburg, King of the Romans *177, 252–4, 264, 268–71, 273, 280–1, 283–4, 294, 296–300, 306–9, 332, 378, 389, 445*（参照）選出皇帝，指名された皇帝
ルーナ →ローデリック Luna→Roderick
ルション〔地方〕 Roussillon *327–8, 330, 420*
ルチェーラ Lucera *54–5, 59, 100, 163, 174, 176, 180, 204, 211, 236, 401*
ルツェルン湖 Lucerne, Lake of *252*
ルッカ Lucca *136, 169, 178, 200, 398*
ルッジェーロ →マストランジェロ Roger→Mastrangelo
ルッジェーロ，サンセヴェリーノの（マルシコ伯） Roger of San Severino, Count of Marsico *290–1, 410*
ルッジェーロ，ラウリアの（ジャルバ伯，提督） Roger of Lauria, Count of Jerba, Admiral *328, 387, 398–403, 405–6, 408, 420, 427–8, 431, 435, 437–40, 442, 452, 463*
ルッジェーロ1世（シチリア伯） Roger I, Count of Sicily *11–2, 14*
ルッジェーロ2世（シチリア王） Roger II, King of Sicily *12–3, 16–7, 97, 221, 229*
ルッフォ，ピエトロ Ruffo, Peter *48–9, 52, 54, 56, 58*
ルッフォ，ピエトロ（カタンザーロ伯） Ruffo, Peter, Count of Catanzaro *354, 377*
ルテニア〔地方〕 Ruthenia *259*
ルマン Le Mans *216*

◆レ——

レ・ボー家 Les Baux, family *125–6, 148*（参照）バレル，ユーグ，レーモン
レイモンド・デッレ・トーレ（ラヴェンナの総大司教） Raymond delle Torre, Patriarch of Ravenna *308*
レヴェッロ Revello *270*
レーモン →トール Raymond→Tors
レーモン，レ・ボーの（オランジュ公） Raymond of Les Baux, Prince of Orange *127*
レーモン=ベレンガール4世（プロヴァンス伯） Raymond-Berengar IV, Count of Provence *102, 123–4, 327*
レーモン7世（トゥールーズ伯） Raymond VII, Count of Toulouse *124*
レオ3世（キリキアのアルメニア王） Leo III, King of Armenia *262*
レオノーラ，アラゴンの（カスティーリャ王妃） Eleanora of Aragon, Queen of Castile *453*
レオノーラ，カスティーリャの（イングランド王妃） Eleanor of Castile, Queen of England *102*
レグナム〔資格なき慣例の王国〕 *Regnum* *47*
レスター →シモン Leicester→Simon
レスタンダール，ギヨーム（プロヴァンスの家令） L'Estandart, William, Seneschal of Provence *168, 205, 299, 306*
レスボス〔島〕 Lesbos *223*
レッジョ（エミーリア地方の） Reggio, in Emilia *167*
レッジョ〔現レッジョ・ディ・カラーブリア〕 Reggio, in Calabria *376–7, 382, 384–5, 398, 405–6*
レッチェ →タンクレーディ Lecce→Tancred
レンティーニ →アラーイモ，シモーネ Lentini→Alaimo, Simon

レンティーノ →トマソ Lentino→ Thomas

◆ロ——

ローザンヌ Lausanne *268, 273*
ローディ Lodi *143, 307*
ローデリック，ルーナの（アラゴンの大使） Roderick of Luna, Aragonese ambassador *372*
ローヌ川 Rhône, river *308–9, 326, 360*
ローマ（都市） Rome, city *7, 27–8, 49, 61–2, 75, 79, 88, 93, 95–7, 105, 135–9, 142–7, 149–50, 152, 157–8, 166–7, 170, 173–4, 176–81, 184–6, 190, 196–8, 210, 216, 244, 247–8, 254, 256–7, 265–6, 273, 280–6, 299, 304–6, 309, 318, 326, 332, 345–6, 377, 384, 404, 428–9, 430, 433, 438–9*
ローマ帝国 Roman Empire *7, 9, 32, 38*
ローマニア Romania *71, 84, 436*（参照）コンスタンティノープル，ラテン帝国
ロサス Rosas *420*
ロスタンド →マッソン Rostand→ Masson
ロベール，アンジューの（ナポリのシチリア王） Robert of Anjou, King of Sicily (Naples) *438–42, 444, 447*
ロベール１世（アルトワ伯） Robert I, Count of Artois *122*
ロベール２世（アルトワ伯） Robert II, Count of Artois *270, 308, 357, 359, 377, 379, 401, 411, 419, 431*
ロベール２世（フランドル伯） Robert II, Count of Flanders *155, 427–8*
ロベール２世（ブルゴーニュ公） Robert, Duke of Burgundy *308*
ロベルト，ラヴェーナの（提督） Robert of Lavena, Admiral *186*
ロベルト・グイスカルド（ロベール・ギスカール）（プーリア公） Robert Guiscard, Duke of Apulia *11–3, 221*
ロマーニ，ピエトロ Romani, Peter *135, 145*
ロマーニア〔地方，人〕 Romagna *268, 281, 283, 296, 298–9, 377, 397, 441*
ロレート伯 Loreto, counts of *46*
ロンゴブッコ Longobucco *209*
ロンバルディーア〔地方，人〕 Lombardy, Lombards *11, 48, 50, 59, 61–2, 144, 147–8, 151, 154, 156, 167–8, 174, 177, 182, 199–203, 247–8, 255, 270–1, 284, 288–9, 296, 298–9, 307–8, 334, 345*

参 考 文 献
BIBLIOGRAPHY

I. ORIGINAL SOURCES

1. Collections of Sources

Acta Aragonensia, aus dem diplomatischen Korrespondenz Jaymes II (ed. H. Finke) , 3 vols. Berln, 1908–.

Amari, M. *Altre Narrazioni del Vespro Siciliano*, appendix to *Guerra del Vespro Siciliano*, see Bibliography II.

d'Ancona, A. and Comparetti, D. *Le Antiche Rime Volgari*, 5 vols., Bologna, 1875–88.

Baronius, C. *Annales Ecclesiastici*, continued by O. Raynaldi. 15 vols. Lucca, 1747–56. Cited as Baronius-Raynaldi.

de Bartholomaeis, V. *Poesie Provenzali Storiche relative all'Italia*. 2 vols. Istituto Storico Italiano. Rome, 1931.

Boehmer, J. F. *Regesta Imperii*, vol. v, *Regesten des Kaiserreichs* (ed. J. Ficker, and E. Winkelmann), 3 parts. Innsbruck, 1881–1901.

de Boüard, A. *Actes et Lettres de Charles Ier concernant la France*. Paris, 1926.

de Boüard, A. *Documents en Français des Archives angevines de Naples, Règne de Charles Ier*. Vol. i, *Les Mandements aux Trésoriers*. Paris, 1933. Vol. ii, *Les Comptes des Trésoriers*. Paris, 1935.

Bouquet, M. and others. *Recueil des Historiens des Caules et de la France*, 23 vols. Paris, 1738–1876. Cited as Bouquet, *R.H.F.*

Buchon, J. A. *Chroniques étrangères relatives aux Expéditions françaises pendant le XIIIe siècle*. Paris, 1840.

Buchon, J. A. *Recherches et Matériaux pour servir à une Histoire de la Domination française en Grèce*, 2 vols. Paris, 1840.

Capasso, B. *Historia Diplomatica Regni Siciliae, 1250–1266*. Naples, 1874.

Carini, I. *Gli Archivi e le Biblioteche di Spagna, in rapporto alla storia d'Italia in generale e di Sicilia in particolare*, 2 vols. Palermo, 1884–97.

CHAMPOLLION-FIGEAC, J. J. *Lettres des Rois, Reines et autres Personnages des Cours de France et d'Angleterre*, Collection de Documents Inédits. Paris, 1839–47.

DÖLGER, F. *Regesten der Kaiserurkunden des Oströmischen Reiches*, 3 vols. Munich-Berlin, 1924–32.

DUCHESNE, A. *Historiae Francorum Scriptores*, 5 vols. Paris, 1636–49.

FINKE, H. *Aus den Tagen Bonifaz VIII: Quellen*. See Bibliography II.

Fonti per la Storia d'Italia. Istituto Storico Italiano. Rome, 1887– (in progress).

DEL GIUDICE, G. *Codice Diplomatico di Carlo I e Carlo II d'Angiò*, 3 vols. Naples, 1863–9, 1902.

HOPF, K. *Chroniques Gréco-Romanes inédites ou peu connues*. Berlin, 1873.

KERN, F. *Acta Imperii, Angliae et Franciae, 1267–1313*. Tubingen, 1911.

KRAMMER, M. *Quellen zur Ceschichte der deutschen Königswahl und des Kurfurstenkollegs*, 2 vols. Leipzig, 1911.

MARTÈNE, E. and DURAND, U. *Thesaurus novus Anecdotorum*, 5 vols. Paris, 1717.

MIKLOSICH, F. and MÜLLER, J. *Acta et Diplomata Graeca medii aevi sacra et profana*, 6 vols. Vienna, 1860–9o.

Monumenta Germaniae Historica (ed. G. H. Pertz, T. Mommsen and others). Hanover, 1826– (in progress). Cited as *M.G.H.*

MURATORI, L. A. *Rerum Italicarum Scriptores*, 25 vols. Milan, 1723–51: new series, ed. by G. Carducci and V. Fiorini. Città di Castello-Bologna, 1900– (in progress). Cited as Muratori, *R.I.S.*

POTTHAST, A. *Regesta Pontificum Romanorum, 1198–1304*, 2 vols. Berlin, 1874–5.

Registres des Papes, Écoles Françaises d'Athènes et de Rome. Paris:

Alexander IV (ed. C. Bourel de la Roncière), 2 vols. 1902–17.

Boniface VIII (ed. G. Digard and others), 4 vols. 1884–1932.

Clement IV (ed. E. Jordan), 2 vols. 1893–1945.

Gregory X and John XXI (ed. J. Guiraud and L. Cadier), 2 vols. 1892–1906.

Honorius IV (ed. M. Prou). 1888.

Innocent IV (ed. E. Berger), 4 vols. 1884–1921.

Martin IV (ed. vaious), 3 vols. 1901–35.

Nicholas III (ed. J. Gay and S. Vitte), 2 vols. 1898–1938.

Nicholas IV (ed. E. Langlois), 2 vols. 1886–1905.

Urban IV (ed. J. Guiraud), 4 vols. 1892–1929.

RYMER, T. *Foedera* (ed. A. Clarke and F. Holbrooke), vols. I and II. London, 1816.

TAFEL, G. L. and THOMAS, G. M. *Urkunden zur ältern Handels- und Staatsgeschichte der Republik Venedigs*, 3 vols. Vienna, 1856–7.

TRIFONE, R. *La Legislazione Angioina*. Naples, 1921.

2. INDIVIDUAL SOURCES

ACROPOLITA, GEORGE. *Opera* (ed. A. Heisenberg), 2 vols. Leipsic, 1903.

ANDREW OF HUNGARY. *Descriptio Victoriae a Karolo, Provinciae Comite, reportatae* (ed. G. Waitz). (*M.G.H.*, *Scriptores*, vol. XXVI, 1882.)

Annales Altahenses (ed. G. H. Pertz). (*M.G.H.*, *Scriptores*, vol. XVII, 1861.)

Annales Cavenses (ed. G. H. Pertz). (*M.G.H.*, *Scriptores*, vol. III, 1839.)

Annales Januenses Cafari et Continuatorum (ed. G. H. Pertz). (*M.G.H.*, *Scriptores*, vol. XVIII, 1863.)

Annales Ottokariani (ed. G. H. Pertz). (*M.G.H.*, *Scriptores*, vol. IX, 1851.)

Annales Placentini Gibellini (ed. G. H. Pertz). (*M.G.H.*, *Scriptores*, vol. XVIII, 1863.)

Annales Sanctae Justinae Patavini (*Monachi Patavini Chronicon*), (ed. P. Jaffe). (*M.G.H.*, *Scriptores*, vol. XIX, 1866.)

Anonymi Chronicon Siciliae. (Muratori, *R.I.S.*, vol. X.)

BARTHOLOMEW OF NEOCASTRO. *Historia Sicula* (ed. C. Paladino). (Muratori, *R.I.S.*, new series, vol. XIII, 1922.)

BOCCACCIO, GIOVANNI. *De Casibus Illustrium Virorum*. Berne, 1539.

Chronicle of James I of Aragon (*Chronica o commentari del rey En Jacme*) (translated J. Forster). London, 1883.

Chronicle of the Morea. Greek version (ed. P. Kalonaros). Athens, 1940. Italian version (*Cronaca di Morea*), in Hopf, *Chroniques Créco-Romanes*. French version (*Livre de la Conqueste de la Princée de l'Amorée*) (ed. J. Longnon). Paris, 1911.

Chronicon Sancti Bertini (ed. O. Holder-Egger). (*M.G.H.*, *Scriptores*, vol. XXV, 1880.)

DANTE ALIGHIERI. *Opere* (ed. E. Moore and P. Toynbee), 4th edition. Oxford, 1924.

D'ESCLOT (DESCLOT), BERNAT. *Cronica del Rey en Pere*, in Buchon,

Chroniques Etrangères.

ELLENHARD. *Gesta Rudolfi et Alberti Regum Romanorum.* (*M.G.H., Scriptores*, vol. XVII, 1861.)

Gestes des Chiprois (ed. G. Raynaud). Geneva, 1887.

Grandes Chroniques de France (ed. J. Viard, vol. VIII, Paris, 1934) .

GREGORAS, NICEPHORUS. *Byzantina Historia* (ed. L. Schopen), 2 vols. Bonn, 1829–30.

Gregorii X Papae Vita Auctori Anonymo Scripta. (Muratori, *R.I.S.*, vol. III.)

GUIDO OF CORVARIA, *Fragmenta Historiae Pisanae.* (Muratori, *R.I.S.*, vol. XXIV.)

DI JACI, ATHANASIO. *La Vinuta e lu Suggiornu di lu Re Japicu in la Gitati di Catania, L'annu MCCLXXXVII.* (ed. E. Sicardi). (Muratori, *R.I.S.* new series, vol. XXXIV: *Due Cronache del Vespro in Volgare Siciliano.*)

JOHN OF VIGNAY, *Ex Primati Chronicis per J. de Vignay translatis.* (*M.G.H., Scriptores*, vol. XXVI (1882), ed. Brosien, H.)

JOINVILLE, JOHN, SIEUR OF. *Histoire de Saint Louis* (ed. N. de Wailly). Paris, 1874.

JORDAN OF OSNABRUCK. *De Prerogativa Romani Imperii* (ed. G. Waitz, *Abhandlungen der Königliche Gesellschaft der Wissenschaft zu Gottingen*, vol. XIV, 1868–9.)

LATINI, BRUNETTO. *Libri del Tesoro*, in Amari, *Altre Narrazioni.*

Leggenda di Messer Gianni di Procida (ed. E. Sicardi). (Muratori, *R.I.S.* new series, vol. XXXIV: *Due Cronache del Vespro in Volgare Siciliano.*)

Liber Jani de Procida et Palioloco. Ibid.

MALASPINA, SABA. *Historia Sicula.* (Muratori, *R.I.S.*, vol. VIII.)

MALATERRA, GAUFREDUS. *Historia Sicula, 1099–1265.* (Muratori, *R.I.S.*, vol. V.)

MALESPINI, RICORDANO and GIACHETTO. *Historia Fiorentina* (ed. V. Follini). Florence, 1816.

MATTHEW PARIS. *Chronica Majora* (ed. H. R. Luard). (Rolls Series, 7 vols. London, 1872–84.)

MATTHEW PARIS. *Historia Anglorum, sive Historia Minora* (ed. F. Madden). (Rolls Series, 3 vols. London, 1886–9.)

MICHAEL VIII PALAEOLOGUS, EMPEROR. *De Vita sua Opusculum* (ed. J. Troitsky, in *Christianskoe Chtenie*, vol. II). St Petersburg, 1885.

MUNTANER, RAMON. *Cronica o Descripcio fets e hazanyes dell inclyt Rey Don Jaume* (ed. J. Caroleu). Barcelona, 1886.

NICHOLAS OF CARBIO (CURBIO). *Vita Innocentii IV*. (Muratori, *R.I.S.*, vol. III.)

NICHOLAS OF JAMSILLA. *Historia de rebus gestis Friderici II Imperatoris ejusque filiorum Conradi et Manfredi: adnectitur Anonymi supplementum de rebus gestis ejusdem Manfredi, Caroli Andegavensis et Conradini Regum*. (Muratori, *R.I.S.*, vol. VIII.)

PACHYMER, GEORGE. *De Michaele Palaeologo; De Andronico Palaeologo* (ed. I. Bekker), 2 vols. Bonn, 1835.

PETRARCH, FRANCESCO. *Itinerarium Syriacum*. Basle, 1534.

PIPINO, FRANCESCO. *Chronicon*. (Muratori, *R.I.S.*, vol. IX.)

PTOLOMAEUS OF LUCCA. *Historia Ecclesiastica*. (Muratori, *R.I.S.*, vol. XI.)

Praeclara Francorum Facinora, in Duchesne, *Historiae Francorum Scriptores*, vol. V.

PRIMATUS. *See* John of Vignay.

RABBAN SAUMA. *History*. Translated by E. Wallis Budge, and published as *The Monks of Kublai Khan, Emperor of China*. London, 1928.

Rebellamentu di Sichilia (ed. E. Sicardi). (Muratori, *R.I.S.* new series, vol. XXXIV: *Due Cronache del Vespro in Volgare Siciliano*.)

SALIMBENE DE ADAM. *Cronica* (ed. O. Holder-Egger). (*M.G.H., Scriptores*, vol. XXXIV, 1905–13.)

SANUDO MARINO. *Istoria del Regno di Romania*, in Hopf, *Chroniques Gréco-Romanes*.

SPECIALIS, NICHOLAS. *Historia Sicula*. (Muratori, *R.I.S.*, vol. X.)

VILLANI, GIOVANNI. *Cronica*, 8 vols. Florence, 1823.

WILLIAM OF NANGIS. *Gesta Sancti Ludovici: Gesta Philippi III*. (Bouquet, *R.H.F.*, vol. XX.) Extracts, additions to Andrew of Hungary, in *M.G.H., Scriptores*, vol. XXVI.

II. MODERN WORKS

AMARI, M. *La Guerra del Vespro Siciliano*, 9th ed., 3 vols. Milan, 1886.

AMARI, M. *Storia dei Musulmani di Sicilia*, 3 vols. in 4. Florence, 1854–72.

BÄTHGEN, F. *Die Regentschaft Papst Innocent III im Königreich Sizilien*. Heidelberg, 1914.

BOASE, T. S. R. *Boniface VIII*. London, 1933.

DE BOÜARD, A. *Le Régime politique et les Institutions de Rome au Moyen*

Âge. Paris, 1920.

BOURCART, J. *L'Albanie et les Albanais*. Paris, 1921.

BURY, J. B. *History of the Later Roman Empire*, A.D. *395*–A.D. *565*, 2 vols. London, 1923.

BUSSON, A. 'Friedrich der Friedige als Prätendent der Sizilianischen Krone und Johann von Procida', in *Historische Aufsätzen dem Andenken an Ceorg Waitz gewidmet*. Hanover, 1886.

BUSSON, A. *Die Doppelwahl des Jahres 1257 und der römische König Alfons X von Castilien*. Münster, 1866.

CADIER, L. *Essai sur l'Administration du Royaume de Sicile sous Charles I et Charles II d'Anjou*. Paris, 1891.

CAGGESE, C. *Roberto d'Angiò e i suoi Tempi*, 2 vols. Florence, 1922–31.

Cambridge Medieval History, vol. VI, *Victory of the Papacy*; vol. VII, *Decline of the Empire and Papacy*. Cambridge, 1929–32.

CARABALLESI, F. *Saggio di Storia del Commercio della Puglia*. Trani, 1900.

CARO, G. *Genua und die Mächte am Mittelmeer*, 2 vols. Halle, 1895.

CARTELLIERI, O. *Peter von Aragon und die Sizilianische Vesper*. Heidelberg, 1904.

CARUCCI, C. *La Guerra del Vespro Siciliano nella frontiera del Principato*. Subiaco, 1934.

CHALANDON, F. *Histoire de la Domination Normande en Italie*, 2 vols. Paris, 1907.

CHAPMAN, C. *Michel Paléologue, restaurateur de l'Empire Byzantin*. Paris, 1926.

CIPOLLA, C. *Compendio della Storia politica di Verona*. Verona, 1899.

COHN, W. *Das Zeitalter der Hohenstaufen in Sizilien*. Breslau, 1925.

CROCE, B. *Storia del Regno di Napoli*, 2nd ed. Bari, 1931.

CUTOLO, A. *Gli Angioini*. Florence, 1934.

DAVIDSSOHN, R. *Geschichte von Florenz*, 4 vols. Berlin, 1896–1927.

DIEHL, C., OECONOMOS, L., GUILLAND, R AND GROUSSET, R. *L'Europe Orientale de l081 à 1453*. (G. Glotz, *Histoire Cénérale, Histoire du Moyen Âge*, vol. IX, Paris, 1945.)

DIGARD, G. *Philippe le Bel et le Saint-Siège*, 2 vols. Paris, 1934.

DURRIEU, P. *Les Archives Angevines de Naples*, 2 vols. Paris, 1887.

EGIDI, P. *La 'Communitas Siciliae' di 1282*. Messina, 1915

FAWTIER, R. *L'Europe Occidentale de 1270 à 1328* (G. Glotz, *Histoire Générale, Histoire du Moyen Âge*, vol. VI, I). Paris, 1940.

FINKE, H. *Aus den Tagen Bonifaz VIII*. Münster, 1902.

FOURNIER, P. *Le Royaume d'Arles et de Vienne*. Paris, 1891.

GARDNER, A. *The Lascarids of Nicaea*. London, 1912.

GENEAKOPLOS, D. 'Greco-Latin relations on the eve of the Byzantine Restoration; The Battle of Pelagonia, 1259'. *Dumbarton Oaks Papers*, no. VII. Cambridge, Mass., 1953.

GENEAKOPOS, D. 'Michael VIII Palaeologus and the Union of Lyons', *Harvard Theological Review*, vol. XLVI. Cambridge, Mass., 1953.

GENEAKOPLOS, D. 'On the Schism of the Greek and Roman Churches', *Greek Orthodox Theological Review*, vol. I (1954).

GIBBON, E. *The Decline and Fall of the Roman Empire* (ed. J. B. Bury), 7 vols, London, 1896–1900.

DEL GIUDICE, G. *Don Arrigo, Infante de Castiglia*. Naples, 1878.

DEL GIUDICE, G. 'La Famiglia del Re Manfredi', *Archivio Storico per le Provincie Napoletane*. Naples, 1878.

GREGOROVIUS, F. *Geschichte der Stadt Rom im Mittelalter* (ed. F. Schillmann), 2 vols. Dresden, 1926.

HALPHEN, L. *L'Essor de l'Europe. Peuples et Civilisations* (ed. L. Halphen and P. Sagnac), vol. VI. Paris, 1940.

HAMPE, K. *Geschichte Konradins von Hohenstaufen*. Innsbruck, 1894.

VON HEFELE, C. J. *Histoire des Conciles* (revised and translated by H. Leclercq), 8 vols. in 16. Paris, 1907–21. Cited as Hefele-Leclercq.

HEYD, W. *Histoire du Commerce du Levant au Moyen Âge* (translated by F. Raynaud), new edition, 2 vols. Leipzig, 1923.

HILL, G. *History of Cyprus*, 3 vols. Cambridge, 1940–8.

HITTI, P. K. *A History of the Arabs*. London, 1937.

IORGA, N. *Brève Histoire de l'Albanie*. Bucarest, 1919.

JIREČEK, C. *Geschichte der Bulgaren*. Prague, 1876.

JIREČEK, C. *Geschichte der Serben*, 2 vols. Gotha, 1911–18.

JORDAN, E. *L'Allemagne et l'Italie aux XIIe et XIIIe Siècles* (G. Glotz), *Histoire Générale: Histoire du Moyen Âge*, vol. IV, 1. Paris, 1939.

JORDAN, E. *Les Origines de la Domination Angevine en Italie*. Paris, 1909.

KANTOROWICZ, E. *Kaiser Friedrich der Zweite*. Berlin, 1927.

KARST, A. *Geschichte Manfreds vom Tode Friedrichs II bis zu seiner Kronung*. Berlin, 1897.

KEMPF, J. *Geschichte des Deutschen Reiches während des grossen Interregnums, 1245–1273*. Wurzburg, 1893.

KRETSCHMAYR, H. *Geschichte von Venedig*, 2 vols. Gotha, 1905–20.

LA MONTE, J. L. *Feudal Monarchy in the Latin Kingdom of Jerusalem*. Cambridge, Mass., 1932.

LANGLOIS, C. V. *Le Règne de Philippe III le Hardi*. Paris, 1877.

LÉONARD, E. G. *Les Angevins de Naples*. Paris,.1954.

LIBERTINI, G. and PALADINO, G. *Storia della Sicilia*. Catania, 1933.

LONGNON, J. *L'Empire Latin de Constantinople et la Principauté de Morée*. Paris. 1949.

LONGNON, J. *Les Français d'Outremer au Moyen Âge*. Paris, 1929.

LUCHAIRE, A. *Innocent III*, 6 vols. Paris, 1905–11.

DE MAS LATRIE, L. *Trésor de Chronologie d'Histoire et de Géographie*. Paris, 1889.

MERKEL, C. 'La Dominazione di Carlo I d'Angiò in Piemonte e in Lombardia'. *Memorie della Reale Accademia delle Scienze di Torino*, new series, vol. XLI. Turin, 1891.

MERKEL, C. *Manfredo I e Manfredo II Lancia*. Turin, 1886.

MILLER, W. *Essays on the Latin Orient*. Cambridge, 1921.

MILLER, W. *The Latins in the Levant*. London, 1908.

MINIERI RICCIO, C. *Genealogia di Carlo d'Angiò, prima generazione*. Naples, 1857.

MINIERI RICCIO, C. *Genealogia di Carlo II d'Angiò, re di Napoli*. Archivio Storico per le Provincie Napoletane. Naples, 1882–3.

MINIERI RICCIO, C. *Il Regno di Carlo I di Angiò*, 2 vols. Florence, 1875–81.

MINIERI RICCIO, C. *Saggio di Codice Diplomatico di Napoli*, 2 vols. Naples, 1878–83.

MONTI, G. M. *La Dominazione Angioina in Piemonte*. Turin, 1930.

MONTI, G. M. *Nuovi Studi Angioini*, including *Gli Angioini di Napoli nella Poesia Provenzale*. Trani, 1937.

MÜLLER, E. *Peter von Prezza, ein Publizist der Zeit des Interregnums*. Heidelberg, 1913.

NICOL, D. M. 'The Date of the Battle of Pelagonia', in *Byzantinische Zeitschrift*,

vol. XLIX, 1. Munich, 1956.

NORDEN, W. *Das Papsttum und Byzanz*. Berlin, 1903.

OMAN, C. *A History of the Art of War in the Middle Ages*, 2nd ed., 2 vols. London, 1924.

OSTROGORSKI, G. *A History of the Byzantine State* (translated by J. Hussey). Oxford, 1956.

PAULUS, N. *Geschichte des Ablasses im Mittelalter*, 2 vols. Paderborn, 1922–3.

PAWLICKI, B. *Papst Honorius IV*. Münster, 1896.

PETIT, J. *Charles de Valois*. Paris, 1900.

PINZI, C. *Storia della Città di Viterbo*, 2 vols. Rome, 1887–9.

PONTIERI, E. *Ricerche sulla Crisi della Monarchia Siciliana nel secolo XIII*. Naples, 1942.

POWICKE, F. M. *King Henry III and the Lord Edward*, 2 vols. Oxford, 1947.

REDLICH, O. *Rudolf von Habsburg*. Innsbruck, 1903.

DE RENZI, S. *Collectio Salernitana*. Naples, 1854.

DE RENZI, S. *Il Secolo decimo terzo e Giovanni da Procida*. Naples, 1860.

ROHDE, H. E. *Der Kampf um Sizilien in den Jahren 1291–1302*. Berln, 1913.

RODENBURG, C. *Innocenz IV und das Königreich Siziliens*. Halle, 1892.

RUNCIMAN, S. *A History of the Crusades*, 3 vols. Cambridge, 1951–4.

SCHIPA, M. *Carlo-Martello Angioino*, 2nd ed. Naples, 1926.

SCHIPA, M. *Sicilia ed Italia sotto Federico II*. Archivio Storico per le Provincie Napoletane. Naples, 1928.

SCHIRRMACHER, F. W. *Die letzten Hohenstaufen*. Göttingen 1871.

DE STEFANO, A. *Federico III d'Aragona, Re di Sicilia*. Palermo, 1937.

STERNFELD, R. *Cardinal Johann Gaetan Orsini* (*Papst Nikolaus III*). Berlin, 1905.

STERNFELD, R. *Karl von Anjou als Graf von Provence*. Berlin, 1888.

STERNFELD, R. *Ludwigs der Heiligen Kreuzzug nach Tunis und die Politik Karls I von Sizilien*. Berlin, 1896.

STHAMER, E. 'Aus der Vorgeschichte der Sizilischen Vesper', in *Quellen und Forschungen aus Italienischen Archiven und Bibliotheken*, vol. XIX, 1927.

TEETAERT, A. 'Nicolas IV', in A. Vacant and E. Mangenot, *Dictionnaire de Théologie Catholique*, vol. XI, 1. Paris, 1931.

TENCKHOFF, F. *Papst Alexander IV*. Paderborn, 1907.

TERLIZZI, S. *Codice Diplomatico delle relazioni tra Carlo I d'Angiò e la*

Toscana. Florence, 1914.

THROOP, P. A. *Criticism of the Crusade*. Amsterdam, 1940.

VAN CLEVE, T. C. *Markward of Anweiler and the Sicilian Regency*. Princeton, 1937.

VASILIEV, A. A. *Byzance et les Arabes*, vols. I and II, 2, ed. and trans. by H. Grégoire and M. Canard. Brussels, 1935, 1950. Original Russian ed., 2 vols. St Petersburg, 1900–2.

WIERUSZOWSKI, H. 'Der Anteil Johanns von Procida an der Verschwörung gegen Karl von Anjou', *Gesammelte Aufsätze zur Kulturgeschichte Spaniens*, vol. V. 1930.

WIERUSZOWSKI, H. 'Conjuraciones y alianzas políticas del rey Pedro de Aragón contra Carlos de Anjou antes de las Vísperas Sicilianas', *Boletín de la Academia de la Historia*. Madrid, 1935.

WIERUSZOWSKI, H. 'La Corte di Pietro d'Aragona e i Precedenti dell'Impresa Siciliana', 2 parts, *Archivio Storico Italiano*, anno 96. Florence, 1938.

WOLFF, R. L. 'Mortgage and Redemption of an Emperor's Son: Castile and the Latin Empire of Constantinople', *Speculum*, vol. XXIX. Cambridge, Mass., 1954.

YVER, G. *Le Commerce et les Marchands dans l'Italie méridionale au XIIIe et au XIVe Siècles*. Paris, 1903.